Marcus Tullius Cicero

De finibus bonorum et malorum
Über das höchste Gut und das größte Übel

Lateinisch / Deutsch

Übersetzt und herausgegeben von Harald Merklin

Reclam

Herrn Präsidenten Günter Wöhrle gewidmet

7 26 – 8 29

RECLAMS UNIVERSAL-BIBLIOTHEK Nr. 8593

Bibliographisch ergänzte Ausgabe 2015
Gesamtherstellung: Reclam, Ditzingen. Printed in Germany 2015

ISBN 978-3-15-008593-6

www.reclam.de

Einleitung

Zum menschlichen Leben gehört die Frage nach Richtung, Ziel und Sinn. Unser bewußtes Handeln und Entscheiden orientiert sich an Gutem, das wir zu erlangen, und Bösem, das wir zu vermeiden suchen. Der einzelne Wert oder Unwert, der unser Verhalten in diesem Sinne bestimmt, kann dabei durchaus relative, vorläufige Bedeutung haben. Wer sich etwa bemüht, bestimmte Fähigkeiten zu erwerben, tut dies vielleicht nur, um einen bestimmten Beruf ausüben zu können; der angestrebte Beruf mag ihm seinerseits wiederum nur Mittel zu einem anderen Zweck, etwa Geltung und Wohlstand, sein. Auch diese Güter erweisen sich möglicherweise nur als Voraussetzung für die Verwirklichung anderer, höherer Ziele. So ergibt sich eine Rangordnung von Werten und Zielen, die jeweils nicht um ihrer selbst, sondern um eines anderen, höheren Gutes willen erstrebt werden, und in entsprechender Weise eine Reihe von negativen Vorstellungen, die nicht um ihrer selbst, sondern um eines anderen, schlimmeren Übels willen gemieden und abgelehnt werden.[1] Diese Folge von Werten oder ihrem Gegenteil lenkt den Blick in beiden Richtungen auf einen letzten, äußersten Punkt, den dasjenige Gut oder Übel bezeichnet, das nicht mehr nur relative Bedeutung durch seine Beziehung auf anderes, Wesentlicheres gewinnt, sondern seinen absoluten Wert oder Unwert in sich selbst trägt. Dieses Letzte, Äußerste, Absolute im Guten wie im Bösen ist es, das Cicero mit dem Titel seiner Schrift *De finibus bonorum et malorum* bezeichnet. Nicht von Grenzen, sondern von Grenz- oder Extremwerten des Guten und des Bösen ist also

1 Zum philosophiegeschichtlichen Ursprung dieser Relation von Mittel und Zweck bei Platon und ihrer Entwicklung bei Aristoteles vgl. O. Gigon / L. Zimmermann, *Platon. Lexikon der Namen und Begriffe*, Zürich/München 1975, S. 202–204.

hier die Rede.[2] Diese Grenzwerte bezeichnen im positiven und negativen Sinne die beiden unverrückbaren, absoluten Fixpunkte, an denen sich der Mensch in seinem Tun und Lassen zu orientieren hat: das höchste Gut, auf das sein Streben im Letzten, Eigentlichen ausgerichtet sein muß, und das schlimmste Übel, das er in jedem Falle und um jeden Preis zu meiden hat.

In diesen beiden Begriffen konzentriert sich der Kern desjenigen Teilbereichs der Philosophie, der es mit dem Verhalten der Menschen zu tun hat, der Ethik oder Moralphilosophie, neben den nach antiker Auffassung als die beiden anderen Teilgebiete Physik (= Naturphilosophie) und Logik treten.[3] Ebenso kanonisch wie diese Dreiteilung der Philosophie ist für die Antike, jedenfalls seit hellenistischer Zeit, die Auffassung, daß nach der von naturphilosophischen Betrachtungen beherrschten Epoche der Vorsokratiker eine neue Periode der Philosophiegeschichte durch Sokrates (um 470–399 v. Chr.) eröffnet worden sei, der Fragen der Ethik in das Zentrum des philosophischen Denkens gerückt habe.[4] In der Tat bezeichnet die Wirkung des Sokrates einen geistesgeschichtlichen Wendepunkt von epochaler Bedeutung, der Grundlage und Richtung der Philosophie für die folgenden Jahrhunderte bestimmte. Der Kern

2 Die Problematik der deutschen Übersetzung des lateinischen ›finis‹ hat ihre Entsprechung in dessen Gleichsetzung mit dem griechischen τέλος. Der griechische Begriff entspricht dem lateinischen zwar in den Bedeutungen »Ziel« und »Ende«, hat aber nichts mit »Grenze«, dafür um so mehr mit »Erfüllung« zu tun. Das Beispiel ist lehrreich für die Notwendigkeit – und Schwierigkeit –, die philosophische Begrifflichkeit Ciceros immer im Zusammenhang mit der Terminologie seiner griechischen Vorlagen zu verstehen und wiederzugeben.

3 Zum Verhältnis und der Bedeutung der Begriffe vgl. M. Hossenfelder, *Die Philosophie der Antike 3: Stoa, Epikureismus und Skepsis*, München 1985, S. 19 ff.

4 Diese »sokratische Wende« ist eine wesentliche Voraussetzung für die Rezeption der griechischen Philosophie durch die Römer, wie besonders Cicero immer wieder betont (vgl. *De re publica* 1,15; *Academica posteriora* 15; *Tusculanae disputationes* 5,10 f.).

dieser grundsätzlichen Orientierung läßt sich bestimmen als die Überzeugung, daß der Mensch zur Sinnerfüllung seines Lebens und damit zur Glückseligkeit gelangt, indem er Voraussetzungen, Gesetzmäßigkeiten und Bestimmung seiner Existenz im Rahmen der gesamten Natur erkennt und sein Leben nach dieser Erkenntnis ausrichtet. Damit ergibt sich einerseits ein grundlegender Zusammenhang zwischen Natur- und Moralphilosophie, weil das Selbstverständnis des Menschen immer in den Gesamtrahmen seines Natur- und Weltverständnisses einbezogen bleibt, andererseits aber auch ein deutlicher Vorrang der Sittenlehre gegenüber der Naturlehre, weil die letztere nur die Voraussetzungen, die erstere aber die entscheidenden Konsequenzen der philosophischen Orientierung betrifft.

Da eine solche Philosophie mit dem Anspruch auftrat, dem Menschen den Weg zum höchsten und wesentlichsten Ziel, zu Sinnerfüllung und Glückseligkeit, zu weisen, war ihr die Entwicklung zu einer Bildungsmacht von beherrschender Bedeutung vorgezeichnet. Sie übernahm diese Rolle aber nicht in monolithischer Geschlossenheit, sondern in Gestalt mehrerer rivalisierender Systeme, denen zwar die beschriebene Ausgangsbasis gemeinsam war, die aber von diesen Voraussetzungen aus zu sehr verschiedenen Ergebnissen gelangten. Sie entwickelten sich in den Philosophenschulen Griechenlands, vor allem Athens, seit dem 4. Jahrhundert v. Chr. und verbreiteten sich im 3. Jahrhundert zunächst in der hellenistischen Welt des östlichen Mittelmeerraums. Als diese Welt im 2. Jahrhundert unter die militärische und politische Kontrolle der neuen Großmacht Rom geriet, begegneten auch die Römer den hellenistischen Philosophenschulen. Als gelehrige Schüler ihrer griechischen Lehrmeister gewannen sie bereits im Lauf des 1. Jahrhunderts v. Chr. die Fähigkeit, die Themen dieser Philosophie in ihrer eigenen Sprache zu behandeln, und wurden mit ihren Schriften zu Vermittlern des griechischen Geistes für die Geschichte des abendländischen Denkens.

Die großen Philosophenschulen

Der Ausgangspunkt dieser Entwicklung lag im Athen des 4. Jahrhunderts v. Chr. Die zur politischen Bedeutungslosigkeit herabgesunkene Stadt hatte ihren Rang als Zentrum des griechischen Geisteslebens, vor allem der Philosophie, bewahrt und übte eine unwiderstehliche Anziehungskraft auf Menschen aus, die sich berufen fühlten, die Natur der Dinge und insbesondere die Natur des Menschen in ihrem eigentlichen Wesen zu ergründen. Was man darüber wissen könne und welche Konsequenzen man daraus zu ziehen habe, war die Frage gewesen, mit der Sokrates seine athenischen Mitbürger immer aufs neue konfrontiert hatte, ohne sie zu endgültigen Lösungen und sicheren Erkenntnissen zu führen. Der Haß derer, die sich und die von ihnen vertretene Ordnung durch dieses beharrliche Infragestellen bedroht fühlten, beseitigte durch den Justizmord des Jahres 399 den Frager, aber nicht die Fragen. Sie wurden von Schülern des Sokrates neu gestellt, um die sich wiederum Schüler versammelten. Aber deren Philosophieren war nicht mehr das dialektische Spiel von Frage und Antwort, in das Sokrates seine Partner auf so unnachahmlich faszinierende und zugleich irritierende Weise verstrickt hatte, ein Spiel, das nicht in ein System zu bringen war und dessen Partner bei aller Bindung an den einen Sokrates doch nie eine sokratische Schule bildeten. Das änderte sich nun; Schüler des Sokrates wurden zu Kristallisationspunkten philosophischer Gemeinschaften, die sich als Schulen verstanden, charakterisiert durch bestimmte Arten der Lehre und des Lehrbetriebs, gebunden auch in aller Regel an einen Ort, der zur räumlichen Basis einer in manchen Fällen jahrhundertelangen Schultradition wurde.

Die berühmteste unter ihnen gründete Platon (427–347 v. Chr.) im Jahre 369 beim heiligen Hain des attischen Heros Akademos, nach dem sie den Namen *Akademie* erhielt, und ihre Geschichte endete erst nach fast neunhun-

dert Jahren mit der Schließung durch Kaiser Justinian im Jahre 529 n. Chr. Anders als sein Lehrmeister Sokrates glaubte Platon, in der philosophischen Durchdringung der erfahrbaren und erkennbaren Welt zu endgültigen, gesicherten Ergebnissen gelangen zu können. Seinem Blick stellte sich die Welt als hierarchisch geordnete Abstufung von Seinsbereichen dar, in der die materiellen Dinge ihr Sein der Teilhabe an geistigen Urbildern, den Ideen, verdanken und alle Ideen sich auf die eine, beherrschende Idee des Guten hingeordnet zeigen, die mit Gott als dem letzten, existenzbegründenden und sinnstiftenden Urgrund allen Seins zusammenfällt. Damit ist der philosophischen Erkenntnis ebenso wie dem sittlichen Handeln und Entscheiden des Menschen der Weg eines Aufstiegs vorgezeichnet, der von den niederen Sphären des Materiellen, sinnlich Wahrnehmbaren zu dem höchsten, nur dem Auge des Geistes erkennbaren Ziel der Idee des Guten führt.[5] Allein im Streben nach diesem höchsten Gut, das gleichbedeutend ist mit dem Prozeß einer Angleichung an Gott, erfüllt sich die wahre Bestimmung des Menschen.

In der Strenge ihrer grundsätzlichen Unterscheidung zwischen den Bereichen des sinnlich Wahrnehmbaren und des geistig Erkennbaren und in der Unbedingtheit ihrer Unterordnung unter die Idee des Guten wurde diese Lehre in der Geschichte der Akademie nur von Platon selbst vertreten. Unter der Leitung seiner Nachfolger Speusipp (347–339), Xenokrates von Chalkedon (339–314), Polemon von Athen (314–269) und Krates aus Tarsos (269–268), die man später als die Vertreter der alten Akademie bezeichnete, entwickelte sich die Lehre dieser Schule im Sinne einer Milderung

5 Die Darstellung dieses Aufstiegs im platonischen Höhlengleichnis (*Politeia* 7, 514a1–517a7) mit ihrer Parallelisierung von körperlichem Sehen und geistigem Erkennen (vgl. auch Platon, *Phaidros* 250d 3–6) hat die bildhafte Vorstellung philosophischer Erkenntnis als unmittelbarer Anschauung der überwältigenden Wahrheit und Schönheit des Seienden auch in der römischen Philosophie entscheidend geprägt (vgl. Cicero, *Tusculanae disputationes* 1,44 und Seneca, *Epistulae morales* 89,1).

der platonischen Konzeption. Ihre Vorstellung von Sinnerfüllung und Glückseligkeit des Menschen beschränkte sich nicht mehr auf das eine Ziel der Idee des Guten, sondern erkannte neben seelischen auch leibliche und äußere Güter als erstrebenswerte Ziele des Menschen an. Damit gewann die Lehre der Akademie einerseits eine größere Nähe zur praktischen Lebenswirklichkeit, relativierte aber andererseits ihren Anspruch, dem Menschen durch verläßliche philosophische Orientierung den sicheren Weg zu Sinnerfüllung und Glückseligkeit zu weisen, da nur die seelischen Güter völlig der Verfügungsgewalt des Menschen zugewiesen werden konnten.

Die Absage an jede Form dogmatischen Absolutheitsanspruchs wurde zum bestimmenden Wesensmerkmal der Akademie, als Arkesilas von Pitane ihre Leitung übernahm (268–241 v. Chr.). Seine Philosophie, die im Zeichen eines grundsätzlichen Skeptizismus stand, knüpfte an die Überzeugung des Sokrates an, daß die absolute Wahrheit dem Menschen nicht erreichbar sei, und erkannte lediglich eine vernünftige Wahrscheinlichkeit als Richtschnur des menschlichen Handelns und Erkennens an. Mit diesem Prinzip skeptischer Zurückhaltung verband Karneades von Kyrene, der die Akademie in der Mitte des 2. Jahrhunderts n. Chr. (bis 137) leitete, den Gebrauch der Dialektik als einer virtuosen Argumentationskunst im Sinne der Fähigkeit zu gleichermaßen überzeugender Verteidigung und Widerlegung jedes Standpunkts. Die Probe dieser Kunst, die Karneades bei der berühmten Philosophengesandtschaft des Jahres 155 in Rom gab,[6] indem er mit der gleichen Überzeugungskraft am ersten Tag für und am nächsten gegen die Gerechtigkeit sprach, wurde für die ebenso schockierten wie faszinierten

6 Um einer über sie verhängten Geldstrafe zu entgehen, hatten die Athener die Leiter der drei großen Philosophenschulen, neben Karneades den Stoiker Diogenes und den Peripatetiker Kritolaos, nach Rom gesandt, wo sie Gelegenheit erhielten, vor dem Senat zu sprechen, zuvor jedoch als Redner vor einem breiten Publikum auftraten.

Römer zu einer bedeutsamen und folgenreichen Begegnung mit griechischer Philosophie, die trotz des erbitterten Widerstands konservativer Kreise immer stärkeren Einfluß auf die Angehörigen der führenden Schichten gewann. Bereits zwei Generationen später konnte der Leiter der Akademie, Philon von Larissa, als ihn im Jahre 88 v. Chr. politische Umwälzungen aus Athen vertrieben, die Stätte seines Wirkens nach Rom verlegen und dort eine erfolgreiche Lehrtätigkeit entfalten, die den radikalen Skeptizismus des Karneades milderte und neben der Philosophie auch die Rhetorik in das Unterrichtsprogramm einbezog. Zu seinen Hörern gehörte Cicero, dessen philosophische Orientierung durch diesen Lehrmeister entscheidend bestimmt wurde. Zum Lehrer Ciceros während seines Studienaufenthalts in Athen (79/78 v. Chr.) wurde auch der Nachfolger Philons in der Leitung der Akademie, Antiochos von Askalon (88 – um 68 v. Chr.). In scharfem Gegensatz zu Philon führte Antiochos die Akademie auf den Weg des Dogmatismus zurück. Sein Zentrum bildete die platonische Tugendlehre, in der er das gemeinsame Fundament nicht nur der akademischen Philosophie, sondern auch der mit ihr rivalisierenden Lehren der Peripatetiker und Stoiker erkannte.

Die Schule der *Peripatetiker* war aus der platonischen Akademie hervorgegangen, der ihr Gründer Aristoteles (384 bis 322 v. Chr.) bis zu Platons Tod (347) angehört hatte. Als er nach zwölf außerhalb Athens verbrachten Jahren 335 v. Chr. in die Hauptstadt der Philosophie zurückkehrte, wählte er das nach dem benachbarten Heiligtum des Apollon Lykeios benannte Gymnasium Lykeion (= Lyceum) als Lehr- und Wirkungsstätte. Die dem Gymnasium angeschlossene, im Griechischen als Peripatos bezeichnete Wandelhalle, in der die Lehrvorträge des Aristoteles stattfanden, gab der Schule den Namen. Ihr philosophisches Interesse konzentrierte sich wie auf anderen Gebieten so auch in dem Bereich der Ethik auf die konkret erfahrbare und praktisch zu bewältigende Realität. Wie die ältere Akademie unter-

schied dabei auch die peripatetische Schule zwischen seelischen, körperlichen und äußeren Gütern als Zielen des menschlichen Strebens, unter denen sie der Gruppe der ersteren zwar den bei weitem höchsten Rang, jedoch nicht die alleinige Bedeutung zuerkannte. Die Einschränkung, die sich dabei aus der mangelnden Verfügungsgewalt des Menschen über körperliche und äußere Güter für seine Möglichkeit ergab, die Erfüllung des Strebens nach Glückseligkeit allein durch die richtige philosophische Haltung zu gewährleisten, betonte vor allem Theophrast von Eresos, der seinem Lehrmeister Aristoteles in der Leitung der peripatetischen Schule nachfolgte (322–287). An seinem Beispiel wurde die grundsätzliche Problematik besonders deutlich, die sich für die philosophische Ethik der Antike daraus ergab, daß sie mit ihren Mitteln nur den Weg zu einer Glückseligkeit weisen konnte, aus der alle körperlichen und äußeren Elemente eliminiert waren, oder auf den Anspruch verzichten mußte, die Erlangung dieses Ziels garantieren zu können.

Den radikalsten und konsequentesten, aber auch zugleich einseitigsten Versuch, dieses Problem zu lösen, bildet die Ethik der *Stoiker*. Der Gründer ihrer Schule, Zenon (334–262 v. Chr.), stammte aus der teils von Griechen, teils von Phönikern bewohnten Stadt Kition auf Zypern und kam im Jahr 312 nach Athen, wo er Philosophen verschiedener Schulrichtungen hörte. Als er um 300 v. Chr. selbst zu lehren begann, sammelte er seine Hörer in der mit Bildern des berühmten Malers Polygnot geschmückten Säulenhalle, der Stoa Poikile, an der athenischen Agora um sich. Nach ihrem Versammlungsort bürgerte sich für sie bald die Bezeichnung »Stoiker« und für ihre Schule der Name »Stoa« ein. Im Zentrum ihrer Philosophie stand die Ethik, und ihre Grundlage bildete die Überzeugung, daß die Glückseligkeit des Menschen allein in der Tugend, der sittlichen Vollkommenheit, bestehe. Sie wurde damit nicht nur zum höchsten und absoluten, sondern auch zum einzigen Gut, das diese

Bezeichnung im eigentlichen Sinne überhaupt verdiente, wie andererseits nur das Laster als wahres Übel gelten konnte. Auf dem Fundament dieser Grundüberzeugung errichtete die stoische Philosophie ein ethisches Lehrgebäude von konsequenter Logik und eindrucksvoller Geschlossenheit. Es verdankte seine Gestalt nach Zenon und seinem Nachfolger Kleanthes aus Assos in der Troas (331–232) in erster Linie dem dritten Schulhaupt der Stoa, Chrysipp aus Soloi in Kilikien (um 280 – um 206 v. Chr.), der in zahlreichen Schriften, von freilich geringem stilistischem und literarischem Anspruch, die Lehren der Stoa systematisierte. Der Zusammenhang, der dabei die stoischen Aussagen über Physik und Ethik miteinander verband, wurzelte im stoischen Verständnis der Natur (φύσις). Die Stoa gebrauchte diesen Begriff in einem umfassenden Sinn zur Bezeichnung der die gesamte Welt durchwaltenden, ihre Existenz begründenden und ihre Entwicklung formenden Kraft, die letztlich mit Gott gleichzusetzen war. In einem spezielleren Sinn bezeichnete der Begriff ›Natur‹ für das stoische Denken aber auch die Wesensart und Bestimmung eines einzelnen Lebewesens, etwa des Menschen. Sein fundamentales Lebensgesetz bestand deshalb in der Forderung, in Übereinstimmung mit der Natur zu leben (φύσει ὁμολογουμένως ζῆν, ›naturae convenienter vivere‹).[7] Von diesem Ausgangspunkt führt folgender Gedankengang zu der letzten Konsequenz, daß die Tugend als höchstes, absolutes und einziges Gut für den Menschen zu erstreben sei: Jedes Lebewesen entwickelt sogleich nach seiner Geburt eine positive Einstellung zu sich selbst, seiner Wesensart und natürlichen Verfassung. Diese im griechischen als οἰκείωσις bezeichnete grundsätzliche Haltung der Selbstbejahung und Selbsterhaltung läßt ein Lebewesen von Anfang an nach dem streben, was seiner Wesensart gemäß ist und es in seiner natürlichen Verfassung erhält. Damit ergibt sich für den Menschen in seiner ersten,

7 Zu Ursprung und Entwicklung der Formel vgl. Hossenfelder (s. Anm. 3) S. 45 f. und 61.

frühkindlichen Entwicklungsphase eine Reihe von erstrebenswerten Zielen, die in der stoischen Terminologie mit dem Begriff τὰ πρῶτα κατὰ φύσιν (›die ersten naturgemäßen Dinge‹, d. h. elementare natürliche Voraussetzungen oder Bedürfnisse) bezeichnet werden. Zu ihnen gehören Dinge wie Lebensfähigkeit, Gesundheit, körperliche Unversehrtheit und Schmerzlosigkeit. Ihnen entsprechen im negativen Sinne Krankheit, Schmerz oder Verstümmelung, die als naturwidrig vom Menschen gemieden und abgewehrt werden. Im Unterschied zum Tier, das auf dieser Stufe verharrt, führt den Menschen seine geist- und vernunftbegabte Natur mit dem Übergang vom Kindes- zum Erwachsenenalter auf eine höhere Entwicklungsstufe, in der er sich als Glied des geordneten, sinnerfüllten, harmonischen, gottgeschaffenen Weltganzen erkennt. Diese Erkenntnis läßt ihn das höchste Ziel darin erblicken, daß er sich in seinem Verhalten in diese harmonische Ordnung einfügt und alles vermeidet, was sie stört. Eine Störung der Weltordnung durch den Menschen aber besteht in seinen Leidenschaften oder Lastern, ihre Bewahrung folglich in seiner Tugend, die mit der Freiheit von Leidenschaften (ἀπάθεια) identisch ist.

So ergibt sich für den Menschen auf beiden Stufen Positives, das er erstrebt, und Negatives, das er zu meiden sucht. Aber zwischen beiden Stufen besteht nach stoischer Auffassung ein entscheidender qualitativer Unterschied, zu dessen Verdeutlichung sich die Stoiker einer subtilen terminologischen Differenzierung bedienen. Nur das Ziel des im höchsten Sinne bewußten menschlichen Handelns, die Tugend, wird von ihnen als ein Gut im eigentlichen Sinne bezeichnet, d. h. als etwas, das nur um seiner selbst willen erstrebt wird und das man nicht um anderer Dinge willen erstrebt. In seiner absoluten Geltung unterscheidet es sich zutiefst von anderen Zielen menschlichen Trachtens, die niemals allein um ihrer selbst willen erstrebt werden, d. h. von allen körperlichen und äußerlichen Werten, die wegen ihrer grundsätzlich

minderen Bedeutung nach stoischer Auffassung gar nicht als ›Güter‹ zu bezeichnen sind. Sie alle werden von den Stoikern als ἀδιάφορα, d. h. als gleichgültige, wertneutrale, indifferente Dinge betrachtet, die für die Tugend und damit für die durch sie allein bedingte Glückseligkeit keine Bedeutung besitzen. Damit erhebt die stoische Lehre den Anspruch, die Glückseligkeit des Menschen durch die richtige philosophische Haltung vollständig und uneingeschränkt zu garantieren, da ihre einzige Voraussetzung, die Tugend, in der Verfügungsgewalt des Menschen liegt und alles, was dem Menschen nicht verfügbar ist, für die Glückseligkeit keine Bedeutung hat.

Daß die von ihnen als gleichgültig erachteten Dinge in der praktischen Lebenswirklichkeit durchaus ihre Bedeutung haben und auf vielfache Weise Ziele menschlichen Strebens sind, ist allerdings auch für die Stoiker nicht zu bestreiten. Sie lösen dieses Problem aber, jedenfalls in der Theorie ihrer philosophischen Begrifflichkeit, durch eine entsprechende Bewertung und Bezeichnung dieser Ziele und der Haltung, die der Mensch ihnen gegenüber einnimmt. Zwar bedeuten sie alle aus stoischer Sicht weder Güter, die zu erstreben, noch Übel, die zu meiden sind, sondern gehören sämtlich dem Bereich der mittleren Dinge an, doch innerhalb dieses Bereichs unterscheidet sie der Mensch durchaus nach relativem Wert und Unwert. Relativ bleibt ihre Bedeutung deshalb, weil sie sich nur auf die niedere, gleichsam animalische, und nicht auf die letztlich allein entscheidende, vernunftbestimmte Stufe des Menschseins beziehen. Auf der ersteren aber gibt es nach stoischer Auffassung einerseits Dinge, die ein naturgemäßes Leben begünstigen, wie etwa Gesundheit oder Klugheit, und deshalb den Vorzug verdienen, andererseits solche, die ein naturgemäßes Leben beeinträchtigen, wie Krankheit oder Dummheit, und deshalb zurückzuweisen sind. Die ersteren nennt der Stoiker deshalb προηγμένα (›bevorzugte Dinge‹), die letzteren ἀποπροηγμένα (›zurückgewiesene Dinge‹). Die Haltung, die der

Mensch ihnen gegenüber einnimmt, bezeichnet die stoische Terminologie mit den Begriffen ληπτόν (›Anzunehmendes‹) bzw. ἐκλεκτέον (›Auszuwählendes‹) für die bevorzugten und ἄληπτον (›nicht Anzunehmendes‹) für die zurückgewiesenen Dinge. Ihnen stehen auf der Stufe der vernunftbestimmten, sittlichen Entscheidung die Begriffe αἱρετόν (›zu Erstrebendes‹) für das im eigentlichen Sinne Gute und φευκτόν (›zu Meidendes‹) für das wahre Übel gegenüber.

Mit dieser begrifflichen Unterscheidung, die in der philosophischen Diskussion der Kritik einen bevorzugten Ansatzpunkt bot und oft als bloße Wortklauberei zurückgewiesen wurde, steht und fällt die Folgerichtigkeit und Geschlossenheit des stoischen Systems, die von seinen Verfechtern in den höchsten Tönen gepriesen und von den Gegnern erbittert bestritten wurde. In der Tat waren bestimmte Konsequenzen der stoischen Ethik, die sprichwörtlichen ›Paradoxa stoicorum‹,[8] in ihrer Radikalität ebenso geeignet zu faszinieren wie zu provozieren. Wer die Voraussetzungen der stoischen Ethik akzeptierte, wurde mit unwiderleglicher Schlüssigkeit zu Ergebnissen geführt wie der Behauptung, der wahrhaft Weise sei auch unter den Qualen der Folter vollkommen glücklich, nur er verdiene es wahrhaft, als Herrscher, als freier und als reicher Mann betrachtet zu werden, während ein seinen Leidenschaften unterworfener Gewaltherrscher keineswegs dafür zu gelten habe. Ähnlich wirkten Sätze wie der, daß man die Tugend nur entweder vollständig oder gar nicht besitzen könne oder daß zwischen einem tief in seine Laster verstrickten und einem kurz vor ihrer Überwindung stehenden Menschen kein Unterschied zu sehen sei.

Obgleich solche Lehren die Stoa nicht gerade zur Bewältigung praktischer Lebenswirklichkeit zu prädestinieren schienen, fand sie im hellenistischen Griechenland und spä-

8 Cicero widmete ihnen unter diesem Titel im Jahre 46 v. Chr. eine Schrift, in der er ihren Reiz und ihre Problematik unter rhetorischen und philosophischen Gesichtspunkten behandelte.

ter in Rom viele Anhänger, die oft den führenden Schichten angehörten. Ihnen wurde der Zugang zur stoischen Philosophie seit dem 2. Jahrhundert v. Chr. durch eine Fortentwicklung ihrer Lehre erleichtert, die besonders den Stoikern Panaitios von Rhodos (um 180–110 v. Chr.) und Poseidonios von Apameia (135–51 v. Chr.) zu danken war und eine gewisse Milderung der Starrheit stoischer Prinzipien mit einer Annäherung an die Lehren der älteren Akademie und des frühen Peripatos verband.

Eine Resonanz, die der Verbreitung stoischer Lehren durchaus vergleichbar war, fand aber auch eine Philosophie, deren Prinzipien den stoischen in vielem diametral entgegengesetzt waren, die Lehre *Epikurs*. Ihr Gründer, der im Jahr 341 v. Chr. als Sohn eines athenischen Siedlers auf Samos geboren worden war, verbrachte nach frühen Kontakten mit Vertretern der Lehre Platons und Demokrits die Jahre 323 bis 321 zur Ableistung seines Wehrdienstes in Athen. Aus der Stadt der Philosophen zog er sich danach für ein Jahrzehnt, in dem er sich dem Selbststudium widmete, nach Kolophon zurück. Jahren der Lehrtätigkeit in Mitylene und Lampsakos folgte 306 die endgültige Übersiedlung nach Athen, wo er ein Gartengrundstück erwarb, das zum Sitz der epikureischen Schule wurde. Die Lehre des Meisters, dem seine Anhänger in fast religiöser Verehrung verbunden waren, basierte auf dem materialistischen Weltbild der Atomistik, wie sie von Leukipp aus Milet (Mitte des 5. Jahrhunderts v. Chr.) und Demokrit aus Abdera (um 460 – um 370 v. Chr.) entwickelt worden war. Nach ihr erklärte sich die Vielfalt alles Seienden durch die wechselnde Verbindung und Trennung kleinster unteilbarer Bestandteile der Materie, der Atome. Aus ihrer Verbindung, die sich im Tod auflöse, bestehe auch der Mensch und seine Seele. Grundlage jeder Erkenntnis sei allein die Sinneswahrnehmung, ihr Ergebnis bestehe in der Befreiung des Menschen von allen Störungen seiner seelischen Ausgeglichenheit (ἀταραξία), etwa durch die unbegründete Furcht vor Schmerz, Tod oder

Göttern, die in Wirklichkeit ohne Beziehung zum Menschen in Zwischenwelten (μετακόσμια, ›intermundia‹) existierten.

Auf der Basis dieses Weltverständnisses ergab sich für Epikur als höchstes Ziel menschlichen Strebens die Lust (ἡδονή, ›voluptas‹). Sie ist nach seiner Lehre nun keineswegs, wie es ihm Gegner oft zu unterstellen suchten, im Sinne der schieren Wollust oder des bloßen Genusses zu verstehen, sondern immer im Zusammenhang mit dem erwähnten Begriff der ἀταραξία, des ungestörten Seelenfriedens, zu sehen, der dem stoischen Ideal der ἀπάθεια (vgl. S. 12) sehr nahe kommt. Im Hinblick auf dieses Ziel verwendet Epikur den Begriff der Lust in doppelter Weise, einmal in dynamischem Sinne als ›Lust in der Bewegung‹, d. h. als Erlebnis einer konkreten lustvollen Erfahrung, zum andern aber in statischem Sinne als ›Lust in der Ruhe‹, die mit Schmerzlosigkeit, d. h. im Grunde mit der Freiheit von jeder Störung des erwähnten Seelenfriedens identisch ist. Diese Verschiedenheit der Bedeutungen des epikureischen Lustbegriffs bot einerseits einen Ansatzpunkt zu sprachlich-terminologischer Kritik, wie wir sie etwa bei Cicero ausgesprochen finden (vgl. S. 127–139), machte andererseits aber deutlich, daß auch für Epikur die Tugend durchaus erhebliche Bedeutung besaß, da sie auch bei einem lustorientierten Leben die sicherste Gewähr für die Erhaltung des Seelenfriedens biete.

Die epikureische Philosophie verdankte ihre Wirkung freilich nicht nur der gedanklichen Substanz ihrer Lehre, sondern auch der charismatischen Persönlichkeit ihres Gründers, die von seinen Anhängern offenbar als zutiefst beglükkend erlebt wurde und weit über seinen Tod (271 v. Chr.) hinaus fortwirkte. Die wichtigsten Gedanken des Meisters wurden in einer Sammlung als ›Maßgebliche Lehrsätze‹ (κύριαι δόξαι, ›ratae sententiae‹) zusammengestellt und nach Art eines Katechismus auswendig gelernt. Jährlich begingen die Epikureer in treuem Gedenken festlich den

Geburtstag des Schulgründers, der dafür sogar ausdrücklich testamentarische Verfügungen getroffen hatte. Vor allem aber erfüllte alle seine Anhänger das Bewußtsein, durch die Lehren Epikurs von der schwersten und bedrückendsten Last des Menschenlebens, der Furcht vor Schmerz, Tod und strafenden Göttern, befreit zu sein. Der Dank für diese freudige Gewißheit klingt auch aus den Versen des Römers Lukrez (um 95–55 v. Chr.), dessen Lehrgedicht *De rerum natura* (›Über die Natur der Welt‹) uns als einzige zusammenhängende Darstellung der epikureischen Philosophie erhalten geblieben ist und nach dem frühen Tod des Dichters von keinem anderen als Cicero herausgegeben wurde.

Cicero und die Philosophie

Der Name Cicero ist in der antiken Philosophiegeschichte geradezu ein Synonym für die Bewahrung wesentlicher Teile der hellenistischen Weisheitslehren, von deren griechischen Originaltexten nur spärliche und verstreute Überreste erhalten sind. Die Beschäftigung mit griechischer Philosophie begleitete Cicero unter verschiedenen Vorzeichen und mit unterschiedlicher Intensität während seines ganzen Lebens. In seiner Jugend war Philosophie zunächst ein unentbehrlicher Bestandteil der höheren Bildung, die Ciceros Vater für seine beiden Söhne, den am 3. Januar 106 v. Chr. geborenen Marcus und seinen um vier Jahre jüngeren Bruder Quintus, erstrebte und ihnen durch Kontakte mit den besten Lehrmeistern zu vermitteln suchte. Es war eine für Cicero glückliche und folgenreiche Fügung, daß der Part des Philosophen dabei dem Akademiker Philon von Larissa (vgl. S. 9) zufiel, der seinem hochbegabten Schüler nicht nur das Erbe der griechischen Philosophie ohne dogmatische Enge in seiner ganzen Breite erschloß, sondern auch die zweite große Bildungsmacht der hellenistischen Zeit, die Rhetorik, in seinen Unterricht einbezog. Die ersten eindrucksvollen

Früchte dieser Unterweisung reiften bereits in den Gerichtsreden, mit denen der junge Cicero noch unter der Diktatur Sullas in den Jahren 81 und 80 v. Chr. hervortrat. Die Strapazen und gesundheitlichen Gefährdungen, die sich der junge Anwalt damit zugemutet hatte, erzwangen eine Unterbrechung der forensischen Tätigkeit, die Cicero in den Jahren 79 bis 77 zu einer Fortsetzung seiner philosophischen und rhetorischen Studien in Athen und Rhodos nutzte. Er begegnete dort nicht nur so bedeutenden Vertretern der einzelnen Philosophenschulen wie dem Akademiker Antiochos von Askalon (vgl. S. 9) und dem Stoiker Poseidonios von Apameia (vgl. S. 15), sondern auch den klassischen Schauplätzen, an denen für ihn die griechische, vor allem die athenische Vergangenheit auf eine Weise lebendig wurde, von der besonders das Proömium zum fünften Buch unserer Schrift bewegendes Zeugnis ablegt.
Aus der verklärten griechischen Vergangenheit kehrte Cicero in die rauhe römische Wirklichkeit zurück, die ihn mit den Erfordernissen der römischen Ämterlaufbahn konfrontierte, auf der er zum jeweils frühestmöglichen Zeitpunkt im Jahre 75 die Quästur, 69 die Ädilität, 66 die Prätur und 63 als Krönung seiner politischen Karriere das Konsulat erreichte. Dem Gipfel, den Cicero wegen seines Sieges über die staatsbedrohende Catilinarische Verschwörung auch für eine Sternstunde der römischen Geschichte hielt und in sämtlichen Ergüssen seiner Feder fortan hymnisch verherrlichte, folgte freilich nach fünf Jahren mit der Verbannung der Absturz in die Tiefe der Erniedrigung und der Verzweiflung, aus der ihn auch die baldige Rückberufung keineswegs zu früherer Höhe zurücktrug. Die Hauptrollen auf der politischen Bühne Roms waren und blieben mit anderen Akteuren besetzt, neben denen der ehemalige Konsul und Überwinder Catilinas zur Bedeutungslosigkeit verurteilt war. So sah sich Cicero anders und früher, als es ihm eigentlich erwünscht gewesen wäre, in die Lage versetzt, zu den Studien seiner Jugendjahre zurückzukehren.

Die schriftstellerische Arbeit, die nun begann und der sich der Meister der lateinischen Prosa mit Unterbrechungen bis zu seiner Ermordung am 7. Dezember 43 v. Chr. widmete, war freilich weit davon entfernt, einem unfreiwilligen Frührentner als notgedrungene Ersatzbefriedigung zu dienen. Sie bedeutete für Cicero zunächst die Beschäftigung mit den Grundfragen menschlichen Denkens und Handelns, denen sich der reife Mann mit demselben glühenden Interesse zuwandte, das ihn als jungen Menschen erfüllt hatte. Aber Cicero begegnete den großen Themen der Philosophie nicht nur als Mensch, sondern darüber hinaus in einem besonderen Sinne als Römer, der es sich zum Ziel gesetzt hatte, seinen Landsleuten philosophische Fragen, die bisher fast nur in griechischer Sprache behandelt worden waren, in ihrer eigenen Sprache nahezubringen und damit die Ausdrucks- und Darstellungsmöglichkeiten des Lateinischen als denen des Griechischen ebenbürtig oder gar überlegen zu erweisen. Der dritte Aspekt, unter dem die Abfassung philosophischer Schriften für Cicero Bedeutung gewann, war der politische, der ihm um so wichtiger wurde, je mehr sich seine äußeren Möglichkeiten verringerten, an der Gestaltung der römischen Politik praktisch mitzuwirken. »Es waren meine Bücher, in denen ich meine Meinung als Senator äußerte, in denen ich zum Volke sprach; für mich stand die Philosophie an Stelle der Politik«,[9] erklärte er nach der Ermordung Caesars im Rückblick auf seine philosophische Schriftstellerei während der Herrschaft des Diktators.

Ihr war eine Phase schriftstellerischer Tätigkeit vorhergegangen, in der sich Cicero vorwiegend rhetorisch-literarischen und staatstheoretischen Grundsatzfragen gewidmet hatte. So entstanden im Jahre 55 *De oratore* (»Über den Redner«), 54–51 *De re publica* (»Über das Gemeinwesen«), etwa gleichzeitig *De legibus* (»Über die Gesetze«), nach

9 »In libris enim sententiam dicebamus, contionabamur, philosophiam nobis pro rei publicae procuratione substitutam putabamus« (*De divinatione* 2,7).

einer Unterbrechung durch Ciceros Prokonsulat in Kilikien (51/50 v. Chr.) und den Bürgerkrieg (49–47 v. Chr.) im Jahre 46 die Schriften *Brutus*, eine Geschichte der römischen Beredsamkeit, und *Orator* (»Der Redner«). Den Übergang zur Beschäftigung mit philosophischen Fragen im engeren Sinn bezeichneten die einschneidenden Zäsuren, die sich für Cicero im politischen Bereich mit dem Untergang der Republik und in seinem persönlichen Schicksal mit dem Tod der über alles geliebten Tochter Tullia (Februar 45) ergaben. Die existentielle Bedeutung, die die Philosophie für den Menschen, den Römer und den Staatsmann Cicero besaß, wurde nun in ihrer ganzen Tiefe sichtbar. War die *Consolatio* (»Trostschrift«), mit der sich Cicero im Schmerz über den Verlust der Tochter selbst philosophischen Trost zu spenden suchte, noch ganz auf sein persönliches Schicksal bezogen, so wurde der Dialog *Hortensius*, der im Titel den Namen des einstigen rhetorischen Konkurrenten und späteren Freundes (114–50 v. Chr.) trug, bereits zu einer an die römische Öffentlichkeit gerichteten, begeisterten Verherrlichung der Philosophie, die vier Jahrhunderte später dem Leben des Augustinus eine neue Richtung gab.[10] Als erster Teil einer geplanten Gesamtdarstellung der griechischen Philosophie in lateinischer Sprache folgte mit den *Academica* eine Behandlung der Lehre der Akademie, die unter allen griechischen Philosophenschulen der Persönlichkeit Ciceros am meisten entsprach. Hatte hier vor allem Ciceros persönliche Neigung die Wahl des Themas bestimmt, so führte ihn eine philosophische Grundfrage von zentraler Bedeutung für die Bewältigung der praktischen Lebenswirklichkeit zu dem Gegenstand seiner nächsten Schrift *De finibus bonorum et malorum* (»Über das höchste Gut und das größte Übel«), die er in der kurzen Zeit von Mitte Mai bis Ende Juni des Jahres 45 vollendete.

10 Augustinus, *Confessiones* 3,4,7 und 8,7,17.

Die Schrift »De finibus«

Die im Titel bezeichnete Frage nach dem absoluten Zielpunkt und Richtmaß menschlicher Orientierung (vgl. S. 3) behandelt Cicero in der Form fingierter Gespräche über die Güterlehre der drei bzw. vier klassischen hellenistischen Philosophenschulen. Dabei fällt die Darlegung und Verteidigung der betreffenden Lehrmeinung dem jeweiligen Gesprächspartner Ciceros, ihre Kritik dem Autor selbst zu. Die Beziehung von Rede und Gegenrede entspricht in diesen Dialogen nicht dem Muster des platonischen Dialogs, dessen dialektischer Gang in den kleinen Schritten von Frage und Antwort, Argument und Gegenargument voranschreitet, sondern der Anlage der für uns verlorenen, sogenannten ›exoterischen‹ Schriften des Aristoteles, die für ein äußeres, nicht seiner Schule angehörendes Publikum bestimmt waren. Sie unterschieden sich von den ›esoterischen‹, d. h. für den inneren Kreis der Schule bestimmten Schriften, zu denen alle uns erhaltenen Aristotelischen Werke gehören, durch die dialogische Behandlung des Themas in Form längerer, aufeinanderfolgender Beiträge der Gesprächspartner, unter denen sich der Autor die maßgebliche Rolle vorbehielt.[11]

Für die Bewältigung dieser Aufgabe durfte sich Cicero in stofflicher wie in sprachlicher Hinsicht aufs beste gerüstet fühlen. Seine philosophischen Studien, zunächst in Rom unter Anleitung Philons von Larissa (vgl. S. 9 und 17) und später in Griechenland hatten ihn mit allen wichtigen philosophischen Lehrmeinungen vertraut gemacht. Seine reser-

11 Zur Diskussion der diesbezüglichen Äußerungen Ciceros (vor allem in den *Briefen an Atticus* 4,16,2 und 13,19,4) vgl. A. D. Leeman und H. Pinkster in ihrem Kommentar zu Ciceros *De oratore*, Bd. 1, Heidelberg 1981, S. 67 ff. (»Ciceros Dialogtechnik«) und E. Lefèvre, »Cicero als skeptischer Akademiker«, in: *Antikes Denken – Moderne Schule*, hrsg. von H. W. Schmidt und P. Wülfing, Heidelberg 1988 (Gymnasium Beihefte, 9), S. 118.

vierte Haltung gegenüber der Schule Epikurs hatte ihn nicht abgehalten, deren Vertreter Phaidros von Athen und Zenon von Sidon in Athen zu hören, und der gelehrte Stoiker Diodot lebte bis zu seinem Tod im Jahre 59 v. Chr. im Hause Ciceros. Seine Kompetenz auf dem Gebiet der akademischen Philosophie, mit der die peripatetische in Fragen der Ethik weitgehend übereinstimmte, hatte das fast gleichzeitig mit *De finibus* vollendete Werk *Academica* hinreichend dokumentiert. Noch höher war die sprachliche Souveränität zu veranschlagen, in der sich Cicero durch eine Fülle von Staats- und Gerichtsreden, aber auch durch die theoretischen Schriften der vergangenen zehn Jahre (vgl. S. 19 f.) als unerreichter Meister der lateinischen Sprache erwiesen hatte.

In dieses Medium und damit in die römische Welt suchte er nun die ethischen Lehren der großen griechischen Philosophenschulen zu übertragen. Entsprechend der dreifachen Bedeutung, die die griechische Philosophie für ihn als Menschen, als Römer und als Staatsmann besaß (vgl. S. 19), leitete ihn dabei die dreifache Intention der geistig-moralischen, kulturellen und politischen Einwirkung auf sein römisches Publikum. Die existentielle Bedeutung der Grundfragen menschlicher Orientierung, von der er selbst im Innersten erfüllt war, suchte er auch seinen Lesern mitzuteilen. Sie sollten aber für die Behandlung dieser Fragen auch nicht länger auf griechische Texte angewiesen sein, sondern durch die Lektüre seiner Werke die Erfahrung gewinnen, daß die lateinische Sprache in nicht geringerem Maße über die Begriffe und Ausdrucksmöglichkeiten für die Darstellung philosophischer Inhalte verfügte. Die fiktiven, jedoch mit hoher Bewußtheit gestalteten Gespräche, in denen Cicero die Erörterung dieser Gedanken sich entwikkeln ließ, zeichneten schließlich das Bild einer römischen Welt, die zwar dem Reich des Geistes angehörte, aber unverkennbar dazu bestimmt war, in die politische Realität

hineinzuwirken.[12] Im Unterschied zu seinen beiden ersten Anliegen konnte Cicero dieses letztere aus naheliegenden Gründen schwerlich im Klartext formulieren, solange die Herrschaft Caesars andauerte. Aber die Wahl der Adressaten, denen er seine Schriften widmete, und der Gesprächspartner, die er in ihnen zu Wort kommen ließ, sowie die Gestaltung der Rahmensituationen, in die die Gespräche einbezogen waren, mußten für den zeitgenössischen Leser eine deutliche Sprache sprechen. Sie zeigte ihm das Bild einer Welt, die mit dem von Caesar beherrschten und geprägten Rom wenig gemeinsam hatte. Ihre Repräsentanten verkörperten nach ihrer Herkunft, ihrer Bildung, ihren Wert- und Ordnungsvorstellungen das republikanische Rom in seiner besten und eindrucksvollsten Gestalt. Im Bürgerkrieg hatten die meisten von ihnen auf republikanischer Seite gegen Caesar gekämpft und großenteils den Tod auf dem Schlachtfeld gefunden oder nach dem Untergang der Republik Selbstmord begangen. Die Schauplätze und der Stil ihrer Gespräche tragen die Zeichen hoher geistiger Kultur, liebenswürdiger Menschlichkeit und eines ausgeprägten Sinnes für Würde und Verantwortung im privaten wie im öffentlichen Bereich. Mit besonders ausgeprägter Deutlichkeit treten diese Merkmale an der Schrift *De finibus* in Erscheinung.

Die Personen

Wie zuvor seine Schriften *Brutus*, *Paradoxa Stoicorum*, *Orator* und später die Werke *Tusculanae disputationes* (»Gespräche in Tusculum«) und *De natura deorum* (»Über das Wesen der Götter«) widmete Cicero auch *De finibus* dem späteren Caesar-Mörder Marcus Iunius Brutus (85–42 v. Chr.). Dessen Haltung und Entwicklung erfuhr nach dem

12 Grundlegend dazu H. Strasburger, »Ciceros philosophisches Spätwerk als Aufruf gegen die Herrschaft Caesars«, in: *Jahrbuch der Heidelberger Akademie der Wissenschaften für das Jahr 1978*, S. 38–40.

frühen Tod des Vaters ihre entscheidende Prägung durch seinen Onkel Cato Uticensis (vgl. S. 25), der ein Halbbruder seiner Mutter Servilia war. Nach gründlichen philosophischen Studien, die seine Vorliebe für die Lehre der Stoa begründeten, begleitete er seinen Onkel in den Jahren 58–56 auf dessen zypriotischer Mission (vgl. S. 25). Im Bürgerkrieg kämpfte er auf seiten des Pompeius, wurde aber nach Pharsalus (48 v. Chr.) von Caesar begnadigt und sogar in den Freundeskreis des Diktators aufgenommen. Wie Cicero, mit dem er durch Atticus (vgl. S. 26) in Kontakt gekommen war, betätigte er sich schriftstellerisch auf verschiedenen Gebieten. Einen Traktat *De virtute* (»Über die Tugend«) widmete er Cicero. Nach dem endgültigen Scheitern seiner Hoffnung auf eine Wiederherstellung der Republik mit der Niederlage bei Philippi gab er sich im November 42 selbst den Tod.

Zum Vertreter der epikureischen Lehre und zu seinem Gesprächspartner in den beiden ersten Büchern macht Cicero mit Lucius Manlius Torquatus den Abkömmling eines alten und berühmten Patriziergeschlechts. Sein Bekenntnis zur Lehre Epikurs hinderte ihn nicht, sich nach Kräften politisch zu engagieren. So unterstützte er seinen gleichnamigen Vater, der bei der Bewerbung um das Konsulat für das Jahr 65 zunächst unterlegen war, durch die erfolgreiche Anklage gegen einen seiner beiden unrechtmäßig gewählten Mitbewerber, Publius Cornelius Sulla. Denselben Mann zog er im Jahre 62 wieder vor Gericht, scheiterte aber mit seiner Anklage wegen angeblicher catilinarischer Umtriebe an der geschickten Verteidigung Ciceros, der ihm später freundschaftlich verbunden war und ausdrückliche Hochachtung für seine geistigen und charakterlichen Qualitäten bekundete. Für das Jahr 49 zum Prätor gewählt, kämpfte er im Bürgerkrieg auf republikanischer Seite gegen Caesar und beging nach der verlorenen Schlacht bei Thapsus (46 v. Chr.) Selbstmord.

Als weiterer Gesprächsteilnehmer erscheint in den beiden

ersten Büchern Gaius Valerius Triarius, der einer von Cicero besonders hochgeschätzten Familie angehörte. Er kommandierte im Bürgerkrieg einen Teil der Flotte des Pompeius und fiel in der Schlacht bei Pharsalus (48 v. Chr.). Nach seinem Tod übernahm Cicero die Vormundschaft für seine Kinder.

Für die Rolle seines stoischen Gesprächspartners, die Cicero im Dritten und Vierten Buch zu besetzen hatte, gab es wohl keinen geeigneteren Kandidaten als Marcus Porcius Cato (95–46 v. Chr.), den Urenkel des Cato Censorius (234–149 v. Chr.), der nach dem Ort seines selbstgewählten Todes, der Stadt Utica in Nordafrika, den Beinamen Uticensis erhielt. Wie sein Urgroßvater, die Verkörperung altrömischer Einfachheit und Sittenstrenge, wurde auch er zu einer Symbolgestalt, die die Nachwelt mit dem strahlenden Glanz unbeugsamen republikanischen Freiheitswillens umgab. Seine unbestechliche charakterliche Integrität und politische Grundsatzfestigkeit, mit der er ein konsequentes Bekenntnis zu den Lehren der Stoa verband, ließ ihn schon bald in die Rolle des großen Gegenspielers Caesars hineinwachsen. Sie fiel ihm zum erstenmal in der schicksalhaften Senatsdebatte vom 5. Dezember 63 zu, als sein Votum gegen den Antrag Caesars die Entscheidung im Sinne der von Cicero geforderten Hinrichtung der Catilinarier herbeiführte. Zwar gelang es den vereinten Anstrengungen seiner Gegner, ihm im Jahre 58 die undankbare Aufgabe der Einziehung Zyperns als römischer Provinz zu übertragen und ihn damit für drei Jahre aus Rom zu entfernen; doch er kehrte nach vorbildlicher Erfüllung seiner Aufgabe mit gestärkter Autorität nach Rom zurück, so daß seine Wahl zum Prätor für das Jahr 54 nicht mehr zu verhindern war. Im Bürgerkrieg gegen Caesar fiel ihm nach der Schlacht von Pharsalus und dem Tod des Pompeius die Führung der Republikaner zu. Als ihre Sache mit der Niederlage von Thapsus unwiderruflich verloren war, setzte er seinem Leben ein Ende. Dieses Ende wurde der Beginn einer nicht abreißenden Reihe literarischer Ver-

herrlichungen seines Lebens und Sterbens, die Cicero, gefolgt von Brutus, mit einer Lobschrift *Cato* eröffnete, auf die Caesar mit einem *Anticato* antwortete. Bis weit in die Kaiserzeit hinein diente seine Gestalt als Thema, mit dessen Behandlung die Repräsentanten der senatorischen Opposition ihren Widerstand gegen den Prinzipat in Dramen, Epen und Geschichtswerken artikulierten.

Die Hauptrolle unter den Personen, die Cicero im Fünften Buch zusammenführt, spielt Marcus Pupius Piso Frugi Calpurnianus (geb. um 115 v. Chr.), ein leiblicher Enkel des für seine Schlichtheit berühmten Calpurnius Piso Frugi (Konsul 133 v. Chr.), der aber von einem Marcus Pupius adoptiert wurde. Er war in seiner Jugend mit Cicero befreundet, opferte diese Freundschaft aber als Konsul (61 v. Chr.) einer für Cicero nachteiligen Politik im Dienste des Pompeius, den er auf seinen Feldzügen im Osten (67–62) begleitet hatte und dem er das Konsulat verdankte. Zeitpunkt und Umstände seines Todes sind nicht bekannt.

Titus Pomponius (110–32 v. Chr.), dem seine begeisterte Liebe zu Athen den Beinamen Atticus eingetragen hatte, war von früher Jugend an mit Cicero befreundet und dessen Familie obendrein durch die Ehe seiner Schwester mit Ciceros Bruder Quintus (vgl. S. 27) verbunden. Sein ererbter Reichtum erlaubte es ihm, sich ganz seinen geistigen Interessen zu widmen und vom Jahre 85 an für etwa zwanzig Jahre in Athen zu leben. Seine Neigung zu kultivierter Muße prädestinierte ihn zum Anhänger Epikurs, dessen Gebot politischer Abstinenz er, durchaus zu seinem Vorteil, lebenslang befolgte. Er war Ciceros Briefpartner, Verleger und Ratgeber in allen, besonders literarischen, Fragen. Er schrieb eine Weltchronik (*Liber Annalis*) unter besonderer Berücksichtigung der römischen Geschichte und andere historische Werke, von denen nichts erhalten ist. Die beginnende augusteische Epoche sah ihn als Freund Agrippas, der mit seiner Tochter verheiratet war. Als er an einem unheilbaren Leiden erkrankte, schied er freiwillig aus dem Leben.

Quintus Tullius Cicero (102–43 v. Chr.), der Bruder unseres Autors, teilte dessen Ausbildung, aber nicht seine intellektuelle und sprachliche Begabung. Die römische Ämterlaufbahn führte ihn 65 zur Ädilität und 62 zur Prätur. Ihr folgte die Verwaltung der Provinz Asia in den Jahren 61–59. Während des Gallischen Kriegs diente Quintus von 54 bis 51 im Stab Caesars. Seinen Bruder unterstützte er während der Statthalterschaft in Kilikien (51/50 v. Chr.). Im Bürgerkrieg stand er auf seiten des Pompeius und wurde nach Pharsalus begnadigt. In der Folgezeit litt das Verhältnis der Brüder unter Gehässigkeiten des jüngeren, der aber nach Philippi das Schicksal des älteren teilte und mit ihm den Schergen des Marcus Antonius zum Opfer fiel.

Der jüngste im Kreise der Gesprächsteilnehmer des Fünften Buchs ist Ciceros Vetter, Lucius Tullius Cicero. Bei den Ermittlungen zum Prozeß gegen den ausbeuterischen Verwalter der Provinz Sizilien, Verres, im Jahre 70 v. Chr. erfreute sich Cicero dankbar der Hilfe des jungen Verwandten. Sein früher Tod im Jahre 68 v. Chr. erfüllte ihn mit tiefer Trauer.

Der Aufbau

Das Proömium zum *Ersten Buch*, das zugleich das Gesamtwerk einleitet, entfaltet die Motive für Ciceros philosophische Schriftstellerei in der Auseinandersetzung mit Vorurteilen und Mißverständnissen, denen dieses Unterfangen begegnet (1–11), und begründet die Behandlung des Themas, der Frage nach dem höchsten Gut und dem größten Übel (12). Am Anfang der Erörterung soll als einfachster Versuch einer Antwort die epikureische Lehre stehen, die Lucius Torquatus anläßlich eines Besuchs bei Cicero in seinem Landhaus bei Cumae in Gesellschaft des Triarius gegen Ende des Jahres 50 v. Chr. entwickelte (13 f.). Die Frage des Torquatus nach Ciceros Gründen für seine Geringschätzung Epikurs, die er im Stilistischen vermutet, bringt das Gespräch in Gang (14). Cicero erwidert, seine

Kritik beziehe sich nicht auf stilistische, sondern auf philosophische Unzulänglichkeiten Epikurs, die er in den Bereichen der Naturphilosophie, der Logik und der Ethik erkenne. Die letzteren illustriert er mit Argumenten, die sich auf berühmte Vorfahren des Torquatus und ihre Leistungen beziehen (15–26). Torquatus weiß sich mit Cicero im Interesse an der Sache und der Ablehnung bloßer Polemik einig und empfiehlt, die Erörterung auf den für Epikur zentralen Begriff der Lust zu konzentrieren (26–29). Die Lust entspricht nach seiner Überzeugung dem Wesen des höchsten Gutes, wie schon die ursprüngliche, unverbildete Erfahrung aller Lebewesen erkennen lasse (29–32). Freilich dürfe man gerade um dieses höchsten Zieles willen nicht jede Lust genießen und jeden Schmerz vermeiden, sondern müsse, um schädliche Folgen auszuschließen, in entsprechenden Situationen auch eine Lust verschmähen und einen Schmerz in Kauf nehmen (32 f.). Nach diesem Grundsatz erklärt Torquatus auch die von Cicero angeführten Verhaltensweisen seiner Ahnen (34–36). Das Wesen der Lust im epikureischen Sinne verdeutlicht er durch die Unterscheidung zwischen konkreter Lustempfindung im Einzelfall und dem Zustand der Schmerzlosigkeit als höchster Lust (37–39). Die Schilderung von extremen Beispielen des Erlebens von Lust und Schmerz soll die entscheidende Bedeutung beider Empfindungen erweisen (40–42). Die Tugend will Torquatus nicht als ein um seiner selbst willen zu erstrebendes Ziel, sondern nur als Mittel zur Lust gelten lassen (42–54). Er demonstriert diesen Gedanken zunächst an der Weisheit und ihrer Bedeutung für die Beherrschung der von Epikur nach einem einfachen System unterschiedenen Begierden (42 bis 46), dann an der Mäßigung (47 f.), der Tapferkeit (49) und der Gerechtigkeit (50–53). Bezüglich der Voraussetzungen von Lust und Schmerz betont Torquatus, daß ihr Ursprung stets im Körperlichen liege, daß ihnen aber die zusätzliche Dimension der Zeit im Seelischen größeres Gewicht verleihe (55–57). In der Betonung des wesentlichen

Zusammenhangs von Lust und Tugend verdiene die epikureische Lehre den Vorzug vor der stoischen (58–61). Der Schilderung des epikureischen Weisen (62) folgt die Begründung für den Vorrang, den Epikur der Naturphilosophie gegenüber der Dialektik der Akademiker eingeräumt habe, und für den Primat der Sinneswahrnehmung (63 f.). Den Abschluß bildet die Erläuterung der epikureischen Lehre von der Freundschaft und ihrem Verhältnis zur Tugend (65–70) sowie die Rechtfertigung der Konzentration Epikurs auf die Kunst der Lebensführung und seine Vernachlässigung anderer Künste (71 f.).

Das *Zweite Buch* eröffnet die Kritik der epikureischen Lehre mit einem kurzen Überblick über verschiedene Methoden der philosophischen Erörterung, unter denen Cicero im folgenden der dialektischen den Vorzug gibt (1–3). Er betont die unerläßliche Notwendigkeit bestimmter methodischer Voraussetzungen wie die der klaren Definition von Begriffen (3–5) und sucht deren Fehlen im Falle des epikureischen Lustbegriffs nachzuweisen (6–17). Auch nach dem Übergang von der dialektischen zur rhetorischen Methode der Erörterung stehen für Ciceros Kritik die logischen Mängel und Unstimmigkeiten der epikureischen Lehre im Vordergrund (18). Er verdeutlicht sie, indem er ihnen die logisch konsequente Bestimmung des höchsten Gutes in anderen Schulen gegenüberstellt (19). Einzelne epikureische Sentenzen sollen die ethische und logische Fragwürdigkeit dieser Lehre illustrieren (20–23) und eine Gegenüberstellung des Genußmenschen und des Weisen die Wertlosigkeit der Lust erweisen (23–25). Die epikureische Einteilung der Begierden ist für Cicero ein Beispiel falscher Systematisierung, und die Vorstellung begrenzter Begierden wird als ebenso widersprüchlich erwiesen wie das Nebeneinander von herkömmlichem Lustbegriff und dem Verständnis von Schmerzlosigkeit als höchster Lust (26–30). Unstimmigkeit und Widersprüchlichkeit erkennt Cicero auch in der Begründung für die Hochschätzung der Lust durch das

Verhalten unverbildeter Lebewesen, das gerade nicht an der angeblich höchsten Lust im Sinne der Schmerzlosigkeit orientiert sei (31 f.). In einer systematischen Doxographie wird der Inkonsequenz Epikurs der logische Zusammenhang zwischen der Bestimmung des höchsten Gutes und der Beobachtung naturgemäßen Verhaltens bei anderen Philosophenschulen gegenübergestellt (33–35). Einen wesentlichen Grund für die Irrtümer Epikurs erkennt Cicero in seiner Überbewertung der Sinneswahrnehmungen auf Kosten des Urteils der Vernunft und seiner Bedeutung für die Bestimmung des höchsten Gutes (36–38). Grundlage für die Beurteilung der verschiedenen Lehrmeinungen ist deshalb für ihn die jeweilige Einschätzung der Tugend und ihrer Bedeutung für das höchste Gut (39–43). Seine Diskussion mit Torquatus wird dadurch für Cicero gleichsam zu einer Auseinandersetzung der Tugend mit der Lust, bei der Epikur dadurch widerlegt werde, daß sich die Vernunft als entscheidendes Wesensmerkmal des Menschen, die Tugend als ursprüngliches und natürliches Ziel seines Strebens und damit als höchstes Gut erweise (44–47). Dagegen halte das epikureische Verständnis der Tugend als Mittel zur Lust einer kritischen Prüfung nicht stand (48–52); denn entsprechende Beispiele zeigten, daß dieses Tugendverständnis hartgesottene Übeltäter nicht vom Bösen abhalte (53–57), während das sittlich gute Handeln, auch bei Epikureern und bei Torquatus selbst, eine um ihrer selbst willen erstrebte Tugend voraussetze (58–63). Die Gegenüberstellung extremer Verkörperungen beider Haltungen in den Gestalten des Thorius und Regulus (64 f.) und weitere Kontrastbeispiele sollen die Unhaltbarkeit der epikureischen Hochschätzung der Lust und der entsprechenden Abwertung der Tugenden erweisen (66–69). Im Gegensatz zu der epikureischen These, Tugend sei eine notwendige Voraussetzung der Lust, sucht Cicero zu zeigen, daß bei dieser Grundhaltung alle Tugenden auf Sand gebaut seien (70–74). Trotz aller Interpretationen des Lustbegriffs könne es kein Epikureer wagen,

sich öffentlich zu einer konsequenten Befolgung des Lustprinzips zu bekennen, er laufe vielmehr Gefahr, daß seine Gedanken seinen Worten und sein privates Leben seinem öffentlichen Auftreten vollkommen widerspreche (75–77). Eine konsequente Orientierung an epikureischen Grundsätzen sei auch mit den Anforderungen wahrer Freundschaft nicht zu vereinbaren (78–85). Besonderes Gewicht legt Cicero auf die entscheidende Frage, ob das höchste Gut Epikurs überhaupt in der unbedingten Verfügungsgewalt des Menschen liege oder ob der Epikureer seinen Verlust befürchten müsse (86). Letzteres ergibt sich für Cicero aus der zwangsläufigen zeitlichen Begrenzung jeder Lust, die Epikur zu Unrecht vernachlässige (87–89). Ebenso unhaltbar sei der Anspruch einer Verbindung naturgemäßen Lebens mit der Bejahung des Lustprinzips (90 f.) und die epikureische Lehre vom Schmerz (92–95). Widersprüche zwischen Lehre und Leben erkennt Cicero in dem Brief des sterbenden Epikur an Hermarch (96–99) und in seinem Testament (100–103). Die Kritik an seinen Aussagen über die Erinnerung (104–106) und über das Verhältnis zwischen körperlichen und geistigen Lustgefühlen (107 f.) mündet schließlich in die Demonstration des unerträglichen Mißverhältnisses zwischen der Fülle menschlicher Möglichkeiten und der Konzentration auf das alleinige Ziel der Lust (109 bis 117) und die Aufforderung an Torquatus, sich diesem Problem in seiner ganzen Bedeutung zu stellen (118 f.). Torquatus erklärt seine Absicht, das Gehörte mit den Epikureern Siron und Philodem bei späterer Gelegenheit zu erörtern.

Der Übergang von den ersten beiden Büchern zum zweiten Buchpaar führt den Leser zeitlich vom Jahre 50 um zwei Jahre zurück in das Jahr 52 v. Chr., räumlich von Cumae an der kampanischen Küste nach Tusculum in den Albaner Bergen und thematisch von Epikur zur Stoa. In den einleitenden Worten des *Dritten Buches*, die wieder an Brutus gerichtet sind, weist Cicero auf den höheren Anspruch hin,

den die stoische Philosophie, verglichen mit der Lehre Epikurs, im Sprachlichen wie im Gedanklichen erhebe, und betont, daß seine Widmung nicht im Sinne des Anspruchs einer Unterweisung mißverstanden werden dürfe (1–6). Die Erörterung der stoischen Philosophie entwickelt sich im beziehungsreichen Rahmen der Bibliothek im Landhaus des jungen Lucullus, in der Cicero dem in die Lektüre stoischer Schriften vertieften Cato begegnet (7–9). Den Ausgangspunkt ihres Gesprächs bildet die Frage, was der zentrale Grundsatz der stoischen Ethik, daß nur die Tugend ein Gut sei, für die Einschätzung anderer erstrebenswerter Dinge und für das Verhältnis zu den im Grundsatz vergleichbaren Lehren Pyrrhons und Aristons bedeute (10–14). Die Frage soll von Cato im Rahmen einer Gesamtdarstellung der stoischen Ethik beantwortet werden, die besondere sprachlich-terminologische Probleme bietet (14–16). Cato beginnt mit einer Darlegung der Entwicklung, die den Menschen von seinem ursprünglichen, instinktiven Verlangen nach der Befriedigung elementarer natürlicher Bedürfnisse über die wachsende Fähigkeit zu vernünftiger Beurteilung und Erkenntnis seiner Aufgaben im Rahmen des harmonischen und geordneten Weltganzen schließlich zum bewußten Streben nach der Tugend als dem einzigen wahren Gut und damit zur höchsten Verwirklichung eines Lebens in Übereinstimmung mit der Natur führt (16–22). Ein Vergleich mit verschiedenen menschlichen Künsten und Tätigkeiten, die teils ihr Ziel in sich selbst tragen, teils ein außerhalb ihrer selbst liegendes Ziel verfolgen, verdeutlicht die charakteristische Besonderheit der Selbstverwirklichung der Weisheit (23–25 und 32). Aus der absoluten Ausrichtung des Weisen auf das Ziel, in Übereinstimmung mit der Natur zu leben, folgert Cato dessen unbedingte und vollkommene Glückseligkeit (26). Eine kurze Zusammenfassung rekapituliert die entsprechenden stoischen Schlußfolgerungen in ihrer Prägnanz und ihrem logischen Zusammenhang (27–29). Ein Vergleich mit den Lehren anderer Schulen verdeutlicht die

Überlegenheit der stoischen Philosophie und ihrer besonderen Bestimmung des höchsten Gutes (30 f.). Der Klärung des Begriffs ›Gut‹ dient die Erläuterung seiner stoischen Definition (33) sowie die Unterscheidung zwischen Dingen, die wegen ihrer Qualität, und solchen, die wegen ihrer Quantität geschätzt werden (34). An die Erklärung der Verirrungen der Seele und ihrer Bezeichnungen (35) schließt sich die Begründung des fundamentalen stoischen Lehrsatzes, daß nur das sittlich Gute ein erstrebenswertes Gut sei, durch den Hinweis auf entsprechende allgemein menschliche Erfahrungen (36–38) und die Bekräftigung der daraus folgenden Einsichten für das Wesen der mittleren, wertneutralen Dinge und der Laster (39). Nach einer anerkennenden Zwischenbemerkung Ciceros über die klare und angemessene Darstellung seines Gesprächspartners (40) wendet sich Cato der zwischen Stoikern und Peripatetikern besonders umstrittenen Frage zu, von welchen Voraussetzungen das glückliche Leben abhänge (41). Er begründet seine strikte Beschränkung auf die Tugend mit einer von der peripatetischen Beurteilung abweichenden Einschätzung des Schmerzes (42) sowie aller körperlichen und äußeren Güter, die als lediglich schätzenswerte mittlere Dinge von dem allein erstrebenswerten Gut, der Tugend, zutiefst verschieden seien (43 f.). Aus diesem prinzipiellen Unterschied ergebe sich auch die Konsequenz, daß die Tugend ebenso wie ihr Gegenteil keine Steigerung, Erweiterung oder Ausdehnung kenne (45–48). Das Beispiel des Reichtums und der Wissenschaften dient noch einmal der konkreten Verdeutlichung der prinzipiellen Verschiedenheit der mittleren Dinge von der Tugend als dem wahren Gut (49 f.). Die folgende Darlegung begründet und erläutert im einzelnen die stoische Differenzierung zwischen verschiedenen Gattungen der mittleren Dinge und die Schaffung der entsprechenden Terminologie (50–57). Sie führt im Bereich des menschlichen Handelns zur Unterscheidung zwischen einem – im moralischen Sinne vollkommenen – rechten Handeln und ei-

nem zwar vernünftig begründbaren, aber nur dem Bereich der mittleren Dinge zugehörigen pflichtgemäßen Handeln (58 f.). Letzterem ist auch die Entscheidung der Frage zuzurechnen, ob der Mensch im Leben auszuharren oder aus dem Leben zu scheiden hat (60 f.). Als wichtigen Teil der natürlichen Bestimmung des Menschen erörtert Cato schließlich die verschiedenen Formen zwischenmenschlicher Beziehungen von der Familie über den Staat bis zur gesamten Menschheit, bei denen auf vielfache Weise der Einsatz eines Menschen für andere in Erscheinung trete (62–68). Anschließend an eine systematische Einteilung der für den Menschen förderlichen oder schädlichen Dinge (69) kommen die Themen Freundschaft (70) und Recht (71) aus der Sicht des Stoikers zur Sprache. Den Abschluß der Darlegungen Catos bildet die Erläuterung des engen Zusammenhangs, der die Bereiche der Dialektik und der Naturphilosophie mit dem der Ethik verbinde (72 f.), die rühmende Hervorhebung der Harmonie, Geschlossenheit und Folgerichtigkeit der stoischen Lehre (74) und der Lobpreis des stoischen Weisen (75 f.).

Auf Catos Worte antwortet Cicero im *Vierten Buch* zunächst mit einem Kompliment für seine Darstellung der stoischen Lehre, mit deren Schwierigkeit und Dunkelheit er aber die einleuchtende Klarheit der peripatetischen Philosophie vergleicht (1 f.). Die Frage, ob sich die Stoiker von ihr allein der Sprache oder auch der Sache nach unterscheiden, soll im folgenden systematisch geprüft werden (2). Ciceros Darstellung beginnt mit einem Überblick über die Lehren der peripatetischen Schule und der mit ihr in der Sache übereinstimmenden alten Akademie, die in ihrer Gesamtheit der stoischen gegenübergestellt werden soll (3). Er rühmt die Klarheit ihres Aufbaus, ihre thematische Vielfalt und den stilistischen Glanz ihrer Darstellung, dem die Stoa nichts Vergleichbares entgegenzusetzen habe (4–7). Ähnliches gelte für ihre Leistungen auf dem Gebiet der Dialektik (8–10) und der Naturphilosophie (11–13). Im Bereich der

Ethik entfaltet Cicero das breite Spektrum der peripatetisch-akademischen Gedanken, die auch die Stoa übernommen habe, und fragt, mit ironischen Seitenhieben auf die stoischen Paradoxien, nach den Gründen, die die Stoiker bewogen hätten, eigene Wege zu gehen (14–24). Entsprechend dem Wunsch Catos nach einer gründlichen Untersuchung dieser Ursache (24) konzentriert sich Cicero auf die Frage, was die Stoiker veranlaßt habe, bei ihrer Bestimmung des höchsten Gutes den Körper und das, was mit ihm zusammenhänge, aufzugeben, und weist auf die Bedeutung des Körpers für den Menschen hin (25–28). Er widerspricht der Vernachlässigung angeblich unbedeutender naturgemäßer Dinge durch die Stoa und beharrt auf ihrer Bedeutung als integrierender Bestandteile eines glücklichen Lebens (29 bis 31). Die naturgemäßen Dinge seien in ihrer Gesamtheit und nicht in willkürlicher Beschränkung, etwa auf das beste unter ihnen, in Beziehung zum höchsten Gut zu setzen (32–34) und durch die Weisheit zu bewerten (35 f.). Die willkürliche Aufteilung in zwei verschiedene Bereiche widerspreche dem Wesen der menschlichen Natur (36–39) und führe letzten Endes in die Nähe der Irrtümer Aristons oder des Herillus, da man der Tugend ihre eigenen Voraussetzungen entziehe (40–42). So erweisen sich die Lehren Pyrrhons, Aristons und der Stoiker als Variationen ein und desselben Grundirrtums, der in der einseitigen Beschränkung des höchsten Gutes auf die Tugend besteht (43). Auch die Fortsetzung der Kritik Ciceros bezieht sich auf das in seinen Augen inkonsequente, unlogische Verhältnis, das für die Stoiker zwischen der Tugend und den naturgemäßen Dingen besteht (44–48). Derselbe kritische Ansatz führt zur Zurückweisung der formelhaften stoischen Schlußfolgerungen, die für Cicero entweder von falschen Voraussetzungen ausgehen oder dort, wo sie zutreffen, bloße Worte ohne wirklichen Wert für die Bewältigung des Lebens bleiben (49–53). Wenn sie gar der Erfahrung des Lebens offenkundig widersprechen, betrachtet Cicero die paradoxen Konse-

quenzen der Stoiker nicht als Ausdruck der Folgerichtigkeit und Geschlossenheit ihres Systems, sondern als Beweis für die Hinfälligkeit ihrer Voraussetzungen (54 f.). So wird die Entwicklung der stoischen Terminologie für ihn zum Ausdruck eines mißlungenen Versuchs Zenons, um des Effekts der Worte willen Abweichungen von der peripatetischen Lehre vorzutäuschen, die sich letzten Endes doch als die gedanklich richtige und sprachlich angemessene erweise (56–60). Wie Cicero im Zweiten Buch seine Auseinandersetzung mit Torquatus in einen Dialog der Tugend mit der Lust übergehen ließ (vgl. S. 30), legt er nun seine kritischen Fragen an Cato den Hörern Platons und seiner Nachfolger in den Mund (61) und läßt ihnen Cato mit ironischer Pointierung des stoischen Anspruchs überlegener Weisheit antworten, die sich in den bekannten Paradoxien erweisen soll (62 f.). Ihre Unhaltbarkeit erweist Cicero durch die Widerlegung der zu ihren Gunsten angeführten Gründe und Gleichnisse, denen er die in seinen Augen zutreffenden und angemessenen entgegenhält (64–68). Die Ursache der stoischen Verirrung erkennt er wiederum darin, daß man der Tugend mit der Trennung von ihren natürlichen Voraussetzungen zugleich ihre Grundlage entzogen habe (69 f.). Im Vergleich mit Aristons Lehre erweise sich die stoische gar als die künstlichere Konstruktion (70 f.) und ihre Terminologie sei eher dazu angetan, den durch die Worte angestrebten Eindruck in sein Gegenteil zu verkehren (72 f.). Die in ihrer Paradoxie absurden Folgerungen und Forderungen der Stoiker seien letzten Endes auf den untauglichen Versuch zurückzuführen, gleichzeitig zwei einander ausschließende Standpunkte zu vertreten, indem man einerseits das wahre Gut nur auf das sittlich Gebotene beschränke und andererseits das Streben nach der Befriedigung elementarer Bedürfnisse in der Natur verankere (74–78). Mit einem empfehlenden Hinweis auf Panaitios als vorteilhafteren Vertreter der Stoa schließt Cicero seine Erwiderung auf Cato, der die

Auseinandersetzung bei späterer Gelegenheit wieder aufnehmen will (79 f.).

Das *Fünfte Buch* versammelt mit Cicero, seinem Bruder Quintus, ihrer beider Vetter Lucius, dem Freunde Atticus und Pupius Piso im Jahre 79 v. Chr. fünf junge Römer an der Wirkungsstätte der großen athenischen Philosophen, deren Lehren sie mit begeisterter Hingabe studieren. Durch einen Vortrag Pisos soll der junge Lucius für die Philosophie der alten Peripatetiker und Akademiker gewonnen werden (1–8). Nach einem Überblick über den Aufbau ihrer Lehre (9) und die thematische Vielfalt ihrer Werke (10 f.) wendet sich Piso der peripatetischen Bestimmung des höchsten Gutes zu, die im Anschluß an Aristoteles erläutert werden soll, da spätere Peripatetiker keine vergleichbare Bedeutung besäßen (12–14). Einem Hinweis auf die fundamentale Bedeutung des Gegenstandes (15) folgt die im Anschluß an Karneades und Antiochos gegebene systematische Übersicht über die sechs grundsätzlich möglichen einfachen Bestimmungen des höchsten Gutes und die drei Formen seiner kombinierten Bestimmung, für die jeweils ihre Vertreter in der Philosophiegeschichte angeführt werden (16–21). Bei dieser Übersicht erweist sich die Lehre der alten Peripatetiker und Akademiker als die einzige, die den sachlichen Voraussetzungen und den logischen Anforderungen entspricht (22 f.). Ihr Kern besteht in der Erkenntnis, daß jedes Lebewesen, also auch der Mensch, seine spezifische natürliche Bestimmung habe, in deren vollkommener Verwirklichung das höchste Gut zu sehen sei (24–27). Die damit ausgesprochene Beziehung des höchsten Gutes auf natürliche Voraussetzungen wird zunächst mit Beweisen für den natürlichen Selbsterhaltungstrieb des Menschen begründet (28–33). Dem folgt die Erläuterung der menschlichen Natur, bei der sich Körperliches und Seelisches verbinde, die Seele aber den Vorrang vor dem Körper habe und die Tugenden als willentliche Fähigkeiten über die unwillentlichen der Seele dominierten (34–36). Wie überall in der

Natur die Pflege der wertvollsten Fähigkeit eines Wesens Vorrang habe, so sei für den Menschen die Tugend als Vollendung seiner höchsten Fähigkeit, nämlich der Vernunft, das erstrebenswerteste Gut und die Krönung seines naturgemäßen Trachtens nach Selbsterhaltung (37–40). Die Fähigkeit des Menschen zur Erkenntnis dieses letzten Zieles seiner natürlichen Bestimmung wachse aber erst allmählich, und aus keimhaft im Menschen angelegten Ansätzen entwickle sich mit immer klarerer Bewußtheit das Streben nach der Tugend, mit deren Vollendung die Natur wie an ihrem Ziel innehalte (41–44). Dabei sei die Einschätzung der Lust für die Bestimmung des höchsten Gutes unerheblich (45). Ging Piso bei der Bestimmung des letzten Ziels der menschlichen Entwicklung bisher vor allem von ihren natürlichen Grundlagen und Voraussetzungen aus, so konzentriert er sich im folgenden besonders auf die im menschlichen Verhalten erkennbaren natürlichen Antriebe und Tendenzen zur Entfaltung seiner körperlichen und geistigen Fähigkeiten (46–58). Für seine wesentlichste Aufgabe, die Verwirklichung des sittlich Guten, habe die Natur den Menschen nur mit den Anfangsgründen ausgestattet, so daß in der entsprechenden Anleitung des Menschen eine Aufgabe der Philosophie zu sehen sei (59 f.). In diesem Sinne zeigt Piso an einer Fülle von Beispielen, daß das sittlich Gute um seiner selbst willen zu erstreben ist (61–64). Den wichtigsten Bereich seiner Verwirklichung erkennt er in dem der menschlichen Gemeinschaft, die ein bevorzugtes Feld für alle menschlichen Tugenden bilde (65 f.). Ihre Ausrichtung auf andere Menschen zeige, daß auch sie uns um ihrer selbst willen teuer seien, doch dürfe man sie nicht als einen Teil des höchsten Guts betrachten (67 f.); ihre Betreuung bilde einen Teil des rechten Handelns, das sich aus den Tugenden ergebe (69). Sie seien zwar nur dem Auge des Weisen sichtbar, doch die Freude, mit der bereits der Ruhm als ihr Abglanz die Menschen erfülle, lasse die Hoheit und Erhabenheit der Tugenden erahnen, die alle körperlichen Güter

wie der Sonnenglanz die Sterne überstrahle (70 f.). Wenn es die Wahrheit auch verbiete, die körperlichen Güter für ganz bedeutungslos zu halten, beharre die Lehre der alten Peripatetiker und Akademiker doch auf der überragenden Bedeutung der Tugend und gebe damit die in jeder Hinsicht vollkommene Bestimmung des höchsten Gutes (72). Andere Schulen hätten lediglich versucht, sich Teile dieser Lehre anzueignen oder ihr eigene Auffassungen hinzuzufügen (73 f.). Nach anerkennenden Worten über Pisos Darstellung und einem kleinen Geplänkel über die Erkennbarkeit der Wahrheit (75 f.) meldet Cicero Bedenken gegen Pisos These an, daß alle Weisen immer glücklich seien, weil sie dem Eingeständnis widerspreche, der Weise könne auch von Übeln bedrängt sein (77). Gegen Pisos Hinweis auf den diesbezüglichen Standpunkt der Stoiker und seinen Versuch, zwischen glücklichem und vollkommen glücklichem Leben zu unterscheiden, beharrt Cicero auf der Forderung logischer Stringenz, die bei den Stoikern gegeben sei, bei den Peripatetikern dagegen fehle (78–86). Piso verweist auf die gemeinsame Grundüberzeugung, daß die gesamte Geltung der Philosophie von ihrer Fähigkeit abhänge, das Glück des Lebens zu ermöglichen, und sieht im Streben nach diesem Ziel den Grund der ausgedehnten Reisen großer Philosophen (87). Die überzeugende Antwort, daß ein glückliches Leben sich auf die Tugend gründe, habe Zenon von den Peripatetikern übernommen. Durch Änderungen, die nicht die Sache, sondern nur die Sprache beträfen, entgehe er dem Vorwurf der Inkonsequenz (88 f.). Die Peripatetiker jedoch beharrten zwar darauf, daß sich das Glück der Weisen entscheidend auf die Tugend gründe, räumten aber angesichts der unleugbaren körperlichen Übel ein, daß sich der Grad des Glückes unterscheiden könne (90–95). Mit der Zustimmung der übrigen Teilnehmer endet das Gespräch (95 f.).

Überblickt man die Abfolge der fünf Bücher, in die Cicero seine Darstellung gegliedert hat, so zeigt sich ihr Gesamtbild

zunächst von unmittelbar einleuchtender Klarheit bestimmt. Auf zwei Buchpaare, die die dogmatischen Systeme Epikurs und der Stoa jeweils aus der Sicht ihres überzeugten Vertreters und ihres ablehnenden Kritikers behandeln, folgt als abschließendes Einzelbuch die Darstellung der undogmatischeren und damit zur Gegenüberstellung des Für und Wider weniger herausfordernden Lehre des frühen Peripatos und der alten Akademie. Bei näherer Betrachtung zeigt sich diese Darstellung aber bei aller Einfachheit auch von differenzierenden Gestaltungsprinzipien geprägt, die die Gefahr des simplen Schematismus und der mechanischen Wiederholung geschickt vermeiden. Die wichtigsten dieser Prinzipien sind die individuelle Charakterisierung des jeweiligen Gesprächsrahmens, die inhaltlich-thematische Verklammerung der einzelnen Bücher bzw. Buchpaare und die wohlberechnete Steigerung sowohl in ihrem inneren Aufbau wie in ihrer äußeren Abfolge.

So hat unter den Schauplätzen der des Ersten Buchs mit Ciceros Cumanum im äußerlichen wie im übertragenen Sinn eine besondere Nähe zur Welt Epikurs. Das Landhaus an der kampanischen Küste ist der politischen Betriebsamkeit der Hauptstadt weit entrückt und gehört bereits dem Bannkreis der griechisch geprägten Welt des Golfs von Neapel an. Dorthin verweisen mit beziehungsreicher Deutlichkeit die letzten Worte des Torquatus, wenn er erklärt, er wolle das Gehörte mit Siron und mit Philodem besprechen (2,119). Dabei hat dieser Ausblick für den modernen Leser sogar eine Bedeutung, die über das dem Autor selbst Bewußte und von ihm Gemeinte noch hinausführt. Mit der am Fuße des Vesuv gelegenen, bei seinem Ausbruch im Jahre 79 n. Chr. verschütteten und seit der Mitte des 18. Jahrhunderts wieder ausgegrabenen Villa dei Papiri steht uns wahrscheinlich die Wirkungsstätte Philodems im Umkreis seines Gönners Lucius Calpurnius Piso vor Augen, und in den dort gefundenen Papyri Herculanenses ist uns wohl seine eigene Bibliothek erhalten. Wie um Philodem, so

hatte sich auch um Siron im nahen Neapel ein Kreis von Epikureern versammelt, der die Verbreitung dieser Lehre in der späten römischen Republik erkennen läßt. Doch anders als für Cicero verbinden sich für uns mit diesem Kreis vor allem die Namen Vergil und Horaz, die uns als Schüler Sirons bezeugt sind und aus der Welt Ciceros und Caesars bereits in die des Augustus vorausweisen.[13]

Als musisches Refugium wie sein Cumanum will uns Cicero gewiß auch das Tusculanum des Lucullus, den Schauplatz des zweiten Gesprächs, empfinden lassen. Doch dort ist es die Bibliothek mit ihren stoischen Schriften, die den beziehungsreichen Rahmen für das Gespräch mit Cato schafft. Sie soll uns wohl zunächst als Hinweis darauf dienen, daß Cicero bei der Abfassung des Dritten Buches, ähnlich wie sein Sprachrohr Cato, auch selbst »von vielen Schriften der Stoiker umgeben« war (3,7), von denen ihm eine, freilich nicht sicher bestimmbare, als maßgebliche Vorlage für seine Darstellung gedient haben dürfte.[14] Des weiteren kann diese Umrahmung des Gesprächs aber wohl auch als eine dezente Charakterisierung der stoischen Philosophie verstanden werden, die in Ciceros Augen der abstrakten Welt der Bücher mehr entsprach als der konkreten Wirklichkeit des Lebens.

Mit liebevoller Hingabe und dem unverkennbaren Ausdruck persönlicher Empfindung hat Cicero den Rahmen für das abschließende Gespräch des Fünften Buchs gestaltet. In der begeisterten Hinwendung der jungen Römer zu der großen Vergangenheit Athens, die sie sich auf ihrer Wanderung vergegenwärtigen, spiegelt sich nicht nur die persönliche Haltung Ciceros, sondern auch das Wesen dessen, was einmal Humanismus heißen sollte, verstanden als das Bestreben, durch die Begegnung mit dem geistigen, insbeson-

13 Vgl. P. Grimal, *Das antike Italien*, Frankfurt a. M. 1979, S. 169–173.

14 Vgl. M. Schäfer, *Ein frühmittelstoisches System der Ethik bei Cicero*, München 1934, und P. Milton Valente, *L'éthique Stoïcienne chez Cicéron*, Paris 1956.

dere literarischen Erbe einer als exemplarisch empfundenen Kultur die menschliche Persönlichkeit zu formen.

In der Prägung des gesamten Werks durch dieses zutiefst humane und humanistische Ethos liegt bereits zu einem wesentlichen Teil der Eindruck seiner Einheitlichkeit und Geschlossenheit begründet. Er beruht aber auch auf einer von Cicero bewußt erstrebten inhaltlichen Verklammerung der einzelnen Teile. Ihr dienen zunächst die wiederholten doxographischen Zusammenfassungen (2,33–35; 3,30 f.; 5,16–21). Sie zeigt sich aber auch, wenn etwa im Zweiten Buch zur Widerlegung der Lehre Epikurs bereits Gedanken der stoischen οἰκείωσις-Lehre aufgeboten werden (2,31 ff.), die das Dritte Buch in ihrem Zusammenhang mit der gesamten stoischen Lehre systematisch entfaltet (3,16 ff.) und die das Fünfte Buch ein weiteres Mal variierend wiederholt (5,24 und 5,41), oder wenn die Kritik an stoischen Lehrsätzen im Vierten Buch auf Argumente des Peripatos und der Akademie vorgreift (z. B. 4,14–24), wie sie im Fünften Buch zusammenhängend entwickelt werden.

Der in diesem Sinne durch mannigfache Beziehungen und Verweise verklammerte Aufbau des Gesamtwerks zeigt sich schließlich in mehrfacher Weise vom Prinzip der Steigerung beherrscht. Ihm gehorcht die Anordnung der behandelten philosophischen Lehren, die von der in Ciceros Augen unzulänglichen, leicht widerlegbaren epikureischen über die gedanklich und sprachlich anspruchsvollere, aber in entscheidenden Prämissen und Konsequenzen unannehmbare stoische zur allein angemessenen peripatetisch-akademischen aufsteigt. Als eine Steigerung wollte Cicero gewiß auch innerhalb der Buchpaare das Verhältnis des Zweiten zum Ersten und des Vierten zum Dritten verstanden wissen, und ein weiteres Mal erkennen wir dasselbe Prinzip, wenn das Streitgespräch Ciceros mit Torquatus sich zu einer Auseinandersetzung der Tugend mit der Lust entwickelt (2,44 ff.) und wenn die Argumente Ciceros gegen Cato den

Vertretern des frühen Peripatos und der alten Akademie selbst in den Mund gelegt werden (4,61 ff.).
Während die Diskussion der ersten beiden Buchpaare trotz der beschriebenen Steigerung in der Eindringlichkeit der Argumentation nicht zu einer Überwindung der Gegensätze oder wenigstens zu einer Annäherung der Standpunkte führt, klingt das Gespräch des Fünften Buches in harmonischer Übereinstimmung aus. Dieser Ausklang beschließt zwar Ciceros Schrift *De finibus*, aber nicht seine Auseinandersetzung mit den Grundfragen der ethischen Orientierung des Menschen. Der beunruhigenden Frage, die bereits in *De finibus* immer wieder angeklungen war, ob und in welchem Maße die Glückseligkeit des Weisen Beeinträchtigungen, etwa durch Schmerz und Tod, erleiden könne, widmete Cicero sein zeitlich und thematisch unmittelbar an *De finibus* anschließendes Werk *Tusculanae disputationes* (»Gespräche in Tusculum«). Ein weiteres und zugleich letztes Mal kehrte Cicero am Ende seines Lebens mit *De officiis* zum Themenkreis der philosophischen Ethik zurück, als er im Anschluß an die Schrift des Panaitios Περὶ τοῦ καθήκοντος die stoische Pflichtenlehre behandelte.

Nachwirkung

Die bewundernde Anerkennung, die Cicero seinem stoischen Gesprächspartner Cato in *De finibus* ausspricht, er lehre die Philosophie in lateinischer Sprache und verleihe ihr gleichsam das römische Bürgerrecht (3,40), beschreibt in Wirklichkeit zutreffend Ciceros eigenes Verdienst und könnte als Motto über der Wirkungsgeschichte seiner philosophischen Schriften stehen. Wer auch immer nach Cicero philosophische Fragen in lateinischer Sprache behandelte, hatte seine Ausdrucksmöglichkeiten, mochte er diesen Umstand erkennen und anerkennen oder nicht, zu großen Teilen Cicero zu danken.
Der erste namhafte Vertreter römischer Philosophie, den in

diesem Sinne ein unmittelbarer sachlicher und sprachlicher Traditionszusammenhang mit Cicero verbindet, ist Seneca (um 4 v. Chr. – 65 n. Chr.), der Stoiker am römischen Kaiserhof. Gerade die stoische Philosophie, zu der er sich in geschliffenem und pointiertem Latein bekannte und zu der er in eben diesem Latein andere hinzuführen suchte, war vor allem durch Cicero und besonders durch sein Werk *De finibus* in der Sprache Roms darstellbar und mitteilbar geworden. Daß Seneca hier in der Tat auf Pfaden wandelt, die ihm von Cicero geebnet wurden, ist unschwer zu belegen, etwa durch seine Darstellung der stoischen οἰκείωσις (*Epistulae morales* 121,14), für deren Wiedergabe er sich Ciceros »conciliare« (*De finibus* 3,16 und 3,21) zunutze macht. Doch der Vorgänger, dessen Spuren er folgt, ist ihm hier wie in den meisten anderen Fällen[15] keinen Hinweis wert. Ganz offenkundig maß Seneca dem Erbe, das er Cicero im Sprachlichen wie im Gedanklichen verdankte, keine besondere Bedeutung bei. Die Gründe, die auf dieses erste und nächstliegende Beispiel der Nachwirkung unseres Werkes und der philosophischen Schriften Ciceros insgesamt von seiten Senecas den Schatten distanzierter Kühle werfen, sind in der Hauptsache die folgenden: Seneca betont den absoluten Vorrang seines erzieherischen Anliegens, auf das praktische Handeln und Verhalten des Lesers im Sinne moralischer Besserung einzuwirken, und drängt demgegenüber alles Sprachliche, Stilistische, Rhetorische – und damit Ciceros Domäne – grundsätzlich, wenn auch paradoxerweise mit geschliffener stilistischer Brillanz, als sekundär und letztlich unbedeutend in den Hintergrund. Damit relati-

15 Typisch für solche von Seneca stillschweigend übernommenen Begriffe ist etwa Ciceros Prägung ›moralis‹, die von ihrem Schöpfer ausdrücklich als Bereicherung der lateinischen Sprache eingeführt wird (*De fato* 1,1), bei Seneca aber als völlig normaler Bestandteil des philosophischen Vokabulars in einem Atemzug mit ›naturalis‹ und ›rationalis‹ erscheint (z. B. *Epistulae morales* 89,9). Untypisch ist Senecas Hinweis auf Cicero als Schöpfer des Begriffs ›essentia‹ (ebd. 58,6), für den wir in Ciceros erhaltenen Schriften keinen Beleg finden.

viert sich auch die Bedeutung des fachlichen Details wie etwa der philosophischen Terminologie, deren Begriffe Seneca nicht wie Cicero in erster Linie abstrakt zu definieren, sondern in ihrem konkreten Bezug zur Lebenswirklichkeit verständlich zu machen sucht.[16] Schließlich steht auch die Auseinandersetzung mit abweichenden Lehrmeinungen bei Seneca unter einem anderen Vorzeichen als bei Cicero, wie etwa der Vergleich der Texte lehrt, die mit der Kritik an Epikurs Lehre von der Freundschaft ein und dasselbe Thema auf charakteristisch verschiedene Weise behandeln (*Epistulae morales* 9; *De finibus* 2,78–85). Während sich Ciceros Argumentation ganz auf den stringenten Nachweis der gedanklichen Inkonsequenz Epikurs konzentriert, rückt Seneca die Vermittlung des philosophisch richtigen Freundschaftsbegriffs in den Mittelpunkt und ordnet die eher beiläufige Korrektur epikureischer Irrtümer und Fehlhaltungen ganz seinem positiven erzieherischen Anliegen unter, so daß auch vereinzelte sprachliche Anklänge Senecas an Cicero nie den Eindruck literarischer Abhängigkeit entstehen lassen.

Das Bild der Wirkung Ciceros auf Seneca erschiene auch in keinem anderen Licht, wenn statt *De finibus* eine andere Schrift der Betrachtung zugrunde gelegt würde. Zu weit stärkeren Differenzierungen zwischen Ciceros Werken zwingt der Blick auf ihre Nachwirkung bei anderen antiken Autoren. Unter den philosophischen Schriften preist der ältere Plinius (23/24–79 n. Chr.) *De officiis* als ein Werk, das man nicht nur täglich in die Hand nehmen, sondern geradezu auswendig lernen müsse.[17] Als Maßstab und Vorbild

16 Dazu besonders treffend P. Grimal, *Seneca. Macht und Ohnmacht des Geistes*, Darmstadt 1978 (Impulse der Forschung, 24), S. 21 ff., bes. 24 f.

17 *Naturalis historia*, praef. 22. Zu dieser Stelle und dem hymnischen Lobpreis Ciceros im selben Werk (7,116) vgl. W. Richter, »Das Cicerobild der römischen Kaiserzeit«, in: *Cicero, ein Mensch seiner Zeit*, hrsg. von G. Radke, Berlin 1968, S. 161–197, bes. 166 f. Zur gesamten Nachwirkung Ciceros in der heidnischen und christlichen Antike grundlegend C. Becker, »Cicero«, in: *Reallexikon für Antike und Christentum*, Bd. 3, Stuttgart 1957, Sp. 86–127.

wird Cicero auch um die Wende zum 2. Jahrhundert gerühmt, aber nun ist es seine rhetorisch-stilistische Meisterschaft, die für den jüngeren Plinius (61/62 – um 114 n. Chr.), für Quintilian (geb. um 35 n. Chr.) und Tacitus (um 55 – um 120 n. Chr.) beherrschend im Vordergrund steht und seine Bedeutung für die Geschichte der Philosophie weitgehend aus dem Bewußtsein verdrängt.

Erst ein Jahrhundert später gewinnt das philosophische Werk Ciceros neue Aktualität, als christliche Autoren ihre apologetische Auseinandersetzung mit dem heidnischen Rom beginnen.[18] In einer bis zum Ende der Antike nicht mehr unterbrochenen Kontinuität kehren nun Gedanken, Ausdrucks- und Darstellungsformen der philosophischen Schriften Ciceros in den Werken der christlichen Schriftsteller wieder. Sind es bei Minucius Felix (um 200 n. Chr.) besonders die theologisch orientierten Schriften *De natura deorum* und *De divinatione*, die in seinem Dialog *Octavius* ihre unverkennbaren Spuren hinterlassen haben,[19] so spiegelt sich nahezu das gesamte philosophische Œuvre Ciceros in Zitaten, Anspielungen und Verweisen bei Laktanz (geb. um 260 n. Chr.),[20] den Pico della Mirandola einmal mit guten Gründen den »Cicero christianus« nennen sollte. Der humanistische Ehrentitel erinnert an das berühmte »Ciceronianus es, non Christianus«, das Hieronymus (um 330/340–419/420 n. Chr.) im Traum vernommen haben wollte[21] und zum Anlaß nahm, fortan der weltlichen Lektüre, der

18 Vgl. G. Thiaucourt, *Les premiers apologistes Chrétiens à Rome et les traités philosophiques de Cicéron*, Paris 1904.

19 Vgl. B. Kytzler im Nachwort seiner zweisprachigen Ausgabe des *Octavius*, Stuttgart 1977 (Reclams Universal-Bibliothek, 9860 [3]), S. 165.

20 Die Nachweise im einzelnen im »Index auctorum« der Ausgabe von S. Brandt und G. Laubmann: Laktanz, *Opera omnia*, Tl. 1, Prag/Wien/Leipzig 1890 (Corpus Scriptorum Ecclesiasticorum Latinorum, 19), Tl. 2,1.2, ebd. 1893–97 (CSEL 27). Auffällig das völlige Fehlen von Zitaten aus *De finibus* gegenüber 26 Belegen für *De officiis*, 40 für *Tusculanae disputationes* und 62 für *De natura deorum*.

21 *Epistulae* 22,29. Die Testimonia für *De finibus* bei E. Lübeck, *Hieronymus quos noverit scriptores et ex quibus hauserit*, Leipzig 1872, S. 141–143.

er zuvor mit leidenschaftlicher Hingabe gehuldigt hatte, abzuschwören. Am intensivsten und fruchtbarsten unter allen Kirchenvätern beschäftigte sich Augustinus (354–430 n. Chr.) mit Cicero.[22] Die vielzitierte Bekehrung des Neunzehnjährigen durch seine *Hortensius*-Lektüre[23] ist zwar das stärkste, aber nicht das einzige Beispiel für die Unbedingtheit und existentielle Konsequenz, mit der Augustinus weit über alles Stilistische hinaus, die Texte Ciceros, denen er begegnete,[24] ernst nahm. So bot ihm nach seiner eigenen Darstellung[25] auch die Lektüre von *De finibus* Anlaß zu grundsätzlicher Erörterung der behandelten Lehrmeinungen im Freundeskreis. Daß er dabei bekannte, ohne die christliche Jenseitsperspektive hätte er sich wohl für Epikur entschieden, wäre für Cicero wohl Grund zu stirnrunzelnder Mißbilligung gewesen.

Die intensive Beschäftigung der Kirchenväter mit Cicero als dem Wegbereiter christlicher Bildung war die Voraussetzung seiner mittelalterlichen Wirkungsgeschichte.[26] Das am Programm der ›artes liberales‹ orientierte Interesse der Dom- und Klosterschulen konzentrierte sich zunächst in erster Linie auf die rhetorischen Schriften Ciceros, unter denen das Frühwerk *De inventione* wegen seines Handbuch-Charakters am meisten beachtet und benützt wurde.[27] Sehr viel später und spärlicher verbreitete sich die Mehrzahl der philosophischen Schriften, unter denen *De finibus* erst-

22 Vgl. M. Testard, *Saint Augustin et Cicéron*, Paris 1958.

23 Vgl. S. 20 mit Anm. 10.

24 Zur Topik der von Augustinus in diesem Zusammenhang gebrauchten Ausdrucksformen vgl. K. S. Frank, »Augustinus, incidi in libros (Augustinus und die Philosophie)«, in: *Antikes Denken – Moderne Schule* (s. Anm. 11) S. 286–296.

25 *Confessiones* 6,16,26.

26 Darüber grundlegend W. Rüegg, »Cicero in Mittelalter und Humanismus«, in: *Lexikon des Mittelalters*, Bd. 2, München/Zürich 1983, Sp. 2063–77.

27 Vgl. W. Rüegg, »Cicero – Orator noster«, in: *Éloquence et rhétorique chez Cicéron*, hrsg. von W. Ludwig, Vandœuvres/Genf 1982 (Entretiens sur l'antiquité classique, 18), S. 275–310, bes. 279 f.

mals im 11. Jahrhundert nachzuweisen ist.[28] Um die Mitte des 12. Jahrhunderts gibt Wibald von Stablo (um 1098 bis 1158) eine auf *De finibus* basierende Übersicht über die wichtigsten Vertreter der griechischen Philosophenschulen.[29] Mehr als oberflächliche Vertrautheit mit dem Werk bekunden auch die Zitate und Anspielungen im *Policraticus* des Johannes von Salisbury (um 1110/20–1180).[30] In einem Zusammenhang, der nicht die philosophische Thematik des Werkes, sondern seine sprachliche Form betrifft, beruft sich Dante (1265–1321) auf *De finibus*, um den Gebrauch der italienischen Volkssprache statt des Latein in seiner Schrift *Il convivio* zu rechtfertigen.

Ist Cicero bis dahin für die mittelalterlichen Autoren, die sich auf ihn berufen, nur als Vermittler sachlicher Inhalte oder als Vertreter einer bestimmten Ausdrucks- und Darstellungsform von Bedeutung gewesen, so gewinnt seine Wirkung mit Petrarca (1304–74) völlig neue Dimensionen.[31] Dem Begründer des Humanismus, der von Ciceros Sprache fasziniert ist und 1345 in Verona seine Briefe an Atticus entdeckt, begegnet Cicero als lebendige menschliche Person mit allen Stärken und Schwächen, verstrickt in die Bedrängnisse und Verlockungen seiner Zeit. Wie ein leben-

28 Aus dieser Zeit stammt die älteste erhaltene *De finibus*-Handschrift, der Palatinus Latinus 1513, dessen Schrift- und ursprüngliche Bibliotheksheimat nicht bekannt ist.

29 In einem Brief an den Kanonikus Manegold von Paderborn (*Epistulae* 167). Vgl. M. Manitius, *Die lateinische Literatur des Mittelalters*, Bd. 3, München 1931, S. 291.

30 Nachweis der Testimonia im »Index auctorum« der Ausgabe Ioannes Saresberiensis, *Policraticus*, hrsg. von C. C. I. Webb, 2 Bde., London 1909, Nachdr. Frankfurt a. M. 1965.

31 Vgl. W. Rüegg, »Cicero und der Humanismus, Petrarca«, in: *Das neue Cicerobild*, hrsg. von K. Büchner, Darmstadt 1971 (Wege der Forschung, 27), S. 65–128 (Erstveröff. Zürich 1946); F. Klingner, »Cicero und Petrarca. Vom Ursprung des humanistischen Geistes«, in: *Römische Geisteswelt. Essays zur lateinischen Literatur*, hrsg. von K. Büchner, Stuttgart [5]1979, S. 684–703 (Erstveröff. München 1955); G. Böhme, *Bildungsgeschichte des frühen Humanismus*, Darmstadt 1984, S. 76–89.

der Zeitgenosse wird Cicero zum Adressaten persönlicher Briefe Petrarcas, die um das spannungsvolle Verhältnis kreisen, in dem der Humanist die philosophischen Lehren und das politische Handeln des Römers aufeinander bezogen sieht.[32] Von schöpferischer Lebendigkeit ist auch Petrarcas Auseinandersetzung mit der gedanklichen Substanz und der sprachlichen Form der Schriften Ciceros bestimmt. Sie dienen ihm nicht als starre Modelle für mechanische Übernahme und unreflektierte Imitation, sondern als exemplarische Hilfe und Wegweisung bei der Formung seiner eigenen Persönlichkeit.[33] In der Güter- und Pflichtenlehre der moralphilosophischen Schriften Ciceros sieht Petrarca die höchste Vervollkommnung der Sittlichkeit, die dem menschlichen Geist vor dem Erscheinen Christi erreichbar war und die Cicero nach Petrarcas fester Überzeugung im Sinne der christlichen Lehre fortentwickelt hätte, wenn sie ihm bekannt gewesen wäre.

Das Bemühen, dem Vorbild Cicero in der geistigen Orientierung und im sprachlichen Ausdruck unter den Bedingungen der eigenen Zeit gerecht zu werden, bleibt auch für die italienischen Humanisten der folgenden Zeit bestimmend, unter denen Coluccio Salutati (1331–1406), Niccolò Niccoli (1363–1437) und Francesco Poggio Bracciolini (1380–1459) als Verehrer Ciceros und Entdecker bisher unbekannter Teile seines Werks hervorragen.[34] Ihr Ziel, im Sinne der Verbindung von *sapientia* und *eloquentia* Ciceros Bildungsideal der *humanitas* zu verwirklichen, bestimmt die *studia humanitatis* des 15. und 16. Jahrhunderts in einem solchen

32 Vgl. P. L. Schmidt, »Petrarcas Korrespondenz mit Cicero«, in: *Der Altsprachliche Unterricht* 21 (1978) H. 1, S. 30–38.

33 Vgl. B. Kytzler, »Petrarca, Cicero und Caesar«, in: *Lebende Antike. Symposion für Rudolf Sühnel*, hrsg. von H. Meller und H.-J. Zimmermann, Berlin 1967, S. 111–119, bes. 115.

34 Vgl. G. Voigt, *Die Wiederbelebung des klassischen Altertums*, 3. Aufl., bes. von M. Lehnerdt, Bd. 1, Berlin 1893, S. 208 ff., 296 ff.; Bd. 2, ebd., S. 251 ff.

Maße, daß sie als »Aetas Ciceroniana« bezeichnet werden konnten.[35]

Im deutschen Sprachbereich verkörpert Erasmus von Rotterdam (1469–1536) den Höhepunkt des an Cicero orientierten Bildungsstrebens, »durch die eigene Kraft des erkennenden Geistes und des wissenden Willens die höchste adlige Norm des Menschentums, die ›dignitas hominis‹ zu erreichen.«[36]

Durch ihre editorischen Leistungen – die Editio princeps von *De finibus* erschien um 1470 in Köln, die erste Gesamtausgabe Ciceros 1498 in Mailand – und die Verankerung Ciceros im Schulunterricht[37] schufen die Humanisten entscheidende Voraussetzungen für die Wirkung Ciceros auf die folgenden Jahrhunderte. Nach Reformation und Gegenreformation, die das Interesse an Cicero zurücktreten ließen, gewannen seine philosophischen Schriften mit dem Auftreten des Deismus in England und der beginnenden europäischen Aufklärung neue geistesgeschichtliche Bedeutung.[38] Wie für die christlichen Apologeten des 2. und 3. Jahrhunderts stehen für die Vertreter des englischen Deismus die Gottesbeweise Ciceros aus *De natura deorum* im

35 Vgl. Rüegg (s. Anm. 27), S. 278 und 286–293.

36 R. Pfeiffer, »Die Einheit im geistigen Werk des Erasmus«, in: R. P., *Von der Liebe zur Antike*, Ausw. und Einl. von A. Zingerle, München 1969, S. 53–71, hier: S. 67 (Erstveröff. in: *Deutsche Vierteljahresschrift für Literaturwissenschaft und Geistesgeschichte* 15, 1937, S. 473–487); R. Pfeiffer, »Erasmus und die Einheit der klassischen und der christlichen Renaissance«, in: R. P., *Ausgewählte Schriften*, hrsg. von W. Bühler, München 1960, S. 208–221 (Erstveröff. in: *Historisches Jahrbuch* 74, 1955, S. 179 bis 186); G. Böhme, *Bildungsgeschichte des europäischen Humanismus*, Darmstadt 1986, S. 270 f.

37 Vgl. F. Paulsen, *Geschichte des gelehrten Unterrichts auf den deutschen Schulen und Universitäten vom Ausgang des Mittelalters bis zur Gegenwart, mit besonderer Rücksicht auf den klassischen Unterricht*, 3. erw. Aufl., bes. von R. Lehmann, Bd. 1, Leipzig 1919, S. 23 ff. und 64 ff.; J. Dolch, *Lehrplan des Abendlandes. Zweieinhalb Jahrtausende seiner Geschichte*, Ratingen 1971, S. 203 f.

38 Vgl. G. Gawlick, »Cicero and the Enlightenment«, in: *Studies on Voltaire and the Eighteenth Century* 25 (1963) S. 657–682.

Vordergrund, während die Darstellung der οἰκείωσις-Lehre in *De finibus* und *De officiis* nach Hugo Grotius (1583–1645) und Baruch Spinoza (1632–77) besonders den Empirismus John Lockes (1632–1704) und die Naturrechtslehre Jean-Jacques Rousseaus (1712–78) beeinflußt. Zum glühendsten Verehrer Ciceros im Zeitalter der Aufklärung wird Voltaire (1694–1778), dessen Begeisterung sich auf Friedrich den Großen überträgt und die Verbreitung der Werke Ciceros, auch durch Übersetzungen, nachdrücklich fördert.

Die Rückbesinnung auf die griechische Antike, die im Zeitalter der deutschen Klassik beginnt, läßt die Kultur, deren Vermittlung Europa gerade Cicero entscheidend zu danken hatte, seit der zweiten Hälfte des 18. Jahrhunderts auf Kosten ihres Vermittlers immer stärker in den Vordergrund treten. Ein einseitiger Originalitätsbegriff, der Griechisches begünstigt und Römisches entwertet, verstärkt die Entwicklung, die den Glanz Ciceros im 19. Jahrhundert mehr und mehr verblassen läßt. Den Tiefpunkt dieser Abwärtsbewegung bezeichnet schließlich die groteske Verzeichnung des Cicero-Bildes im Werk der Historiker Drumann und Mommsen, die das Bemühen um eine gerechte Würdigung Ciceros bis weit in das 20. Jahrhundert hinein behinderte und überschattete. Erst die diesem Jahrhundert beschiedene Erfahrung des Rückfalls in Diktatur und Barbarei hat das Empfinden für die Bedeutung der von Cicero geleisteten Verteidigung von Menschenwürde und humaner Selbstbestimmung neu geweckt.

De finibus bonorum et malorum

Über das höchste Gut und das größte Übel

Liber primus

(1) Non eram nescius, Brute, cum, quae summis ingeniis exquisitaque doctrina philosophi Graeco sermone tractavissent, ea Latinis litteris mandaremus, fore ut hic noster labor in varias reprehensiones incurreret. nam quibusdam, et iis quidem non admodum indoctis, totum hoc displicet philosophari. quidam autem non tam id reprehendunt, si remissius agatur, sed tantum studium tamque multam operam ponendam in eo non arbitrantur. erunt etiam, et ii quidem eruditi Graecis litteris, contemnentes Latinas, qui se dicant in Graecis legendis operam malle consumere. postremo aliquos futuros suspicor, qui me ad alias litteras vocent, genus hoc scribendi, etsi sit elegans, personae tamen et dignitatis esse negent. (2) contra quos omnis dicendum breviter existimo.

Quamquam philosophiae quidem vituperatoribus satis responsum est eo libro, quo a nobis philosophia defensa et collaudata est, cum esset accusata et vituperata ab Hortensio. qui liber cum et tibi probatus videretur et iis, quos ego posse iudicare arbitrarer, plura suscepi veritus ne movere hominum studia viderer, retinere non posse. Qui autem, si maxime hoc placeat, moderatius tamen id volunt fieri, difficilem quandam temperantiam postulant in eo, quod semel admissum coërceri reprimique non potest, ut propemodum iustioribus utamur illis, qui omnino avocent a philosophia,

Erstes Buch

(1) Ich wußte es wohl, Brutus, als ich das, was Philosophen von überragender Begabung und ausgezeichneter Gelehrsamkeit auf griechisch behandelt hatten, ins Lateinische zu übertragen suchte, daß diese meine Arbeit mannigfaltiger Kritik begegnen würde. Gewissen Leuten, und zwar nicht einmal besonders ungebildeten, mißfällt ja diese ganze Beschäftigung mit der Philosophie. Doch manche tadeln sie nicht gar so sehr, wenn man dabei das rechte Maß hält, sondern meinen lediglich, man dürfe nicht solchen Eifer und soviel Mühe darauf verwenden. Es wird auch Leute geben – und zwar solche, die in griechischer Literatur bewandert sind und die lateinische verachten –, die erklären, daß sie ihre Mühe lieber auf die Lektüre griechischer Autoren verwenden. Schließlich werden sich vermutlich Leute finden, die mich zu einer anderen Form literarischer Betätigung auffordern und behaupten, daß diese Art Schriftstellerei, auch wenn sie elegant sei, einer Persönlichkeit von meinem Rang doch nicht entspreche. (2) Ihnen allen bin ich wohl eine kurze Entgegnung schuldig.

Den Gegnern der Philosophie ist freilich eine hinreichende Antwort in dem Buch gegeben worden, in dem ich die Philosophie verteidigte und pries, während Hortensius sie anklagte und verwarf.[1] Da dieses Buch bei dir und denen, die ich für urteilsfähig halten durfte, Anerkennung fand, nahm ich mir weitere Aufgaben vor; denn ich befürchtete, daß der Eindruck entstehen könnte, ich verstünde nur, das Interesse der Leute zu erwecken, doch nicht, es lebendig zu erhalten. Wer aber bei allem Einverständnis mit dieser Beschäftigung doch wünscht, daß man das rechte Maß hält, der verlangt eine sehr problematische Zurückhaltung bei einer Sache, die man nicht in Schranken halten und unterdrücken kann, wenn man sich einmal auf sie eingelassen hat. So finde ich beinahe die gerechter, die von der Philoso-

quam his, qui rebus infinitis modum constituant in reque eo meliore, quo maior sit, mediocritatem desiderent. (3) sive enim ad sapientiam perveniri potest, non paranda nobis solum ea, sed fruenda etiam [sapientia] est; sive hoc difficile est, tamen nec modus est ullus investigandi veri, nisi inveneris, et quaerendi defatigatio turpis est, cum id, quod quaeritur, sit pulcherrimum. etenim si delectamur, cum scribimus, quis est tam invidus, qui ab eo nos abducat? sin laboramus, quis est, qui alienae modum statuat industriae? nam ut Terentianus Chremes non inhumanus, qui novum vicinum non vult »fodere aut arare aut áliquid ferre dénique« – non enim illum ab industria, sed ab inliberali labore deterret –, sic isti curiosi, quos offendit noster minime nobis iniucundus labor.

(4) Iis igitur est difficilius satis facere, qui se Latina scripta dicunt contemnere. in quibus hoc primum est in quo admirer, cur in gravissimis rebus non delectet eos sermo patrius, cum idem fabellas Latinas ad verbum e Graecis expressas non inviti legant. quis enim tam inimicus paene nomini Romano est, qui Ennii Medeam aut Antiopam Pacuvii spernat aut reiciat, quod se isdem Euripidis fabulis delectari dicat, Latinas litteras oderit? Synephebos ego, inquit, potius Caecilii aut Andriam Terentii quam utramque Menandri legam? (5) A quibus tantum dissentio, ut, cum Sophocles vel optime scripserit Electram, tamen male conversam Atilii

phie grundsätzlich nichts wissen wollen, als diejenigen, die dem Unendlichen ein Maß zu setzen suchen und bei einer Sache, die, je größer, desto besser ist, auf Mittelmäßigkeit bestehen. (3) Denn wenn es möglich ist, zum Ziel des Wissens zu gelangen, dann gilt es, dieses Wissen nicht nur zu erwerben, sondern auch zu nutzen; ist das Ziel aber schwierig zu erreichen, dann gibt es doch kein anderes Maß für das Aufspüren der Wahrheit als ihre Entdeckung, und bei der Suche zu ermüden wäre schimpflich, da das, was man sucht, so herrlich ist. Wenn es mir ferner Freude macht zu schreiben, wer ist dann so mißgünstig, mich daran zu hindern? Kostet es mich aber Mühe, wer hätte da dem fremden Fleiß ein Maß zu setzen? Denn wie der Chremes des Terenz menschliche Anteilnahme zeigt, wenn er den neuen Nachbarn nicht »graben oder pflügen oder schließlich irgend etwas schleppen« lassen will – er hält ihn nämlich nicht vom Fleiß ab, sondern von entwürdigender Mühe –,[2] so zeigen sich diejenigen aufdringlich, die an meiner Arbeit Anstoß nehmen, obwohl sie für mich nicht unerfreulich ist.

(4) Da ist es schwieriger, es denen recht zu machen, die erklären, daß sie die lateinische Literatur verachten. Bei ihnen muß ich mich zunächst verwundert fragen, weshalb sie bei so ernsten Themen keinen Gefallen an ihrer Muttersprache finden, während sie nicht ungern Stücke auf lateinisch lesen, die ihren griechischen Vorlagen wörtlich nachgebildet sind. Wer wäre denn ein solcher Feind fast schon des Römertums, daß er die »Medea« des Ennius oder die »Antiopa« des Pacuvius verachtet und verschmäht, weil er angeblich dieselben Stücke von Euripides genießt und in lateinischer Literatur ablehnt? Soll ich etwa, sagt er, die »Synepheben« des Caecilius oder die »Andria« des Terenz anstelle der beiden Stücke des Menander lesen? (5) Von der Auffassung dieser Leute unterscheidet sich die meine so, daß ich der Überzeugung bin: wenn Sophokles mit der »Elektra« auch ein Meisterwerk geschrieben hat, die schlechte Über-

mihi legendam putem, de quo Licinus: »ferreum scriptorem«, verum, opinor, scriptorem tamen, ut legendus sit. rudem enim esse omnino in nostris poëtis aut inertissimae segnitiae est aut fastidii delicatissimi. mihi quidem nulli satis eruditi videntur, quibus nostra ignota sunt. an »Utinám ne in nemore ...« nihilo minus legimus quam hoc idem Graecum, quae autem de bene beateque vivendo a Platone disputata sunt, haec explicari non placebit Latine? (6) Quid? si nos non interpretum fungimur munere, sed tuemur ea, quae dicta sunt ab iis, quos probamus, eisque nostrum iudicium et nostrum scribendi ordinem adiungimus, quid habent, cur Graeca anteponant iis, quae et splendide dicta sint neque sint conversa de Graecis? nam si dicent ab illis has res esse tractatas, ne ipsos quidem Graecos est cur tam multos legant, quam legendi sunt. quid enim est a Chrysippo praetermissum in Stoicis? legimus tamen Diogenem, Antipatrum, Mnesarchum, Panaetium, multos alios in primisque familiarem nostrum Posidonium. quid? Theophrastus mediocriterne delectat, cum tractat locos ab Aristotele ante tractatos? quid? Epicurei num desistunt de isdem, de quibus et ab Epicuro scriptum est et ab antiquis, ad arbitrium suum scribere? quodsi Graeci leguntur a Graecis isdem de rebus alia ratione compositis, quid est, cur nostri a nostris non legantur?

(7) Quamquam, si plane sic verterem Platonem aut Aristote-

setzung des Atilius muß man trotzdem lesen. Licinus nennt ihn einen »eisernen Schriftsteller«,[3] aber doch wohl einen Schriftsteller, so daß man ihn zu lesen hat. Denn sich bei unseren Dichtern überhaupt nicht auszukennen, das zeugt entweder von phlegmatischer Saumseligkeit oder von schnöder Überheblichkeit. Was mich betrifft, so scheint mir jedenfalls niemand genug gebildet, der unsere Literatur nicht kennt. Oder lesen wir etwa das »Ach wäre doch im Walde nicht ...«[4] genauso gern wie den entsprechenden griechischen Text, sind aber nicht dafür, daß die Gedanken Platons über eine gute und glückliche Lebensweise auf lateinisch entwickelt werden? (6) Wie? Wenn wir nicht die Rolle bloßer Übersetzer spielen, sondern uns die Äußerungen von Autoren, die wir anerkennen, zu eigen machen und durch unsere Bewertung und Gliederung ergänzen, was haben dann die Leute noch für einen Grund, griechische Texte solchen Texten vorzuziehen, die glänzend formuliert sind und nicht bloße Übersetzungen aus dem Griechischen darstellen? Denn wenn sie sagen, die betreffenden Probleme seien von den Griechen behandelt worden, so gibt es selbst bei griechischen Autoren keinen Grund, so viele zu lesen, wie man eigentlich zu lesen hätte. Was hat denn ein Chrysipp im Rahmen der Stoa nicht behandelt? Und trotzdem lesen wir Diogenes, Antipater, Mnesarch, Panaitios und viele andere, vor allem unseren Freund Poseidonios. Wie steht es denn mit Theophrast? Erfreut er uns nur mäßig, wenn er Gebiete behandelt, die vor ihm Aristoteles bereits behandelt hat? Und wie mit den Epikureern? Verzichten sie etwa darauf, ganz nach Belieben Schriften zu denselben Fragen abzufassen, über die sich schon Epikur und die Vertreter der alten Zeit verbreitet haben? Wenn aber Griechen griechische Autoren über dieselben Fragen lesen, falls sie jeweils auf andere Art dargestellt sind, was gibt es dann für einen Grund, daß unsere Autoren nicht von unseren Landsleuten gelesen werden sollten?

(7) Wenn ich nun freilich Platon oder Aristoteles einfach so

lem, ut verterunt nostri poëtae fabulas, male, credo, mererer de meis civibus, si ad eorum cognitionem divina illa ingenia transferrem. sed id neque feci adhuc nec mihi tamen, ne faciam, interdictum puto. locos quidem quosdam, si videbitur, transferam, et maxime ab iis, quos modo nominavi, cum inciderit, ut id apte fieri possit, ut ab Homero Ennius, Afranius a Menandro solet. Nec vero, ut noster Lucilius, recusabo, quo minus omnes mea legant. utinam esset ille Persius, Scipio vero et Rutilius multo etiam magis, quorum ille iudicium reformidans Tarentinis ait se et Consentinis et Siculis scribere. facete is quidem, sicut alia; sed neque tam docti tum erant, ad quorum iudicium elaboraret, et sunt illius scripta leviora, ut urbanitas summa appareat, doctrina mediocris. (8) ego autem quem timeam lectorem, cum ad te ne Graecis quidem cedentem in philosophia audeam scribere? quamquam a te ipso id quidem facio provocatus gratissimo mihi libro, quem ad me de virtute misisti.

Sed ex eo credo quibusdam usu venire, ut abhorreant a Latinis, quod inciderint in inculta quaedam et horrida, de malis Graecis Latine scripta deterius. quibus ego assentior, dum modo de isdem rebus ne Graecos quidem legendos putent. res vero bonas verbis electis graviter ornateque dictas

übersetzen würde, wie unsere Dichter die entsprechenden Theaterstücke übersetzten, dann würde ich, so könnte man gerade glauben, meinen Mitbürgern einen schlechten Dienst erweisen, falls ich ihnen jene genialen Geister zur Kenntnis brächte. Doch habe ich das einerseits bis heute nicht getan, bin aber andererseits trotzdem nicht der Meinung, daß es mir verboten ist. Ich werde jedenfalls bestimmte Stellen, wenn es mir gut scheint, übertragen, und zwar besonders von den Autoren, die ich gerade nannte, falls sich eine geeignete Gelegenheit dazu ergibt, wie es gewöhnlich Ennius mit Homer oder Afranius mit Menander hielt. Ich werde aber nicht wie unser Lucilius dagegen protestieren, daß mich alle lesen.[5] O wäre doch nur jener Persius noch am Leben, erst recht Scipio und noch viel mehr Rutilius! Weil er ihr Urteil scheute, erklärte er, er schreibe für die Tarentiner, Consentiner und Sizilier. Das war, wie anderes, ein Witz von ihm; doch waren einerseits die Menschen damals noch nicht so gebildet, daß er sich im Hinblick auf ihr Urteil große Mühe hätte geben müssen, und andererseits sind seine Schriften recht anspruchslos, so daß in ihnen Witz in hohem, Gelehrsamkeit nur in geringem Maße zum Vorschein kommt. (8) Wen soll dagegen ich als Leser fürchten, wenn ich es wage, meine Schrift an dich zu richten, der in der Philosophie sogar den Griechen nicht nachsteht? Doch tue ich das allerdings, nachdem du selbst mich mit dem hochwillkommenen Buch »Über die Tugend«, das du mir gewidmet hast, dazu anregtest.[6]

Bei manchen Leuten aber kommt es wohl deshalb dazu, daß sie lateinische Literatur verschmähen, weil sie an etwas Ungehobeltes, Abstoßendes geraten sind, das nach wertlosen griechischen Vorlagen im Lateinischen noch schlechter geschrieben ist. Mit solchen Leuten bin ich einverstanden, wenn sie nur der Auffassung sind, daß man in diesem Fall nicht einmal Griechen, die denselben Stoff behandeln, lesen sollte. Wertvolles aber, das mit gewählten Worten eindrucksvoll und glänzend formuliert ist, wer sollte das nicht

quis non legat? nisi qui se plane Graecum dici velit, ut a Scaevola est praetore salutatus Athenis Albucius. (9) quem quidem locum cum multa venustate et omni sale idem Lucilius, apud quem praeclare Scaevola:

Graecum te Albuci, quam Romanum atque Sabinum,
municipem Ponti, Tritani, centurionum,
praeclarorum hominum ac primorum signiferumque,
maluisti dici. Graece ergo praetor Athenis,
id quod maluisti, te, cum ad me accedis, saluto:
»chaere« inquam »Tite!« lictores, turma omnis chorusque:
»chaere, Tite!« hinc hostis mi Albucius, hinc inimicus.

(10) Sed iure Mucius. ego autem mirari ⟨satis⟩ non queo unde hoc sit tam insolens domesticarum rerum fastidium. non est omnino hic docendi locus; sed ita sentio et saepe disserui, Latinam linguam non modo non inopem, ut vulgo putarent, sed locupletiorem etiam esse quam Graecam. quando enim nobis, vel dicam aut oratoribus bonis aut poëtis, postea quidem quam fuit quem imitarentur, ullus orationis vel copiosae vel elegantis ornatus defuit?

Ego vero, quoniam forensibus operis, laboribus, periculis non deseruisse mihi videor praesidium, in quo a populo Romano locatus sum, debeo profecto, quantumcumque possum, in eo quoque elaborare, ut sint opera, studio, labore meo doctiores cives mei, nec cum istis tantopere pugnare, qui Graeca legere malint, modo legant illa ipsa, ne simulent, et iis servire, qui vel utrisque litteris uti velint vel,

lesen? Da müßte einer schon als ganzer Grieche gelten wollen wie Albucius, den Scaevola als Prätor in Athen begrüßte. (9) Gerade diese Episode hat derselbe Lucilius mit viel Geschmack und allem Witz gestaltet; herrlich sagt Scaevola bei ihm:

Grieche, Albucius, wolltest statt Römer oder Sabiner
lieber du heißen, Mitbürger des Pontus und des Tritanus,
ruhmvoller Zenturionen und führender Feldzeichenträger.
Griechisch also begrüße ich dich in Athen hier als Prätor,
wie du es wolltest, wenn du vor mich hintrittst, und sage:
Chaire, mein Titus! So grüßen dich die Liktoren, die Truppe:
Chaire, mein Titus! Seither ist Albucius mein Todfeind.[7]

(10) Doch Mucius hatte recht. Ich aber kann mich nicht genug verwundern, woher nur diese so überhebliche Verachtung des Einheimischen stammt. Belehrung ist hier zwar gar nicht am Platz, ich bin jedoch der Überzeugung und habe sie oft dargelegt: Latein ist nicht nur keine an Ausdrucksmitteln arme Sprache, wie man gemeinhin glauben könnte, es ist daran vielmehr noch reicher als das Griechische. Wann fehlte es denn uns, oder ich möchte sagen: den guten Rednern oder Dichtern, jedenfalls nachdem ein Vorbild zur Nachahmung existierte, an irgendeinem Schmuck wortreicher oder eleganter Ausdrucksweise?

Was aber mich betrifft, so glaube ich, daß ich durch meine Tätigkeit, durch meine Mühen und Gefahren vor Gericht den Posten nicht verlassen habe, auf den das römische Volk mich gestellt hat. Ich muß deshalb gewiß, soweit ich es vermag, auch darauf hinarbeiten, daß meine Mitbürger durch meine eifrige und angestrengte Arbeit gebildetere Menschen werden, und habe mich nicht gar so sehr mit denen herumzuschlagen, die es vorziehen, griechische Literatur zu lesen, wenn sie die nur wirklich lesen und sich nicht lediglich den Anschein geben; auch muß ich denen einen Dienst erweisen, die entweder Literatur in beiden Sprachen

si suas habent, illas non magnopere desiderent. (11) qui autem alia malunt scribi a nobis, aequi esse debent, quod et scripta multa sunt, sic ut plura nemini e nostris, et scribentur fortasse plura, si vita suppetet; et tamen, qui diligenter haec, quae de philosophia litteris mandamus, legere assueverit, iudicabit nulla ad legendum his esse potiora. quid est enim in vita tantopere quaerendum quam cum omnia in philosophia, tum id, quod his libris quaeritur, qui sit finis, quid extremum, quid ultimum, quo sint omnia bene vivendi recteque faciendi consilia referenda, quid sequatur natura ut summum ex rebus expetendis, quid fugiat ut extremum malorum? qua de re cum sit inter doctissimos summa dissensio, quis alienum putet eius esse dignitatis, quam mihi quisque tribuat, quid in omni munere vitae optimum et verissimum sit, exquirere? (12) an, partus ancillae sitne in fructu habendus, disseretur inter principes civitatis, P. Scaevolam M'. que Manilium, ab iisque M. Brutus dissentiet – quod et acutum genus est et ad usus civium non inutile, nosque ea scripta reliquaque eiusdem generis et legimus libenter et legemus –, haec, quae vitam omnem continent, neglegentur? nam, ut sint illa vendibiliora, haec uberiora certe sunt. quamquam id quidem licebit iis existimare, qui legerint. nos autem hanc omnem quaestionem de finibus bonorum et malorum fere a nobis explicatam esse his litteris arbitramur, in quibus, quantum potuimus, non modo quid nobis probaretur, sed

haben wollen oder, wenn sie eine eigene besitzen, die fremde nicht sonderlich vermissen. (11) Die Leute aber, die lieber etwas anderes von mir behandelt sehen wollen, sollten doch gerecht sein; denn ich habe schon soviel geschrieben, daß mich keiner von meinen Mitbürgern übertrifft, und wenn mein Leben ausreicht, werde ich wohl noch mehr schreiben. Wer sich jedoch daran gewöhnt hat, meine Schriften über die Philosophie genau zu lesen, wird zu dem Urteil kommen, daß es keine bessere Lektüre gibt als sie. Was wäre denn im Leben so erforschenswert wie alle philosophischen Probleme und besonders das, worum es in diesen Büchern geht: Was ist das äußerste, das letzte Ziel, an dem sich sämtliche Grundsätze des guten Lebens und des rechten Handelns zu orientieren haben? Welchem Prinzip folgt die Natur als höchstem Gut, und welches meidet sie als höchstes Übel? Wer hielte es da bei der völligen Uneinigkeit der führenden Gelehrten über diese Frage für unvereinbar mit dem Rang, den mir ein jeder zuerkennt, zu untersuchen, was in jeder Lebenslage am besten und am wahrsten ist? (12) Oder soll etwa unter führenden Persönlichkeiten des Staates, P. Scaevola und M'. Manilius, von deren Meinung sich die des Brutus wieder unterscheiden wird, die Frage erörtert werden, ob das Kind einer Sklavin dem Nießbrauch zuzurechnen sei[8] – das ist ein anspruchsvolles Thema und für die praktischen Bedürfnisse der Bürger nicht ohne Nutzen; ich lese diese Schriften und andere derselben Art auch gern und werde es auch künftig tun –, soll also so etwas erörtert werden, dagegen von den Fragen, die das ganze Leben in sich schließen, nicht die Rede sein? Da mag das erstere auch eher Absatz finden, ergiebiger ist ganz gewiß das letztere. Darüber mögen sich indessen die Leser ein Urteil bilden; ich aber glaube, daß in dieser Schrift von mir im wesentlichen das gesamte Problem des höchsten Gutes und des größten Übels behandelt worden ist. Soweit ich es vermochte, habe ich dabei nicht nur die eigene Auffassung, sondern auch die

etiam quid a singulis philosophiae disciplinis diceretur, persecuti sumus.

(13) Ut autem a facillimis ordiamur, prima veniat in medium Epicuri ratio, quae plerisque notissima est. quam a nobis sic intelleges expositam, ut ab ipsis, qui eam disciplinam probant, non soleat accuratius explicari; verum enim invenire volumus, non tamquam adversarium aliquem convincere. accurate autem quondam a L. Torquato, homine omni doctrina erudito, defensa est Epicuri sententia de voluptate, a meque ei responsum, cum C. Triarius, in primis gravis et doctus adolescens, ei disputationi interesset. (14) nam cum ad me in Cumanum salutandi causa uterque venisset, pauca primo inter nos de litteris, quarum summum erat in utroque studium, deinde Torquatus: »Quoniam nacti te« inquit »sumus aliquando otiosum, certe audiam, quid sit, quod Epicurum nostrum non tu quidem oderis, ut fere faciunt, qui ab eo dissentiunt, sed certe non probes, eum quem ego arbitror unum vidisse verum maximisque erroribus animos hominum liberavisse et omnia tradidisse, quae pertinerent ad bene beateque vivendum. sed existimo te, sicut nostrum Triarium, minus ab eo delectari, quod ista Platonis, Aristoteli, Theophrasti orationis ornamenta neglexerit. nam illud quidem adduci vix possum, ut ea, quae senserit ille, tibi non vera videantur.«

(15) »Vide, quantum« inquam »fallare, Torquate. oratio me istius philosophi non offendit; nam et complectitur verbis, quod vult, et dicit plane, quod intellegam; et tamen ego a philosopho, si afferat eloquentiam, non asperner, si non habeat, non admodum flagitem. re mihi non aeque satisfacit,

jeweiligen Lehrmeinungen aller Philosophenschulen dargestellt.

(13) Um aber vom Einfachsten auszugehen, soll zuerst die Lehre Epikurs zur Sprache kommen, die die meisten sehr gut kennen. Ich stelle sie, wie man erkennen wird, so dar, daß die Vertreter dieser Richtung selbst sie für gewöhnlich nicht gründlicher erklären. Wir wollen ja die Wahrheit finden und nicht gleichsam einen Gegner überführen. Gründlich ist aber Epikurs Auffassung von der Lust einst durch L. Torquatus, einen Mann von hoher Bildung und Gelehrsamkeit, vertreten worden, und ich antwortete ihm, während C. Triarius, ein sehr ernsthafter und gelehrter junger Mann, an unserem Gespräch teilnahm. (14) Als sie mich nämlich beide in meinem Landhaus in Cumae besuchten, um mir guten Tag zu sagen, sprachen wir erst kurz über Literatur, an der sie beide größtes Interesse hatten; darauf meinte Torquatus: »Da wir dich einmal unbeschäftigt angetroffen haben, darf ich doch gewiß erfahren, woran es liegt, daß du unseren Epikur zwar nicht verabscheust, wie es die gewöhnlich tun, die anderer Meinung sind als er, aber doch jedenfalls nicht anerkennst. Dabei hat er nach meiner Überzeugung als einziger die Wahrheit gesehen, die Menschen von den schlimmsten Irrtümern befreit und alles das gelehrt, was für ein gutes, glückliches Leben wichtig ist. Ich glaube aber, daß du so wie unser Triarius weniger Gefallen an ihm findest, weil er auf solche stilistischen Glanzlichter wie die bei Platon, Aristoteles und Theophrast verzichtet hat. Denn zu der Meinung lasse ich mich kaum bewegen, daß dir das, was er dachte, nicht wahr erscheint.«

(15) »Sieh einmal an, Torquatus«, sagte ich darauf, »wie man sich täuschen kann. Der Stil stört mich an diesem Philosophen nicht; denn er faßt das, worauf es ihm ankommt, in Worte und formuliert es klar, so daß ich es verstehen kann. Ich würde freilich auch bei einem Philosophen weder, wenn er Wortgewandtheit aufzuweisen hätte, meine Nase rümpfen, noch dann, wenn sie ihm fehlte, unbedingt darauf

et quidem locis pluribus. sed quot homines, tot sententiae; falli igitur possumus.«

»Quam ob rem tandem« inquit »non satisfacit? te enim iudicem aequum puto, modo quae dicat ille bene noris.«

(16) »Nisi mihi Phaedrum« inquam »tu mentitum aut Zenonem putas, quorum utrumque audivi, cum mihi nihil sane praeter sedulitatem probarent, omnes mihi Epicuri sententiae satis notae sunt. atque eos, quos nominavi, cum Attico nostro frequenter audivi, cum miraretur ille quidem utrumque, Phaedrum autem etiam amaret, cotidieque inter nos ea, quae audiebamus, conferebamus, neque erat umquam controversia, quid ego intellegerem, sed quid probarem.«

(17) »Quid igitur est?« inquit; »audire enim cupio, quid non probes.«

»Principio« inquam »in physicis, quibus maxime gloriatur, primum totus est alienus. Democritea dicit perpauca mutans, sed ita, ut ea, quae corrigere vult, mihi quidem depravare videatur. ille atomos quas appellat, id est corpora individua propter soliditatem, censet in infinito inani, in quo nihil nec summum nec infimum nec medium nec ultimum nec extremum sit, ita ferri, ut concursionibus inter se cohaerescant, ex quo efficiantur ea, quae sint quaeque cernantur, omnia, eumque motum atomorum nullo a principio, sed ex aeterno tempore intellegi convenire. (18) Epicurus autem, in quibus sequitur Democritum, non fere labitur. quamquam utriusque cum multa non probo, tum illud in primis, quod, cum in rerum natura duo quaerenda sint, unum, quae mate-

bestehen. Es ist die Sache, in der er meinem Anspruch nicht genügt, und zwar in mehrfacher Hinsicht. Aber es gibt so viele Meinungen wie Menschen. Also können wir uns täuschen.«

»Weshalb genügt er dir denn nicht?« erkundigte er sich. »Ich glaube nämlich, daß du ihn gerecht beurteilst, wenn du nur das, was er sagt, gut kennst.«

(16) »Ich kenne zur Genüge alle Gedanken Epikurs, es müßte denn sein, daß du glaubst, Phaidros und Zenon hätten mich falsch informiert; denn beide habe ich gehört, obwohl mir außer ihrer Beflissenheit an ihnen nichts einleuchtete. Ich habe die Genannten auch häufig zusammen mit unserem Atticus gehört, da er ja beide bewunderte, den Phaidros aber gar ins Herz geschlossen hatte, und wir besprachen täglich miteinander das Gehörte. Da gab es niemals eine Auseinandersetzung um die Frage, was ich verstand, sondern nur darum, was mich überzeugte.«

(17) »Wie steht es also damit?« fragte er. »Ich möchte nämlich hören, was dich nicht überzeugt.«

»Zunächst«, erklärte ich, »ist er in Fragen der Naturphilosophie, auf die er so besonders stolz ist, ganz absonderlich. Was er sagt, sind Gedanken Demokrits, die er nur wenig ändert, doch so, daß er mir jedenfalls das zu verschlechtern scheint, was er verbessern will. Jener vertritt die Meinung, daß, was er Atome nennt, das heißt infolge ihrer Dichte unteilbare Körper, im unbegrenzten leeren Raum, in dem es weder Oben noch Unten, weder Mitte noch Rand noch Ende gibt, sich so bewegen, daß sie sich durch Zusammenstöße miteinander verbinden; daraus entstehe alles, was es gebe und was man sehen könne, und man müsse erkennen, daß die Bewegung der Atome keinen Anfang habe, sondern seit Ewigkeit im Gange sei. (18) Was aber Epikur betrifft, so irrt er in dem, worin er Demokrit folgt, für gewöhnlich nicht. An beiden freilich überzeugt mich vieles nicht, vor allem jener Umstand, daß sie, obwohl man in der Welt zwei Fragen untersuchen muß, zum einen, was der Stoff ist, aus

ria sit, ex qua quaeque res efficiatur, alterum, quae vis sit, quae quidque efficiat, de materia disseruerunt, vim et causam efficiendi reliquerunt. sed hoc commune vitium, illae Epicuri propriae ruinae: censet enim eadem illa individua et solida corpora ferri deorsum suo pondere ad lineam, hunc naturalem esse omnium corporum motum. (19) deinde ibidem homo acutus, cum illud ocurreret, si omnia deorsus e regione ferrentur et, ut dixi, ad lineam, numquam fore ut atomus altera alteram posset attingere, itaque attulit rem commenticiam: declinare dixit atomum perpaulum, quo nihil posset fieri minus; ita effici complexiones et copulationes et adhaesiones atomorum inter se, ex quo efficeretur mundus omnesque partes mundi, quaeque in eo essent. Quae cum tota res ⟨est⟩ ficta pueriliter, tum ne efficit ⟨quidem⟩, quod vult. nam et ipsa declinatio ad libidinem fingitur – ait enim declinare atomum sine causa; quo nihil turpius physico, quam fieri quicquam sine causa dicere, – et illum motum naturalem omnium ponderum, ut ipse constituit, e regione inferiorem locum petentium sine causa eripuit atomis nec tamen id, cuius causa haec finxerat, assecutus est. (20) nam si omnes atomi declinabunt, nullae umquam cohaerescent, sive aliae declinabunt, aliae suo nutu recte ferentur, primum erit hoc quasi provincias atomis dare, quae recte, quae oblique ferantur, deinde eadem illa atomorum, in quo etiam Democritus haeret, turbulenta concursio hunc mundi ornatum efficere non poterit. ne illud quidem physici, cre-

dem jedes Ding entsteht, zum andern, was die Kraft ist, die in allem wirkt, daß sie sich also über den Stoff geäußert haben, die Kraft und die Ursache der Wirkung aber dahingestellt sein ließen. Doch das ist eine Schwäche, die beiden gemeinsam ist, das folgende dagegen ist eine Katastrophe, die nur Epikur betrifft. Denn er vertritt die Meinung, daß eben jene unteilbaren und dichten Körper sich infolge ihres Gewichts senkrecht nach unten bewegen; das sei die natürliche Bewegung aller Körper. (19) Als ihm dann zum Bewußtsein kam, daß die Atome einander nie berühren könnten, wenn alles, wie ich sagte, senkrecht von oben nach unten in Bewegung sei, erfand der kluge Kopf dafür ein Mittel: Er erklärte, daß das Atom um den geringsten möglichen Betrag von seiner Richtung abweiche;[9] so entstünden Verbindungen, Vereinigungen und Zusammenschlüsse von Atomen miteinander, und daraus entstehe die Welt mit allen ihren Teilen und dem, was in ihr sei. Die ganze Angelegenheit ist nicht nur eine kindische Erfindung, sondern leistet auch nicht einmal, was sie soll. Denn erstens ist die Abweichung eine willkürliche Fiktion – er sagt ja, daß das Atom grundlos die Richtung ändere; das aber ist für einen Vertreter der Naturphilosophie die größte Schmach, zu sagen, daß etwas ohne Grund geschehe –, zweitens nahm er den Atomen ohne Grund jene natürliche Bewegung aller schweren Körper, die, wie er selbst feststellte, von oben nach unten streben, und erreichte trotzdem nicht sein Ziel, um dessentwillen er das erfunden hatte. (20) Weichen nämlich alle Atome von ihrer Richtung ab, so werden sie sich nie zusammenschließen, und wenn sie teils abweichen, teils senkrecht ihrer Richtung folgen, so wird das erstens bedeuten, daß man den Atomen gleichsam Dienstaufgaben zuweist, die die einen senkrecht, andere schräg fallen lassen, zweitens wird eben jenes regellose Zusammentreffen der Atome, auf dem auch Demokrit beharrt, nicht in der Lage sein, die Schönheit dieser Welt zu schaffen. Nicht einmal das ist Sache eines Mannes der Naturphilosophie, zu glauben, daß es etwas

dere aliquid esse minimum, quod profecto numquam putavisset, si a Polyaeno, familiari suo, geometrica discere maluisset quam illum etiam ipsum dedocere. sol Democrito magnus videtur, quippe homini erudito in geometriaque perfecto, huic pedalis fortasse; tantum enim esse censet, quantus videtur, vel paulo aut maiorem aut minorem. (21) ita, quae mutat, ea corrumpit, quae sequitur, sunt tota Democriti, atomi, inane, imagines, quae εἴδωλα nominant, quorum incursione non solum videamus, sed etiam cogitemus; infinitio ipsa, quam ἀπειρίαν vocant, tota ab illo est, tum innumerabiles mundi, qui et oriantur et intereant cotidie. quae etsi mihi nullo modo probantur, tamen Democritum laudatum a ceteris ab hoc, qui eum unum secutus esset, nollem vituperatum.

(22) Iam in altera philosophiae parte, quae est quaerendi ac disserendi, quae λογική dicitur, iste vester plane, ut mihi quidem videtur, inermis ac nudus est. tollit definitiones, nihil de dividendo ac partiendo docet, non quo modo efficiatur concludaturque ratio tradit, non qua via captiosa solvantur ambigua distinguantur ostendit; iudicia rerum in sensibus ponit, quibus si semel aliquid falsi pro vero probatum sit, sublatum esse omne iudicium veri et falsi putat.

(23) Confirmat autem illud vel maxime, quod ipsa natura, ut ait ille, sciscat et probet, id est voluptatem et dolorem. ad haec et quae sequamur et quae fugiamus refert omnia. quod quamquam Aristippi est a Cyrenaicisque melius liberiusque defenditur, tamen eius modi esse iudico, ut nihil homine

Kleinstes gebe; das hätte er auch sicher nie geglaubt, wenn er es vorgezogen hätte, von seinem Freunde Polyainos Geometrie zu lernen, statt ihn gar selbst falsch zu belehren. Demokrit, einem gebildeten und in der Geometrie bewanderten Mann, erscheint die Sonne groß, nach Epikur mißt sie nur einen Fuß; er meint ja, sie sei so groß, wie sie scheint, oder ein wenig größer oder kleiner.[10] (21) Auf diese Weise verdirbt er, was er ändert, während das ganz Demokrit gehört, worin er sich ihm anschließt: die Atome, der leere Raum und die Abbilder, die bei ihnen ›eidola‹ heißen, durch deren Auftreffen wir nicht nur sehen, sondern auch denken sollen.[11] Selbst die Unendlichkeit, die sie als ›apeiria‹ bezeichnen, stammt ganz von Demokrit, sodann die unzähligen Welten, die täglich entstehen und vergehen sollen. Obwohl mich diese Ideen in keiner Weise überzeugen, wünschte ich doch, Demokrit, der von den anderen gepriesen wurde, wäre nicht von dem getadelt worden, der sich an ihn als einzigen Gewährsmann angeschlossen hatte.

(22) Im zweiten Teilgebiet der Philosophie, das Untersuchung und Erörterung betrifft, der sogenannten ›Logik‹, zeigt sich euer Mann, nach meinem Eindruck jedenfalls, erst recht ganz ungerüstet und entblößt. Er schiebt Definitionen beiseite, lehrt nichts über Gliederung und Unterteilung, erklärt nicht, wie ein Schluß gezogen wird, und zeigt nicht, wie Trugschlüsse aufzulösen und Zweideutigkeiten aufzuklären sind. Er gründet die Urteile über das, was ist, auf Sinneswahrnehmungen und meint, wenn durch sie einmal etwas Falsches als richtig anerkannt sei, dann entfalle jede Möglichkeit des Urteils über Wahr und Falsch.

(23) Am stärksten aber betont er das, was die Natur selbst, wie er sagt, gutheißt und anerkennt, nämlich Lust und Schmerz; darauf bezieht er alles, sowohl das, was wir wählen, als auch das, was wir meiden sollen. Das ist zwar auch der Grundsatz Aristipps, und er wird von den Kyrenaikern besser und souveräner vertreten, doch nach meinem Urteil ist er von solcher Art, daß nichts der Würde des Menschen

videatur indignius. ad maiora enim quaedam nos natura genuit et conformavit, ut mihi quidem videtur. ac fieri potest, ut errem, sed ita prorsus existimo, neque eum Torquatum, qui hoc primus cognomen invenerit, aut torquem illum hosti detraxisse, ut aliquam ex eo perciperet corpore voluptatem, aut cum Latinis tertio consulatu conflixisse apud Veserim propter voluptatem; quod vero securi percussit filium, privavisse se etiam videtur multis voluptatibus, cum ipsi naturae patrioque amori praetulerit ius maiestatis atque imperii. (24) quid? T. Torquatus, is qui consul cum Cn. Octavio fuit, cum illam severitatem in eo filio adhibuit, quem in adoptionem D. Silano emancipaverat, ut eum Macedonum legatis accusantibus, quod pecunias praetorem in provincia cepisse arguerent, causam apud se dicere iuberet reque ex utraque parte audita pronuntiaret eum non talem videri fuisse in imperio, quales eius maiores fuissent, et in conspectum suum venire vetuit, numquid tibi videtur de voluptatibus suis cogitavisse? Sed ut omittam pericula, labores, dolorem etiam, quem optimus quisque pro patria et pro suis suscipit, ut non modo nullam captet, sed etiam praetereat omnes voluptates, dolores denique quosvis suscipere malit quam deserere ullam officii partem, ad ea, quae hoc non minus declarant, sed videntur leviora, veniamus.

(25) quid tibi, Torquate, quid huic Triario litterae, quid historiae cognitioque rerum, quid poëtarum evolutio, quid tanta tot versuum memoria voluptatis affert? nec mihi illud

weniger zu entsprechen scheint; denn die Natur hat uns doch, jedenfalls nach meiner Meinung, zu weit Größerem geschaffen und gebildet. Möglicherweise irre ich mich, aber ich bin ganz entschieden der Überzeugung, daß der Torquatus, der diesen Namen erstmals aufgebracht hat, weder seinem Gegner die bewußte Kette abnahm,[12] um dadurch irgendeine körperliche Lustempfindung zu gewinnen, noch wegen einer Lust in seinem dritten Konsulat am Veseris mit den Latinern kämpfte. Wenn er jedoch den Sohn mit einem Beil hinrichten ließ, so brachte er sich damit wohl sogar um viele Lustgefühle, weil er den Rechtsanspruch staatlicher Hoheit und militärischer Befehlsgewalt noch über die Natur selbst und die väterliche Liebe stellte. (24) Wie steht es ferner mit T. Torquatus? Als er zusammen mit Cn. Octavius Konsul war, ließ er bekanntlich Strenge gegen den Sohn walten, den er zur Adoption durch D. Silanus freigegeben hatte. Gesandte der Makedonen beschuldigten ihn, daß er sich als Prätor in der Provinz bereichert habe, und der Vater zog ihn dafür zur Rechenschaft. Er hörte beide Seiten an, worauf er öffentlich erklärte, daß sich der Sohn auf seinem Posten allem Anschein nach nicht so wie seine Ahnen verhalten habe. Darauf verfügte er, daß er ihm nicht mehr vor die Augen kommen dürfe. Meinst du, daß er dabei an sein Vergnügen dachte? Doch lassen wir Gefahren, Mühen und auch den Schmerz beiseite, den gerade die Besten für ihr Vaterland und für die Ihren auf sich nehmen, so daß sie nicht nur keine Lust empfinden, sondern gar alle Lust verpassen und schließlich lieber jeden beliebigen Schmerz auf sich nehmen als ihre Pflicht in irgendeinem Punkt versäumen wollen, und kommen wir zu den Dingen, die das nicht weniger klar zeigen, doch von geringerer Bedeutung sind.
(25) Was findest du, Torquatus, und was findet dieser Triarius für ein Vergnügen an der Literatur, an der Geschichte, an der Erkenntnis der Welt, an der Lektüre der Dichter und daran, so viele Verse im Kopf zu haben? Komme mir nicht mit solchen Sprüchen: ›Gerade diese

dixeris: ›Haec enim ipsa mihi sunt voluptati, et erant illa Torquatis.‹ Numquam hoc ita defendit Epicurus neque Metrodorus aut quisquam eorum, qui aut saperet aliquid aut ista didicisset. et quod quaeritur saepe, cur tam multi sint Epicurei, sunt aliae quoque causae, sed multitudinem haec maxime allicit, quod ita putant dici ab illo, recta et honesta quae sint, ea facere ipsa per se laetitiam, id est voluptatem. homines optimi non intellegunt totam rationem everti, si ita res se habeat. nam si concederetur, etiamsi ad corpus nihil referatur, ista sua sponte et per se esse iucunda, per se esset et virtus et cognitio rerum, quod minime ille vult, expetenda. (26) Haec igitur Epicuri non probo« inquam. »De cetero vellem equidem aut ipse doctrinis fuisset instructior – est enim, quod tibi ita videri necesse est, non satis politus iis artibus, quas qui tenent, eruditi appellantur – aut ne deterruisset alios a studiis. quamquam te quidem video minime esse deterritum.«

Quae cum dixissem, magis ut illum provocarem quam ut ipse loquerer, tum Triarius leniter arridens: »Tu quidem« inquit »totum Epicurum paene e philosophorum choro sustulisti. quid ei reliquisti, nisi te, quoquo modo loqueretur, intellegere, quid diceret? aliena dixit in physicis nec ea ipsa, quae tibi probarentur; si qua in iis corrigere voluit, deteriora fecit. disserendi artem nullam habuit. voluptatem cum summum bonum diceret, primum in eo ipso parum

Dinge machen mir und eben jene machten den Torquati Freude.‹ So hat es Epikur niemals gemeint, auch Metrodor nicht und niemand von denen, die etwas davon verstanden und sich damit beschäftigt hatten. Und was die oft gestellte Frage betrifft, warum so viele Leute Epikureer sind, so gibt es auch noch andere Ursachen, doch *der* Grund lockt die Menge am meisten an, daß sie annehmen, er meine es so: das, was richtig und anständig sei, bewirke schon durch sich selbst Freude, das heißt Lust. Die guten Leutchen erkennen nicht, daß das gesamte System zusammenbräche, wenn es sich so verhielte. Denn würde man zugeben, solche Dinge seien schon an und für sich angenehm, auch wenn es keine Beziehung zum Körper gäbe, dann wäre Tugend und Welterkenntnis schon an sich erstrebenswert; doch das will Epikur auf keinen Fall. (26) Mit diesen Thesen Epikurs bin ich also nicht einverstanden«, sagte ich. »Was das übrige angeht, so wünschte ich für meinen Teil, er wäre entweder selbst auf wissenschaftlichem Gebiet bewanderter gewesen – denn in den Fächern, deren Meister man Gelehrte nennt, war er, wie du selbst finden müßtest, nicht versiert genug –, oder er hätte andere nicht von den Studien abgeschreckt. Ich sehe allerdings, daß du dich jedenfalls mitnichten hast abschrekken lassen.«

Als ich mich so geäußert hatte, mehr um ihn zu provozieren als um selbst zu reden, da ließ Triarius sich freundlich lächelnd so vernehmen: »Was dich betrifft, so hast du ja den ganzen Epikur fast aus dem Kreis der Philosophen ausgestoßen. Was hast du ihm denn noch gelassen, außer daß du verstandest, was er meinte, gleichgültig wie er sich ausdrückte? Seltsame Thesen stellte er in der Naturphilosophie auf und nicht eben solche, die dich überzeugten. Wenn er daran etwas verbessern wollte, machte er es nur noch schlimmer. In der Erörterung besaß er keinerlei System. Die Lust bezeichnete er zwar als höchstes Gut, doch erstens sah er darin noch zuwenig, und zweitens war auch das absonderlich. Denn das stand früher schon bei Aristipp, und bei

vidit, deinde hoc quoque alienum; nam ante Aristippus, et ille melius. addidisti ad extremum etiam indoctum fuisse.«
(27) »Fieri« inquam »Triari, nullo pacto potest, ut non dicas, quid non probes eius, a quo dissentias. quid enim me prohiberet Epicureum esse, si probarem, quae ille diceret? cum praesertim illa perdiscere ludus esset. quam ob rem dissentientium inter se reprehensiones non sunt vituperandae, maledicta, contumeliae, tum iracundiae, contentiones concertationesque in disputando pertinaces indignae philosophia mihi videri solent.«
(28) Tum Torquatus: »Prorsus« inquit »assentior; neque enim disputari sine reprehensione nec cum iracundia aut pertinacia recte disputari potest. sed ad haec, nisi molestum est, habeo quae velim.«
»An me« inquam »nisi te audire vellem, censes haec dicturum fuisse?«
»Utrum igitur percurri omnem Epicuri disciplinam placet an de una voluptate quaeri, de qua omne certamen est?«
»Tuo vero id quidem« inquam »arbitratu.«
»Sic faciam igitur:« inquit »unam rem explicabo, eamque maximam, de physicis alias, et quidem tibi et declinationem istam atomorum et magnitudinem solis probabo et Democriti errata ab Epicuro reprehensa et correcta permulta. nunc dicam de voluptate, nihil scilicet novi, ea tamen, quae te ipsum probaturum esse confidam.«
(29) »Certe« inquam »pertinax non ero tibique, si mihi probabis ea, quae dices, libenter assentiar.«
»Probabo« inquit »modo ista sis aequitate, quam ostendis.

ihm stand es besser. Schließlich hast du hinzugefügt, daß er sogar noch ungebildet war.«

(27) »Es ist unmöglich«, sagte ich, »Triarius, daß man das ungesagt läßt, was man an demjenigen, von dessen Meinung man abweicht, nicht billigt. Was würde mich denn hindern, ein Jünger Epikurs zu sein, wenn ich das, was er sagte, richtig fände? Denn es sich völlig anzueignen wäre ja ein Kinderspiel. Darum sind bei Vertretern unterschiedlicher Standpunkte kritische Einwände nicht zu tadeln, doch Schmähungen oder Beschimpfungen und erst recht Wutausbrüche, Streitereien und hitzige Wortgefechte bei einer Diskussion, die passen, wie mir scheint, gewöhnlich nicht zur Würde der Philosophie.«

(28) »Da stimme ich dir unbedingt zu«, rief darauf Torquatus aus. »Denn einerseits ist eine Diskussion nicht ohne die entsprechende Kritik und andererseits eine rechte Diskussion nicht mit Jähzorn oder Erbitterung zu führen. Aber zu deinen Thesen hätte ich etwas zu sagen, wenn es dich nicht stört.«

»Glaubst du etwa, ich hätte das gesagt«, erwiderte ich, »wenn ich dich nicht hören wollte?«

»Sollen wir also die gesamte Lehre Epikurs durchgehen oder nur die Lust, um die der ganze Streit geht, untersuchen?«

»Ganz wie du meinst«, erwiderte ich.

»Dann will ich es so halten«, sagte er: »Ich werde einen Punkt, und zwar den wichtigsten, erläutern; von der Naturphilosophie soll aber ein andermal die Rede sein, und dabei will ich dir die Abweichung der Atome und die Größe der Sonne plausibel machen und die vielen Irrtümer Demokrits, die Epikur gerügt hat. Jetzt rede ich über die Lust; ich werde zwar nichts Neues sagen, aber etwas, was du, wie ich zuversichtlich hoffe, selbst plausibel finden wirst.«

(29) »Ich werde jedenfalls nicht starrsinnig sein«, sagte ich, »und will dir gern zustimmen, wenn du mich mit deinen Worten überzeugst.«

»Das werde ich«, erwiderte er, »wenn du nur so fair bist,

sed uti oratione perpetua malo quam interrogare aut interrogari.«

»Ut placet« inquam.

Tum dicere exorsus est. »Primum igitur« inquit »sic agam, ut ipsi auctori huius disciplinae placet: constituam, quid et quale sit id, de quo quaerimus, non quo ignorare vos arbitrer, sed ut ratione et via procedat oratio. quaerimus igitur, quid sit extremum et ultimum bonorum, quod omnium philosophorum sententia tale debet esse, ut ad id omnia referri oporteat, ipsum autem nusquam. hoc Epicurus in voluptate ponit, quod summum bonum esse vult, summumque malum dolorem, idque instituit docere sic: (30) omne animal, simul atque natum sit, voluptatem appetere eaque gaudere ut summo bono, dolorem aspernari ut summum malum et, quantum possit, a se repellere, idque facere nondum depravatum ipsa natura incorrupte atque integre iudicante. itaque negat opus esse ratione neque disputatione, quam ob rem voluptas expetenda, fugiendus dolor sit. sentiri haec putat, ut calere ignem, nivem esse albam, dulce mel. quorum nihil oportere exquisitis rationibus confirmare, tantum satis esse admonere. interesse enim inter argumentum conclusionemque rationis et inter mediocrem animadversionem atque admonitionem. altera occulta quaedam et quasi involuta aperiri, altera prompta et aperta iudicari. etenim quoniam detractis de homine sensibus reliqui nihil est, necesse est quid aut ad naturam aut contra sit a natura ipsa iudicari. ea quid percipit aut quid

wie du es mir in Aussicht stellst. Ich möchte aber lieber zusammenhängend reden als fragen oder mich befragen lassen.«

»Wie du willst«, sagte ich.

Da fing er an zu reden. »Zuerst«, erklärte er, »will ich denn also so vorgehen, wie der Urheber dieser Lehre es für richtig hält: Ich definiere Wesen und Beschaffenheit des Gegenstandes unserer Untersuchung, nicht als ob ich glaubte, ihr wüßtet nichts darüber, sondern um bei meinem Vortrag methodisch vorzugehen. Wir fragen also, was das äußerste und letzte Gut ist, das nach Meinung aller Philosophen so beschaffen sein muß, daß man alles darauf auszurichten hat, es selbst jedoch auf nichts bezogen ist. Das ist für Epikur die Lust; sie soll nach seinem Willen das höchste Gut sein und der Schmerz das schlimmste Übel; diesen Ansatz sucht er folgendermaßen zu beweisen: (30) Ein jedes Lebewesen strebe sogleich, wenn es geboren sei, nach Lust und freue sich an ihr als seinem höchsten Gut, den Schmerz verschmähe es als größtes Übel und weise ihn, soweit es könne, von sich; das tue es, solange es noch unverdorben sei und die Natur selbst noch ihr unbestechliches und ursprüngliches Urteil spreche. Man brauche deshalb, sagt er, keine verstandesmäßige Erörterung, weswegen die Lust zu erstreben und der Schmerz zu meiden sei. Das fühle man, meint er, so wie man spüre, daß das Feuer heiß, der Schnee weiß und der Honig süß sei. Davon brauche man ja nichts mit ausgeklügelten Methoden zu beweisen, es genüge, nur daran zu erinnern. Denn zwischen einer Argumentation im Sinne logischer Schlußfolgerung und einer schlichten Beobachtung oder Erinnerung bestehe ein Unterschied. Die erstere eröffne den Zugang zu gewissen verborgenen und gleichsam eingehüllten Dingen, die letztere urteile über Offenkundiges, unmittelbar Zugängliches. Weil einem Menschen, wenn er seiner Sinneswahrnehmung beraubt ist, nichts mehr bleibt, muß ja die Frage, was der Natur gemäß oder zuwider ist, von der Natur selbst entschieden werden. Was kann

iudicat, quo aut petat aut fugiat aliquid, praeter voluptatem et dolorem? (31) Sunt autem quidam e nostris, qui haec subtilius velint tradere et negent satis esse quid bonum sit aut quid malum sensu iudicari, sed animo etiam ac ratione intellegi posse et voluptatem ipsam per se esse expetendam et dolorem ipsum per se esse fugiendum. itaque aiunt hanc quasi naturalem atque insitam in animis nostris inesse notionem, ut alterum esse appetendum, alterum aspernandum sentiamus. Alii autem, quibus ego assentior, cum a philosophis compluribus permulta dicantur, cur nec voluptas in bonis sit numeranda nec in malis dolor, non existimant oportere nimium nos causae confidere, sed et argumentandum et accurate disserendum et rationibus conquisitis de voluptate et dolore disputandum putant.

(32) Sed ut perspiciatis, unde omnis iste natus error sit voluptatem accusantium doloremque laudantium, totam rem aperiam eaque ipsa, quae ab illo inventore veritatis et quasi architecto beatae vitae dicta sunt, explicabo. nemo enim ipsam voluptatem, quia voluptas sit, aspernatur aut odit aut fugit, sed quia consequuntur magni dolores eos, qui ratione voluptatem sequi nesciunt, neque porro quisquam est, qui dolorem ipsum, quia dolor sit, amet, consectetur, adipisci velit, sed quia non numquam eius modi tempora incidunt, ut labore et dolore magnam aliquam quaerat voluptatem. ut enim ad minima veniam, quis nostrum exercitationem ullam corporis suscipit laboriosam, nisi ut aliquid ex ea commodi consequatur? quis autem vel eum iure reprehenderit, qui in ea voluptate velit esse, quam nihil molestiae

denn Gegenstand ihrer Erfahrung oder Entscheidung sein, durch die sie irgend etwas erstrebt oder vermeidet, außer Lust und Schmerz? (31) Es gibt indessen manche unter den Vertretern unserer Lehre, die das genauer fassen wollen und die sagen, es genüge nicht, wenn durch die Sinneswahrnehmung entschieden werde, was ein Gut oder was ein Übel sei, man könne vielmehr auch verstandesmäßig erkennen, daß die Lust an sich erstrebt und daß der Schmerz an sich gemieden werden müsse. Deshalb erklären sie, dieser Begriff sei uns gleichsam natürlich angeboren, so daß wir fühlten, daß man das eine erstreben, das andere verschmähen müsse. Andere aber, denen ich zustimme, meinen, wir dürften unserer Sache nicht allzu sicher sein, weil von mehreren Philosophen sehr viele Gründe angegeben würden, weshalb man weder die Lust den Gütern, noch den Schmerz den Übeln zuzurechnen habe; sie glauben vielmehr, das Thema Lust und Schmerz bedürfe der Argumentation, der gründlichen Erörterung und einer Diskussion mit ausgeklügelten Methoden.

(32) Damit ihr aber klar erkennt, woher der ganze Irrtum derer stammt, die die Lust anklagen und den Schmerz verherrlichen, will ich euch den ganzen Sachverhalt eröffnen und eben das erklären, was jener Entdecker der Wahrheit und gleichsam Baumeister des glückseligen Lebens gesagt hat. Niemand verschmäht, haßt oder meidet die Lust ja, weil sie Lust sei, sondern weil schlimme Schmerzen denen zuteil werden, die es nicht verstehen, vernünftig nach der Lust zu streben. Es gibt auch niemand, der den Schmerz selbst, weil er Schmerz sei, liebt und zu erlangen sucht, sondern weil sich zuweilen Situationen solcher Art ergeben, daß man durch Anstrengung und Schmerz eine besondere Lust zu gewinnen sucht. Wer von uns unternimmt denn, um ein ganz unwichtiges Gebiet zu berühren, irgendeine mühevolle körperliche Übung zu einem anderen Zweck, als um dadurch irgendeinen Vorteil zu erlangen? Wer aber hätte ein Recht, den zu tadeln, der sich einer Lust erfreuen will, die

consequatur, vel illum, qui dolorem eum fugiat, quo voluptas nulla pariatur? (33) At vero eos et accusamus et iusto odio dignissimos ducimus, qui blanditiis praesentium voluptatum deleniti atque corrupti, quos dolores et quas molestias excepturi sint, obcaecati cupiditate non provident, similique sunt in culpa, qui officia deserunt mollitia animi, id est laborum et dolorum fuga. et harum quidem rerum facilis est et expedita distinctio. nam libero tempore, cum soluta nobis est eligendi optio, cumque nihil impedit, quo minus id, quod maxime placeat, facere possimus, omnis voluptas assumenda est, omnis dolor repellendus. temporibus autem quibusdam et aut officiis debitis aut rerum necessitatibus saepe eveniet, ut et voluptates repudiandae sint et molestiae non recusandae. itaque earum rerum hic tenetur a sapiente delectus, ut aut reiciendis voluptatibus maiores alias consequatur aut perferendis doloribus asperiores repellat.

(34) Hanc ego cum teneam sententiam, quid est cur verear, ne ad eam non possim accommodare Torquatos nostros? quos tu paulo ante cum memoriter, tum etiam erga nos amice et benivole collegisti, nec me tamen laudandis maioribus meis corrupisti nec segniorem ad respondendum reddidisti. quorum facta quem ad modum, quaeso, interpretaris? sicine eos censes aut in armatum hostem impetum fecisse aut in liberos atque in sanguinem suum tam crudelis fuisse, nihil ut de utilitatibus, nihil ut de commodis suis cogitarent? at id

keine Unannehmlichkeit zur Folge hat, oder denjenigen zu kritisieren, der einem Schmerz entgehen will, durch den er keine Lust gewinnt? (33) Dagegen klagen wir jedoch die Menschen an und halten sie für ganz besonders hassenswert, die sich durch den Reiz augenblicklicher Annehmlichkeiten betören und verführen lassen und blind vor Begierde nicht sehen, welche Schmerzen und Unannehmlichkeiten sie erleiden werden. Desgleichen machen sich die Leute schuldig, die aus Mangel an Energie, das heißt aus Furcht vor Mühen und vor Schmerzen, ihre Pflicht versäumen. Dabei sind diese Fälle leicht und mühelos zu unterscheiden. Denn wenn wir frei sind, wenn uns die Wahlmöglichkeit uneingeschränkt gegeben ist und uns nichts hindert, das zu tun, was uns am besten gefällt, dann sollten wir uns jede Lust verschaffen und jeden Schmerz vom Leibe halten. Doch in bestimmten Situationen und bei Verpflichtungen oder bei zwingenden Notwendigkeiten wird oft der Fall eintreten, daß wir Lustgefühle verschmähen müssen und Unannehmlichkeiten nicht verweigern dürfen. Darum hält sich der Weise bei der Wahl in solchen Fällen an den Grundsatz, entweder durch Verzicht auf Lustgefühle andere, größere zu erlangen oder durch Ertragen von Schmerzen schlimmeren zu wehren.

(34) Wenn ich mich nun an diesen Grundsatz halte, warum sollte ich dann fürchten, ich könnte jene Männer, die wie ich Torquatus heißen, nicht mit ihm in Einklang bringen? Du hast sie ja gerade nicht nur in zutreffender Erinnerung, sondern auch in freundlicher und wohlwollender Weise angeführt, und doch hast du mich dadurch, daß du meine Ahnen rühmtest, weder meinem Grundsatz untreu werden lassen noch in meinem Schwung für die Erwiderung gelähmt. Wie deutest du denn, bitte, ihre Taten? Meinst du denn, daß sie in der Weise den bewaffneten Feind angegriffen haben oder auf solche Weise gegen ihre Kinder und ihr eigenes Blut grausam waren, daß sie dabei nicht an ihren Nutzen, nicht an ihren Vorteil dachten? Das bringen doch

ne ferae quidem faciunt, ut ita ruant itaque turbent, ut earum motus et impetus quo pertineant non intellegamus, tu tam egregios viros censes tantas res gessisse sine causa? (35) quae fuerit causa, mox videro; interea hoc tenebo, si ob aliquam causam ista, quae sine dubio praeclara sunt, fecerint, virtutem iis per se ipsam causam non fuisse. – Torquem detraxit hosti. – Et quidem se texit, ne interiret. – At magnum periculum adiit. – In oculis quidem exercitus. – Quid ex eo est consecutus? – Laudem et caritatem, quae sunt vitae sine metu degendae praesidia firmissima. – Filium morte multavit. – Si sine causa, nollem me ab eo ortum, tam inportuno tamque crudeli; sin, ut dolore suo sanciret militaris imperii disciplinam exercitumque in gravissimo bello animadversionis metu contineret, saluti prospexit civium, qua intellegebat contineri suam. (36) atque haec ratio late patet. in quo enim maxime consuevit iactare vestra se oratio, tua praesertim, qui studiose antiqua persequeris, claris et fortibus viris commemorandis eorumque factis non emolumento aliquo, sed ipsius honestatis decore laudandis, id totum evertitur eo delectu rerum, quem modo dixi, constituto, ut aut voluptates omittantur maiorum voluptatum adipiscendarum causa aut dolores suscipiantur maiorum dolorum effugiendorum gratia.

(37) Sed de clarorum hominum factis illustribus et gloriosis satis hoc loco dictum sit. erit enim iam de omnium virtutum cursu ad voluptatem proprius disserendi locus. nunc autem explicabo, voluptas ipsa quae qualisque sit, ut tollatur error

nicht einmal wilde Tiere fertig, so toll einherzustürmen, daß wir nicht erkennen, welchem Ziel ihr Ungestüm gilt; und da glaubst du, so hervorragende Männer hätten solche Taten ohne Grund vollbracht? (35) Welches der Grund war, werden wir bald sehen; einstweilen will ich nur soviel festhalten: Wenn sie diese Taten, die ohne Zweifel glanzvoll waren, aus irgendeinem Grund vollbrachten, so war für sie nicht die Tugend um ihrer selbst willen der Grund. – Er nahm dem Feind seine Halskette ab. – Ja, aber er verteidigte sich auch, damit er nicht getötet wurde. – Doch er begab sich in erhebliche Gefahr. – Ja, aber vor den Augen seines Heeres. – Was hätte er damit erreicht? – Ruhm und Zuneigung; sie sind die stärkste Garantie dafür, ein Leben ohne Furcht zu führen. – Er hat seinen Sohn mit dem Tod bestraft. – Tat er es ohne Grund, dann wünschte ich nicht von ihm abzustammen, so rücksichtslos und grausam wäre er; tat er es aber, um durch seinen Schmerz die Unterordnung unter die militärische Befehlsgewalt zu sichern und um das Heer in einem so erbitterten Krieg durch die Furcht vor Strafe im Zaum zu halten, dann trug er Sorge für das Wohl der Bürger, auf dem, wie er erkannte, auch sein eigenes beruhte. (36) Und dieser Grundsatz gilt in weitem Umfang. Denn das, worüber ihr in euren Reden euch am meisten zu verbreiten pflegt, besonders du, wenn du voll Eifer die alte Zeit behandelst, indem du von berühmten, tapferen Männern sprichst und ihre Taten nicht wegen irgendeines Vorteils, sondern wegen des Ruhms der Sittlichkeit selbst preisest, das wird ganz und gar hinfällig, wenn man die eben von mir angeführte Wahl trifft, daß man entweder auf Lustgefühle verzichtet, um größere Lust zu erreichen, oder Schmerzen auf sich nimmt, um schlimmerem Schmerz zu entgehen.

(37) Doch nun genug von den glanzvollen und ruhmreichen Taten berühmter Männer; es wird sich nämlich noch eine besondere Gelegenheit ergeben, die Ausrichtung sämtlicher Tugenden auf die Lust zu erörtern. Nun aber will ich Wesen und Beschaffenheit der Lust an sich erklären, damit der

omnis imperitorum intellegaturque ea, quae voluptaria, delicata, mollis habeatur disciplina, quam gravis, quam continens, quam severa sit. Non enim hanc solam sequimur, quae suavitate aliqua naturam ipsam movet et cum iucunditate quadam percipitur sensibus, sed maximam voluptatem illam habemus, quae percipitur omni dolore detracto. nam quoniam, cum privamur dolore, ipsa liberatione et vacuitate omnis molestiae gaudemus, omne autem id, quo gaudemus, voluptas est, ut omne, quo offendimur, dolor, doloris omnis privatio recte nominata est voluptas. ut enim, cum cibo et potione fames sitisque depulsa est, ipsa detractio molestiae consecutionem affert voluptatis, sic in omni re doloris amotio successionem efficit voluptatis. (38) itaque non placuit Epicuro medium esse quiddam inter dolorem et voluptatem; illud enim ipsum, quod quibusdam medium videretur, cum omni dolore careret, non modo voluptatem esse, verum etiam summam voluptatem. quisquis enim sentit, quem ad modum sit affectus, eum necesse est aut in voluptate esse aut in dolore. omnis autem privatione doloris putat Epicurus terminari summam voluptatem, ut postea variari voluptas distinguique possit, augeri amplificarique non possit. (39) At etiam Athenis, ut e patre audiebam facete et urbane Stoicos irridente, statua est in Ceramico Chrysippi sedentis porrecta manu, quae manus significet illum in hac esse rogatiuncula delectatum: ›Numquidnam manus tua sic affecta, quem ad modum affecta nunc est, desiderat? – Nihil sane. – At, si voluptas esset bonum, desideraret. – Ita credo. – Non est

Irrtum aller Ahnungslosen ausgeräumt wird und damit man einsieht, wie ernst, wie maßvoll und wie streng die Schule ist, die als ausschweifend, üppig und verweichlicht gilt. Wir streben ja nicht nur nach der Lust, die durch irgendeinen Reiz auf die Natur selbst wirkt und von den Sinnen mit einem gewissen Behagen genossen wird, sondern wir halten die Lust für die größte, die man dadurch erlebt, daß man von jedem Schmerz befreit ist.[13] Denn da wir uns, wenn wir vom Schmerz befreit werden, schon über die Befreiung selbst und das Freisein von jeder Mühsal freuen, da aber alles das, worüber wir uns freuen, eine Lust darstellt, wie alles, worunter wir zu leiden haben, einen Schmerz, wird jede Befreiung von einem Schmerz zu Recht als Lust bezeichnet. Wie nämlich immer, wenn durch Speise und durch Trank der Hunger und der Durst vertrieben ist, die Abwehr der Unlust selbst Lust zur Folge hat, so zieht in jedem Falle die Entfernung des Schmerzes Lust nach sich. (38) Deswegen lehnte Epikur die Meinung ab, es gebe ein Mittleres zwischen Schmerz und Lust; er meinte nämlich, eben das, was manche für das Mittlere hielten, wenn man von jedem Schmerz frei sei, bedeute nicht nur Lust, sondern sogar die höchste Lust. Denn jeder, der empfindet, wie er gestimmt ist, befindet sich zwangsläufig entweder im Zustand der Lust oder in dem des Schmerzes. In jedem Fall wird aber nach der Meinung Epikurs die höchste Lust durch die Befreiung von Schmerz bestimmt, so daß danach die Lust zwar noch verändert und differenziert, jedoch nicht mehr gesteigert und erweitert werden kann. (39) Wie ich von meinem Vater hörte, der die Stoiker mit Geist und Witz verspottete, gibt es doch auch im Kerameikos in Athen eine Bildsäule des Chrysipp, wie er mit ausgestreckter Hand dasitzt. Diese Hand soll zum Ausdruck bringen, daß er an folgender Scherzfrage sein Vergnügen fand: ›Wenn diese Hand in der Verfassung ist, in der sie sich im Augenblick befindet, vermißt sie dann etwas? – Natürlich nicht. – Wäre aber die Lust ein Gut, dann würde sie sie doch vermissen. –

igitur voluptas bonum.‹ Hoc ne statuam quidem dicturam pater aiebat, si loqui posset. conclusum est enim contra Cyrenaicos satis acute, nihil ad Epicurum. nam si ea sola voluptas esset, quae quasi titillaret sensus, ut ita dicam, et ad eos cum suavitate afflueret et illaberetur, nec manus esse contenta posset nec ulla pars vacuitate doloris sine iucundo motu voluptatis. sin autem summa voluptas est, ut Epicuro placet, nihil dolere, primum tibi recte, Chrysippe, concessum est nihil desiderare manum, cum ita esset affecta, secundum non recte, si voluptas esset bonum, fuisse desideraturam. idcirco enim non desideraret, quia, quod dolore caret, id in voluptate est.

(40) Extremum autem esse bonorum voluptatem ex hoc facillime perspici potest: Constituamus aliquem magnis, multis, perpetuis fruentem et animo et corpore voluptatibus nullo dolore nec impediente nec inpendente, quem tandem hoc statu praestabiliorem aut magis expetendum possimus dicere? inesse enim necesse est in eo, qui ita sit affectus, et firmitatem animi nec mortem nec dolorem timentis, quod mors sensu careat, dolor in longinquitate levis, in gravitate brevis soleat esse, ut eius magnitudinem celeritas, diuturnitatem allevatio consoletur. (41) ad ea cum accedit, ut neque divinum numen horreat nec praeteritas voluptates effluere patiatur earumque assidua recordatione laetetur, quid est, quod huc possit, quod melius sit, accedere? Statue contra aliquem confectum tantis animi corporisque doloribus,

Ich glaube schon. – Dann ist die Lust also kein Gut.‹ Mein Vater sagte, so würde nicht einmal eine Statue reden, wenn sie sprechen könnte. Denn die Schlußfolgerung richtet sich ziemlich treffend gegen die Kyrenaiker, doch gilt sie nicht für Epikur. Wenn nämlich die Lust allein in dem bestünde, was gleichsam die Sinne kitzelt, um es so auszudrücken, und mit seinem Reiz in sie hineinströmt und eindringt, dann könnte weder eine Hand noch überhaupt ein Teil mit dem Freisein von Schmerz ohne die angenehme Erregung einer Lust zufrieden sein. Wenn aber die höchste Lust, wie es der Meinung Epikurs entspricht, Schmerzlosigkeit bedeutet, dann hat man dir das erste Zugeständnis zu Recht gemacht, Chrysipp, daß die Hand, wenn sie sich in dieser Verfassung befinde, nichts vermisse, das zweite aber nicht zu Recht, daß sie die Lust vermissen würde, wäre sie ein Gut. Sie würde sie ja deshalb nicht vermissen, weil das, was frei von Schmerz ist, sich im Zustand der Lust befindet.

(40) Daß die Lust aber das höchste Gut ist, läßt sich sehr leicht durch folgende Überlegung erkennen: Nehmen wir an, ein Mensch genieße geistig und körperlich zahlreiche starke und ununterbrochene Lustgefühle, ohne daß ihn dabei ein Schmerz behindert oder bedroht, welchen Zustand könnten wir da nennen, der besser und erstrebenswerter als dieser wäre? Ein Mensch, der sich in einer solchen Verfassung befindet, muß ja zwangsläufig eine Seelenstärke besitzen, die weder Tod noch Schmerz zu fürchten hat, weil er im Tod nichts spürt, der Schmerz aber gewöhnlich bei langer Dauer leicht, bei heftiger Gewalt kurz ist, so daß ihn über seine Heftigkeit die kurze Dauer und über seine lange Dauer die Linderung hinwegtröstet. (41) Kommt dann noch hinzu, daß er nicht ängstlich vor dem Walten der Götter schaudert und nicht zuläßt, daß sich vergangene Lustgefühle verflüchtigen, daß er vielmehr die dauernde Erinnerung an sie genießt, was gibt es dann noch Besseres, das diesen Zustand steigern könnte? Nimm nun dagegen an, jemand sei durch so schlimme seelische und körperliche Schmerzen

quanti in hominem maximi cadere possunt, nulla spe proposita fore levius aliquando, nulla praeterea neque praesenti nec expectata voluptate, quid eo miserius dici aut fingi potest? quodsi vita doloribus referta maxime fugienda est, summum profecto malum est vivere cum dolore, cui sententiae consentaneum est ultimum esse bonorum cum voluptate vivere. nec enim habet nostra mens quicquam, ubi consistat tamquam in extremo, omnesque et metus et aegritudines ad dolorem referuntur, nec praeterea est res ulla, quae sua natura aut sollicitare possit aut angere. (42) Praeterea et appetendi et refugiendi et omnino rerum gerendarum initia proficiscuntur aut a voluptate aut a dolore. quod cum ita sit, perspicuum est omnis rectas res atque laudabilis eo referri, ut cum voluptate vivatur. quoniam autem id est vel summum bonorum vel ultimum vel extremum – quod Graeci τέλος nominant –, quod ipsum nullam ad aliam rem, ad id autem res referuntur omnes, fatendum est summum esse bonum iucunde vivere.

Id qui in una virtute ponunt et splendore nominis capti quid natura postulet non intellegunt, errore maximo, si Epicurum audire voluerint, liberabuntur. istae enim vestrae eximiae pulchraeque virtutes nisi voluptatem efficerent, quis eas aut laudabilis aut expetendas arbitraretur? ut enim medicorum scientiam non ipsius artis, sed bonae valetudinis causa probamus, et gubernatoris ars, quia bene navigandi rationem habet, utilitate, non arte laudatur, sic sapientia, quae ars vivendi putanda est, non expeteretur, si nihil efficeret; nunc

zermürbt, wie sie einen Menschen im Höchstfall treffen können, ohne daß ihm eine Hoffnung auf Erleichterung zu irgendeinem Zeitpunkt winkt, ohne daß ihm daneben eine Lust im Augenblick zuteil wird oder nur in Aussicht steht, was kann man da für einen Zustand nennen oder sich ausdenken, der schlimmer ist als dieser? Wenn aber nun ein Leben voll von Schmerzen unbedingt zu meiden ist, dann ist es doch gewiß das höchste Übel, unter Schmerzen zu leben, und diesem Satz entspricht, daß es das höchste Gut ist, in Lust zu leben. Es gibt ja keinen anderen Punkt, an dem unser Denken wie an einem Ende Halt gewinnen könnte, und alle Ängste und Kümmernisse gehen auf den Schmerz zurück; daneben gibt es nichts, was durch sein Wesen Unruhe oder Angst erzeugen könnte. (42) Des weiteren geht unser Streben und Vermeiden, unser Handeln überhaupt in seinem Ansatz entweder von der Lust oder vom Schmerz aus. Weil es sich so verhält, sind offensichtlich alle richtigen und lobenswerten Handlungen auf das Ziel gerichtet, in Lust zu leben. Weil aber dies das höchste, das letzte oder äußerste Gut ist – die Griechen bezeichnen es als ›telos‹ –,[14] das sich selbst auf nichts anderes bezieht, während alle anderen Dinge sich auf es beziehen, muß man bekennen, daß es das höchste Gut ist, angenehm zu leben.
Diejenigen, die das nur auf die Tugend gründen und, vom Glanz des Namens geblendet, das Verlangen der Natur verkennen, werden, wenn sie sich entschließen, auf Epikur zu hören, von einem entscheidenden Irrtum befreit. Wenn diese eure vortrefflichen und schönen Tugenden nicht Lust bewirkten, wer hielte sie denn dann für löblich oder für erstrebenswert? Denn so, wie wir die Kunst der Ärzte nicht um ihrer selbst, sondern um der Gesundheit willen anerkennen und wie die Kunst des Steuermanns, weil sie den richtigen Kurs garantiert, also aufgrund des Nutzens, nicht der Kunst, gelobt wird, so würde man die Kunst der Weisheit, die als die Kunst der Lebensführung zu betrachten ist, nicht zu erlangen suchen, wenn sie nichts bewirken würde.

expetitur, quod est tamquam artifex conquirendae et comparandae voluptatis. (43) quam autem ego dicam voluptatem, iam videtis, ne invidia verbi labefactetur oratio mea. nam cum ignoratione rerum bonarum et malarum maxime hominum vita vexetur, ob eumque errorem et voluptatibus maximis saepe priventur et durissimis animi doloribus torqueantur, sapientia est adhibenda, quae et terroribus cupiditatibusque detractis et omnium falsarum opinionum temeritate derepta certissimam se nobis ducem praebeat ad voluptatem. sapientia enim est una, quae maestitiam pellat ex animis, quae nos exhorrescere metu non sinat. qua praeceptrice in tranquillitate vivi potest omnium cupiditatum ardore restincto. cupiditates enim sunt insatiabiles, quae non modo singulos homines, sed universas familias evertunt, totam etiam labefactant saepe rem publicam. (44) ex cupiditatibus odia, discidia, discordiae, seditiones, bella nascuntur, nec eae se foris solum iactant nec tantum in alios caeco impetu incurrunt, sed intus etiam in animis inclusae inter se dissident atque discordant, ex quo vitam amarissimam necesse est effici, ut sapiens solum amputata circumcisaque inanitate omni et errore naturae finibus contentus sine aegritudine possit et sine metu vivere.

(45) quae est enim aut utilior aut ad bene vivendum aptior partitio quam illa, qua est usus Epicurus? qui unum genus posuit earum cupiditatum, quae essent et naturales et necessariae, alterum, quae naturales essent nec tamen necessariae, tertium, quae nec naturales nec necessariae. quarum ea ratio est, ut necessariae nec opera multa nec impensa ex-

In Wirklichkeit erstrebt man sie, weil sie gleichsam die Meisterin der Kunst ist, Lust zu gewinnen und hervorzubringen. (43) Was ich dabei als Lust bezeichne, wißt ihr aber schon; meine Darstellung soll ja nicht durch die Abneigung gegen ein Wort erschüttert werden. Denn da das Leben der Menschen am meisten unter der Unkenntnis des Guten und des Bösen leidet und sie infolge dieses Irrtums oft der höchsten Wonnen beraubt und von den schlimmsten Schmerzen gefoltert werden, muß man sich an die Weisheit halten, die sich nach der Befreiung von Schrecken und Begierden und von der Unbedachtheit aller falschen Meinungen als zuverlässigste Wegweiserin zur Lust erweist. Denn nur die Weisheit ist es, die die Trauer aus unserem Gemüt vertreibt und die uns vor dem Schauder der Furcht bewahrt. Von ihren Lehren unterwiesen kann man ein Leben in Ruhe führen, wenn die Glut sämtlicher Begierden erloschen ist. Denn die Begierden sind unersättlich; sie ruinieren nicht nur einzelne Personen, sondern ganze Familien, und oft zerrütten sie sogar den ganzen Staat. (44) Aus den Begierden entstehen Fälle von Haß, Zerwürfnis, Zwietracht, Aufruhr, Krieg, und sie verbreiten sich nicht nur zwischen den Menschen, noch richten sie sich lediglich in blindem Ansturm gegen andere, vielmehr entzweien sie sich auch im Innern der Menschen und streiten, in den Herzen eingeschlossen, miteinander. Das muß das Leben zwangsläufig aufs äußerste verbittern, so daß allein der Weise, der allen eitlen Tand und Irrtum beseitigt und ausgeschieden hat und mit den Grenzen, die die Natur ihm setzt, zufrieden ist, die Fähigkeit hat, ohne Gram und Angst zu leben.

(45) Welche Einteilung ist denn nützlicher oder für eine gute Lebensführung geeigneter als jene, an die sich Epikur gehalten hat? Er definierte als erste Gruppe von Begierden die, die natürlich und notwendig, als zweite die, die zwar natürlich, aber nicht notwendig, und als dritte die, die weder natürlich noch notwendig seien. Mit ihnen hat es folgende Bewandtnis: Die notwendigen lassen sich ohne viel Mühe und Auf-

pleantur; ne naturales quidem multa desiderant, propterea quod ipsa natura divitias, quibus contenta sit, et parabilis et terminatas habet; inanium autem cupiditatum nec modus ullus nec finis inveniri potest. (46) quodsi vitam omnem perturbari videmus errore et inscientia, sapientiamque esse solam, quae nos a libidinum impetu et a formidinum terrore vindicet et ipsius fortunae modice ferre doceat iniurias et omnis monstret vias, quae ad quietem et ad tranquillitatem ferant, quid est cur dubitemus dicere et sapientiam propter voluptates expetendam et insipientiam propter molestias esse fugiendam?

(47) Eademque ratione ne temperantiam quidem propter se expetendam esse dicemus, sed quia pacem animis afferat et eos quasi concordia quadam placet ac leniat. temperantia est enim, quae in rebus aut expetendis aut fugiendis ut rationem sequamur monet. nec enim satis est iudicare quid faciendum non faciendumve sit, sed stare etiam oportet in eo, quod sit iudicatum. plerique autem, quod tenere atque servare id, quod ipsi statuerunt, non possunt, victi et debilitati obiecta specie voluptatis tradunt se libidinibus constringendos nec quid eventurum sit provident ob eamque causam propter voluptatem et parvam et non necessariam et quae vel aliter pararetur et qua etiam carere possent sine dolore tum in morbos gravis, tum in damna, tum in dedecora incurrunt, saepe etiam legum iudiciorumque poenis obligantur. (48) Qui autem ita frui volunt voluptatibus, ut nulli propter eas consequantur dolores, et qui suum iudicium retinent, ne

wand befriedigen; nicht einmal die natürlichen stellen große Anforderungen, weil die Natur selbst die Reichtümer, mit denen sie zufrieden ist, bereitstellt und bestimmt; doch bei den nichtigen Begierden läßt sich weder ein Maß noch eine Grenze finden. (46) Wenn wir nun aber sehen, daß jedes Leben durch Irrtum und Unkenntnis in Unordnung gerät und daß es nur die Weisheit ist, die uns vor dem Ansturm der Leidenschaften und dem Schrecken der Angstvorstellungen bewahrt, die selbst die Ungerechtigkeiten des Schicksals gelassen zu ertragen lehrt und alle Wege weist, die uns zu Ruhe und Frieden führen, wie sollten wir dann zögern zu erklären, es gelte die Weisheit wegen ihrer Wonnen zu erstreben und die Torheit wegen der Unlust zu meiden?

(47) Und nach demselben Grundsatz werden wir erklären, daß man nicht einmal die Mäßigung um ihrer selbst willen erstreben muß, sondern weil sie den Herzen Frieden bringt und sie gleichsam durch eine Art von Eintracht beruhigt und besänftigt. Die Mäßigung ist es ja, die uns, wenn wir etwas zu erlangen oder zu vermeiden suchen, dazu anhält, der Vernunft zu folgen. Denn es genügt nicht zu entscheiden, was man tun muß oder nicht tun darf, sondern man muß auch bei dem bleiben, wofür man sich entschieden hat. Doch weil die meisten nicht imstande sind, das, was sie selbst beschlossen haben, auch unbeirrbar einzuhalten, lassen sie sich, wenn ihnen das verlockende Bild einer Lust begegnet, von ihm überwinden, werden schwach und liefern sich so der Verstrickung in die Leidenschaften aus, ohne vorauszusehen, was sich daraus ergeben wird. Aus diesem Grunde ziehen sie sich wegen einer geringen, entbehrlichen Lust, zu der sie auch auf andere Art kommen und auf die sie auch ohne Schmerz verzichten könnten, bald schwere Krankheiten zu, bald Verluste, bald Erniedrigungen, und oft verfallen sie sogar der Strafe der Gesetze und Gerichte. (48) Doch die, die sich entschließen, die Freuden der Lust auf solche Weise zu genießen, daß sie keine Schmerzen nach sich ziehen, und die bei ihrer Entscheidung bleiben, um

voluptate victi faciant id, quod sentiant non esse faciendum, ii voluptatem maximam adipiscuntur praetermittenda voluptate. idem etiam dolorem saepe perpetiuntur, ne, si id non faciant, incidant in maiorem. ex quo intellegitur nec intemperantiam propter se esse fugiendam temperantiamque expetendam, non quia voluptates fugiat, sed quia maiores consequatur.

(49) Eadem fortitudinis ratio reperietur. nam neque laborum perfunctio neque perpessio dolorum per se ipsa allicit nec patientia nec assiduitas nec vigiliae nec ea ipsa, quae laudatur, industria, ne fortitudo quidem, sed ista sequimur, ut sine cura metuque vivamus animumque et corpus, quantum efficere possimus, molestia liberemus. ut enim mortis metu omnis quietae vitae status perturbatur, et ut succumbere doloribus eosque humili animo inbecilloque ferre miserum est, ob eamque debilitatem animi multi parentes, multi amicos, non nulli patriam, plerique autem se ipsos penitus perdiderunt, sic robustus animus et excelsus omni est liber cura et angore, cum et mortem contemnit, qua qui affecti sunt in eadem causa sunt, qua ante quam nati, et ad dolores ita paratus est, ut meminerit maximos morte finiri, parvos multa habere intervalla requietis, mediocrium nos esse dominos, ut, si tolerabiles sint, feramus, si minus, animo aequo e vita, cum ea non placeat, tamquam e theatro exeamus. quibus rebus intellegitur nec timiditatem ignaviamque vituperari nec fortitudinem patientiamque laudari suo nomine, sed illas reici, quia dolorem pariant, has optari, quia voluptatem.

nicht als Opfer der Verlockung etwas zu tun, was sie doch, wie sie spüren, nicht tun dürfen, die erreichen dadurch, daß sie auf eine Lust verzichten, höchste Lust. Die sind es auch, die häufig einen Schmerz erdulden, um nicht, falls sie das nicht tun, Opfer eines schlimmeren zu werden. Daraus ist zu ersehen, daß man einerseits Maßlosigkeit nicht an sich meiden muß und andererseits Mäßigung nicht deshalb zu erstreben hat, weil sie die Lust vermeidet, sondern weil sie größere zur Folge hat.

(49) Dasselbe wird man bei der Tapferkeit feststellen. Denn weder die Bewältigung von Mühen noch das Erdulden von Schmerzen hat an sich etwas Verlockendes, sowenig wie die Geduld, die Ausdauer, die Wachsamkeit und selbst der Fleiß, der so gelobt wird, ja nicht einmal die Tapferkeit, sondern wir streben nach solchen Dingen, um ohne Sorge und Furcht zu leben und um den Geist und Körper, soweit wir es zustande bringen, von Unlust zu befreien. Wie nämlich jede ruhige Lebensführung durch Todesfurcht gestört wird und wie es jammervoll ist, unter Schmerzen zu leiden und sie kleinmütig und kraftlos zu tragen, und wie durch diese Schwäche viele ihre Eltern, viele die Freunde, manche das Vaterland, die meisten aber sich selbst vollständig ruinierten, so ist ein starker und hochgemuter Sinn frei von jedweder Besorgnis und Beklommenheit; den Tod verachtet er – die ihn erlitten haben, sind ja in derselben Lage, wie ehe sie geboren waren –; auf Schmerzen ist er insofern vorbereitet, als er daran denkt, daß auch die schlimmsten durch den Tod ein Ende finden, die schwachen viele Ruhepausen haben und wir die mäßigen beherrschen können, so daß wir sie, wenn sie erträglich sind, ertragen, wo nicht, mit Gleichmut aus dem Leben, da es uns nicht gefällt, gerade wie aus einem Theater scheiden. Daraus ersieht man, daß weder Ängstlichkeit und Feigheit um ihrer selbst willen getadelt, noch Tapferkeit und Ausdauer an sich gepriesen werden, daß man vielmehr die ersteren zurückweist, weil sie Schmerz, die letzteren bevorzugt, weil sie Lust bewirken.

(50) Iustitia restat, ut de omni virtute sit dictum. sed similia fere dici possunt. ut enim sapientiam, temperantiam, fortitudinem copulatas esse docui cum voluptate, ut ab ea nullo modo nec divelli nec distrahi possint, sic de iustitia iudicandum est, quae non modo numquam nocet cuiquam, sed contra semper afficit cum vi sua atque natura, quod tranquillat animos, tum spe nihil earum rerum defuturum, quas natura non depravata desiderat. ⟨Et⟩ quem ad modum temeritas et libido et ignavia semper animum excruciant et semper sollicitant turbulentaeque sunt, sic ⟨inprobitas si⟩ cuius in mente consedit, hoc ipso, quod adest, turbulenta est; si vero molita quippiam est, quamvis occulte fecerit, numquam tamen id confidet fore semper occultum. plerumque improborum facta primo suspicio insequitur, dein sermo atque fama, tum accusator, tum iudex; multi etiam, ut te consule, ipsi se indicaverunt. (51) quodsi qui satis sibi contra hominum conscientiam saepti esse et muniti videntur, deorum tamen horrent easque ipsas sollicitudines, quibus eorum animi noctesque diesque exeduntur, a diis inmortalibus supplicii causa importari putant. quae autem tanta ex improbis factis ad minuendas vitae molestias accessio potest fieri, quanta ad augendas, cum conscientia factorum, tum poena legum odioque civium? et tamen in quibusdam neque pecuniae modus est neque honoris neque imperii nec libidinum nec epularum nec reliquarum cupiditatum, quas nulla praeda umquam improbe parta minuit, ⟨sed⟩ potius inflam-

(50) Von der Gerechtigkeit bleibt noch zu reden, damit von jeder Tugend die Rede war. Doch läßt sich fast das gleiche sagen. Denn wie ich bei der Weisheit, Mäßigung und Tapferkeit darlegte, daß sie mit der Lust verbunden seien, so daß sie sich auf keine Weise von ihr trennen oder lösen ließen, so muß auch über die Gerechtigkeit geurteilt werden. Sie schadet nicht nur niemals einem Menschen, sondern übt im Gegenteil stets durch ihr Wesen und durch ihren Charakter eine beruhigende Wirkung auf die Menschen aus und läßt sie insbesondere hoffen, es werde ihnen nichts von dem abgehen, was eine unverdorbene Natur verlangt. Und so, wie Unbedachtheit, Leidenschaft und Feigheit stets den Menschen quälen und stets Unruhe und Verwirrung stiften, so wirkt die Bosheit, hat sie sich in einem Menschen festgesetzt, durch ihre bloße Anwesenheit verwirrend. Doch wenn sie etwas ausgeheckt hat, wird sie, mag die Tat auch noch so heimlich geschehen sein, doch nie darauf vertrauen, daß sie immer verborgen bleiben wird. Meist folgt den Taten böser Menschen erst der Verdacht, dann das Gerücht und das Gerede, danach der Ankläger und darauf der Richter. Viele gaben sich auch, wie in deinem Konsulat,[15] selbst zu erkennen. (51) Wenn aber Leute glauben, sie seien gegen das Wissen der Menschen um ihre Tat hinreichend gesichert und geschützt, so fürchten sie doch das der Götter und glauben, die Ängste, die Tag und Nacht an ihrem Herzen nagen, würden von den unsterblichen Göttern zur Bestrafung über sie verhängt. Wie aber können böse Taten einen Beitrag zur Verringerung der Plagen des Lebens leisten, der so groß ist wie der zu ihrer Vergrößerung, sowohl durch das Bewußtsein dieser Taten als auch besonders durch die Strafe der Gesetze und den Haß der Bürger? Und trotzdem kennen manche Menschen kein Maß, weder beim Geld noch bei der Ehre, noch bei der Macht, noch in den Leidenschaften, noch beim Essen, noch bei den übrigen Begierden; sie werden ja durch keine ungerecht errungene Beute je gehemmt, sondern noch mehr entflammt, so daß es scheint, als müsse man

mat, ut coërcendi magis quam dedocendi esse videantur. (52) Invitat igitur vera ratio bene sanos ad iustitiam, aequitatem, fidem, neque homini infanti aut inpotenti iniuste facta conducunt, qui nec facile efficere possit, quod conetur, nec obtinere, si effecerit, et opes vel fortunae vel ingenii liberalitati magis conveniunt, qua qui utuntur, benivolentiam sibi conciliant et, quod aptissimum est ad quiete vivendum, caritatem, praesertim cum omnino nulla sit causa peccandi. (53) quae enim cupiditates a natura proficiscuntur, facile explentur sine ulla iniuria, quae autem inanes sunt, iis parendum non est. nihil enim desiderabile concupiscunt, plusque in ipsa iniuria detrimenti est quam in iis rebus emolumenti, quae pariuntur iniuria. Itaque ne iustitiam quidem recte quis dixerit per se ipsam optabilem, sed quia iucunditatis vel plurimum afferat. nam diligi et carum esse iucundum est propterea, quia tutiorem vitam et voluptatem pleniorem efficit. itaque non ob ea solum incommoda, quae eveniunt inprobis, fugiendam inprobitatem putamus, sed multo etiam magis, quod, cuius in animo versatur, numquam sinit eum respirare, numquam adquiescere.

(54) Quodsi ne ipsarum quidem virtutum laus, in qua maxime ceterorum philosophorum exultat oratio, reperire exitum potest, nisi derigatur ad voluptatem, voluptas autem est sola, quae nos vocet ad se et alliciat suapte natura, non potest esse dubium, quin id sit summum atque extremum bonorum omnium, beateque vivere nihil aliud sit nisi cum voluptate vivere.

(55) Huic certae stabilique sententiae quae sint coniuncta

sie mehr durch Gewalt als durch Belehrung zügeln. (52) Die richtige Betrachtungsweise lädt also Menschen mit gesundem Urteil zu Gerechtigkeit, zu Fairneß und Loyalität ein. Einem Menschen ohne Redegabe und Durchsetzungsvermögen bringen ungerechte Taten auch keinen Vorteil; denn er kann weder leicht erreichen, was er versucht, noch sich behaupten, wenn er es erreicht hat. Glücksgüter oder Geistesgaben passen auch besser zu einer großzügigen Haltung. Leute, die sie praktizieren, gewinnen Sympathie und, was besonders gut zu einer ruhigen Lebensweise paßt, Zuneigung, zumal sie ja gar keinen Grund für ein Vergehen haben. (53) Denn die Begierden, die natürlichen Ursprungs sind, lassen sich leicht ohne irgendeine Ungerechtigkeit befriedigen, den eitlen aber darf man nicht gehorchen. Sie zielen nämlich auf nichts Wünschenswertes, und es liegt auch mehr Schaden in der Ungerechtigkeit an sich als Nutzen in den Dingen, die durch eine Ungerechtigkeit erworben werden. Deswegen könnte man nicht einmal von der Gerechtigkeit behaupten, sie sei um ihrer selbst willen erstrebenswert, sondern nur weil sie soviel Angenehmes mit sich bringt. Geschätzt zu werden und beliebt zu sein ist nämlich deshalb angenehm, weil es das Leben sicherer und die Lust intensiver macht. Wir glauben deshalb, daß die Bosheit nicht nur wegen der Nachteile, die sich für die Bösen ergeben, zu meiden ist, sondern noch viel mehr deshalb, weil sie den, in dessen Herzen sie am Werk ist, nie Atem schöpfen, nie zur Ruhe kommen läßt.

(54) Wenn also nicht einmal das Lob der Tugenden an sich, in dem die Darstellung der anderen Philosophen so ausgiebig schwelgt, zu einem Ziele führen kann, ohne sich an der Lust zu orientieren, die Lust aber allein das ist, was uns anspricht und durch sein Wesen anzieht, dann kann es keinen Zweifel geben, daß dies das höchste und größte aller Güter ist und daß glücklich zu leben nichts anderes bedeutet als in Lust zu leben.

(55) Nun will ich kurz erklären, was mit diesem sicheren

explicabo brevi. nullus in ipsis error est finibus bonorum et malorum, id est in voluptate aut in dolore, sed in his rebus peccant, cum e quibus haec efficiantur ignorant. animi autem voluptates et dolores nasci fatemur e corporis voluptatibus et doloribus – itaque concedo, quod modo dicebas, cadere causa, si qui e nostris aliter existimant, quos quidem video esse multos, sed imperitos –, quamquam autem et laetitiam nobis voluptas animi et molestiam dolor afferat, eorum tamen utrumque et ortum esse e corpore et ad corpus referri, nec ob eam causam non multo maiores esse et voluptates et dolores animi quam corporis. nam corpore nihil nisi praesens et quod adest sentire possumus, animo autem et praeterita et futura. ut enim aeque doleamus animo, cum corpore dolemus, fieri tamen permagna accessio potest, si aliquod aeternum et infinitum impendere malum nobis opinemur. quod idem licet transferre in voluptatem, ut ea maior sit, si nihil tale metuamus. (56) Iam illud quidem perspicuum est, maximam animi aut voluptatem aut molestiam plus aut ad beatam aut ad miseram vitam afferre momenti quam eorum utrumvis, si aeque diu sit in corpore. Non placet autem detracta voluptate aegritudinem statim consequi, nisi in voluptatis locum dolor forte successerit, at contra gaudere nosmet omittendis doloribus, etiamsi voluptas ea, quae sensum moveat, nulla successerit, eoque intellegi potest quanta voluptas sit non dolere. (57) Sed ut iis bonis erigimur, quae expectamus, sic laetamur iis, quae recorda-

und unumstößlichen Lehrsatz zusammenhängt. Über das höchste Gut und das größte Übel, das heißt über die Lust und den Schmerz selbst, irrt man sich nicht; man macht in diesen Dingen aber einen Fehler, wenn man nicht weiß, aus welchen Voraussetzungen sie entstehen. Wie wir erklären, entstehen Lust und Schmerz der Seele aus entsprechenden Empfindungen des Körpers. Darum muß ich zugeben, daß, wie du eben sagtest,[16] der Standpunkt derer aus unseren Reihen, die etwa anderer Auffassung sind, unhaltbar ist; ich sehe freilich, daß sie zwar zahlreich, aber unerfahren sind. Obwohl uns aber eine Lust der Seele Freude und ihr Schmerz Verdruß beschert, sind sie doch beide körperlichen Ursprungs und stehen mit dem Körper in Beziehung. Es ist jedoch nicht so, daß deshalb Lust und Schmerz der Seele nicht viel größer als die entsprechenden Empfindungen des Körpers sind. Denn mit dem Körper können wir nur fühlen, was gegenwärtig und anwesend ist, doch mit der Seele auch Vergangenes und Künftiges. Denn mögen wir auch, wenn wir mit dem Körper Schmerz empfinden, in gleicher Weise mit der Seele leiden, so kann sich doch eine sehr starke Steigerung ergeben, wenn wir der Meinung sind, daß uns ein ewiges und unbegrenztes Unheil droht. Das läßt sich ebenso auf die Lust übertragen, so daß sie größer ist, wenn wir nichts dieser Art zu fürchten haben. (56) Soviel ist jedenfalls nun deutlich, daß die größte seelische Lust oder Unlust für ein glückliches oder unglückliches Leben mehr Bedeutung hat als jede von den beiden, wenn sie genauso lang im Körper in Erscheinung tritt. Ich bin indessen nicht der Meinung, daß sich dann, wenn die Lust verschwunden ist, sofort Unlust einstellt, es müßte denn sein, daß zufällig ein Schmerz an die Stelle der Lust getreten ist; dagegen bin ich überzeugt, daß wir uns freuen, wenn die Schmerzen schwinden, auch wenn darauf nicht eine Lust von der Art folgt, die das Gefühl erregt. Auch daran ist zu sehen, welch große Lust es ist, von Schmerzen frei zu sein. (57) Wie wir uns aber von dem Guten, das wir erwarten, aufrichten lassen, so

mur. stulti autem malorum memoria torquentur, sapientes bona praeterita grata recordatione renovata delectant. est autem situm in nobis ut et adversa quasi perpetua oblivione obruamus et secunda iucunde ac suaviter meminerimus. sed cum ea, quae praeterierunt, acri animo et attento intuemur, tum fit ut aegritudo sequatur, si illa mala sint, laetitia, si bona.

O praeclaram beate vivendi et apertam et simplicem et directam viam! cum enim certe nihil homini possit melius esse quam vacare omni dolore et molestia perfruique maximis et animi et corporis voluptatibus, videtisne quam nihil praetermittatur quod vitam adiuvet, quo facilius id, quod propositum est, summum bonum consequamur? clamat Epicurus, is quem vos nimis voluptatibus esse deditum dicitis, non posse iucunde vivi, nisi sapienter, honeste iusteque vivatur, nec sapienter, honeste, iuste, nisi iucunde. (58) neque enim civitas in seditione beata esse potest nec in discordia dominorum domus; quo minus animus a se ipse dissidens secumque discordans gustare partem ullam liquidae voluptatis et liberae potest. atqui pugnantibus et contrariis studiis consiliisque semper utens nihil quieti videre, nihil tranquilli potest. (59) Quodsi corporis gravioribus morbis vitae iucunditas impeditur, quanto magis animi morbis impediri necesse est! animi autem morbi sunt cupiditates inmensae et inanes divitiarum, gloriae, dominationis, libidinosarum etiam voluptatum. accedunt aegritudines, mole-

freuen wir uns über das, woran wir uns erinnern. Die Dummen quälen sich dagegen mit der Erinnerung an Böses, während den Weisen das vergangene Gute, durch willkommene Erinnerung erneuert, Freude macht. Es liegt aber in unserer Natur, daß wir das Negative gleichsam in dauerndem Vergessen begraben und das Positive in angenehmer und erfreulicher Erinnerung behalten. Doch wenn wir das Vergangene im Geist mit scharfem, aufmerksamem Blick betrachten, dann stellt sich Unlust ein, wenn die betreffenden Begebenheiten nachteilig sind, und Freude, wenn sie vorteilhaft sind.

Welch herrlicher, gangbarer, einfacher und gerader Weg zu einem Leben in Glückseligkeit! Gewiß gibt es ja für den Menschen nichts Besseres, als frei von jedem Schmerz und Unbehagen zu sein und ganz die größte Lust der Seele und des Körpers zu genießen. Seht ihr nicht, wie dabei nichts außer acht gelassen wird, was uns in unserem Leben dazu verhelfen könnte, daß wir um so leichter das gesteckte Ziel, das höchste Gut, erreichen? Betont doch Epikur, von dem ihr sagt, er widme sich zu sehr der Lust, ausdrücklich, daß man weder ein angenehmes Leben führen könne, ohne weise, anständig und gerecht zu leben, noch ein weises, anständiges, gerechtes, ohne angenehm zu leben. (58) Denn weder kann ein Staat bei einem Aufruhr noch ein Haus bei Zwietracht unter den Hausherren glücklich sein. Um so weniger ist ein Mensch, der in sich uneins und mit sich zerfallen ist, imstande, irgendeine Probe reiner und uneingeschränkter Lust zu kosten. Da seine Neigungen und Pläne einander immer widerstreiten und widersprechen, kann er ja keine Ruhe und keinen Frieden finden. (59) Wenn aber die Annehmlichkeit des Lebens durch schwere Krankheiten des Körpers behindert wird, wieviel mehr muß sie dann durch die Krankheiten der Seele behindert werden. Seelische Krankheiten aber sind maßlose und sinnlose Begierden nach Reichtum oder Ruhm, nach Herrschaft oder auch nach hemmungslosen Ausschweifungen. Dazu kommen Gefühle

stiae, maerores, qui exedunt animos conficiuntque curis hominum non intellegentium nihil dolendum esse animo, quod sit a dolore corporis praesenti futurove seiunctum. nec vero quisquam stultus non horum morborum aliquo laborat, nemo igitur est non miser. (60) accedit etiam mors, quae quasi saxum Tantalo semper impendet, tum superstitio, qua qui est imbutus quietus esse numquam potest. praeterea bona praeterita non meminerunt, praesentibus non fruuntur, futura modo expectant, quae quia certa esse non possunt, conficiuntur et angore et metu maximeque cruciantur, cum sero sentiunt frustra se aut pecuniae studuisse aut imperiis aut opibus aut gloriae. nullas enim consequuntur voluptates, quarum potiendi spe inflammati multos labores magnosque susceperant. (61) ecce autem alii minuti et angusti aut omnia semper desperantes aut malivoli, invidi, difficiles, lucifugi, maledici, monstruosi, alii autem etiam amatoriis levitatibus dediti, alii petulantes, alii audaces, protervi, idem intemperantes et ignavi, numquam in sententia permanentes, quas ob causas in eorum vita nulla est intercapedo molestiae. igitur neque stultorum quisquam beatus neque sapientium non beatus. Multoque hoc melius nos veriusque quam Stoici. illi enim negant esse bonum quicquam nisi nescio quam illam umbram, quod appellant honestum non tam solido quam splendido nomine, virtutem autem nixam hoc honesto nullam requirere voluptatem atque ad beate vivendum se ipsa esse contentam.

(62) Sed possunt haec quadam ratione dici non modo non repugnantibus, verum etiam approbantibus nobis. sic enim ab Epicuro sapiens semper beatus inducitur: finitas habet

von Verdrießlichkeit, Unlust und Trauer, die an den Herzen der Menschen nagen und sie zermürben, wenn sie nicht erkennen, daß man unter keiner Sache zu leiden braucht, die nicht mit einem augenblicklichen oder zukünftigen Schmerz des Körpers zusammenhängt. Doch jeder Dumme schlägt sich mit einer dieser Krankheiten herum, und jeder fühlt sich deshalb auch unglücklich. (60) Dazu kommt noch der Tod, der wie der Felsen über Tantalus stets droht, sodann der Aberglaube, dessen Opfer sich niemals ruhig fühlen kann. Die Leute denken außerdem nicht an das Gute, das vergangen ist, und sie genießen nicht das gegenwärtige; sie warten lediglich auf das zukünftige. Weil das jedoch nicht sicher sein kann, werden sie von Angst und Furcht zermürbt und leiden ganz besondere Qualen, wenn sie zu spät bemerken, daß sie sich vergeblich um Geld oder Machtpositionen, um Einfluß oder Ruhm bemühten. Denn sie erreichen keine der erhofften Freuden und hatten doch, entflammt von dieser Hoffnung, viele große Mühen auf sich genommen. (61) Doch andere, man sehe nur, sind kleinlich und engstirnig oder geben bei allem stets die Hoffnung auf, sie sind bösartig, neidisch, unzugänglich, lichtscheu, verleumderisch, abscheulich; wieder andere indessen sind auf Liebesabenteuer aus, leichtfertig, frech und unverschämt, dabei unmäßig und untätig, niemals grundsatztreu; aus diesen Gründen gibt es in ihrem Leben keine Unterbrechung des Verdrusses. Darum ist von den Dummen keiner glücklich und von den Weisen keiner unglücklich. Darin ist unsere Lehre viel besser und richtiger als die der Stoiker. Sie sagen ja, es gebe kein anderes Gut als jenes schemenhafte Phänomen, das sie mit einem weniger handfesten als blendenden Begriff das sittlich Gute nennen; gestützt auf dieses sittlich Gute, bedürfe die Tugend keiner Lust, und für ein glückliches Leben genüge sie sich selbst.

(62) Das läßt sich aber in gewisser Weise nicht nur ohne unseren Widerspruch, sondern sogar mit unserer Zustimmung sagen. Von Epikur wird nämlich der Weise, der stets

cupiditates, neglegit mortem, de diis inmortalibus sine ullo metu vera sentit, non dubitat, si ita melius sit, migrare de vita. his rebus instructus semper est in voluptate. neque enim tempus est ullum, quo non plus voluptatum habeat quam dolorum. nam et praeterita grate meminit et praesentibus ita potitur, ut animadvertat quanta sint ea quamque iucunda, neque pendet ex futuris, sed expectat illa, fruitur praesentibus ab iisque vitiis, quae paulo ante collegi, abest plurimum et, cum stultorum vitam cum sua comparat, magna afficitur voluptate. dolores autem si qui incurrunt, numquam vim tantam habent, ut non plus habeat sapiens, quod gaudeat, quam quod angatur. (63) optime vero Epicurus, quod exiguam dixit fortunam intervenire sapienti maximasque ab eo et gravissimas res consilio ipsius et ratione administrari neque maiorem voluptatem ex infinito tempore aetatis percipi posse, quam ex hoc percipiatur, quod videamus esse finitum. In dialectica autem vestra nullam existimavit esse nec ad melius vivendum nec ad commodius disserendum viam. In physicis plurimum posuit. ea scientia et verborum vis et natura orationis et consequentium repugnantiumve ratio potest perspici. omnium autem rerum natura cognita levamur superstitione, liberamur mortis metu, non conturbamur ignoratione rerum, e qua ipsa horribiles existunt saepe formidines. denique etiam morati melius erimus, cum didicerimus quid natura desideret. tum vero, si stabilem scientiam rerum tenebimus, servata illa, quae quasi

glücklich ist, so vorgestellt: Er hält seine Begierden in Grenzen, schätzt den Tod gering, hat von den unsterblichen Göttern ohne jede Furcht eine zutreffende Auffassung und scheidet, wenn es so besser ist, ohne zu zögern aus dem Leben. So gerüstet befindet er sich immer im Zustand der Lust; denn es gibt keinen Zeitpunkt, zu dem er nicht mehr Lust als Schmerz empfindet. An die Vergangenheit erinnert er sich nämlich gern, und über Gegenwärtiges verfügt er so, daß er bemerkt, wie wichtig und wie angenehm es ist. Von der Zukunft hängt er nicht ab, sondern erwartet sie, die Gegenwart genießt er und hält sich von den Fehlern, die ich eben zusammenstellte, weit entfernt. Wenn er das Leben der Toren mit seinem eigenen vergleicht, erfüllt ihn große Lust. Dagegen haben Schmerzen, wenn sie ihn treffen, niemals eine so große Bedeutung, daß er als Weiser nicht mehr Grund zur Freude hat als zur Beklommenheit. (63) Ganz ausgezeichnet aber ist der Ausspruch Epikurs, daß für den Weisen das Schicksal nur eine kleine Behinderung darstelle und die bedeutendsten und wichtigsten Maßnahmen von seiner eigenen vernünftigen Entscheidung getroffen würden, wobei aus einem unbegrenzten Zeitraum auch keine größere Lust zu gewinnen sei als aus dem, den wir als begrenzt erlebten.[17] In eurer Dialektik[18] aber sah er keinen Weg, weder zu einer besseren Lebensführung noch zu einer vorteilhafteren Erörterung. Er legte größtes Gewicht auf die Naturphilosophie. Durch diese Wissenschaft läßt sich ja die Bedeutung der Worte, das Wesen sprachlichen Ausdrucks und die logische Beziehung im Sinne der Folgerung sowie des Widerspruchs verstehen. Die Erkenntnis des Wesens aller Dinge aber entbindet uns vom Aberglauben, befreit uns von der Todesfurcht, und sie erspart uns die Verwirrung durch Unkenntnis der Zusammenhänge, aus der sich ja gerade häufig schreckliche Angstvorstellungen ergeben. Dann wird auch unsere Gesittung besser sein, wenn wir verstanden haben, was die Natur verlangt. Wenn wir nun aber über ein gesichertes Verständnis der Welt verfügen und

delapsa de caelo est ad cognitionem omnium, regula, ad quam omnia iudicia rerum dirigentur, numquam ullius oratione victi sententia desistemus. (64) nisi autem rerum natura perspecta erit, nullo modo poterimus sensuum iudicia defendere. quicquid porro animo cernimus, id omne oritur a sensibus; qui si omnes veri erunt, ut Epicuri ratio docet, tum denique poterit aliquid cognosci et percipi. quos qui tollunt et nihil posse percipi dicunt, ii remotis sensibus ne id ipsum quidem expedire possunt, quod disserunt. praeterea sublata cognitione et scientia tollitur omnis ratio et vitae degendae et rerum gerendarum. sic e physicis et fortitudo sumitur contra mortis timorem et constantia contra metum religionis et sedatio animi omnium rerum occultarum ignoratione sublata et moderatio natura cupiditatum generibusque earum explicatis, et, ut modo docui, cognitionis regula et iudicio ab eadem illa constituto veri a falso distinctio traditur.

(65) Restat locus huic disputationi vel maxime necessarius de amicitia, quam, si voluptas summum sit bonum, affirmatis nullam omnino fore. de qua Epicurus quidem ita dicit, omnium rerum, quas ad beate vivendum sapientia comparaverit, nihil esse maius amicitia, nihil uberius, nihil iucundius. nec vero hoc oratione solum, sed multo magis vita et factis et moribus comprobavit. quod quam magnum sit

uns an jene Richtschnur[19] halten, die zur Erkenntnis aller Dinge gleichsam vom Himmel fiel, nach der sich sämtliche Urteile über das, was ist, zu richten haben, dann werden wir uns nie von der Darstellung irgendeines Menschen umstimmen lassen und unserer Auffassung untreu werden. (64) Ohne aber das Wesen der Welt durchschaut zu haben, werden wir auf keinen Fall imstande sein, Urteile unserer Sinne zu verteidigen. Was immer wir schließlich mit dem Geist erkennen, das alles hat seinen Ursprung ja in Sinneswahrnehmungen. Erst dann, wenn sie sich alle, wie die Lehre Epikurs es will, als wahr erweisen, wird man etwas erkennen und verstehen können. Diejenigen, die sie beseitigen und sagen, durch sie sei keine Erkenntnis möglich, die sind ohne die Sinneswahrnehmungen nicht einmal imstande, die Auffassung, die sie vertreten, zu erklären. Außerdem entfällt, wenn die Erkenntnis und Einsicht beseitigt wird, auch jede grundsätzliche Begründung der Lebensführung und des Handelns. So kommt von der Naturphilosophie sowohl die tapfere Behauptung gegen die Todesfurcht wie die Standhaftigkeit gegen die abergläubische Angst und die Seelenruhe, da die Unkenntnis alles Verborgenen beseitigt ist, sowie die Mäßigung durch die Erklärung des Wesens der Begierden und ihrer Arten. Desgleichen vermittelt sie, wie ich gerade zeigte, durch die Richtschnur der Erkenntnis und das von ihr damit zugleich gegebene Kriterium die Unterscheidung zwischen Wahr und Falsch.

(65) Es bleibt noch das für diese Erörterung besonders wesentliche Thema der Freundschaft zu behandeln. Sie könnte es nach eurer Behauptung, wenn die Lust das höchste Gut ist, überhaupt nicht geben. Doch Epikur sagt über sie, von allen Dingen, die die Weisheit für ein glückliches Leben aufgeboten habe, sei nichts wesentlicher, nichts ergiebiger, nichts angenehmer als die Freundschaft. Er hat das aber nicht allein durch seine Worte, sondern noch viel mehr durch seine Lebensführung, seine Taten und seine Wesensart bestätigt. Was das bedeutet, zeigen die Dichtungen der

fictae veterum fabulae declarant, in quibus tam multis tamque variis ab ultima antiquitate repetitis tria vix amicorum paria reperiuntur, ut ad Orestem pervenias profectus a Theseo. at vero Epicurus una in domo, et ea quidem angusta, quam magnos quantaque amoris conspiratione consentientis tenuit amicorum greges! quod fit etiam nunc ab Epicureis. sed ad rem redeamus; de hominibus dici non necesse est.

(66) Tribus igitur modis video esse a nostris de amicitia disputatum. alii cum eas voluptates, quae ad amicos pertinerent, negarent esse per se ipsas tam expetendas, quam nostras expeteremus, quo loco videtur quibusdam stabilitas amicitiae vacillare, tuentur tamen eum locum seque facile, ut mihi videtur, expediunt. ut enim virtutes, de quibus ante dictum est, sic amicitiam negant posse a voluptate discedere. nam cum solitudo et vita sine amicis insidiarum et metus plena sit, ratio ipsa monet amicitias comparare, quibus partis confirmatur animus et a spe pariendarum voluptatum seiungi non potest. (67) atque ut odia, invidiae, despicationes adversantur voluptatibus, sic amicitiae non modo fautrices fidelissimae, sed etiam effectrices sunt voluptatum tam amicis quam sibi, quibus non solum praesentibus fruuntur, sed etiam spe eriguntur consequentis ac posteri temporis. quod quia nullo modo sine amicitia firmam et perpetuam iucunditatem vitae tenere possumus neque vero ipsam amicitiam tueri, nisi aeque amicos et nosmet ipsos diligamus, idcirco et hoc ipsum efficitur in amicitia, et amicitia cum voluptate

Alten, in denen sich trotz ihrer so großen Zahl und Mannigfaltigkeit, wenn man bis zu der ältesten Frühzeit zurückgeht, kaum drei Freundespaare[20] finden, wobei man von Theseus ausgehend bis zu Orest gelangt. Wie groß und wie einträchtig sind dagegen die Freundesscharen, die Epikur in einem einzigen Haus, und dazu noch einem engen, beherbergt hat. So halten es die Jünger Epikurs noch heute. Doch kehren wir zur Sache zurück; denn von Personen zu reden ist nicht nötig.

(66) So ist bei uns die Freundschaft, wie ich sehe, auf drei Arten erörtert worden. Die einen sagten zwar, die Freuden, die die Freunde beträfen, dürfe man nicht um ihrer selbst willen so erstreben, wie man die eigenen erstrebe, ein Punkt, in dem die Festigkeit der Freundschaft manchen zu wanken scheint; aber sie achten doch auf diesen Gesichtspunkt und behelfen sich, wie mir scheint, auf einfache Weise. Sie sagen nämlich, daß, wie die Tugenden, von denen zuvor die Rede war, so auch die Freundschaft nicht von der Lust zu trennen sei. Denn da die Einsamkeit und ein Leben ohne Freunde voll von Nachstellungen und von Angst ist, mahnt uns schon die vernünftige Überlegung, Freundschaften zu schließen; denn durch sie wird das Herz gestärkt und läßt sich nicht von der Hoffnung abbringen, Lust zu gewinnen. (67) Und wie Gefühle des Hasses, des Neides und der Verachtung denen der Lust entgegenstehen, so sind Freundschaften etwas, das die Lust nicht nur besonders zuverlässig fördert, sondern sogar hervorbringt, und zwar ebenso für die Freunde wie für einen selbst; denn sie genießt man nicht nur, wenn sie gegenwärtig sind, sondern man wird auch durch die Hoffnung auf die folgende Zeit und die Zukunft aufgerichtet. Weil wir nun eine zuverlässige und dauernde Annehmlichkeit des Lebens auf keine Weise ohne Freundschaft aufrechthalten, die Freundschaft selbst aber nur dann bewahren können, wenn wir die Freunde ebenso wie uns selbst lieben, deshalb erreicht man eben dies in einer Freundschaft und verknüpft die Freundschaft mit der Lust.

conectitur. nam et laetamur amicorum laetitia aeque atque nostra et pariter dolemus angoribus. (68) quocirca eodem modo sapiens erit affectus erga amicum, quo in se ipsum, quosque labores propter suam voluptatem susciperet, eosdem suscipiet propter amici voluptatem. quaeque de virtutibus dicta sunt, quem ad modum eae semper voluptatibus inhaererent, eadem de amicitia dicenda sunt. praeclare enim Epicurus his paene verbis: ›Eadem‹ inquit ›scientia confirmavit animum, ne quod aut sempiternum aut diuturnum timeret malum, quae perspexit in hoc ipso vitae spatio amicitiae praesidium esse firmissimum.‹

(69) Sunt autem quidam Epicurei timidiores paulo contra vestra convicia, sed tamen satis acuti, qui verentur ne, si amicitiam propter nostram voluptatem expetendam putemus, tota amicitia quasi claudicare videatur. itaque primos congressus copulationesque et consuetudinum instituendarum voluntates fieri propter voluptatem; cum autem usus progrediens familiaritatem effecerit, tum amorem efflorescere tantum, ut, etiamsi nulla sit utilitas ex amicitia, tamen ipsi amici propter se ipsos amentur. etenim si loca, si fana, si urbes, si gymnasia, si campum, si canes, si equos, si ludicra exercendi aut venandi consuetudine adamare solemus, quanto id in hominum consuetudine facilius fieri poterit et iustius?

(70) Sunt autem, qui dicant foedus esse quoddam sapientium, ut ne minus amicos quam se ipsos diligant. quod et posse fieri intellegimus et saepe etiam videmus, et perspicuum est nihil ad iucunde vivendum reperiri posse, quod coniunctione tali sit aptius. Quibus ex omnibus iudicari potest non modo non impediri rationem amicitiae, si sum-

Wir freuen uns ja über das Glück unserer Freunde ebenso wie über unser eigenes und leiden gleichermaßen unter ihren wie unter unseren Ängsten. (68) So wird der Weise zu seinem Freund dieselbe Einstellung haben wie zu sich selbst und wird dieselben Mühen, denen er sich um der eigenen Lust willen unterziehen würde, auch für die Lust des Freundes auf sich nehmen. Auch die Erklärungen darüber, wie die Tugenden stets mit der Lust zusammenhängen, sind entsprechend auf die Freundschaft anzuwenden. Sehr gut hat Epikur das ja etwa mit diesen Worten ausgedrückt: ›Es ist dieselbe Einsicht, die die Seele darin bestärkte, kein ewiges oder lang dauerndes Unheil zu fürchten, und die erkannte, daß in dieser Lebensspanne selbst die Freundschaft den verläßlichsten Schutz bietet.‹[21]

(69) Manche Epikureer reagieren aber etwas schüchterner auf eure Vorwürfe, doch zeigen sie Scharfsinn genug. Sie fürchten nämlich, daß die ganze Freundschaft gleichsam zu hinken scheint, wenn wir sie wegen unserer Lust für erstrebenswert erachten. Deshalb erklären sie, die ersten Kontakte und Verbindungen und die Bereitschaft, eine engere Beziehung einzugehen, kämen wegen der Lust zustande. Wenn aber die Entwicklung der Beziehung Vertrautheit schaffe, dann erblühe eine solche Liebe, daß die Freunde um ihrer selbst willen geliebt würden, auch wenn kein Nutzen aus der Freundschaft erwachse. Denn wenn wir Plätze, Tempel, Städte, Gymnasien und das Marsfeld, wenn wir Hunde, Pferde oder Spiele durch die Gewohnheit, Sport oder Jagd zu treiben, liebgewinnen, wieviel leichter und legitimer kann sich das dann beim Umgang mit Menschen ergeben?

(70) Andere sagen aber, es gebe so etwas wie ein Abkommen unter weisen Männern, die Freunde nicht weniger als sich selbst zu lieben. Das ist, wie wir erkennen, möglich, und oft erleben wir es auch. Es läßt sich offensichtlich auch nichts finden, was für ein angenehmes Leben geeigneter ist als ein solcher Bund. Aus alldem kann man schließen, daß die grundsätzliche Begründung der Freundschaft nicht nur nicht

mum bonum in voluptate ponatur, sed sine hoc institutionem omnino amicitiae non posse reperiri.

(71) Quapropter si ea, quae dixi, sole ipso illustriora et clariora sunt, si omnia dixi hausta e fonte naturae, si tota oratio nostra omnem sibi fidem sensibus confirmat, id est incorruptis atque integris testibus, si infantes pueri, mutae etiam bestiae paene loquuntur magistra ac duce natura nihil esse prosperum nisi voluptatem, nihil asperum nisi dolorem, de quibus neque depravate iudicant neque corrupte, nonne ei maximam gratiam habere debemus, qui hac exaudita quasi voce naturae sic eam firme graviterque comprehenderit, ut omnes bene sanos in viam placatae, tranquillae, quietae, beatae vitae deduceret? Qui quod tibi parum videtur eruditus, ea causa est, quod nullam eruditionem esse duxit, nisi quae beatae vitae disciplinam iuvaret. (72) an ille tempus aut in poëtis evolvendis, ut ego et Triarius te hortatore facimus, consumeret, in quibus nulla solida utilitas omnisque puerilis est delectatio, aut se, ut Plato, in musicis, geometria, numeris, astris contereret, quae et a falsis initiis profecta vera esse non possunt et, si essent vera, nihil afferrent, quo iucundius, id est quo melius viveremus, eas ergo artes persequeretur, vivendi artem tantam tamque et operosam et perinde fructuosam relinqueret? non ergo Epicurus ineruditus, sed ii

behindert wird, wenn man das höchste Gut in der Lust bestehen läßt, sondern daß ohne diese Voraussetzung gar keine Möglichkeit zu finden ist, eine freundschaftliche Beziehung einzugehen.

(71) Wenn also alles, was ich sagte, einleuchtender und klarer als die Sonne selbst ist, wenn meine Argumente alle aus der Quelle der Natur geschöpft sind, wenn meine ganze Darlegung zuverlässig durch die Sinne bewiesen wird, das heißt durch unbestechliche und einwandfreie Zeugen, wenn unmündige Kinder und selbst stumme Tiere unter der Weisung und Leitung der Natur beinahe zum Ausdruck bringen, nichts anderes sei beglückend als die Lust, nichts anderes drückend als der Schmerz, wobei ihr Urteil unverdorben und unbestechlich ist, sind wir dann nicht verpflichtet, dem zutiefst dankbar zu sein, der gleichsam diese Stimme der Natur gehört hat und sie sich so mit Festigkeit und Nachdruck zu eigen machte, daß er alle Vernünftigen auf den Weg einer friedlichen, ruhigen und gelassenen, glücklichen Lebensführung wies? Wenn er dir aber zu wenig gebildet scheint, so liegt es daran, daß es für ihn keine andere Bildung gab als die, welche die Einübung des glücklichen Lebens unterstützte. (72) Hätte er etwa seine Zeit darauf verwenden sollen, Dichter zu erklären, so wie ich und Triarius es unter deinem Einfluß tun? Darin steckt kein wirklicher Nutzen, sondern nur kindisches Vergnügen. Oder hätte er sich wie Platon mit Musik oder Geometrie, mit Algebra oder Astronomie abmühen sollen? Diese Wissenschaften gehen von falschen Voraussetzungen aus, können also nicht die Wahrheit treffen, und wenn sie sie träfen, würden sie nichts leisten, was zu einem angenehmen, das heißt zu einem besseren Leben beiträgt. Hätte er sich also diesen Künsten widmen sollen, aber auf die so wichtige und so beschwerliche, zugleich jedoch auch so fruchtbare Kunst der Lebensführung verzichten sollen? Nein, Epikur zeigt keinen Mangel an Bildung, sondern es fehlt denen an Gelehrsamkeit, die glauben, sie müßten bis ins hohe Alter

indocti, qui, quae pueros non didicisse turpe est, ea putant usque ad senectutem esse discenda.«

Quae cum dixisset, »Explicavi« inquit »sententiam meam, et eo quidem consilio, tuum iudicium ut cognoscerem, quoniam mihi ea facultas, ut id meo arbitratu facerem, ante hoc tempus numquam est data.«

Dinge lernen, die sie als Kinder blamablerweise nicht gelernt haben.«

Nach diesen Worten sagte er: »Ich habe meinen Standpunkt dargelegt, und dabei habe ich den Zweck verfolgt, dein Urteil zu erkunden. Denn bisher hat sich mir nie die Gelegenheit geboten, das nach meinem Gutdünken zu tun.«

Liber secundus

(1) Hic cum uterque me intueretur seseque ad audiendum significarent paratos, »Primum« inquam »deprecor, ne me tamquam philosophum putetis scholam vobis aliquam explicaturum, quod ne in ipsis quidem philosophis magnopere umquam probavi. quando enim Socrates, qui parens philosophiae iure dici potest, quicquam tale fecit? eorum erat iste mos, qui tum sophistae nominabantur, quorum e numero primus est ausus Leontinus Gorgias in conventu poscere quaestionem, id est iubere dicere, qua de re quis vellet audire. audax negotium, dicerem impudens, nisi hoc institutum postea translatum ad philosophos nostros esset. (2) sed et illum, quem nominavi, et ceteros sophistas, ut e Platone intellegi potest, lusos videmus a Socrate. is enim percontando atque interrogando elicere solebat eorum opiniones, quibuscum disserebat, ut ad ea, quae ii respondissent, si quid videretur, diceret. qui mos cum a posterioribus non esset retentus, Arcesilas eum revocavit instituitque ut ii, qui se audire vellent, non de se quaererent, sed ipsi dicerent, quid sentirent; quod cum dixissent, ille contra. sed eum qui audiebant, quoad poterant, defendebant sententiam suam. apud ceteros autem philosophos, qui quaesivit aliquid, tacet; quod quidem iam fit etiam in Academia. ubi enim is, qui audire vult, ita dixit: ›Voluptas mihi videtur esse summum bonum‹, perpetua oratione contra disputatur, ut facile intellegi possit eos, qui aliquid sibi videri dicant, non ipsos in ea

Zweites Buch

(1) Als sie nun beide ihre Blicke auf mich richteten und ihre Bereitschaft bekundeten, mir zuzuhören, sagte ich: »Zuerst muß ich euch bitten, daß ihr mich nicht gleichsam für einen Philosophen haltet, der euch irgendeinen gelehrten Vortrag halten will; das habe ich ja nicht einmal bei den Philosophen selbst jemals besonders gutgeheißen. Wann hat denn Sokrates, den man mit Recht als den Stammvater der Philosophie bezeichnet, so etwas getan? Das war die Sitte derer, die man damals Sophisten nannte;[1] als erster aus ihrer Schar hat Gorgias von Leontini es gewagt, in der Versammlung zu einer Frage aufzufordern, das heißt Auskunft zu erheischen, worüber man ihn hören wolle. Das ist ein kühnes Verfahren, ich würde sagen: ein unverschämtes, wenn diese Gepflogenheit nicht später auf unsere Philosophen übergegangen wäre. (2) Aber sowohl mit den genannten wie mit den übrigen Sophisten hat offensichtlich, wie wir aus Platon entnehmen können, Sokrates sein Spiel getrieben. Er pflegte ja durch Forschen und durch Fragen die Meinung derer, mit denen er sich unterhielt, herauszulocken, um, wenn er es für richtig hielt, auf ihre Antwort einzugehen. Diese Gewohnheit ist zwar von den Späteren nicht beibehalten worden, aber Arkesilas kam wieder auf sie zurück und richtete es so ein, daß die, die ihn hören wollten, nicht Fragen an ihn richteten, sondern selbst sagten, was sie meinten. Hatten sie das getan, sprach er dagegen. Aber die, die ihn hörten, verteidigten, so gut sie konnten, ihren Standpunkt. Doch bei den anderen Philosophen schweigt derjenige, der eine Frage gestellt hat. So hält man es nun freilich auch schon in der Akademie. Dort nämlich sagt derjenige, der etwas hören will, etwa: ›Die Lust scheint mir das höchste Gut zu sein.‹ Dann wird in einer zusammenhängenden Darstellung die Gegenposition vertreten, so daß man leicht erkennen kann, daß die, die eine Meinung äußern, nicht selbst auf diesem

sententia esse, sed audire velle contraria. (3) Nos commodius agimus. non enim solum Torquatus dixit quid sentiret, sed etiam cur. ego autem arbitror, quamquam admodum delectatus sum eius oratione perpetua, tamen commodius, cum in rebus singulis insistas et intellegas quid quisque concedat, quid abnuat, ex rebus concessis concludi quod velis et ad exitum perveniri. cum enim fertur quasi torrens oratio, quamvis multa cuiusque modi rapiat, nihil tamen teneas, nihil apprehendas, nusquam orationem rapidam coërceas.

Omnis autem in quaerendo, quae via quadam et ratione habetur, oratio praescribere primum debet, ut quibusdam in formulis, EA RES AGETUR, ut, inter quos disseritur, conveniat quid sit id, de quo disseratur. (4) hoc positum in Phaedro a Platone probavit Epicurus sensitque in omni disputatione id fieri oportere. sed quod proximum fuit non vidit. negat enim definiri rem placere, sine quo fieri interdum non potest, ut inter eos, qui ambigunt, conveniat quid sit id, de quo agatur, velut in hoc ipso, de quo nunc disputamus. quaerimus enim finem bonorum. possumusne hic scire qualis sit, nisi contulerimus inter nos, cum finem bonorum dixerimus, quid finis, quid etiam sit ipsum bonum? (5) atqui haec patefactio quasi rerum opertarum, cum quid quidque sit aperitur, definitio est. qua tu etiam inprudens utebare non numquam. nam hunc ipsum sive finem sive extremum sive ultimum definiebas id esse, quo omnia, quae recte fierent, referrentur neque id ipsum usquam referretur. praeclare hoc quidem.

Standpunkt stehen, sondern nur Gegenargumente hören wollen. (3) Wir machen es zweckmäßiger. Torquatus hat ja nicht nur seine Meinung, sondern auch seine Gründe dargelegt. Ich aber halte es, obwohl ich seine zusammenhängende Darstellung sehr genossen habe, doch für angemessener, wenn man sich jeweils auf eine Frage konzentriert und so feststellt, was einer jeweils zugesteht und was er ablehnt. Dann kann man aus den Zugeständnissen die gewünschten Schlüsse ziehen und zum Ziel gelangen. Denn wenn der Fluß der Rede einem Sturzbach gleicht, dann kann man, mag er noch so vieles jeglicher Art mit sich führen, doch nichts festhalten, nichts ergreifen und nirgends dem reißenden Wortschwall Einhalt gebieten.

Bei einer Untersuchung muß aber jede Rede, die methodisch angelegt ist, wie bei bestimmten Formeln,[2] zunächst in einer Vorbemerkung die Sache klären, um die es geht, damit sich die Teilnehmer der Erörterung darüber einig sind, was das ist, was von ihnen erörtert wird. (4) Diesen von Platon im ›Phaidros‹ aufgestellten Grundsatz[3] hat Epikur gebilligt und geglaubt, so müsse bei jeder Erörterung verfahren werden. Was aber die nächste Konsequenz gewesen wäre, hat er nicht gesehen; denn er lehnt die Definition des Gegenstandes ab. Doch ohne sie ist manchmal unter den streitenden Parteien keine Einigung darüber zu erzielen, was das ist, worüber man verhandelt. So ist es etwa bei dem Thema, das wir hier erörtern. Wir fragen nämlich nach dem höchsten Gut. Doch können wir hier wissen, welcher Art es ist, wenn wir uns nicht bei einer Rede über das höchste Gut darüber einigen, was eigentlich ein Höchstes, ja selbst was ein Gut ist? (5) Dabei besteht diese Eröffnung gleichsam verborgenen Inhalts, bei der jeweils das Wesen einer Sache zutage tritt, in der Definition. Von ihr hast du gelegentlich auch unbewußt Gebrauch gemacht. Denn eben dieses Höchste, Äußerste oder Letzte bestimmtest du als etwas, auf das alle richtigen Handlungen ausgerichtet seien und das sich selbst auf nichts beziehe. Das ist doch ausgezeichnet. Du hättest

bonum ipsum etiam quid esset, fortasse, si opus fuisset, definisses aut quod esset natura adpetendum aut quod prodesset aut quod iuvaret aut quod liberet modo. nunc idem, nisi molestum est, quoniam tibi non omnino displicet definire et id facis, cum vis, velim definias quid sit voluptas, de quo omnis haec quaestio est.«

(6) »Quis, quaeso« inquit »est, qui quid sit voluptas nesciat, aut qui, quo magis id intellegat, definitionem aliquam desideret?«

»Me ipsum esse dicerem« inquam, »nisi mihi viderer habere bene cognitam voluptatem et satis firme conceptam animo atque comprehensam. Nunc autem dico ipsum Epicurum nescire et in eo nutare eumque, qui crebro dicat diligenter oportere exprimi quae vis subiecta sit vocibus, non intellegere interdum, quid sonet haec vox voluptatis, id est quae res huic voci subiciatur.«

Tum ille ridens: »Hoc vero« inquit »optimum, ut is, qui finem rerum expetendarum voluptatem esse dicat, id extremum, id ultimum bonorum, id ipsum quid et quale sit, nesciat!«

»Atqui« inquam »aut Epicurus quid sit voluptas aut omnes mortales, qui ubique sunt, nesciunt.«

»Quonam« inquit »modo?«

»Quia voluptatem hanc esse sentiunt omnes, quam sensus accipiens movetur et iucunditate quadam perfunditur.«

(7) »Quid ergo? istam voluptatem« inquit »Epicurus ignorat?«

»Non semper« inquam; »nam interdum nimis etiam novit, quippe qui testificetur ne intellegere quidem se posse ubi sit

vielleicht auch, wenn es nötig gewesen wäre, das Wesen des Guten selbst bestimmt, entweder als etwas, das seiner Natur nach zu erstreben sei, oder als etwas Nützliches oder Erfreuliches oder nur als etwas, das man mag. Da du nun nicht grundsätzlich gegen Definitionen bist und sie anwendest, wenn du willst, möchte ich gerne, daß du das Wesen der Lust definierst, um die sich diese ganze Untersuchung dreht.«

(6) »Ich bitte dich«, erwiderte er; »wer wüßte denn nicht über das Wesen der Lust Bescheid, oder wer wäre, um es besser zu verstehen, auf eine Begriffsbestimmung angewiesen?«

»Ich würde sagen: ich selbst«, antwortete ich, »wenn ich nicht der Meinung wäre, die Lust sehr gut zu kennen und einen recht zuverlässigen, umfassenden Begriff von ihr zu haben. So aber behaupte ich, daß Epikur selbst nicht Bescheid weiß, daß er in dieser Frage schwankt und daß er, der so oft erklärt, man müsse die Bedeutung, die in den Worten liege, sorgfältig zum Ausdruck bringen, zuweilen nicht erkennt, wie dieses Wort ›Lust‹ klingt, das heißt, welcher Inhalt diesem Wort zugrunde liegt.«

Da rief er lachend: »Das ist doch die Höhe, daß er, der die Lust als Gipfel des Erstrebenswerten, als äußerstes, als höchstes Gut bezeichnet, ausgerechnet ihr Wesen und ihre Beschaffenheit nicht kennen soll!«

»Und doch«, erwiderte ich, »weiß entweder Epikur oder die ganze Menschheit in aller Welt über das Wesen der Lust nicht Bescheid.«

»Wieso denn?« fragte er.

»Weil alle unter Lust etwas verstehen, das den Sinn, der sie wahrnimmt, erregt und ihn mit einem gewissen Wohlbehagen durchströmt.«

(7) »Na und?« entgegnete er. »Weiß Epikur von dieser Lust nichts?«

»Nicht immer«, sagte ich. »Denn manchmal kennt er sie sogar zu gut; bezeugt er doch, sich nicht einmal vorstellen

aut quod sit ullum bonum praeter illud, quod cibo et potione et aurium delectatione et obscena voluptate capiatur. an haec ab eo non dicuntur?«

»Quasi vero me pudeat« inquit »istorum, aut non possim quem ad modum ea dicantur ostendere!«

»Ego vero non dubito« inquam »quin facile possis nec est quod de pudeat sapienti adsentiri, qui se unus, quod sciam, sapientem profiteri sit ausus. nam Metrodorum non puto ipsum professum, sed, cum appellaretur ab Epicuro, repudiare tantum beneficium noluisse; septem autem illi non suo, sed populorum suffragio omnium nominati sunt. (8) Verum hoc loco sumo verbis his eandem certe vim voluptatis Epicurum nosse quam ceteros. omnes enim iucundum motum, quo sensus hilaretur, Graece ἡδονήν, Latine voluptatem vocant.«

»Quid est igitur« inquit »quod requiras?«

»Dicam« inquam »et quidem discendi causa magis, quam quo te aut Epicurum reprehensum velim.«

»Ego quoque« inquit »didicerim libentius, si quid attuleris, quam te reprehenderim.«

»Tenesne igitur« inquam »Hieronymus Rhodius quid dicat esse summum bonum, quo putet omnia referri oportere?«

»Teneo« inquit »finem illi videri nihil dolere.«

»Quid? idem iste« inquam »de voluptate quid sentit?«

zu können, wo ein Gut oder was für ein Gut noch existiere außer dem, das man durch Speise und durch Trank, durch einen Ohrenschmaus oder durch niedrige Wollust gewinnen könne.[4] Oder sagt er das etwa nicht?«

»Das klingt gerade so, als müßte ich mich solcher Worte schämen oder könnte nicht aufzeigen, wie sie gemeint sind.«

»Ich zweifle weder«, sagte ich, »daß du mit Leichtigkeit dazu imstande bist, noch brauchst du dich zu schämen, einem weisen Manne zuzustimmen, der es, soviel ich weiß, als einziger gewagt hat, sich öffentlich als Weiser zu bezeichnen. Denn Metrodor hat sich wohl nicht selbst so bezeichnet, er wollte vielmehr, als ihn Epikur so nannte, eine große Wohltat nicht verschmähen. Jene bekannten Sieben Weisen[5] aber bekamen diesen Titel nicht durch ihre eigene Stimme, sondern durch die aller Völker. (8) In diesem Punkt gehe ich aber von der Annahme aus, daß Epikur, wenn er sich so ausdrückte, ›Lust‹ gewiß im selben Sinne wie die anderen verstand. Denn alle nennen eine angenehme Regung, die den Sinn erfreut, auf griechisch ›hedoné‹ und auf lateinisch ›voluptas‹.

»Was ist es dann«, erkundigte er sich, »was du noch vermißt?«

»Ich werde es dir sagen«, antwortete ich, »und zwar mehr um zu lernen, als weil ich dich oder Epikur getadelt sehen möchte.«

»Auch ich«, erwiderte er, »würde lieber lernen, wenn du etwas vorbringst, als dich zu tadeln.«

»Nun«, sagte ich, »weißt du, was Hieronymos von Rhodos als das höchste Gut bezeichnet, auf das nach seiner Meinung alles ausgerichtet werden muß?«

»Ich weiß«, entgegnete er, »er hält es für das Höchste, keinen Schmerz zu fühlen.«

»Und«, fuhr ich fort, »wie denkt nun eben dieser Mann über die Lust?«

(9) »Negat esse eam« inquit »propter se expetendam.«
»Aliud igitur esse censet gaudere, aliud non dolere.«
»Et quidem« inquit »vehementer errat; nam, ut paulo ante docui, augendae voluptatis finis est doloris omnis amotio.«
»Non dolere« inquam »istud quam vim habeat postea videro; aliam vero vim voluptatis esse, aliam nihil dolendi, nisi valde pertinax fueris, concedas necesse est.«
»Atqui reperies« inquit »in hoc quidem pertinacem; dici enim nihil potest verius.«
»Estne, quaeso« inquam »sitienti in bibendo voluptas?«
»Quis istud possit« inquit »negare?«
»Eademne, quae restincta siti?«
»Immo alio genere; restincta enim sitis stabilitatem voluptatis habet« inquit, »illa autem voluptas ipsius restinctionis in motu est.«
»Cur igitur« inquam »res tam dissimiles eodem nomine appellas?«
(10) »Quid paulo ante« inquit »dixerim nonne meministi, cum omnis dolor detractus esset, variari, non augeri voluptatem?«
»Memini vero« inquam; »sed tu istuc dixti bene Latine, parum plane. varietas enim Latinum verbum est, idque proprie quidem in disparibus coloribus dicitur, sed transfertur in multa disparia: varium poëma, varia oratio, varii mores, varia fortuna, voluptas etiam varia dici solet, cum

(9) »Er sagt«, erwiderte er, »daß sie nicht um ihrer selbst willen zu erstreben sei.«

»Er findet also, daß Freude zu empfinden etwas anderes ist als keinen Schmerz zu fühlen.«

»Ja«, sagte er, »doch darin irrt er sich gewaltig. Denn wie ich kurz zuvor erklärte, besteht die höchste Steigerung der Lust in der Entfernung jeden Schmerzes.«[6]

»Welche Bedeutung das hat, keinen Schmerz zu fühlen, werden wir später sehen«, sagte ich; »aber du mußt zugeben, wenn du nicht ganz starrsinnig bist, daß die Bedeutung der Lust eine andere ist als die der Schmerzfreiheit.«

»In diesem Punkt wirst du mich allerdings starrsinnig finden«, meinte er; »denn keine Aussage kann zutreffender sein.«

»Sage mir bitte«, fuhr ich fort, »empfindet ein Dürstender beim Trinken Lust?«

»Wer könnte das bestreiten?« gab er zurück.

»Genauso wie dann, wenn der Durst gelöscht ist?«

»Nein, auf andere Weise; denn daß der Durst gelöscht ist, hat einen dauerhaften Zustand der Lust zur Folge«, erklärte er; »dagegen liegt die Lust beim Löschen des Durstes in der Bewegung.«

»Warum«, erkundigte ich mich, »bezeichnest du dann so verschiedene Dinge mit demselben Namen?«

(10) »Erinnerst du dich etwa nicht an das, was ich gerade sagte«, erwiderte er, »daß eine Lust, wenn jeder Schmerz beseitigt ist, wohl variiert, doch nicht gesteigert werden kann?«[7]

»Daran erinnere ich mich wohl«, antwortete ich. »Doch du hast das zwar in richtigem Latein, aber zu unklar ausgedrückt. ›Variation‹ ist nämlich ein lateinisches Wort, das man im eigentlichen Sinne bei verschiedenen Farbtönen gebraucht, das aber in übertragener Bedeutung auf vielerlei Verschiedenes bezogen wird: Man spricht gewöhnlich von Variationen in der Dichtung oder in der Rede, Variationen des Charakters oder Schicksals, auch von Variationen in der

percipitur e multis dissimilibus rebus dissimilis efficientibus voluptates. eam si varietatem diceres, intellegerem, ut etiam non dicente te intellego; ista varietas quae sit non satis perspicio, quod ais, cum dolore careamus, tum in summa voluptate nos esse, cum autem vescamur iis rebus, quae dulcem motum afferant sensibus, tum esse in motu voluptatem, qui faciat varietatem voluptatum, sed non augeri illam non dolendi voluptatem, quam cur voluptatem appelles nescio.«

(11) »An potest« inquit ille, »quicquam esse suavius quam nihil dolere?«

»Immo sit sane nihil melius« inquam »– nondum enim id quaero –, num propterea idem voluptas est, quod, ut ita dicam, indolentia?«

»Plane idem« inquit »et maxima quidem, qua fieri nulla maior potest.«

»Quid dubitas igitur« inquam »summo bono a te ita constituto, ut id totum in non dolendo sit, id tenere unum, id tueri, id defendere? (12) quid enim necesse est, tamquam meretricem in matronarum coetum, sic voluptatem in virtutum concilium adducere? invidiosum nomen est, infame, suspectum. itaque hoc frequenter dici solet a vobis, non intellegere nos, quam dicat Epicurus voluptatem. quod quidem mihi si quando dictum est – est autem dictum non parum saepe –, etsi satis clemens sum in disputando, tamen interdum soleo subirasci. egone non intellego, quid sit ἡδονή Graece, Latine voluptas? utram tandem linguam nescio? deinde qui fit, ut ego nesciam, sciant omnes, qui-

Lust, und zwar dann, wenn man eine Lust erlebt, die von zahlreichen, verschiedenen Ursachen herrührt, die verschiedene Lustgefühle bewirken. Wenn du das als Variation bezeichnen würdest, könnte ich es verstehen, wie ich es auch verstehe, ohne daß du es sagst. Was aber die Variation in deinem Sinne ist, kann ich nicht recht verstehen. Du sagst doch, daß wir uns dann, wenn wir frei von Schmerzen sind, im Zustand höchster Lust befinden, daß aber dann, wenn wir die Dinge genießen, die mit einem angenehmen Reiz auf unsere Sinne wirken, die Lust im Ablauf eines Vorgangs liegt, der eine Variation der Lustempfindung bewirke; doch nicht zu steigern sei jene Lust, von Schmerzen frei zu sein. Warum du das als Lust bezeichnest, weiß ich nicht.«

(11) »Kann es denn irgend etwas Schöneres geben«, sagte er darauf, »als keinen Schmerz zu fühlen?«

»Meinetwegen mag es wirklich nichts Besseres geben«, erwiderte ich, »– noch frage ich ja nicht danach –, ist aber deshalb etwa Lust dasselbe wie, sagen wir, Schmerzlosigkeit?«

»Genau dasselbe«, sagte er, »das ist sogar die größte Lust, die durch nichts übertroffen werden kann.«

»Was zögerst du dann«, fragte ich, »wenn du das höchste Gut so definiert hast, daß es ganz im Freisein von Schmerz besteht, nur daran festzuhalten, das allein im Auge zu behalten und nur das zu verteidigen? (12) Wieso ist es denn nötig, die Lust so in den Kreis der Tugenden, wie eine Dirne in die Gesellschaft edler Frauen, einzuführen? Ihr Name ist anstößig, unrühmlich und verdächtig. Darum pflegt ihr oft zu erklären, wir verstünden nicht, was Epikur als Lust bezeichnet. Was mich betrifft, so bin ich zwar bei Diskussionen recht sanftmütig, doch wenn man mir einmal so etwas sagt – und ich bekam es gar nicht selten zu hören –, dann gerate ich mitunter doch in Wut. Ich sollte nicht verstehen, was das griechische Wort ›hedoné‹ und das lateinische ›voluptas‹ zu bedeuten hat? Welche der beiden Sprachen verstehe ich denn nicht? Und woher kommt es, daß ich

cumque Epicurei esse voluerunt? quod vestri quidem vel optime disputant, nihil opus esse eum, qui philosophus futurus sit, scire litteras. itaque ut maiores nostri ab aratro adduxerunt Cincinnatum illum, ut dictator esset, sic vos de pagis omnibus colligitis bonos illos quidem viros, sed certe non pereruditos. (13) ergo illi intellegunt quid Epicurus dicat, ego non intellego? ut scias me intellegere, primum idem esse dico voluptatem, quod ille ἡδονήν. et quidem saepe quaerimus verbum Latinum par Graeco et quod idem valeat; hic nihil fuit, quod quaereremus. nullum inveniri verbum potest, quod magis idem declaret Latine, quod Graece, quam declarat voluptas. huic verbo omnes, qui ubique sunt, qui Latine sciunt, duas res subiciunt, laetitiam in animo, commotionem suavem iucunditatis in corpore. nam et ille apud Trabeam ›voluptatem animi nimiam‹ laetitiam dicit eandem, quam ille Caecilianus, qui ›omnibus laetitiis laetum‹ esse se narrat. sed hoc interest, quod voluptas dicitur etiam in animo – vitiosa res, ut Stoici putant, qui eam sic definiunt: sublationem animi sine ratione opinantis se magno bono frui –, non dicitur laetitia nec gaudium in corpore. (14) in eo autem voluptas omnium Latine loquentium more ponitur, cum percipitur ea, quae sensum aliquem moveat, iucunditas. hanc quoque iucunditatem, si vis, transfer in animum; iuvare enim in utroque dicitur, ex eoque iucundum, modo intellegas inter illum, qui dicat: ›Tánta laetitia aúctus sum, ut nihil cónstet‹, et eum, qui: ›Nunc

sie nicht verstehe, während alle anderen, soweit sie nur Epikureer sein wollten, sie beherrschen? Das ist ein trefflicher Standpunkt, den man bei euch vertritt, wer Philosoph sein wolle, brauche sich in der Wissenschaft nicht auszukennen. Wie unsere Vorfahren jenen Cincinnatus vom Pflug weg holten, um ihn zum Diktator zu machen, so sammelt ihr darum in allen Dörfern jene zwar braven, aber sicher nicht besonders gelehrten Männer. (13) Sie verstehen also, was Epikur meint, während ich es nicht verstehe? Damit du weißt, daß ich es wohl verstehe, erkläre ich zuerst, daß Lust dasselbe ist wie das, was jener ›hedoné‹ nennt. Wir suchen zwar oft ein lateinisches Wort, das einem griechischen entspricht und das dieselbe Bedeutung hat, hier gab es aber nichts zu suchen. Es läßt sich kein Wort finden, das das entsprechende griechische im Lateinischen besser verdeutlicht, als es ›voluptas‹ tut. Mit diesem Wort verbinden alle, die Latein verstehen, überall zwei Bedeutungen, und zwar die der Beglückung im seelischen Bereich und die der Wirkung eines angenehmen Reizes im körperlichen. Denn jene Figur bei Trabea meint mit dem ›übergroßen Gefühl der Lust‹ dieselbe Beglückung wie jene bei Caecilius, die erzählt, sie sei ›von allen Gefühlen des Glücks erfüllt‹.[8] Doch es besteht insofern ein Unterschied, als man von ›Lust‹ auch bei der Seele spricht – das ist ein Fehler nach der Meinung der Stoiker, die sie so definieren: eine Erhebung der Seele, die ohne vernünftigen Grund meint, daß sie ein hohes Gut genieße –,[9] während beim Körper von ›Beglückung‹ oder ›Freude‹ nicht die Rede ist. (14) Auf ihn bezieht sich die Lust aber nach dem Sprachgebrauch all derer, die lateinisch reden, dann, wenn man die Wirkung eines angenehmen Reizes auf irgendeinen Sinn erlebt. Du kannst auch dieses Wohlgefühl, wenn du willst, auf die Seele übertragen; ›es tut wohl‹ sagt man ja in beiden Fällen und deshalb auch ›wohltuend‹. Entscheidend ist nur die Einsicht: Zwischen dem einen, der erklärt: ›Ich bin von solchem Glücksgefühl erfüllt, daß alles möglich ist‹,[10] und jenem anderen, der sagt: ›Die Glut

demum mihi animus ardet‹, quorum alter laetitia gestiat, alter dolore crucietur, esse illum medium: ›Quamquam haéc inter nos núper notitia ádmodum est‹, qui nec laetetur nec angatur, itemque inter eum, qui potiatur corporis expetitis voluptatibus, et eum, qui crucietur summis doloribus, esse eum, qui utroque careat.

(15) Satisne igitur videor vim verborum tenere, an sum etiam nunc vel Graece loqui vel Latine docendus? et tamen vide, ne, si ego non intellegam quid Epicurus loquatur, cum Graece, ut videor, luculenter sciam, sit aliqua culpa eius, qui ita loquatur, ut non intellegatur. quod duobus modis sine reprehensione fit, si aut de industria facias, ut Heraclitus, cognomento qui σκοτεινός perhibetur, quia de natura nimis obscure memoravit, aut cum rerum obscuritas, non verborum, facit ut non intellegatur oratio, qualis est in Timaeo Platonis. Epicurus autem, ut opinor, nec non vult, si possit, plane et aperte loqui, nec de re obscura, ut physici, aut artificiosa, ut mathematici, sed de illustri et facili et iam in vulgus pervagata loquitur.

Quamquam non negatis nos intellegere quid sit voluptas, sed quid ille dicat. e quo efficitur, non ut nos non intellegamus quae vis sit istius verbi, sed ut ille suo more loquatur, nostrum neglegat. (16) si enim idem dicit, quod Hieronymus, qui censet summum bonum esse sine ulla molestia vivere, cur mavult dicere voluptatem quam vacuitatem doloris, ut ille facit, qui quid dicat intellegit? sin autem volupta-

versengt nun gar mein Herz‹,[11] wo der eine vor Freude frohlockt, der andere von Schmerz gepeinigt wird, steht dieser in der Mitte: ›Obwohl wir uns noch gar nicht lange kennen...‹;[12] er äußert weder Freude noch Beklommenheit. Geradeso steht zwischen dem, der die ersehnten körperlichen Lustgefühle genießt, und dem, der von den schlimmsten Schmerzen gepeinigt wird, der in der Mitte, der frei von beidem ist.

(15) Verstehe ich mich nun wohl zur Genüge auf den Sinn der Worte, oder muß man mich auch jetzt noch darin unterweisen, Griechisch und Latein zu reden? Doch sieh dich vor; wenn selbst ich nicht verstehe, was Epikur sagt, obwohl ich allem Anschein nach gut Griechisch kann, dann könnte ein Verschulden dessen vorliegen, der so redet, daß man ihn nicht versteht. Das ist nur unter zwei Voraussetzungen nicht zu tadeln, entweder wenn man es absichtlich tut wie Heraklit, dem man den Beinamen ›skoteinós‹ (›der Dunkle‹) gibt, weil er zu dunkel über die Natur gesprochen hat, oder wenn statt der Dunkelheit der Worte die der Sache dazu führt, daß die Darstellung unverständlich ist; so ist es im ›Timaios‹ Platons.[13] Doch Epikur lehnt es nach meiner Meinung weder ab, sich, wenn er kann, klar und verständlich auszudrücken, noch spricht er, wie die Naturphilosophen, über etwas Dunkles oder, wie die Mathematiker, über ein sehr spezielles Thema, sondern über etwas Klares, Einfaches und schon allgemein Bekanntes.

Freilich sagt ihr nicht, daß wir nicht verstehen, was Lust ist, sondern was er so bezeichnet. Daraus folgt nicht, daß wir nicht verstehen, was dieses Wort bedeutet, sondern daß er eine eigene Sprache spricht, ohne sich um die unsrige zu kümmern. (16) Denn wenn er dasselbe wie Hieronymos behauptet, der erklärt, das höchste Gut bestehe darin, ohne Beschwerden zu leben, warum zieht er es dann vor, das als Lust statt als Freiheit von Schmerzen zu bezeichnen, wie der es tut, der sich darüber klar ist, was er meint? Wenn er jedoch der Meinung ist, zum höchsten Gut gehöre noch die

tem putat adiungendam eam, quae sit in motu – sic enim appellat hanc dulcem: ›in motu‹, illam nihil dolentis ›in stabilitate‹ –, quid tendit? cum efficere non possit ut cuiquam, qui ipse sibi notus sit, hoc est qui suam naturam sensumque perspexerit, vacuitas doloris et voluptas idem esse videatur. hoc est vim afferre, Torquate, sensibus, extorquere ex animis cognitiones verborum, quibus inbuti sumus. quis enim est, qui non videat haec esse in natura rerum tria? unum, cum in voluptate sumus, alterum, cum in dolore, tertium hoc, in quo nunc equidem sum, credo item vos, nec in dolore nec in voluptate; ut in voluptate sit, qui epuletur, in dolore, qui torqueatur. tu autem inter haec tantam multitudinem hominum interiectam non vides nec laetantium nec dolentium?«

(17) »Non prorsus« inquit »omnisque, qui sine dolore sint, in voluptate, et ea quidem summa, esse dico.«

»Ergo in eadem voluptate eum, qui alteri misceat mulsum ipse non sitiens, et eum, qui illud sitiens bibat?«

Tum ille: »Finem« inquit »interrogandi, si videtur, quod quidem ego a principio ita me malle dixeram hoc ipsum providens, dialecticas captiones.«

»Rhetorice igitur« inquam »nos mavis quam dialectice disputare?«

»Quasi vero« inquit »perpetua oratio rhetorum solum, non etiam philosophorum sit.«

»Zenonis est« inquam »hoc Stoici. omnem vim loquendi, ut iam ante Aristoteles, in duas tributam esse partes, rhetori-

Lust in der Bewegung – so nämlich nennt er dieses Wohlgefühl: in der Bewegung; den Zustand der Schmerzlosigkeit dagegen bezeichnet er als eine Lust in der Beständigkeit –,[14] was will er dann damit erreichen? Er bringt es doch nicht fertig, daß einem, der sich selbst kennt, das heißt einem, der sich über sein natürliches Empfinden im klaren ist, Schmerzlosigkeit und Lust identisch scheint. Das heißt doch die Empfindung vergewaltigen, Torquatus, und die Begriffe, die tief in uns eingesenkt sind, aus der Seele reißen. Wer sieht denn nicht, daß es in der Natur diese drei Möglichkeiten gibt: einmal, daß wir uns im Zustand der Lust, zum anderen, daß wir uns in dem des Schmerzes und zum dritten, daß wir uns in dem befinden, in dem ich jetzt gerade bin und ihr wohl auch seid, nämlich weder in dem des Schmerzes noch in dem der Lust. So wäre im Zustand der Lust, wer schmaust, in dem des Schmerzes, wer gefoltert wird. Doch siehst du nicht, daß sich dazwischen die große Menge derer befindet, die weder Freude noch Schmerz empfinden?«

(17) »Ganz und gar nicht«, sagte er, »und ich behaupte, daß sich alle, die ohne Schmerzen sind, im Zustand der Lust, und zwar der höchsten, befinden.«

»Daß also einer, der dem anderen einen Trank bereitet, ohne selbst durstig zu sein, dieselbe Lust erlebt wie einer, der ihn durstig trinkt?«

Da meinte er: »Schluß mit den Fragen, wenn du einverstanden bist! Ich hatte ja schon zu Beginn erklärt, daß ich es so vorziehe; denn gerade das, die dialektischen Spitzfindigkeiten, sah ich kommen.«

»Sollen wir also das Gespräch«, erkundigte ich mich, »lieber nach rhetorischen als dialektischen Spielregeln führen?«

»Das klingt gerade so«, erwiderte er, »als passe eine zusammenhängende Darstellung nur zu den Rhetoren und nicht auch zu den Philosophen.«

»Von Zenon, dem Stoiker«, erwiderte ich, »stammt folgende Bemerkung: Er sagte, wie vor ihm schon Aristoteles, die ganze Möglichkeit sprachlichen Ausdrucks gliedere sich

cam palmae, dialecticam pugni similem esse dicebat, quod latius loquerentur rhetores, dialectici autem compressius. obsequar igitur voluntati tuae dicamque, si potero, rhetorice, sed hac rhetorica philosophorum, non nostra illa forensi, quam necesse est, cum populariter loquatur, esse interdum paulo hebetiorem.

(18) Sed dum dialecticam, Torquate, contemnit Epicurus, quae una continet omnem et perspiciendi quid in quaque re sit scientiam et iudicandi quale quidque sit et ratione ac via disputandi, ruit in dicendo, ut mihi quidem videtur, nec ea, quae docere vult, ulla arte distinguit, ut haec ipsa, quae modo loquebamur. summum a vobis bonum voluptas dicitur. aperiendum est igitur, quid sit voluptas; aliter enim explicari, quod quaeritur, non potest. quam si explicavisset, non tam haesitaret. aut enim eam voluptatem tueretur, quam Aristippus, id est, qua sensus dulciter ac iucunde movetur, quam etiam pecudes, si loqui possent, appellarent voluptatem, aut, si magis placeret suo more loqui, quam ut ›Omnes Danai atque Mycénenses. Attica pubes‹ reliquique Graeci, qui hoc anapaesto citantur, hoc non dolere solum voluptatis nomine appellaret, illud Aristippeum contemneret, aut, si utrumque probaret, ut probat, coniungeret doloris vacuitatem cum voluptate et duobus ultimis uteretur. (19) multi enim et magni philosophi haec ultima bonorum iuncta fecerunt, ut Aristoteles virtutis usum cum vitae perfectae prosperitate coniunxit, Callipho adiunxit ad honestatem voluptatem, Diodorus ad eandem honestatem addidit vacuitatem

in zwei Bereiche, von denen der rhetorische der Hand, der dialektische der Faust entspreche, weil die Rhetoriker weitläufiger, die Dialektiker jedoch gedrängter sprächen. Ich folge also deinem Wunsche und spreche, wenn ich es kann, wie die Rhetoren, aber im Sinne der philosophischen Rhetorik, nicht unserer forensischen, die notgedrungen, da sie sich volkstümlich ausdrückt, mitunter etwas gröber wirkt.
(18) Die Dialektik aber, Torquatus, schließt allein die gesamte Erkenntnis des Wesens einer Sache ein, das Urteil über ihre Beschaffenheit und ihre methodische Erörterung. Indem er sie verachtet, scheitert Epikur in seiner Darstellung, so scheint mir jedenfalls, und leistet keine systematische Differenzierung dessen, was er zeigen will, etwa bei eben dem, worüber wir gerade sprechen. Als höchstes Gut bezeichnet ihr die Lust. Es gilt also das Wesen der Lust zu ermitteln. Denn anders kann man keine Klarheit über das gewinnen, was man untersucht. Hätte sich Epikur das Wesen der Lust klargemacht, dann wäre er nicht in so großer Verlegenheit. Entweder würde er dann nämlich dasselbe wie Aristipp als Lust betrachten, also das, was eine reizvolle, angenehme Wirkung auf die Sinne ausübt – das würden auch die Tiere, wenn sie reden könnten, als Lust bezeichnen –, oder wenn er sich eher auf seine Art ausdrükken wollte als so wie ›alle die Danaer und die Mykener, das Volk von Attika‹ und die anderen Griechen, die in diesen Anapästen aufgerufen werden,[15] dann würde er nur dieses Freisein von Schmerz mit dem Namen Lust bezeichnen und den Begriff im Sinne Aristipps ablehnen, oder wenn er beides richtig fände, wie er es auch wirklich tut, dann würde er das Freisein von Schmerz mit der Lust verbinden und beide Ziele als die höchsten nehmen. (19) Denn viele große Philosophen haben eine solche Verbindung von höchsten Gütern hergestellt. So hat z. B. Aristoteles die praktische Übung der Tugend mit dem vollkommenen Lebensglück verbunden, Kalliphon hat zur Sittlichkeit die Lust hinzugefügt, und Diodor ergänzte dieselbe Sittlichkeit durch das

doloris. idem fecisset Epicurus, si sententiam hanc, quae nunc Hieronymi est, coniunxisset cum Aristippi vetere sententia. illi enim inter se dissentiunt. propterea singulis finibus utuntur et, cum uterque Graece egregie loquatur, nec Aristippus, qui voluptatem summum bonum dicit, in voluptate ponit non dolere, neque Hieronymus, qui summum bonum statuit non dolere, voluptatis nomine umquam utitur pro illa indolentia, quippe qui ne in expetendis quidem rebus numeret voluptatem.

(20) Duae sunt enim res quoque, ne tu verba solum putes. unum est sine dolore esse, alterum cum voluptate. vos ex his tam dissimilibus rebus non modo nomen unum – nam id facilius paterer –, sed etiam rem unam ex duabus facere conamini, quod fieri nullo modo potest. hic, qui utrumque probat, ambobus debuit uti, sicut facit re, neque tamen dividit verbis. cum enim eam ipsam voluptatem, quam eodem nomine omnes appellamus, laudat locis plurimis, audet dicere ne suspicari quidem se ullum bonum seiunctum ab illo Aristippeo genere voluptatis, atque ibi hoc dicit, ubi omnis eius est oratio de summo bono. in alio vero libro, in quo breviter comprehensis gravissimis sententiis quasi oracula edidisse sapientiae dicitur, scribit his verbis, quae nota tibi profecto, Torquate, sunt – quis enim vestrum non edidicit Epicuri κυρίας δόξας, id est quasi maxime ratas, quia gravissimae sint ad beate vivendum breviter enuntiatae sententiae? – animadverte igitur rectene hanc sententiam interpreter: (21) ›Si ea, quae sunt luxuriosis efficientia volup-

Freisein von Schmerz. Dasselbe hätte Epikur getan, wenn er die Meinung, die heute die des Hieronymos ist, mit der alten Auffassung Aristipps verbunden hätte. Sie unterscheiden sich ja voneinander. Deswegen halten sie sich jeweils an ein höchstes Gut, und weil sie beide ausgezeichnet Griechisch sprechen, stellt weder Aristipp, der ja die Lust als höchstes Gut bezeichnet, die Schmerzlosigkeit als eine Lust dar, noch nimmt Hieronymos, der das Freisein von Schmerz als höchstes Gut auffaßt, je die Bezeichnung Lust für eine solche Schmerzlosigkeit in Anspruch; er rechnet ja die Lust nicht einmal zu den erstrebenswerten Dingen.

(20) Denn glaube mir: es geht nicht nur den Worten, sondern auch der Sache nach um zweierlei. Das eine bedeutet ohne Schmerz, das andere mit Lust zu leben. Aus diesen beiden so verschiedenen Dingen versucht ihr nicht nur einen Namen – was ich mir noch leichter gefallen ließe –, sondern auch einen Sachverhalt zu machen; doch das ist ganz unmöglich. Der Mann, der beides richtig findet, hätte sich an beides halten sollen, wie er es auch wirklich tat, ohne jedoch hinsichtlich der Begriffe eine Trennung vorzunehmen. Denn während er gerade die Lust, die wir alle mit demselben Namen bezeichnen, an sehr vielen Stellen rühmt, wagt er zu sagen, er könne sich ein Gut, das von der Lust nach der Art Aristipps getrennt sei, nicht einmal vermutungsweise denken.[16] Und das behauptet er dort, wo er sich in seiner ganzen Darstellung mit dem höchsten Gut befaßt. In einem anderen Buch aber, in dem er in knapp gefaßten, eindrucksvollen Sätzen gleichsam Weisheitsorakel gegeben haben soll, schreibt er mit diesen Worten, die dir, Torquatus, sicherlich bekannt sind – denn wer von euch hat sie nicht auswendig gelernt, die ›Kyriai Doxai‹ (›Maßgebliche Lehrsätze‹) des Epikur,[17] das heißt diejenigen Lehrsätze, die gleichsam am gültigsten sind, weil sie, in knappen Worten ausgedrückt, entscheidende Bedeutung für das glückliche Leben haben –, paß also auf, ob ich den Lehrsatz richtig wiedergebe: (21) ›Wenn das, was Freunden der Ausschwei-

tatum, liberarent eos deorum et mortis et doloris metu docerentque qui essent fines cupiditatum, nihil haberemus ⟨quod reprehenderemus⟩, cum undique complerentur voluptatibus nec haberent ulla ex parte aliquid aut dolens aut aegrum, id est autem malum.‹«

Hoc loco tenere se Triarius non potuit. »Obsecro« inquit »Torquate, haec dicit Epicurus?« quod mihi quidem visus est, cum sciret, velle tamen confitentem audire Torquatum.

At ille non pertimuit saneque fidenter: »Istis quidem ipsis verbis« inquit; »sed quid sentiat, non videtis.«

»Si alia sentit« inquam »alia loquitur, numquam intellegam quid sentiat; sed plane dicit quod intellegit. idque si ita dicit, non esse reprehendendos luxuriosos, si sapientes sint, dicit absurde, similiter et si dicat non reprehendendos parricidas, si nec cupidi sint nec deos metuant nec mortem nec dolorem. et tamen quid attinet luxuriosis ullam exceptionem dari aut fingere aliquos, qui, cum luxuriose viverent, a summo philosopho non reprehenderentur eo nomine dumtaxat, cetera caverent? (22) sed tamen nonne reprehenderes, Epicure, luxuriosos ob eam ipsam causam, quod ita viverent, ut persequerentur cuiusque modi voluptates, cum esset praesertim, ut ais tu, summa voluptas nihil dolere? atqui reperiemus asotos primum ita non religiosos, ut edint de patella, deinde ita mortem non timentes, ut illud in ore habeant ex Hymnide: ›Mihi sex menses sátis sunt vitae, séptimum Orco spóndeo‹. iam doloris medicamenta illa Epicurea tamquam

fung Lust verschafft, sie auch von Furcht vor Göttern, Tod und Schmerz befreien und ihnen die Grenzen der Begierde zeigen würde, so hätten wir an ihnen nichts zu tadeln; denn sie wären in jeder Hinsicht von Gefühlen der Lust erfüllt und würden von keiner Seite etwas Schmerzliches oder Betrübliches erleben, was doch das Übel ist.‹«[18]

An dieser Stelle konnte Triarius nicht länger an sich halten. »Ich bitte dich, Torquatus«, rief er; »das behauptet Epikur?« Dabei schien mir, daß er es wußte, aber trotzdem das Eingeständnis des Torquatus hören wollte.

Der ließ sich aber nicht einschüchtern und sagte voll Selbstvertrauen: »Jawohl, genau mit diesen Worten; doch ihr versteht nicht, was er meint.«

»Wenn er es anders meint, als er es sagt«, erwiderte ich, »dann verstehe ich nie, was er meint. Doch er drückt seine Erkenntnis ja deutlich aus. Sagt er das also in dem Sinn, daß Freunde der Ausschweifung nicht zu tadeln seien, wenn sie weise seien, dann redet er Unsinn, ähnlich wie wenn er sagen würde, Vatermörder seien nicht zu tadeln, wenn sie frei von Begierden und Furcht vor Göttern, Tod und Schmerzen seien. Doch was hat es für einen Sinn, für Freunde der Ausschweifung eine Ausnahme zu machen oder sich irgendwelche Leute vorzustellen, die trotz ausschweifender Lebensweise von dem größten Philosophen nur unter der Bedingung nicht getadelt würden, daß sie sich vor allem anderen hüteten? (22) Würdest du aber, Epikur, die Freunde der Ausschweifung nicht doch schon aus dem Grunde tadeln, weil sie ihr Leben auf eine solche Weise führten, daß sie sich Lustgefühle jeder Art verschafften, zumal doch, wie du sagst, das höchste Gut in der Schmerzlosigkeit besteht? Und hemmungslose Menschen werden wir doch erstens so gottlos finden, daß sie von einem Opferteller essen würden, und zweitens so frei von Todesfurcht, daß sie den Ausspruch aus der ›Hymnis‹ im Munde führen könnten: ›Mir sind sechs Monde Leben schon genug, den siebten weihe ich dem Orkus.‹[19] Sie werden auch noch die bekannten Heil-

de narthecio proment: ›Si gravis, brevis; si longus, levis.‹ Unum nescio, quo modo possit, si luxuriosus sit, finitas cupiditates habere. (23) quid ergo attinet dicere: ›Nihil haberem, quod reprehenderem, si finitas cupiditates haberent‹? hoc est dicere: ›Non reprehenderem asotos, si non essent asoti.‹ isto modo ne improbos quidem, si essent boni viri. hic homo severus luxuriam ipsam per se reprehendendam non putat, et hercule, Torquate, ut verum loquamur, si summum bonum voluptas est, rectissime non putat.

Nolim enim mihi fingere asotos, ut soletis, qui in mensam vomant, et qui de conviviis auferantur crudique postridie se rursus ingurgitent, qui solem, ut aiunt, nec occidentem umquam viderint nec orientem, qui consumptis patrimoniis egeant. nemo nostrum istius generis asotos iucunde putat vivere. mundos, elegantis, optimis cocis, pistoribus, piscatu, aucupio, venatione, his omnibus exquisitis, vitantes cruditatem, quibus vinum defusum e pleno sit chrysizon, ut ait Lucilius, cui nihildum situlus et sacculus abstulerit, adhibentis ludos et quae sequuntur, illa, quibus detractis clamat Epicurus se nescire quid sit bonum; adsint etiam formosi pueri, qui ministrent, respondeat his vestis, argentum, Corinthium, locus ipse, aedificium – hos ergo asotos bene quidem vivere aut beate numquam dixerim. (24) ex quo efficitur, non ut voluptas ne sit voluptas, sed ut voluptas non

mittel Epikurs gegen den Schmerz gleichsam aus der Schatulle holen: ›Was schlimm ist, währt nur kurz; was lange währt, ist leicht zu tragen.‹[20] Nur eines weiß ich nicht, und zwar wie jemand, wenn er sich der Ausschweifung ergibt, seine Begierden in Grenzen halten kann. (23) Was hat es also für einen Sinn zu sagen: ›Ich hätte nichts zu tadeln, wenn sie ihre Begierden in Grenzen halten würden‹? Das heißt doch, daß man sagt: ›Ich würde hemmungslose Menschen nicht tadeln, wären sie nicht hemmungslos.‹ Auf diese Weise könnte man nicht einmal Schurken tadeln, wenn sie Ehrenmänner wären. Dieser gestrenge Herr hält die Ausschweifung an und für sich nicht für tadelnswert, und damit hat er bei Gott, Torquatus, um die Wahrheit zu sagen, dann, wenn die Lust das höchste Gut ist, völlig recht.

Ich möchte mir ja hemmungslose Menschen nicht so vorstellen, wie ihr es gewöhnlich tut: als Leute, die sich auf den Tisch erbrechen, die man von den Gelagen wegtragen muß und die sich tags darauf, wenn sie noch voll sind, wiederum den Bauch vollschlagen, die, wie man sagt, die Sonne weder jemals unter- noch aufgehen sehen und die darben müssen, wenn das Erbe durchgebracht ist. Keiner von uns nimmt an, daß hemmungslose Menschen dieses Schlages ein angenehmes Leben führen. Da gibt es aber feine, elegante Leute, die mit Hilfe der besten Köche oder Bäcker, mit Fischgerichten, mit Geflügel oder Wildbret, samt und sonders von erlesener Art, den Überdruß vermeiden; ›ein edler Tropfen fließt für sie in Strömen‹, wie Lucilius sagt, ›dem Schöpfer oder Filter nichts genommen hat‹;[21] sie gönnen sich auch Spiele und Dinge, die dazugehören, Dinge, ohne die sich Epikur, wie er betont, kein Gut vorstellen kann. Auch schöne Knaben zur Bedienung sollen dabei sein, und ihnen soll die Kleidung, das Silber, korinthisches Geschirr, der Ort selbst und das Haus entsprechen. Von diesen Schlemmern also würde ich auf keinen Fall behaupten, daß sie richtig oder glücklich leben. (24) Daraus ergibt sich nicht, daß die Lust keine Lust ist, wohl aber daß sie nicht das höchste Gut darstellt. Man

sit summum bonum. Nec ille, qui Diogenem Stoicum adolescens, post autem Panaetium audierat, Laelius, eo dictus est sapiens, quod non intellegeret quid suavissimum esset – nec enim sequitur, ut, cui cor sapiat, ei non sapiat palatus –, sed quia parvi id duceret.

O lapathe, ut iactare, nec es satis cognitu' qui sis!
In quo [cognitu] Laelius clamores σοφὸς ille solebat
Edere compellans gumias ex ordine nostros.

praeclare Laelius, et recte σοφός, illudque vere:

O Publi, o gurges, Galloni! es homo miser, inquit.
Cenasti in vita numquam bene, cum omnia in ista
Consumis squilla atque acupensere cum decimano.

is haec loquitur, qui in voluptate nihil ponens negat eum bene cenare, qui omnia ponat in voluptate, et tamen non negat libenter cenasse umquam Gallonium – mentiretur enim –, sed bene. ita graviter et severe voluptatem secreuit a bono. ex quo illud efficitur, qui bene cenent omnis libenter cenare, qui libenter, non continuo bene. semper Laelius bene. (25) quid bene? dicet Lucilius: ›cocto, condito‹, sed cedo caput cenae: ›sermone bono‹, quid ex eo? ›si quaeris, libenter‹; veniebat enim ad cenam, ut animo quieto satiaret desideria naturae. recte ergo is negat umquam bene cenasse Gallonium, recte miserum, cum praesertim in eo omne

nannte ja auch den bekannten Laelius, der als junger Mann den Stoiker Diogenes, später jedoch Panaitios gehört hatte, nicht deshalb den Weisen, weil er sich nicht über den größten Genuß im klaren gewesen wäre – wenn jemand mit dem Herzen richtig fühlt, so folgt daraus ja nicht, daß er sich mit dem Gaumen irrt –, sondern weil er ihm wenig bedeutete.

›O Sauerampfer, wie verschmäht man dich! Wie wenig kennt man deinen Wert!
Mit diesem Ausruf pflegte jener weise Laelius
die Schlemmer aus unserem Stand zu tadeln.[22]

Vortrefflich hat Laelius das gesagt, und er ist wohl ein Weiser; auch damit hat er recht gehabt:

›O Publius Gallonius, Vielfraß‹, sagte er, ›du bist ein armer Kerl!
Du hast in deinem Leben niemals gut gegessen und gibst doch alles
für diese Krabbe aus und für einen mächtigen Stör.‹[23]

So spricht jemand, der keinen Wert auf den Genuß legt und der darum sagt, daß einer nicht gut esse, dem es in allem auf die Lust ankomme. Dabei sagt er jedoch nicht, daß Gallonius nie mit Genuß gegessen habe – das wäre ja gelogen –, sondern daß er es niemals gut tat. So trennte er mit Nachdruck und mit Strenge die Lust vom Guten. Daraus ergibt sich, daß die, die gut essen, auch genußvoll essen, doch die, die es genußvoll tun, darum nicht unbedingt auch gut. Laelius aß immer gut. (25) Wie gut? Lucilius wird es sagen: ›Entsprechend gekocht und gewürzt.‹ Ja, aber nun das Wichtigste beim Essen! ›Mit einem guten Gespräch.‹ Was folgt daraus? ›Er tat es, wenn du mich fragst, mit Genuß.‹ Denn er ging ja zum Essen, um in Ruhe die natürlichen Bedürfnisse zu befriedigen. Mit Recht erklärt er also, daß Gallonius nie gut gegessen habe, mit Recht nennt er ihn einen armen Kerl, da er doch seine ganze Mühe darauf

studium consumeret. quem libenter cenasse nemo negat. cur igitur non bene? quia, quod bene, id recte, frugaliter, honeste; ille porro [male] prave, nequiter, turpiter cenabat; non igitur ⟨bene.⟩ nec lapathi suavitatem acupenseri Galloni Laelius anteponebat, sed suavitatem ipsam neglegebat; quod non faceret, si in voluptate summum bonum poneret. Semovenda est igitur voluptas, non solum ut recta sequamini, sed etiam ut loqui deceat frugaliter. (26) possumusne ergo in vita summum bonum dicere, cum id ne in cena quidem posse videamur? Quo modo autem philosophus loquitur? ›Tria genera cupiditatum, naturales et necessariae, naturales et non necessariae, nec naturales nec necessariae.‹ primum divisit ineleganter; duo enim genera quae erant, fecit tria. hoc est non dividere, sed frangere. qui haec didicerunt, quae ille contemnit, sic solent: ›Duo genera cupiditatum, naturales et inanes, naturalium duo, necessariae et non necessariae.‹ confecta res esset. vitiosum est enim in dividendo partem in genere numerare. (27) sed hoc sane concedamus. contemnit enim disserendi elegantiam, confuse loquitur. gerendus est mos, modo recte sentiat. equidem illud ipsum non nimium probo et tantum patior, philosophum loqui de cupiditatibus finiendis. an potest cupiditas finiri? tollenda est atque extrahenda radicitus. quis est enim, in quo sit cupiditas, quin recte cupidus dici possit? ergo et avarus erit, sed finite, et adulter, verum habebit modum, et

verwandte. Niemand behauptet, daß er nicht mit Genuß gegessen habe. Warum also nicht gut? Weil man das, was man gut tut, richtig, vernünftig und anständig tut. Jener dagegen aß verkehrt, sinnlos und unanständig, also gar nicht gut. Dabei gab Laelius nicht etwa dem Genuß des Sauerampfers den Vorzug vor dem Stör des Gallonius, sondern er machte sich aus dem Genuß selbst überhaupt nichts. Das aber hätte er doch nicht getan, wenn er die Lust als höchstes Gut betrachtet hätte.

Man muß also die Lust beiseite lassen, nicht nur, um auf dem rechten Weg zu bleiben, sondern auch um vernünftig reden zu können. (26) Können wir denn etwas im Leben als das höchste Gut bezeichnen, wenn es so scheint, als könnten wir es nicht einmal beim Essen? Wie sagt doch unser Philosoph? ›Es gibt drei Arten von Begierden: solche, die natürlich und notwendig, andere, die natürlich, aber nicht notwendig, und solche, die weder natürlich noch notwendig sind.‹ Zunächst ist seine Einteilung unglücklich. Denn wo zwei Arten waren, hat er drei daraus gemacht. Das heißt nicht einteilen, sondern zerstückeln. Wer das gelernt hat, was er verwirft, pflegt so zu gliedern: Es gibt zwei Arten von Begierden, natürliche und nichtige; bei den natürlichen gibt es zwei Unterarten, nämlich notwendige und nicht notwendige. Damit wäre die Sache erledigt. Denn es ist falsch, bei der Einteilung eine Unterart als Art zu zählen. (27) Doch lassen wir ihm das durchgehen; denn er verschmäht bei der Erörterung die kunstgerechte Form, er spricht verworren. Das muß man ihm nachsehen, wenn er nur richtig denkt. Gerade das kann ich indessen nicht sonderlich gutheißen und lasse es mir eben noch gefallen, daß ein Philosoph von der Begrenzung der Begierden redet. Oder kann man etwa eine Begierde begrenzen? Austilgen sollte man sie und mit Stumpf und Stiel ausrotten. Wer wäre denn sonst von Begierde erfüllt, ohne daß man von ihm behaupten könnte, er sei zu Recht begierig? So wird er denn habgierig sein, jedoch in Grenzen, ehebrecherisch, freilich mit Maßen, und

luxuriosus eodem modo. qualis ista philosophia est, quae non interitum afferat pravitatis, sed sit contenta mediocritate vitiorum? quamquam in hac divisione rem ipsam prorsus probo, elegantiam desidero. appellet haec desideria naturae, cupiditatis nomen servet alio, ut eam, cum de avaritia, cum de intemperantia, cum de maximis vitiis loquetur, tamquam capitis accuset. (28) Sed haec quidem liberius ab eo dicuntur et saepius. quod equidem non reprehendo; est enim tanti philosophi tamque nobilis audacter sua decreta defendere. sed tamen ex eo, quod eam voluptatem, quam omnes gentes hoc nomine appellant, videtur amplexari saepe vehementius, in magnis interdum versatur angustiis, ut hominum conscientia remota nihil tam turpe sit, quod voluptatis causa non videatur esse facturus. deinde, ubi erubuit – vis enim est permagna naturae –, confugit illuc, ut neget accedere quicquam posse ad voluptatem nihil dolentis. at iste non dolendi status non vocatur voluptas. ›Non laboro‹ inquit ›de nomine.‹ Quid, quod res alia tota est? ›Reperiam multos, vel innumerabilis potius, non tam curiosos nec tam molestos, quam vos estis, quibus, quidquid velim, facile persuadeam.‹ Quid ergo dubitamus, quin, si non dolere voluptas sit summa, non esse in voluptate dolor sit maximus? cur id non ita fit? ›Quia dolori non voluptas contraria est, sed doloris privatio.‹

(29) Hoc vero non videre, maximo argumento esse volupta-

verschwenderisch, im selben Sinne. Was ist das eigentlich für eine Philosophie, die nicht zum Untergang der Bosheit führt, sondern sich mit der Mittelmäßigkeit der Laster zufrieden gibt? So finde ich bei dieser Einteilung den Kern der Sache zwar durchaus plausibel, vermisse aber die kunstgerechte Form. Er soll diese Begierden meinetwegen als natürliche Bedürfnisse bezeichnen und den Begriff ›Begierde‹ für einen anderen Zweck reservieren, doch unter der Voraussetzung, daß er sie dann, wenn er von Habgier, von Unmäßigkeit, von schlimmsten Lastern spricht, gleichsam als todeswürdige Verbrechen anklagt. (28) Doch er spricht über diese Dinge jedenfalls großzügiger, und zwar des öfteren. Ich mache ihm das nicht zum Vorwurf; ein so bedeutender, vornehmer Philosoph hat ja das Recht, die Thesen, für die er sich entschieden hat, mit Kühnheit zu vertreten. Doch dadurch, daß er sich der Lust, die alle Welt mit diesem Wort bezeichnet, oft gar so leidenschaftlich anzunehmen scheint, kommt er zuweilen in eine sehr unangenehme Lage. Wenn es keine Mitwisser gibt, ist nichts so schimpflich, daß er nicht der Lust zuliebe bereit scheint, es zu tun. Sobald er dann darob errötet – die Wirkung des natürlichen Empfindens ist ja doch erheblich –, nimmt er seine Zuflucht zu der Erklärung, daß die Lust eines Menschen, der frei von Schmerz ist, nicht gesteigert werden könne. Doch diesen Zustand des Freiseins von Schmerzen nennt man nicht Lust. ›Auf die Bezeichnung‹, sagt er, ›kommt es mir nicht an.‹ Was aber, wenn die Sache dabei eine völlig andere ist? ›Ich werde viele oder besser unzählige finden, die nicht so wißbegierig und beschwerlich sind wie ihr und die ich leicht von meinem Anliegen überzeugen kann.‹ Warum bezweifeln wir dann also, daß es, wenn Freisein von Schmerz die höchste Lust darstellt, den schlimmsten Schmerz bedeutet, ohne Lust zu sein? Warum verhält es sich nicht so? ›Weil nicht die Lust das Gegenteil des Schmerzes bildet, sondern das Freisein von Schmerz.‹

(29) Wie kann man das nicht sehen, daß es Bände spricht,

tem illam, qua sublata neget se intellegere omnino quid sit bonum – eam autem ita persequitur: quae palato percipiatur, quae auribus; cetera addit, quae si appelles, honos praefandus sit – hoc igitur, quod solum bonum severus et gravis philosophus novit, idem non videt ne expetendum quidem esse, quod eam voluptatem hoc eodem auctore non desideremus, cum dolore careamus. quam haec sunt contraria! (30) hic si definire, si dividere didicisset, si loquendi vim, si denique consuetudinem verborum teneret, numquam in tantas salebras incidisset. nunc vides, quid faciat. quam nemo umquam voluptatem appellavit, appellat; quae duo sunt, unum facit. hanc in motu voluptatem – sic enim has suaves et quasi dulces voluptates appellat – interdum ita extenuat, ut M'. Curium putes loqui, interdum ita laudat, ut quid praeterea sit bonum neget se posse ne suspicari quidem. quae iam oratio non a philosopho aliquo, sed a censore opprimenda est. non est enim vitium in oratione solum, sed etiam in moribus. luxuriam non reprehendit, modo sit vacua infinita cupiditate et timore. hoc loco discipulos quaerere videtur, ut, qui asoti esse velint, philosophi ante fiant.

(31) A primo, ut opinor, animantium ortu petitur origo summi boni. ›Simul atque natum animal est, gaudet voluptate et eam appetit ut bonum, aspernatur dolorem ut malum.‹ De malis autem et bonis ab iis animalibus, quae nondum depravata sint, ait optime iudicari. haec et tu ita

wenn jene Lust, ohne die er angeblich gar nicht verstehen kann, was ein Gut ist, nicht einmal zu erstreben ist! Er sucht sie aber in einer Weise zu gewinnen, daß man sie durch den Gaumen oder das Gehör erfährt; was er sonst noch hinzufügt, dürfte man nur mit Verlaub erwähnen. Von dem also, was der gestrenge, ernste Philosoph als einziges Gut kennt, sieht er nicht, daß es nicht einmal erstrebenswert ist, da wir diese Lust ja ihm zufolge nicht vermissen würden, wenn wir keinen Schmerz empfänden. Wie widersprüchlich ist das! (30) Hätte er gelernt zu definieren und eine systematische Einteilung vorzunehmen, hielte er sich an das Wesen sprachlichen Ausdrucks und an den allgemeinen Sprachgebrauch, so wäre er niemals in solche Schwierigkeiten geraten. Nun siehst du ja, was er damit erreicht. Als Lust bezeichnet er etwas, was niemand jemals so genannt hat. Aus zwei Dingen macht er eines. Die Lust in der Bewegung[24] – so bezeichnet er ja diese angenehmen und gleichsam süßen Empfindungen der Lust – setzt er zuweilen so herab, daß man vermuten könnte, M'. Curius rede, zuweilen verherrlicht er sie so, daß er erklärt, sich nicht einmal vorstellen zu können, was es außerdem noch für ein Gut gibt. Diese Aussage sollte eigentlich nicht mehr von irgendeinem Philosophen, sondern von einem Zensor zurückgewiesen werden. Denn dabei handelt es sich ja nicht nur um eine Entgleisung in der Rede, sondern auch um eine im Charakter. Ausschweifung kritisiert er nicht, wenn sie nur frei von grenzenloser Begierde und von Angst ist. Hier scheint er Schüler zu dem Zweck zu suchen, daß Leute, die Wüstlinge werden wollen, vorher Philosophen werden.

(31) Er läßt, so glaube ich, das Streben nach dem höchsten Gut schon mit dem ersten Ursprung der Lebewesen seinen Anfang nehmen. ›Sobald ein Lebewesen geboren ist, freut es sich über die Empfindung einer Lust und strebt nach ihr als einem Gut, den Schmerz dagegen verschmäht es als ein Übel.‹ Doch über das, was schlecht und gut sei, werde, so behauptet er, am besten von den Lebewesen geurteilt, die

posuisti, et verba vestra sunt. quam multa vitiosa! summum enim bonum et malum vagiens puer utra voluptate diiudicabit, stante an movente? quoniam, si dis placet, ab Epicuro loqui discimus. si stante, hoc natura videlicet vult, salvam esse se, quod concedimus; si movente, quod tamen dicitis, nulla turpis voluptas erit, quae praetermittenda sit, et simul non proficiscitur animal illud modo natum a summa voluptate, quae est a te posita in non dolendo.

(32) Nec tamen argumentum hoc Epicurus a parvis petivit aut etiam a bestiis, quae putat esse specula naturae, ut diceret ab iis duce natura hanc voluptatem expeti nihil dolendi. nec enim haec movere potest appetitum animi, nec ullum habet ictum, quo pellat animum, status hic non dolendi, itaque in hoc eodem peccat Hieronymus. at ille pellit, qui permulcet sensum voluptate. itaque Epicurus semper hoc utitur, ut probet voluptatem natura expeti, quod ea voluptas, quae in motu sit, et parvos ad se alliciat et bestias, non illa stabilis, in qua tantum inest nihil dolere. qui igitur convenit ab alia voluptate dicere naturam proficisci, in alia summum bonum ponere?

(33) Bestiarum vero nullum iudicium puto. quamvis enim depravatae non sint, pravae tamen esse possunt. ut bacillum aliud est inflexum et incurvatum de industria, aliud ita

noch nicht verdorben seien. Diese Behauptung hast auch du so aufgestellt, und das sind eure Worte.[25] Wie vieles ist daran verkehrt! Nach welcher Lust soll denn ein schreiendes Kleinkind das höchste Gut und Übel unterscheiden, nach der im Ruhezustand oder der in der Bewegung? So zu reden lernen wir ja, wenn es denn der Götter Wille ist, von Epikur. Falls es sich um die Lust im Ruhezustand handelt, ist es offensichtlich die Natur, die damit ihre Selbsterhaltung will, und damit bin ich einverstanden. Geht es dagegen um die Lust in der Bewegung, was ihr doch behauptet, so wird man keine unanständige Lust übergehen dürfen, und zugleich geht jedes neugeborene Lebewesen nicht von der höchsten Lust aus, denn die ließest du ja im Freisein von Schmerz bestehen.

(32) Freilich hat Epikur sich dieses Argumentes von den Kleinkindern oder auch den Tieren, die er für Spiegel der Natur hält, nicht dazu bedient, um damit zu erklären, sie strebten unter der Anleitung der Natur nach dieser Lust, von Schmerzen frei zu sein. Denn sie vermag ja weder ein Verlangen anzuregen, noch liegt in diesem Zustand der Schmerzlosigkeit irgendein Impuls, der einem einen Anstoß geben könnte; deshalb macht ja auch Hieronymos in diesem selben Punkte einen Fehler. Dagegen kommt von jenem Zustand, der den Sinn mit dem Gefühl der Lust umschmeichelt, wohl ein Anstoß. Deshalb bedient sich Epikur stets dieses Zustands, um zu zeigen, daß die Natur nach Lust strebt, weil die Lust in der Bewegung sowohl Kleinkinder als auch Tiere anlocke, nicht dagegen die im Ruhezustand, die nur in der Freiheit von Schmerz besteht. Wie paßt es nun zusammen, daß man von der einen Lustempfindung die Natur ausgehen und in der anderen das höchste Gut bestehen läßt?

(33) Ich glaube aber nicht, daß das Verhalten von Tieren ein Kriterium darstellt. Denn mögen sie auch noch so unverdorben sein, Verkehrtheit ist bei ihnen dennoch möglich. Gerade wie der eine Stock absichtlich gebogen und gekrümmt,

natum, sic ferarum natura non est illa quidem depravata mala disciplina, sed natura sua. nec vero ut voluptatem expetat, natura movet infantem, sed tantum ut se ipse diligat, ut integrum se salvumque velit. omne enim animal, simul et ortum est, se ipsum et omnes partes suas diligit duasque, quae maximae sunt, in primis amplectitur, animum et corpus, deinde utriusque partes. nam sunt et in animo praecipua quaedam et in corpore, quae cum leviter agnovit, tum discernere incipit, ut ea, quae prima data sunt natura, appetat asperneturque contraria. (34) in his primis naturalibus voluptas insit necne, magna quaestio est. nihil vero putare esse praeter voluptatem, non membra, non sensus, non ingenii motum, non integritatem corporis, non valetudinem [corporis], summae mihi videtur inscitiae.

Atque ab isto capite fluere necesse est omnem rationem bonorum et malorum. Polemoni et iam ante Aristoteli ea prima visa sunt, quae paulo ante dixi. ergo nata est sententia veterum Academicorum et Peripateticorum, ut finem bonorum dicerent secundum naturam vivere, id est virtute adhibita frui primis a natura datis. Callipho ad virtutem nihil adiunxit nisi voluptatem, Diodorus vacuitatem doloris. * * his omnibus, quos dixi, consequentes fines sunt bonorum, Aristippo simplex voluptas, Stoicis consentire naturae, quod esse volunt e virtute, id est honeste, vivere, quod ita interpretantur: vivere cum intellegentia rerum earum, quae natura evenirent, eligentem ea, quae essent secundum na-

der andere aber so gewachsen ist, so ist in dem betreffenden Fall die Natur der Tiere zwar nicht durch schlechte Zucht verdorben, aber von Natur verkehrt. Ein Kleinkind aber wird von der Natur nicht dazu angeregt, nach Lust zu streben, sondern nur dazu, daß es sich selbst liebt und sich ungestörtes Wohlbefinden wünscht. Denn jedes Lebewesen liebt sogleich, wenn es entstanden ist, sich selbst und alle seine Teile, wobei es sich besonders auf die beiden wichtigsten, nämlich die Seele und den Körper, und auf die Teile dieser beiden konzentriert. Es gibt ja bei der Seele und beim Körper bestimmte Dinge von besonderer Bedeutung, die ein Lebewesen dann, wenn es sie in Umrissen erkannt hat, so zu unterscheiden beginnt, daß es nach dem strebt, was ihm die Natur als erstes verliehen hat, und dessen Gegenteil verschmäht. (34) Ob nun zu diesen ersten natürlichen Regungen auch die Lust zählt oder nicht, ist eine große Frage. Doch anzunehmen, daß dazu nichts außer der Lust gehöre, nicht die Glieder noch die Sinne, keine Regung des Geistes, nicht körperliche Unversehrtheit noch Gesundheit, das scheint doch ein Zeichen größten Unverstands.

Von diesem Ausgangspunkt her entwickelt sich zwangsläufig jede Theorie der Güter und der Übel. Für Polemon und vorher schon für Aristoteles waren die Regungen, die ich gerade nannte, die ursprünglichsten. So ist die These der alten Akademiker und der Peripatetiker entstanden, es sei das höchste Gut, naturgemäß zu leben, das heißt die ursprünglichen Gaben, die uns die Natur schenkt, zu genießen und dabei tugendhaft zu bleiben. Der Tugend fügte Kalliphon nichts als die Lust hinzu und Diodoros das Freisein von Schmerz ...[26] Bei diesen allen, die ich nannte, finden sich entsprechend folgerichtige Begriffe vom höchsten Gut, bei Aristipp einfach die Lust und bei den Stoikern die Übereinstimmung mit der Natur; sie soll im tugendhaften, das heißt sittlich guten Leben bestehen; darunter verstehen sie ein Leben mit Einsicht in das, was von Natur geschieht, wobei man sich für das entscheidet, was natur-

turam, reicientemque contraria. (35) ita tres sunt fines expertes honestatis, unus Aristippi vel Epicuri, alter Hieronymi, Carneadi tertius, tres, in quibus honestas cum aliqua accessione, Polemonis, Calliphontis, Diodori, una simplex, cuius Zeno auctor, posita in decore tota, id est in honestate; nam Pyrrho, Aristo, Erillus iam diu abiecti. reliqui sibi constiterunt, ut extrema cum initiis convenirent, ut Aristippo voluptas, Hieronymo doloris vacuitas, Carneadi frui principiis naturalibus esset extremum. Epicurus autem cum in prima commendatione voluptatem dixisset, si eam, quam Aristippus, idem tenere debuit ultimum bonorum, quod ille; sin eam, quam Hieronymus, fecisset idem, ut voluptatem illam [Aristippi] in prima commendatione poneret.

(36) Nam quod ait sensibus ipsis iudicari voluptatem bonum esse, dolorem malum, plus tribuit sensibus, quam nobis leges permittunt, ⟨cum⟩ privatarum litium iudices sumus. nihil enim possumus iudicare, nisi quod est nostri iudicii – in quo frustra iudices solent, cum sententiam pronuntiant, addere: ›si quid mei iudicii est‹; si enim non fuit eorum iudicii, nihilo magis hoc non addito illud est iudicatum –. quid iudicant sensus? dulce amarum, leve asperum, prope longe, stare movere, quadratum rotundum. (37) aequam igitur pronuntiabit sententiam ratio adhibita primum divi-

gemäß ist, und das Gegenteil verwirft. (35) So gibt es drei Begriffe vom höchsten Gut, bei denen das sittlich Gute keine Rolle spielt, einmal bei Aristipp oder bei Epikur, zum anderen bei Hieronymos und drittens bei Karneades. Drei andere Begriffe, in denen das sittlich Gute mit irgendeinem Zusatz erscheint, stammen von Polemon, von Kalliphon und Diodoros. Ein einziger Begriff des höchsten Gutes, der von Zenon stammt, ist einfach; er beruht ganz auf dem sittlich Schönen, das heißt auf dem sittlich Guten. Denn Pyrrhon, Ariston und Herillos sind schon längst erledigt. Die anderen sind konsequent geblieben, so daß das Ende zum Anfang paßte; so war für Aristipp die Lust, für Hieronymos das Freisein von Schmerz und für Karneades die Befriedigung der elementaren natürlichen Bedürfnisse das letzte Ziel. Dagegen hätte Epikur, als er sich bei der ersten Empfehlung[27] für die Lust entschieden hatte, falls er sie so wie Aristipp verstand, sie auch als höchstes Gut festhalten müssen, wie es jener tat; verstand er sie jedoch so wie Hieronymos, dann hätte er auch so verfahren müssen, daß er die Lust in diesem Sinne der ersten Empfehlung zugrunde legte.

(36) Denn was seine Behauptung angeht, daß nach dem Urteil der Sinne selbst die Lust ein Gut, der Schmerz jedoch ein Übel sei, so mißt er den Sinnen größeres Gewicht bei, als es die Gesetze uns erlauben, wenn wir Richter in privaten Streitigkeiten sind. Wir können nämlich nur etwas entscheiden, worüber uns ein Urteil zusteht. In diesem Punkte pflegen die Richter, wenn sie den Urteilsspruch verkünden, vergeblich den Zusatz zu machen: ›wenn mir ein Urteil zusteht‹.[28] Wenn ihnen nämlich keines zustand, galt ihr Urteil ohne diesen Zusatz um nichts mehr. Was unterliegt nun dem Urteil der Sinne? Die Frage, ob etwas süß oder bitter ist, glatt oder rauh, nah oder weit entfernt, ob etwas stillsteht oder sich bewegt, viereckig oder rund ist. (37) Einen gerechten Urteilsspruch wird die Vernunft also erst dann verkünden, wenn sie zunächst das Wissen um Göttli-

narum humanarumque rerum scientia, quae potest appellari rite sapientia, deinde adiunctis virtutibus, quas ratio rerum omnium dominas, tu voluptatum satellites et ministras esse voluisti. quarum adeo omnium sententia pronuntiabit primum de voluptate nihil esse ei loci, non modo ut sola ponatur in summi boni sede, quam quaerimus, sed ne illo quidem modo, ut ad honestatem applicetur. de vacuitate doloris eadem sententia erit. (38) reicietur etiam Carneades, nec ulla de summo bono ratio aut voluptatis non dolendive particeps aut honestatis expers probabitur. ita relinquet duas, de quibus etiam atque etiam consideret. aut enim statuet nihil esse bonum nisi honestum, nihil malum nisi turpe, cetera aut omnino nihil habere momenti aut tantum, ut nec expetenda nec fugienda, sed eligenda modo aut reicienda sint, aut anteponet eam, quam cum honestate ornatissimam, tum etiam ipsis initiis naturae et totius perfectione vitae locupletatam videbit. quod eo liquidius faciet, si perspexerit rerum inter eas verborumne sit controversia.

(39) Huius ego nunc auctoritatem sequens idem faciam. quantum enim potero, minuam contentiones omnesque simplices sententias eorum, in quibus nulla inest virtutis adiunctio, omnino a philosophia semovendas putabo, primum Aristippi Cyrenaicorumque omnium, quos non est veritum

ches und Menschliches hinzugezogen hat, das man zu Recht als Weisheit bezeichnen kann, und wenn sie dann die Tugenden hinzugenommen hat, die nach dem Willen der Vernunft Gebieterinnen über alle Dinge, nach deinem Wunsch Gehilfen und Dienerinnen der Lust sein sollten. Gerade nach ihrer aller Urteilsspruch wird sie zunächst bezüglich der Lust verkünden, daß sie keinen Anspruch hat, nicht nur darauf, als einzige den Platz des höchsten Gutes einzunehmen, um den es uns zu tun ist, sondern nicht einmal darauf, daß man sie zu dem Gebot der Sittlichkeit hinzufügt. Über das Freisein von Schmerz wird ihr Urteil dasselbe sein. (38) Eine Zurückweisung wird auch Karneades erfahren, und keine Lehre vom höchsten Gut, an der die Lust beziehungsweise die Schmerzlosigkeit beteiligt ist oder bei der die Sittlichkeit fehlt, wird gebilligt werden. So wird sie zwei Lehrmeinungen übriglassen, über die sie immer wieder nachzudenken hat. Entweder wird sie nämlich befinden, daß nur das sittlich Gute ein Gut und nur das Schimpfliche ein Übel ist und daß das übrige entweder überhaupt keine Bedeutung hat oder nur soviel, daß man es weder zu erstreben noch zu meiden, sondern lediglich zu wählen oder zurückzuweisen hat;[29] oder sie wird der Lehre den Vorzug geben, von der sie sieht, daß sie sowohl im Glanze der Sittlichkeit prangt als auch ganz besonders durch die Erfüllung elementarer natürlicher Bedürfnisse und die Vervollkommnung des ganzen Lebens bereichert ist. Und diese Frage wird sie um so leichter klären, wenn sie erkannt hat, ob es bei der Auseinandersetzung zwischen diesen Lehren um die Sache oder nur um Worte geht.

(39) Nach ihrem Vorbild will ich mich nun richten und es genauso machen. Ich werde nämlich nach Möglichkeit die Diskussion abkürzen und mich auf den Standpunkt stellen, daß sämtliche einfachen Auffassungen derjenigen, bei denen sich keine Verbindung mit der Tugend findet, aus der Philosophie ganz zu verbannen sind. Das gilt zunächst für Aristipp und alle Kyrenaiker, die sich nicht scheuten, in der

in ea voluptate, quae maxima dulcedine sensum moveret, summum bonum ponere contemnentis istam vacuitatem doloris. (40) hi non viderunt, ut ad cursum equum, ad arandum bovem, ad indagandum canem, sic hominem ad duas res, ut ait Aristoteles, ad intellegendum et agendum, esse natum quasi mortalem deum, contraque ut tardam aliquam et languidam pecudem ad pastum et ad procreandi voluptatem hoc divinum animal ortum esse voluerunt, quo nihil mihi videtur absurdius. (41) Atque haec contra Aristippum, qui eam voluptatem non modo summam, sed solam etiam ducit, quam omnes unam appellamus voluptatem. aliter autem vobis placet. sed ille, ut dixi, vitiose. nec enim figura corporis nec ratio excellens ingenii humani significat ad unam hanc rem natum hominem, ut frueretur voluptatibus. Nec vero audiendus Hieronymus, cui summum bonum est idem, quod vos interdum vel potius nimium saepe dicitis, nihil dolere. non enim, si malum est dolor, carere eo malo satis est ad bene vivendum. hoc dixerit potius Ennius: ›Nimium boni est, cui nihil est mali.‹ nos beatam vitam non depulsione mali, sed adeptione boni iudicemus, nec eam cessando, sive gaudentem, ut Aristippus, sive non dolentem, ut hic, sed agendo aliquid considerandove quaeramus. (42) quae possunt eadem contra Carneadeum illud summum bonum dici, quod is non tam, ut probaret, protulit, quam ut Stoicis, quibuscum bellum gerebat, opponeret. id autem eius modi est, ut additum ad virtutem auctoritatem videatur habiturum et expleturum cumulate vitam beatam, de quo omnis haec quaestio est.

Lust, die auf die Sinne mit dem stärksten Reiz einwirke, das höchste Gut zu sehen, und dabei euer Freisein vom Schmerz verachteten. (40) Sie sahen nicht, daß, wie das Pferd zum Lauf, das Rind zum Pflügen oder der Hund zum Aufspüren, so der Mensch, wie Aristoteles sagt, zu zwei Dingen, nämlich zum Erkennen und zum Handeln, geboren ist, gleichsam als ein sterblicher Gott. Dagegen sollte nach ihrem Willen dieses göttliche Lebewesen wie ein stumpfes, träges Vieh zum Fressen und zur Lust an der Vermehrung entstanden sein, was meiner Meinung nach der größte Unsinn ist. (41) Soviel nun gegen Aristipp, der das, was wir alleine als Lust bezeichnen, nicht nur für die höchste, sondern auch für die einzige Lust hält. Da seid ihr aber anderer Auffassung. Doch das war, wie ich sagte, ein Mißgriff jenes Mannes. Denn weder die Gestalt des Leibes noch die außerordentliche Geisteskraft des Menschen deutet darauf hin, daß er allein dazu geboren sei, die Wonnen der Lust zu genießen. Man darf aber auch nicht auf Hieronymos hören, für den das höchste Gut dasselbe ist, was ihr zuweilen oder besser allzuoft so nennt, nämlich frei zu sein von Schmerz. Denn wenn der Schmerz ein Übel ist, genügt es nicht, von diesem Übel frei zu sein, um gut zu leben. Eher mag Ennius es so sagen: ›Im Übermaße Glück hat, wer kein Unglück kennt.‹[30] Für unser Urteil soll das Leben nicht durch die Abwehr eines Übels, sondern durch die Erlangung eines Gutes glücklich sein, und nicht dadurch, daß wir untätig sind, sei es in Freude, wie Aristipp, sei es schmerzlos, wie dieser Mann, sondern indem wir etwas tun und uns Gedanken machen, wollen wir es zu gewinnen suchen. (42) Dieselben Argumente lassen sich gegen das höchste Gut im Sinne des Karneades anführen; doch das vertrat er nicht so sehr, um es als richtig zu erweisen, als um den Stoikern, mit denen er in Fehde lag, zu widersprechen. Es ist jedoch von der Art, daß es den Anschein erweckt, als würde es erst in Verbindung mit der Tugend Gültigkeit gewinnen und die krönende Erfüllung des glücklichen Lebens bringen, worum es ja bei

nam qui ad virtutem adiungunt vel voluptatem, quam unam virtus minimi facit, vel vacuitatem doloris, quae etiamsi malo caret, tamen non est summum bonum, accessione utuntur non ita probabili, nec tamen, cur id tam parce tamque restricte faciant, intellego. quasi enim emendum eis sit, quod addant ad virtutem, primum vilissimas res addunt, dein singulas potius, quam omnia, quae prima natura approbavisset, ea cum honestate coniungerent. (43) Quae quod Aristoni et Pyrrhoni omnino visa sunt pro nihilo, ut inter optime valere et gravissime aegrotare nihil prorsus dicerent interesse, recte iam pridem contra eos desitum est disputari. dum enim in una virtute sic omnia esse voluerunt, ut eam rerum selectione expoliarent nec ei quicquam, aut unde oriretur, darent, aut ubi niteretur, virtutem ipsam, quam amplexabantur, sustulerunt. Erillus autem ad scientiam omnia revocans unum quoddam bonum vidit, sed nec optimum nec quo vita gubernari possit. itaque hic ipse iam pridem est reiectus; post enim Chrysippum ⟨contra eum⟩ non sane est disputatum.

Restatis igitur vos; nam cum Academicis incerta luctatio est, qui nihil affirmant et quasi desperata cognitione certi id sequi volunt, quodcumque veri simile videatur. (44) cum Epicuro autem hoc plus est negotii, quod e duplici genere voluptatis coniunctus est, quodque et ipse et amici eius et multi postea defensores eius sententiae fuerunt, et nescio quo modo, is qui auctoritatem minimam habet, maximam vim, populus cum illis facit. quos nisi redarguimus, omnis

dieser ganzen Untersuchung geht. Denn Leute, die mit der Tugend noch die Lust verbinden, die ja alleine von der Tugend nur sehr gering geschätzt wird, oder die Schmerzlosigkeit, die zwar Freisein von einem Übel bedeutet, aber nicht das höchste Gut darstellt, die greifen zu einer nicht sehr überzeugenden Ergänzung. Warum sie die jedoch in gar so engen und beschränkten Grenzen halten, sehe ich nicht ein. Als ob sie kaufen müßten, was sie mit der Tugend verbinden wollen, fügen sie ja erst das Billigste hinzu, und das dann auch noch einzeln, statt alles das, was den elementaren Forderungen der Natur entsprach, der Sittlichkeit hinzuzufügen. (43) Weil diese Dinge in den Augen Aristons und Pyrrhons gänzlich nichtig waren, so daß sie sagten, zwischen bester Gesundheit und schwerster Krankheit gebe es keinen Unterschied, hat man zu Recht schon lange damit aufgehört, ihre Auffassung zu bestreiten. Indem sie nämlich alles ausschließlich auf die Tugend konzentrieren wollten, so daß sie sie der Möglichkeit beraubten, unter diesen Dingen auszuwählen, und ihr nichts gaben, woraus sie hätte entstehen und worauf sie sich hätte stützen können, vernichteten sie eben die Tugend, um die sie sich so sehr bemühten. Herillus aber hatte, da er alles auf die Wissenschaft bezog, zwar ein bestimmtes Gut im Auge, jedoch kein höchstes Gut und keines, das das Leben lenken könnte. Darum hat man ihn selbst schon lange abgelehnt. Denn seit Chrysipp hat man sich nicht mehr ernstlich gegen ihn gewandt.

So bleibt ihr also übrig; denn die Auseinandersetzung mit den Akademikern ist weiterhin offen. Sie legen sich nicht fest und wollen sich, als ob sie die Hoffnung auf Erkenntnis von etwas Sicherem aufgegeben hätten, an das halten, was sie wahrscheinlich finden. (44) Mit Epikur indessen hat man deshalb mehr Probleme, weil sich bei ihm zwei Arten von Lust verbinden und weil sowohl er selbst wie seine Freunde und viele Spätere Verfechter seiner Auffassung gewesen sind. Auch hält es irgendwie das Volk mit ihnen, das zwar sehr wenig Kompetenz, aber sehr großen Einfluß hat. Wenn

virtus, omne decus, omnis vera laus deserenda est. ita ceterorum sententiis semotis relinquitur non mihi cum Torquato, sed virtuti cum voluptate certatio. quam quidem certationem homo et acutus et diligens, Chrysippus, non contemnit totumque discrimen summi boni in earum comparatione positum putat. ego autem existimo, si honestum esse aliquid ostendero, quod sit ipsum vi sua propter seque expetendum, iacere vestra omnia. itaque eo, quale sit, breviter, ut tempus postulat, constituto accedam ad omnia tua, Torquate, nisi memoria forte defecerit.

(45) Honestum igitur id intellegimus, quod tale est, ut detracta omni utilitate sine ullis praemiis fructibusve per se ipsum possit iure laudari. quod quale sit, non tam definitione, qua sum usus, intellegi potest, quamquam aliquantum potest, quam communi omnium iudicio et optimi cuiusque studiis atque factis, qui permulta ob eam unam causam faciunt, quia decet, quia rectum, quia honestum est, etsi nullum consecuturum emolumentum vident. homines enim, etsi aliis multis, tamen hoc uno plurimum a bestiis differunt, quod rationem habent a natura datam mentemque acrem et vigentem celerrimeque multa simul agitantem et, ut ita dicam, sagacem, quae et causas rerum et consecutiones videat et similitudines transferat et disiuncta coniungat et

wir diese Leute nicht widerlegen, müssen wir jegliche Tugend, jede Ehre und jeden wahren Ruhm aufgeben. So bleibt, nachdem die Meinungen der anderen ausgeschieden sind, noch eine Auseinandersetzung übrig, die nicht von mir mit Torquatus, sondern von der Tugend mit der Lust zu führen ist. Von dieser Auseinandersetzung denkt ein so scharfsinniger und gründlicher Mann wie Chrysipp nun freilich nicht gering und glaubt, daß die entscheidende Bestimmung des höchsten Gutes sich auf ihre Gegenüberstellung gründet. Ich aber meine, daß alle eure Lehren hinfällig sind, wenn ich beweisen kann, daß es ein sittlich Gutes gibt, das man an sich um seines Wesens und um seiner selbst willen erstreben muß. Ich werde mich deshalb nach der, wie es die Zeit erfordert, kurzen Bestimmung seiner Eigenart all deinen Argumenten zuwenden, Torquatus, vorausgesetzt, daß mich nicht etwa mein Gedächtnis im Stich läßt.

(45) Unter etwas sittlich Gutem verstehen wir also etwas, das so beschaffen ist, daß es auch ohne jeden Nutzen, ohne irgendwelche Vorteile und Belohnungen um seiner selbst willen zu Recht gepriesen werden kann. Seine Beschaffenheit kann man nun nicht so sehr aus der von mir gebrauchten Definition erkennen, obwohl sie einige Möglichkeiten bietet, als vielmehr an dem Urteil, in dem sich alle einig sind, sowie an dem Bestreben und der Handlungsweise gerade der Besten, die vieles nur aus dem einen Grunde tun, weil es sich ziemt, weil es das Rechte und weil es sittlich geboten ist, auch wenn sie sehen, daß kein Vorteil winkt. Zwar unterscheiden sich die Menschen ja auch noch durch viele andere Merkmale von den Tieren, doch am meisten durch dieses eine, daß sie von der Natur die Gabe der Vernunft bekommen haben und einen wachen, lebhaften Geist, der sich blitzschnell mit vielen Dingen zugleich beschäftigt, und einen, um es so zu sagen, Spürsinn, der die Ursachen und die Folgen der Dinge wahrnimmt, der Analoges überträgt, Getrenntes verbindet, Künftiges mit Gegenwärtigem ver-

cum praesentibus futura copulet omnemque complectatur vitae consequentis statum. eademque ratio fecit hominem hominum adpetentem cumque iis natura et sermone et usu congruentem, ut profectus a caritate domesticorum ac suorum serpat longius et se implicet primum civium, deinde omnium mortalium societate atque, ut ad Archytam scripsit Plato, non sibi se soli natum meminerit, sed patriae, sed suis, ut perexigua pars ipsi relinquatur.

(46) Et quoniam eadem natura cupiditatem ingenuit homini veri videndi, quod facillime apparet, cum vacui curis etiam quid in caelo fiat scire avemus, his initiis inducti omnia vera diligimus, id est fidelia, simplicia, constantia, tum vana, falsa, fallentia odimus, ut fraudem, periurium, malitiam, iniuriam. eadem ratio habet in se quiddam amplum atque magnificum, ad imperandum magis quam ad parendum accomodatum, omnia humana non tolerabilia solum, sed etiam levia ducens, altum quiddam et excelsum, nihil timens, nemini cedens, semper invictum. (47) atque his tribus generibus honestorum notatis quartum sequitur et in eadem pulchritudine et aptum ex illis tribus, in quo inest ordo et moderatio. cuius similitudine perspecta in formarum specie ac dignitate transitum est ad honestatem dictorum atque factorum. nam ex his tribus laudibus, quas ante dixi, et temeritatem reformidat et non audet cuiquam aut dicto protervo aut facto nocere vereturque quicquam aut facere aut eloqui, quod parum virile videatur.

(48) Habes undique expletam et perfectam, Torquate, for-

knüpft und jeden Umstand des Lebens, das noch folgt, miteinbezieht. Dieselbe Vernunft ließ auch den Menschen andere Menschen suchen und mit ihnen in Wesen, Sprache und Umgang harmonieren, so daß er, ausgehend von der Liebe zu Hausgenossen und Angehörigen, weiter fortschreitet und sich in die Gemeinschaft zunächst der Bürger, dann aller Menschen fügt und, wie Platon an Archytas schrieb,[31] daran denkt, daß er nicht nur für sich allein geboren wurde, sondern auch für das Vaterland und für die Seinen, so daß nur ein geringer Teil für ihn selbst übrigbleibt.

(46) Und da dieselbe Natur den Menschen das Verlangen eingab, die Wahrheit zu erkennen, was sich am leichtesten zeigt, wenn wir, frei von Sorgen, auch wissen wollen, was am Himmel geschieht, lieben wir dank dieser ursprünglichen Orientierung alles Wahrhaftige, das heißt das, was treu, schlicht und beständig ist, und hassen sodann das Eitle, Falsche, Trügerische, wie z. B. Betrug, Meineid, Bosheit und Ungerechtigkeit. Dieselbe Vernunft trägt in sich einen Zug von Größe und Großartigkeit, der eher zum Gebieten als zum Gehorchen taugt, der alles Menschliche nicht nur erträglich, sondern sogar unerheblich findet, und einen Zug von Hoheit und Erhabenheit, der keine Furcht kennt, vor niemand zurückweicht und stets unbesieglich ist. (47) Nach der Kennzeichnung dieser drei grundsätzlichen Erscheinungsformen des sittlich Guten folgt eine vierte, die in derselben Schönheit prangt und aus den drei genannten zusammengefügt ist; in ihr findet sich Ordnung und rechtes Maß. Nachdem man deren Abbild in der eindrucksvollen Schönheit äußerer Erscheinungen gesehen hatte, ging man zu der inneren Schönheit von Worten und von Taten über. Denn dank den drei rühmlichen Eigenschaften, die ich vorhin nannte, verabscheut sie die Unbesonnenheit, erdreistet sich nicht, jemandem mit frecher Unverschämtheit in Wort oder Tat zu schaden, und scheut sich, etwas auszuführen oder auszusprechen, was zu wenig männlich wirkt.

(48) Damit, Torquatus, hast du das vollständig ausgeführte,

mam honestatis, quae tota quattuor his virtutibus, quae a te quoque commemoratae sunt, continetur. hanc se tuus Epicurus omnino ignorare dicit quam aut qualem esse velint qui honestate summum bonum metiantur. Si enim ad honestatem omnia referant neque in ea voluptatem dicant inesse, ait eos voce inani sonare – his enim ipsis verbis utitur – neque intellegere nec videre sub hanc vocem honestatis quae sit subicienda sententia. ut enim consuetudo loquitur, id solum dicitur honestum, quod est populari fama gloriosum. ›Quod‹ inquit ›quamquam voluptatibus quibusdam est saepe iucundius, tamen expetitur propter voluptatem.‹ (49) Videsne quam sit magna dissensio? philosophus nobilis, a quo non solum Graecia et Italia, sed etiam omnis barbaria commota est, honestum quid sit, si id non sit in voluptate, negat se intellegere, nisi forte illud, quod multitudinis rumore laudetur. ego autem hoc etiam turpe esse saepe iudico et, si quando turpe non sit, tum esse non turpe, cum id a multitudine laudetur, quod sit ipsum per se rectum atque laudabile, non ob eam causam tamen illud dici esse honestum, quia laudetur a multis, sed quia tale sit, ut, vel si ignorarent id homines, vel si obmutuissent, sua tamen pulchritudine esset specieque laudabile. itaque idem natura victus, cui obsisti non potest, dicit alio loco id, quod a te etiam paulo ante dictum est, non posse iucunde vivi nisi etiam honeste. (50) quid nunc ›honeste‹ dicit? idemne, quod iucunde? ergo ita: non posse honeste vivi, nisi

ideale Bild der Sittlichkeit vor Augen, die ganz in den vier Tugenden beschlossen liegt, wie sie auch du erwähnt hast. Von ihr behauptet nun dein Epikur, er wisse überhaupt nicht, welches Wesen oder welche Eigenart sie nach dem Willen derer haben solle, die nach der Sittlichkeit das höchste Gut bemäßen. Denn wenn sie alles auf die Sittlichkeit bezögen und erklärten, sie enthalte keine Lust, dann sei das, sagt er, bloßes Wortgeklingel – gerade so drückt er sich nämlich aus –,[32] und diese Leute hätten keine Ahnung und Vorstellung, welchen Sinn man mit dem Wort ›Sittlichkeit‹ zu verbinden habe. Denn nach gewöhnlichem Sprachgebrauch bezeichnet man nur das als sittlich wertvoll, was der öffentlichen Meinung als rühmlich gilt. ›Obwohl es‹, sagt er, ›häufig angenehmer als gewisse Lustgefühle ist, wird es doch nur aufgrund der Lust erstrebt.‹[33] (49) Siehst du, wie groß der Unterschied der Auffassungen ist? Ein berühmter Philosoph, der nicht nur Griechenland und Italien, sondern auch die ganze barbarische Welt beeindruckte, behauptet, er verstehe das Wesen des sittlich Guten nicht, wenn es nicht auf der Lust beruhe, es müßte denn sein, daß es in dem bestehe, was vom Gerede der Menge gepriesen werde. Gerade dieser Fall ist aber nach meinem Urteil oft sogar verwerflich, und wenn er einmal nicht verwerflich ist, dann deshalb, weil etwas von der Menge gepriesen wird, das schon durch sich selbst richtig und rühmenswert ist; es wird jedoch nicht aus dem Grund als sittlich wertvoll bezeichnet, weil es von vielen gepriesen wird, sondern weil es von solcher Art ist, daß es, auch wenn die Menschen nichts davon wüßten oder wenn sie sich darüber ausgeschwiegen hätten, trotzdem durch den Glanz seiner Schönheit Ruhm verdienen würde. Darum erklärt derselbe Mann, besiegt von der Natur, der man nicht widerstehen kann, an anderer Stelle das, was auch du kurz zuvor gesagt hast, ein angenehmes Leben könne man nur führen, wenn man auch ein sittlich gutes führe.[34] (50) Was meint er nun mit ›sittlich gut‹? Dasselbe wie mit ›angenehm‹? Das hieße also, man

honeste vivatur? an nisi populari fama? sine ea igitur iucunde negat posse ⟨se⟩ vivere? quid turpius quam sapientis vitam ex insipientium sermone pendere? quid ergo hoc loco intellegit honestum? certe nihil nisi quod possit ipsum propter se iure laudari. nam si propter voluptatem, quae est ista laus, quae possit e macello peti? non is vir est, ut, cum honestatem eo loco habeat, ut sine ea iucunde neget posse vivi, illud honestum, quod populare sit, sentiat et sine eo neget iucunde vivi posse, aut quicquam aliud honestum intellegat, nisi quod sit rectum ipsumque per se sua vi, sua sponte, sua natura laudabile.

(51) Itaque, Torquate, cum diceres clamare Epicurum non posse iucunde vivi, nisi honeste et sapienter et iuste viveretur, tu ipse mihi gloriari videbare. tanta vis inerat in verbis propter earum rerum, quae significabantur his verbis, dignitatem, ut altior fieres, ut interdum insisteres, ut nos intuens quasi testificarere laudari honestatem et iustitiam aliquando ab Epicuro. quam te decebat iis verbis uti, quibus si philosophi non uterentur, philosophia omnino non egeremus! istorum enim verborum amore, quae perraro appellantur ab Epicuro, sapientiae, fortitudinis, iustitiae, temperantiae, praestantissimis ingeniis homines se ad philosophiae studium contulerunt. (52) ›Oculorum‹ inquit Plato ›est in nobis

könne kein sittlich gutes Leben führen, wenn man nicht ein sittlich gutes führe? Oder etwa: wenn es nicht der öffentlichen Meinung entspreche? Erklärt er also, daß ohne sie ein angenehmes Leben nicht möglich sei? Was könnte schimpflicher sein als die Abhängigkeit der Lebensführung eines Weisen vom Gerede törichter Menschen? Was also versteht er an dieser Stelle unter ›sittlich gut‹? Gewiß nichts anderes als etwas, das an sich um seiner selbst willen mit Recht gepriesen werden kann. Denn, liegt es an der Lust, was ist das für ein Ruhm, den man sich auf dem Fleischmarkt holen kann? Nein, da für ihn die Sittlichkeit so viel bedeutet, daß er behauptet, man könne ohne sie kein angenehmes Leben führen, ist er nicht der Mann, dasjenige für sittlich gut zu halten, was der Meinung des Volks entspricht, und zu behaupten, man könne ohne das kein angenehmes Leben führen, oder das sittlich Gute unter etwas anderem zu verstehen als unter dem, was richtig ist und was durch sich selbst, durch sein Wesen und aus eigener Kraft Ruhm verdient.

(51) Deshalb, Torquatus, hatte ich den Eindruck, daß du dich sogar rühmtest, als du sagtest, Epikur betone ausdrücklich, daß man kein angenehmes Leben führen könne, ohne ein sittlich gutes, weises und gerechtes zu führen. Diese Worte besaßen dank der Würde dessen, was sie bezeichneten, eine so starke Wirkung, daß du die Stimme erhobst, daß du zuweilen innehieltest, daß du uns ansahst und gleichsam als Zeugen dafür anriefst, daß die Sittlichkeit und die Gerechtigkeit zuweilen von Epikur gepriesen wird. Wie gut stand es dir an, dich dieser Worte zu bedienen! Denn wenn sie von den Philosophen nicht verwendet würden, könnten wir vollständig auf die Philosophie verzichten. Aus Liebe zu den Begriffen, die Epikur so selten in den Mund nimmt – Weisheit, Tapferkeit, Gerechtigkeit und Selbstbeherrschung –, haben sich die größten Geister an die Beschäftigung mit der Philosophie gemacht. (52) ›Von unseren Sinneswahrnehmungen‹, sagt Platon, ›ist die durch die Augen

sensus acerrimus, quibus sapientiam non cernimus. quam illa ardentis amores excitaret sui!‹ Cur tandem? an quod ita callida est, ut optime possit architectari voluptates? Cur iustitia laudatur? aut unde est hoc contritum vetustate proverbium: ›quicum in tenebris‹? hoc dictum in una re latissime patet, ut in omnibus factis re, non teste moveamur. (53) sunt enim levia et perinfirma, quae dicebantur a te, animi conscientia improbos excruciari, tum etiam poenae timore, qua aut afficiantur aut semper sint in metu ne afficiantur aliquando. non oportet timidum aut inbecillo animo fingi non bonum illum virum, qui, quicquid fecerit, ipse se cruciet omniaque formidet, sed omnia callide referentem ad utilitatem, acutum, versutum, veteratorem, facile ut excogitet quo modo occulte, sine teste, sine ullo conscio fallat. (54) an tu me de L. Tubulo putas dicere? qui cum praetor quaestionem inter sicarios exercuisset, ita aperte cepit pecunias ob rem iudicandam, ut anno proximo P. Scaevola tribunus plebis ferret ad plebem vellentne de ea re quaeri. quo plebiscito decreta a senatu est consuli quaestio Cn. Caepioni. profectus in exilium Tubulus statim nec respondere ausus; erat enim res aperta.

Non igitur de improbo, sed ⟨de⟩ callido improbo quaerimus, qualis Q. Pompeius in foedere Numantino infitiando fuit, nec vero omnia timente, sed primum qui animi conscientiam non curet, quam scilicet comprimere nihil est

am schärfsten ausgeprägt; die Weisheit aber sehen wir mit ihnen nicht. Wie glühend müßte die Liebe zu ihr sein, die sie entfachen würde!‹[35] Warum denn wohl? Etwa weil sie so raffiniert ist, daß sie am besten Lustgefühle erzeugen kann? Warum rühmt man dann die Gerechtigkeit? Oder woher kommt jenes altbekannte Sprichwort: ›Ein Mann, mit dem man auch im Dunkeln spielen kann‹?[36] Was hier für eine Situation gesagt wird, gilt ganz allgemein, daß nämlich bei allem, was wir tun, die Sache, nicht die Frage, ob ein Zeuge da ist, den Ausschlag geben soll. (53) Denn die Behauptung steht auf äußerst schwachen Füßen, die du aufgestellt hast, daß der Gedanke an Mitwisser die Übeltäter quäle, dann auch die Furcht vor Strafe, die sie entweder treffe oder von der sie stets befürchten müßten, daß sie sie einmal treffen könne. Einen solchen üblen Burschen darf man sich nicht als einen ängstlichen, schüchternen Menschen vorstellen, der sich bei allem, was er angestellt hat, selbst quält und alles fürchtet, sondern als einen, der sich bei allem schlau nach dem Nutzen richtet, der gewitzt, verschlagen und durchtrieben ist, so daß er sich leicht eine Möglichkeit ausdenken kann, verborgen, ohne Zeugen und ohne irgendeinen Mitwisser sein Unwesen zu treiben. (54) Oder meinst du etwa, ich rede von L. Tubulus? Als er als Prätor ein Verfahren wegen Mordes durchzuführen hatte, ließ er sich bei der Urteilsfindung so offenkundig bestechen, daß im nächsten Jahr P. Scaevola als Volkstribun das Volk entscheiden ließ, ob man die Sache gerichtlich verfolgen solle. Als das Volk so entschied, betraute der Senat den Konsul Cn. Caepio mit der Durchführung des Verfahrens. Tubulus ging auf der Stelle ins Exil und wagte nicht, sich zu verantworten; die Sache war ja offenkundig.

Es geht uns also nicht um einen Schurken, sondern um einen abgefeimten Schurken, als der sich etwa Q. Pompeius zeigte, als er das Bündnis mit Numantia ableugnete, und nicht um einen, der alles fürchtet, sondern zunächst um einen, den das Bewußtsein der Tat nicht kümmert, das natürlich ohne

negotii. is enim, qui occultus et tectus dicitur, tantum abest ut se indicet, perficiet etiam ut dolere alterius improbe facto videatur. quid est enim aliud esse versutum?

(55) Memini me adesse P. Sextilio Rufo, cum is rem ad amicos ita deferret, se esse heredem Q. Fadio Gallo, cuius in testamento scriptum esset se ab eo rogatum ut omnis hereditas ad filiam perveniret. id Sextilius factum negabat. poterat autem inpune; quis enim redargueret? nemo nostrum credebat, eratque veri similius hunc mentiri, cuius interesset, quam illum, qui id se rogasse scripsisset, quod debuisset rogare. addebat etiam se in legem Voconiam iuratum contra eam facere non audere, nisi aliter amicis videretur. aderamus nos quidem adolescentes, sed multi amplissimi viri, quorum nemo censuit plus Fadiae dandum, quam posset ad eam lege Voconia pervenire. tenuit permagnam Sextilius hereditatem, unde, si secutus esset eorum sententiam, qui honesta et recta emolumentis omnibus et commodis anteponerent, nummum nullum attigisset. num igitur eum postea censes anxio animo aut sollicito fuisse? nihil minus, contraque illa hereditate dives ob eamque rem laetus. magni enim aestimabat pecuniam non modo non contra leges, sed etiam legibus partam. quae quidem vel cum periculo est quaerenda vobis; est enim effectrix multarum et magnarum voluptatum. (56) ut igitur illis, qui, recta et honesta quae sunt, ea statuunt per se expetenda, adeunda sunt saepe pericula decoris honestatis-

Schwierigkeit zu unterdrücken ist. Denn einer, von dem man sagen kann, er sei verborgen und gedeckt, ist weit davon entfernt, sich zu verraten; er wird es sogar fertig bringen, den Anschein zu erwecken, daß er unter der verwerflichen Tat eines anderen leidet. Was bedeutet es denn anderes, verschlagen zu sein?

(55) Ich erinnere mich, daß ich dabei war, als P. Sextilius Rufus seinen Freunden gegenüber erklärte, er sei der Erbe des Q. Fadius Gallus, in dessen Testament von einer Bitte an ihn die Rede sei, die ganze Erbschaft der Tochter zukommen zu lassen. Eine solche Bitte, behauptet Sextilius, sei nicht an ihn gerichtet worden. Diese Behauptung konnte er ungestraft aufstellen. Wer hätte ihn denn widerlegen sollen? Niemand von uns glaubte ihm; es war ja auch wahrscheinlicher, daß er log, der ein Interesse hatte, als jener, der geschrieben hatte, er habe um etwas gebeten, worum er hatte bitten müssen. Er fügte auch hinzu, er habe auf das Voconische Gesetz geschworen und wage nicht, ihm zuwiderzuhandeln, wenn seine Freunde nicht anderer Auffassung seien. Ich war zwar als ganz junger Mann dabei, doch viele waren hochgestellte Persönlichkeiten, und von ihnen vertrat niemand die Meinung, daß man Fadia mehr geben müsse, als ihr nach dem Voconischen Gesetz zukommen könne. So behielt Sextilius eine sehr große Erbschaft, von der er keinen Pfennig bekommen hätte, wäre er der Meinung derer gefolgt, die dem sittlich Guten und Richtigen vor allen Vorteilen und Interessen den Vorzug geben. Glaubst du nun etwa, er sei später ängstlich und aufgeregt gewesen? Nichts weniger als das, im Gegenteil, er war dank jener Erbschaft ein reicher Mann und freute sich darüber. Er hielt sich viel darauf zugute, daß er nicht nur nicht gegen die Gesetze, sondern sogar mit ihrer Hilfe zu dem Geld gekommen war. Das müßt ihr freilich selbst unter Gefahren zu bekommen suchen; denn es ist die Ursache vieler starker Lustgefühle. (56) Wie also die Vertreter der Auffassung, das Richtige und sittlich Gute sei um seiner selbst willen erstrebenswert, sich häufig dem An-

que causa, sic vestris, qui omnia voluptate metiuntur, pericula adeunda sunt, ut adipiscantur magnas voluptates. si magna res, magna hereditas agetur, cum pecunia voluptates pariantur plurimae, idem erit Epicuro vestro faciendum, si suum finem bonorum sequi volet, quod Scipioni magna gloria proposita, si Hannibalem in Africam retraxisset. itaque quantum adiit periculum! ad honestatem enim illum omnem conatum suum referebat, non ad voluptatem. sic vester sapiens magno aliquo emolumento commotus † cum causa †, si opus erit, dimicabit. (57) occultum facinus ⟨si⟩ esse potuerit, gaudebit; deprehensus omnem poenam contemnet. erit enim instructus ad mortem contemnendam, ad exilium, ad ipsum etiam dolorem. quem quidem vos, cum improbis poenam proponitis, inpetibilem facitis, cum sapientem semper boni plus habere vultis, tolerabilem.

Sed finge non solum callidum eum, qui aliquid improbe faciat, verum etiam praepotentem, ut M. Crassus fuit, qui tamen solebat uti suo bono, ut hodie est noster Pompeius, cui recte facienti gratia est habenda; esse enim quam vellet iniquus [iustus] poterat inpune. quam multa vero iniuste fieri possunt, quae nemo possit reprehendere! (58) si te amicus tuus moriens rogaverit, ut hereditatem reddas suae filiae, nec usquam id scripserit, ut scripsit Fadius, nec cuiquam dixerit, quid facies? tu quidem reddes; ipse Epicurus fortasse redderet, ut Sextus Peducaeus, Sex. f., is qui hunc nostrum reliquit effigiem et humanitatis et probitatis suae filium, cum

stand und der Sittlichkeit zuliebe in Gefahr begeben müssen, so müssen die Anhänger eurer Lehre, die alles nach der Lust bemessen, Risiken eingehen, um starke Lustgefühle zu erlangen. Wenn es um eine Sache von Bedeutung, um eine große Erbschaft geht, wenn durch Geld besonders viele Lustgefühle zu gewinnen sind, muß euer Epikur, falls er sein höchstes Gut erstreben will, dasselbe tun wie Scipio, dem hohe Ehre winkte, wenn er Hannibal nach Afrika zurückwarf. Wie groß war die Gefahr, in die er sich deshalb begab! Er richtete sich nämlich bei seinem ganzen Sinnen und Trachten nach dem Gebot der Sittlichkeit, nicht nach der Lust. Entsprechend wird euer Weiser, von dem Gedanken an irgendeinen großen Vorteil beseelt, wenn es sein muß, ⟨mit allen Mitteln⟩ kämpfen. (57) Läßt sich die Tat verheimlichen, wird er sich freuen; ertappt man ihn, so wird er jede Strafe verachten. Er wird ja dazu angeleitet sein, den Tod und die Verbannung, ja sogar den Schmerz geringzuachten. Ihn stellt ihr ja, wenn ihr den Schurken eine Strafe vor Augen haltet, als unerträglich dar, doch als erträglich, wenn ihr wollt, daß die Bilanz des Weisen stets positiv sein soll.

Nimm aber einmal an, ein Übeltäter sei nicht nur gerissen, sondern auch sehr mächtig, wie es z. B. M. Crassus war, der trotzdem nur von seinem Vermögen Gebrauch zu machen pflegte, oder wie es heute unser Pompeius ist, der Dankbarkeit für seine korrekte Handlungsweise verdient; er hätte nämlich nach Belieben ungestraft anstatt gerecht auch ungerecht sein können. Wie viele Ungerechtigkeiten aber können geschehen, ohne daß sie jemand anprangern kann! (58) Wenn dich dein Freund im Sterben darum bittet, das Erbe seiner Tochter zu übergeben, ohne es irgendwo so aufzuschreiben, wie es Fadius tat, und ohne es jemand zu sagen, was tust du dann? Du wirst es ihr natürlich übergeben; das täte vielleicht selbst Epikur, so wie es Sextus Peducaeus, der Sohn des Sextus, tat, der uns mit seinem Sohne, unserem Freund, ein Abbild seiner Menschlichkeit und Rechtschaf-

doctus, tum omnium vir optimus et iustissimus, cum sciret nemo eum rogatum a Caio Plotio, equite Romano splendido, Nursino, ultro ad mulierem venit eique nihil opinanti viri mandatum exposuit hereditatemque reddidit. sed ego ex te quaero, quoniam idem tu certe fecisses, nonne intellegas eo maiorem vim esse naturae, quod ipsi vos, qui omnia ad vestrum commodum et, ut ipsi dicitis, ad voluptatem referatis, tamen ea faciatis, e quibus appareat non voluptatem vos, sed officium sequi, plusque rectam naturam quam rationem pravam valere. (59) ›Si scieris‹ inquit Carneades ›aspidem occulte latere uspiam, et velle aliquem inprudentem super eam assidere, cuius mors tibi emolumentum futura sit, improbe feceris, nisi monueris ne assidat, sed inpunite tamen; scisse enim te quis coarguere possit?‹ Sed nimis multa. perspicuum est enim, nisi aequitas, fides, iustitia proficiscantur a natura, et si omnia haec ad utilitatem referantur, virum bonum non posse reperiri; deque his rebus satis multa in nostris de re publica libris sunt dicta a Laelio.

(60) Transfer idem ad modestiam vel temperantiam, quae est moderatio cupiditatum rationi oboediens. satisne ergo pudori consulat, si quis sine teste libidini pareat? an est aliquid per se ipsum flagitiosum, etiamsi nulla comitetur infamia? Quid? fortes viri voluptatumne calculis subductis proelium ineunt, sanguinem pro patria profundunt, an quodam animi ardore atque impetu concitati? utrum tandem

fenheit hinterlassen hat. Er war nicht nur gebildet, sondern auch vor allem ein ganz vortrefflicher und überaus gerechter Mann. Obwohl es niemand wußte, daß er von C. Plotius Nursinus, einem angesehenen römischen Ritter, gebeten worden war, begab er sich aus freien Stücken zu dessen Witwe, eröffnete der Ahnungslosen den letzten Willen ihres Gatten und übergab ihr die Erbschaft. Ich frage dich jedoch, weil du ja sicher ebenso gehandelt hättest: Erkennst du nicht die überlegene Kraft der Natur daran, daß selbst ihr, die ihr euch in allem nach eurem Vorteil und, wie ihr selbst erklärt, nach der Lust richtet, trotzdem Dinge tut, an denen sich zeigt, daß ihr euch nicht an der Lust, sondern der Pflicht orientiert und daß die richtige Natur mehr als die falsche Theorie vermag? (59) ›Wenn du wüßtest‹, sagt Karneades, ›daß eine Viper sich irgendwo verborgen hält und daß ein Ahnungsloser, dessen Tod für dich von Vorteil wäre, sich auf sie setzen will, dann würdest du verwerflich handeln, wenn du ihn nicht warnen würdest, sich zu setzen, doch dein Verhalten bliebe trotzdem ungestraft. Wer könnte dich denn überführen, daß du es gewußt hast?‹ Doch das ist schon zuviel. Es wäre offensichtlich kein Ehrenmann zu finden, wenn der Sinn für Billigkeit, für Zuverlässigkeit und für Gerechtigkeit nicht aus natürlichem Empfinden entspränge und wenn all dies statt dessen auf den Nutzen bezogen würde. Darüber ist in meinem Werk über den Staat von Laelius auch genug gesagt.[37]

(60) Übertrage denselben Grundsatz auf die Tugend des Maßes oder der Selbstbeherrschung, die eine der Vernunft gehorchende Beherrschung der Begierden ist. Würde da jemand wohl der Forderung der Sittsamkeit genügen, wenn er ohne Zeugen der Leidenschaft gehorchen könnte? Oder gibt es etwas an sich Verwerfliches, auch wenn es nicht von üblem Ruf begleitet wird? Wie? Ziehen tapfere Männer in die Schlacht, wenn sie den Lustgewinn berechnet haben, und vergießen dann ihr Blut fürs Vaterland? Oder treibt sie so etwas wie glühende Begeisterung und ungestümes Ver-

censes, Torquate, Imperiosum illum, si nostra verba audiret, tuamne de se orationem libentius auditurum fuisse an meam, cum ego dicerem nihil eum fecisse sua causa omniaque rei publicae, tu contra nihil nisi sua? si vero id etiam explanare velles apertiusque diceres nihil eum fecisse nisi voluptatis causa, quo modo eum tandem laturum fuisse existimas? (61) esto, fecerit, si ita vis, Torquatus propter suas utilitates – malo enim dicere quam voluptates, in tanto praesertim viro –, num etiam eius collega P. Decius, princeps in ea familia consulatus, cum se devoverat et equo admisso in mediam aciem Latinorum irruebat, aliquid de voluptatibus suis cogitabat? ubi ut eam caperet aut quando? cum sciret confestim esse moriendum eamque mortem ardentiore studio peteret, quam Epicurus voluptatem petendam putat. quod quidem eius factum nisi esset iure laudatum, non esset imitatus quarto consulatu suo filius, neque porro ex eo natus cum Pyrrho bellum gerens consul cecidisset in proelio seque e continenti genere tertiam victimam rei publicae praebuisset. (62) Contineo me ab exemplis. Graecis hoc modicum est: Leonidas, Epaminondas, tres aliqui aut quattuor; ego si nostros colligere coepero, perficiam illud quidem, ut se virtuti tradat constringendam voluptas, sed dies me deficiet, et, ut Aulus Varius, qui est habitus iudex durior, dicere consessori solebat, cum datis testibus alii tamen citarentur: ›Aut hoc testium satis est, aut nescio, quid satis sit‹, sic a me satis datum est testium. Quid enim? te ipsum, dignissimum

langen? Ja glaubst du denn, Torquatus, jener Imperiosus würde, wenn er unsere Worte hören könnte, lieber deine oder meine Rede hören, wenn ich erklärte, er habe nichts um seinetwillen und alles dem Staat zuliebe getan, und du dagegen behauptest, er habe nur an sich gedacht? Wenn du das aber noch erläutern und offen behaupten wolltest, er habe nur um des Genusses willen gehandelt, wie, meinst du, würde er denn das aufnehmen? (61) Sei's drum, mag, wenn du willst, Torquatus aus persönlichem Interesse gehandelt haben – denn ich will lieber davon reden als von Genuß, zumal bei einer so bedeutenden Persönlichkeit –, verwandte etwa auch sein Kollege P. Decius, der in dieser Familie als erster zum Konsulat gelangte, als er sich opferte und in gestrecktem Lauf mit seinem Pferd mitten in die Schlachtreihe der Latiner stürmte, irgendeinen Gedanken auf seine Lust? Wo oder wann war denn Gelegenheit, sie zu gewinnen? Er wußte doch, daß er im nächsten Augenblick sterben mußte, und erstrebte diesen Tod mit glühenderem Eifer, als ihn nach der Auffassung Epikurs das Streben nach der Lust verdient. Wenn freilich seine Handlungsweise nicht zu Recht gepriesen worden wäre, hätte sie sein Sohn in seinem vierten Konsulat nicht nachgeahmt, und weiter wäre dessen Sohn im Krieg mit Pyrrhus nicht als Konsul in der Schlacht gefallen und hätte sich als dritter aus demselben Stamm in einer Reihe ohne Unterbrechung für den Staat geopfert. (62) Ich will auf weitere Beispiele verzichten. Bei den Griechen ist ihre Zahl begrenzt: Leonidas, Epameinondas und noch drei oder vier andere. Wenn ich damit beginne, die unsrigen zu sammeln, erreiche ich zwar, daß die Lust sich völlig der Tugend geschlagen gibt, der Tag reicht mir dafür jedoch nicht aus; und so wie Aulus Varius, der als ein recht gestrenger Richter galt, wenn nach der Vorführung der Zeugen trotzdem noch weitere aufgeboten wurden, zu seinem Beisitzer zu sagen pflegte: ›Entweder haben wir damit genug an Zeugen, oder ich weiß nicht, was genug ist‹, so habe ich genug an Zeugen vorgeführt. Wie steht es denn? Hat

maioribus tuis, voluptasne induxit, ut adolescentulus eriperes P. Sullae consulatum? quem cum ad patrem tuum rettulisses, fortissimum virum, qualis ille vel consul vel civis cum semper, tum post consulatum fuit! quo quidem auctore nos ipsi ea gessimus, ut omnibus potius quam ipsis nobis consuluerimus. (63) At quam pulchre dicere videbare, cum ex altera parte ponebas cumulatum aliquem plurimis et maximis voluptatibus nullo nec praesenti nec futuro dolore, ex altera autem cruciatibus maximis toto corpore nulla nec adiuncta nec sperata voluptate, et quaerebas, quis aut hoc miserior aut superiore illo beatior; deinde concludebas summum malum esse dolorem, summum bonum voluptatem!

Lucius Thorius Balbus fuit, Lanuvinus, quem meminisse tu non potes. is ita vivebat, ut nulla tam exquisita posset inveniri voluptas, qua non abundaret. erat et cupidus voluptatum et eius generis intellegens et copiosus, ita non superstitiosus, ut illa plurima in sua patria sacrificia et fana contemneret, ita non timidus ad mortem, ut in acie sit ob rem publicam interfectus. (64) cupiditates non Epicuri divisione finiebat, sed sua satietate. habebat tamen rationem valetudinis: utebatur iis exercitationibus, ut ad cenam et sitiens et esuriens veniret, eo cibo, qui et suavissimus esset et idem facillimus ad concoquendum, vino et ad voluptatem et ne noceret. cetera illa adhibebat, quibus demptis negat se Epicurus intellegere quid sit bonum. aberat omnis dolor, qui

dich selbst, den so würdigen Sproß deiner Ahnen, die Lust dazu gebracht, als noch ganz junger Mann dem P. Sulla das Konsulat zu nehmen?[38] Als du es deinem Vater, diesem überaus tatkräftigen Mann, hattest zukommen lassen, was war das für ein Konsul und Bürger, zu jeder Zeit und ganz besonders nach seinem Konsulat! Nach seinem Vorbild habe ich selbst so gehandelt, daß ich eher für alle anderen sorgte als für mich selbst. (63) Aber wie schön erschien dir deine Rede, als du zwei Menschen einander gegenüberstelltest, auf der einen Seite den, der auf dem Gipfel sehr vieler und sehr großer Genüsse steht und keinen gegenwärtigen noch künftigen Schmerz kennt, auf der anderen Seite aber den, der am ganzen Leibe die schlimmsten Qualen leidet und dabei keine Lust erleben noch erhoffen darf, und als du fragtest, wer unglückseliger als dieser letztere und glücklicher als jener erstgenannte sei. Dann zogst du die Schlußfolgerung, das höchste Übel sei der Schmerz, das höchste Gut die Lust.[39]

Es lebte einmal in Lanuvium ein Lucius Thorius Balbus, an den du dich nicht mehr erinnern kannst. Er führte ein solches Leben, daß es keine noch so ausgesuchte Lust gab, die er nicht im Überfluß genossen hätte. Er war begierig nach Genüssen und in diesem Punkt sachkundig und reich an Möglichkeiten; dabei war er so wenig abergläubisch, daß er die zahlreichen Opfer und Heiligtümer in seiner Vaterstadt verachtete; er fürchtete den Tod so wenig, daß er auf dem Schlachtfeld für den Staat gefallen ist. (64) Das Maß seiner Begierden fand er nicht in der Einteilung Epikurs, sondern in seiner Sättigung. Trotzdem nahm er Rücksicht auf seine Gesundheit. Er widmete sich körperlichen Übungen, so daß er durstig und hungrig zum Essen kam, er hielt sich an die Speise, die am besten schmeckte und am leichtesten verdaulich war, und achtete beim Wein auf den Genuß und die Unschädlichkeit. Sonst gönnte er sich die Genüsse, von denen Epikur erklärt, daß er sich ohne sie nicht denken könne, worin ein Gut bestehe. Er kannte keinen Schmerz,

si adesset, nec molliter ferret et tamen medicis plus quam philosophis uteretur. color egregius, integra valitudo, summa gratia, vita denique conferta voluptatum omnium varietate. (65) hunc vos beatum; ratio quidem vestra sic cogit. at ego quem huic anteponam non audeo dicere; dicet pro me ipsa virtus nec dubitabit isti vestro beato M. Regulum anteponere, quem quidem, cum sua voluntate, nulla vi coactus praeter fidem, quam dederat hosti, ex patria Karthaginem revertisset, tum ipsum, cum vigiliis et fame cruciaretur, clamat virtus beatiorem fuisse quam potantem in rosa Thorium. bella magna gesserat, bis consul fuerat, triumpharat nec tamen sua illa superiora tam magna neque tam praeclara ducebat quam illum ultimum casum, quem propter fidem constantiamque susceperat, qui nobis miserabilis videtur audientibus, illi perpetienti erat voluptarius. non enim hilaritate nec lascivia nec risu aut ioco, comite levitatis, saepe etiam tristes firmitate et constantia sunt beati. (66) stuprata per vim Lucretia a regis filio testata civis se ipsa interemit. hic dolor populi Romani duce et auctore Bruto causa civitati libertatis fuit, ob eiusque mulieris memoriam primo anno et vir et pater eius consul est factus. tenuis Lucius Verginius unusque de multis sexagesimo anno post libertatem receptam virginem filiam sua manu occidit potius, quam ea Ap. Claudii libidini, qui tum erat summo ⟨cum⟩ imperio, dederetur.

und hätte sich einer eingestellt, so hätte er ihn mannhaft ertragen und sich trotzdem mehr an die Ärzte als an die Philosophen gehalten. Er erfreute sich einer vortrefflichen Gesichtsfarbe, bester Gesundheit und außerordentlicher Beliebtheit, kurz: sein Leben war erfüllt von allen Arten von Genüssen. (65) Diesen Menschen nennt ihr glücklich; das folgt zwangsläufig aus eurer Lehre. Wen ich indessen diesem Mann vorziehe, wage ich gar nicht zu sagen. Die Tugend selbst wird für mich reden und nicht zögern, diesem eurem Ausbund des Glücks den M. Regulus noch vorzuziehen. Als er aus eigenem Entschluß, durch keine andere Kraft gezwungen als durch die des Worts, das er dem Feind gegeben hatte, aus der Heimat nach Karthago zurückgekehrt war, da war er, so verkündet die Tugend selbst, als man ihn durch Schlafentzug und Hunger quälte, glücklicher als Thorius, wenn er auf Rosen zechte. Er hatte große Kriege geführt, war zweimal Konsul gewesen, hatte einen Triumph gefeiert und hielt doch diese seine früheren Leistungen nicht für so bedeutend und großartig wie jenes Ende, das er aus Gründen der Treue und der Standhaftigkeit auf sich genommen hatte; uns, die wir davon hören, scheint es jammervoll, für ihn, der es erlitt, war es voll Lust. Denn nicht durch Heiterkeit und Ausgelassenheit, Gelächter oder Scherz, die mit Leichtfertigkeit einhergehen, sondern durch Festigkeit und durch Standhaftigkeit sind Menschen, oft auch in Betrübnis, glücklich. (66) Lucretia rief, als ihr der Sohn des Königs mit Gewalt die Ehre genommen hatte, die Bürger als Zeugen an und tötete sich selbst. Der Schmerz des römischen Volkes wurde unter der maßgeblichen Führung des Brutus für den Staat zum Ursprung seiner Freiheit, und man machte im Gedenken an diese Frau im ersten Jahre ihren Mann und ihren Vater zu Konsuln.[40] Sechzig Jahre nach der Erlangung der Freiheit wollte Lucius Verginius, ein unbedeutender Mann aus der breiten Masse, seine Tochter lieber töten, als sie der Lust und Laune des Appius Claudius auszuliefern, der damals auf der Höhe seiner Macht stand.

(67) Aut haec tibi, Torquate, sunt vituperanda aut patrocinium voluptatis repudiandum. quod autem patrocinium aut quae ista causa est voluptatis, quae nec testes ullos e claris viris nec laudatores poterit adhibere? ut enim nos ex annalium monimentis testes excitamus eos, quorum omnis vita consumpta est in laboribus gloriosis, qui voluptatis nomen audire non possent, sic in vestris disputationibus historia muta est. numquam audivi in Epicuri schola Lycurgum, Solonem, Miltiadem, Themistoclem, Epaminondam nominari, qui in ore sunt ceterorum omnium philosophorum. nunc vero, quoniam haec nos etiam tractare coepimus, suppeditabit nobis Atticus noster e thesauris suis quos et quantos viros! (68) nonne melius est de his aliquid quam tantis voluminibus de Themista loqui? sint ista Graecorum; quamquam ab iis philosophiam et omnes ingenuas disciplinas habemus; sed tamen est aliquid, quod nobis non liceat, liceat illis.

Pugnant Stoici cum Peripateticis. alteri negant quicquam esse bonum, nisi quod honestum sit, alteri plurimum se et longe longeque plurimum tribuere honestati, sed tamen et in corpore et extra esse quaedam bona. et certamen honestum et disputatio splendida! omnis est enim de virtutis dignitate contentio. at cum tuis cum disseras, multa sunt audienda etiam de obscenis voluptatibus, de quibus ab Epicuro saepissime dicitur. (69) non potes ergo ista tueri, Torquate, mihi crede, si te ipse et tuas cogitationes et studia perspexeris; pudebit te, inquam, illius tabulae, quam Cleanthes sane commode verbis depingere solebat. iubebat eos, qui audiebant, secum ipsos cogitare pictam in tabula Voluptatem

(67) Entweder mußt du diese Fälle tadeln, Torquatus, oder die Verteidigung der Lust verschmähen. Wie steht es aber um die Verteidigung oder wie steht es um die Sache der Lust, die weder irgendwelche Zeugen noch Lobredner aus dem Kreis berühmter Männer anführen kann? Denn wie wir aus den Aufzeichnungen der Chroniken[41] als Zeugen Leute aufrufen können, deren ganzes Leben sich in ehrenvollen Mühen verzehrte, die den Namen der Lust nicht hören konnten, so bleibt in euren Erörterungen die Geschichte stumm. Ich habe in der Schule Epikurs niemals die Namen Lykurg, Solon, Miltiades, Themistokles oder Epameinondas nennen hören, die alle anderen Philosophen im Munde führen. Welche Persönlichkeiten und wie bedeutende wird uns nun aber erst unser Atticus aus seinen Schätzen vorweisen, da wir begonnen haben, uns auch mit diesen Fragen zu befassen![42] (68) Ist es nicht besser, über diese Männer zu sprechen, statt in so dicken Bänden Themista zu behandeln? Das sollen Themen für die Griechen sein! Wir haben zwar von ihnen die Philosophie und alle edlen Wissenschaften, doch gibt es trotzdem etwas, was sie dürfen, wir aber nicht.

Da gibt es einen Streit der Stoiker mit den Peripatetikern. Die einen sagen, ein Gut sei nur, was sittlich wertvoll sei, die anderen erklären, sie hielten sehr viel und bei weitem am meisten von der Sittlichkeit, aber es gebe doch auch im Körperlichen und Äußerlichen gewisse Güter. Ein edler Wettstreit und eine brillante Diskussion! Die ganze Auseinandersetzung geht ja um den Rang der Tugend. Wenn du jedoch mit deinen Leuten diskutierst, muß man auch vieles über die niedrigen Lustgefühle hören, von denen bei Epikur sehr oft die Rede ist. (69) Du kannst doch diese Lehre nicht vertreten, glaube mir, Torquatus, wenn du dich selbst, deine Gedanken und Neigungen gründlich prüfst; du mußt dich, sage ich dir, jenes Bildes schämen, das Kleanthes recht ansprechend mit Worten auszumalen pflegte. Er forderte seine Zuhörer auf, sie sollten sich mit ihm ein Bild der Lust

pulcherrimo vestitu et ornatu regali in solio sedentem, praesto esse Virtutes ut ancillulas, quae nihil aliud agerent, nullum suum officium ducerent, nisi ut Voluptati ministrarent et eam tantum ad aurem admonerent, si modo id pictura intellegi posset, ut caveret ne quid faceret inprudens, quod offenderet animos hominum, aut quicquam, e quo oriretur aliquis dolor. ›Nos quidem Virtutes sic natae sumus, ut tibi serviremus, aliud negotii nihil habemus.‹

(70) At negat Epicurus – hoc enim vestrum lumen est – quemquam, qui honeste non vivat, iucunde posse vivere. quasi ego id curem, quid ille aiat aut neget. illud quaero, quid ei, qui in voluptate summum bonum ponat, consentaneum sit dicere. quid affers, cur Thorius, cur Caius Postumius, cur omnium horum magister, Orata, non iucundissime vixerit? ipse negat, ut ante dixi, luxuriosorum vitam reprehendendam, nisi plane fatui sint, id est nisi aut cupiant aut metuant. quarum ambarum rerum cum medicinam pollicetur, luxuriae licentiam pollicetur. his enim rebus detractis negat se reperire in asotorum vita quod reprehendat.

(71) Non igitur potestis voluptate omnia dirigentes aut tueri aut retinere virtutem. nam nec vir bonus ac iustus haberi debet qui, ne malum habeat, abstinet se ab iniuria. nosti, credo, illud: ›Némo pius est, quí pietatem –‹; cave putes quicquam esse verius. nec enim, dum metuit, iustus est, et certe, si metuere destiterit, non erit; non metuet autem, sive

vorstellen, wie sie in wunderschöner Kleidung und königlicher Pracht auf dem Thron sitze, wie ihr die Tugenden als Mägde dienstbar seien, die nur das eine im Sinn hätten und nur das als ihre Pflicht betrachteten, der Lust zu dienen und ihr die Mahnung ins Ohr zu flüstern, falls das die Malerei verständlich machen könne, sie solle sich nur davor hüten, unversehens etwas zu tun, was bei den Menschen Anstoß erregen könne, oder etwas, woraus ein Schmerz entstehen könne. ›Wir Tugenden sind jedenfalls dazu geboren, dir zu dienen, und haben keine andere Aufgabe.‹[43]

(70) Doch Epikur – er ist ja eure Zierde – behauptet, ein angenehmes Leben könne nur führen, wer ein sittlich gutes führe. Das klingt, als kümmerte ich mich darum, was dieser Mann behauptet oder bestreitet. Ich frage aber nur danach, welche Behauptung für den folgerichtig ist, der in der Lust das höchste Gut erkennt. Was bringst du denn an Argumenten dafür bei, daß Thorius, Caius Postumius und ihrer aller Meister, Orata, nicht das angenehmste Leben geführt hätten? Er selbst behauptet, wie ich vorhin sagte,[44] das Leben ausschweifender Menschen sei nur zu tadeln, wenn sie ganz einfältig seien, das heißt, wenn sie Begierde oder Angst erkennen ließen. Als Medizin für beides verheißt er Hemmungslosigkeit in der Ausschweifung. Wenn nämlich diese beiden Dinge beseitigt seien, könne er, so sagt er, an dem Leben der Anhänger der Ausschweifung nichts Tadelnswertes finden.

(71) Ihr könnt also die Tugend nicht verteidigen oder bewahren, wenn ihr alles nach der Lust ausrichtet. Denn einen Mann, der sich des Unrechts nur enthält, um Schlimmes zu vermeiden, darf man nicht als gut und als gerecht bezeichnen. Du kennst wohl den berühmten Spruch: ›Niemand ist fromm, wenn er nur Frömmigkeit (aus Furcht vor Strafe zeigt).‹[45] Glaube nur, daß kein Satz wahrer ist! Solange er sich nämlich fürchtet, ist er nicht gerecht, und wenn er aufhört, sich zu fürchten, wird er es erst recht nicht sein. Doch wird er sich nicht fürchten, wenn er alles, was er tut,

celare poterit, sive opibus magnis quicquid fecerit obtinere, certeque malet existimari bonus vir, ut non sit, quam esse, ut non putetur. ita, quod certissimum est, pro vera certaque iustitia simulationem nobis iustitiae traditis praecipitisque quodam modo ut nostram stabilem conscientiam contemnamus, aliorum errantem opinionem aucupemur.

(72) Quae dici eadem de ceteris virtutibus possunt, quarum omnium fundamenta vos in voluptate tamquam in aqua ponitis. quid enim? fortemne possumus dicere eundem illum Torquatum? – delector enim, quamquam te non possum, ut ais, corrumpere, delector, inquam, et familia vestra et nomine. et hercule mihi vir optimus nostrique amantissimus, Aulus Torquatus, versatur ante oculos, cuius quantum studium et quam insigne fuerit erga me temporibus illis, quae nota sunt omnibus, scire necesse est utrumque vestrum. quae mihi ipsi, qui volo et esse et haberi gratus, grata non essent, nisi eum perspicerem mea causa mihi amicum fuisse, non sua, nisi hoc dicis sua, quod interest omnium recte facere. si id dicis, vicimus. id enim volumus, id contendimus, ut officii fructus sit ipsum officium. (73) hoc ille tuus non vult omnibusque ex rebus voluptatem quasi mercedem exigit. sed ad illum redeo. si voluptatis causa cum Gallo apud Anienem depugnavit provocatus et ex eius spoliis sibi et torquem et cognomen induit ullam aliam ob causam, nisi quod ei talia facta digna viro videbantur, fortem

entweder verheimlichen oder mit Hilfe großer Macht durchsetzen kann, und er wird es gewiß vorziehen, als Ehrenmann zu gelten, auch wenn er es nicht ist, statt es zu sein, auch wenn man ihn nicht dafür hält. So bietet ihr uns – daran gibt es keinen Zweifel – an Stelle wahrer und entscheidender Gerechtigkeit nur ihren trügerischen Schein und leitet uns gewissermaßen an, das eigene verläßliche Gewissen zu verachten und nach der irrigen Vorstellung anderer zu haschen.

(72) Dasselbe könnte man auch von den anderen Tugenden sagen. Wenn sie im Grunde auf der Lust beruhen, habt ihr sie alle gleichsam auf Sand gebaut. Wie steht es denn? Können wir eben jenen Torquatus[46] dann noch tapfer nennen? Es macht mir nämlich Freude, obwohl ich dich, wie du sagst, damit nicht bestechen kann, aber es macht mir ausgesprochene Freude, den Namen eurer Familie zu nennen. Dabei steht mir wahrhaftig Aulus Torquatus vor Augen, der vortreffliche Mann, der so große Sympathie für mich empfand. Wie groß und wie auffallend sein Engagement für mich in jener Zeit, die alle kennen, gewesen ist, muß jeder von euch beiden wissen. Dieses Verhalten wäre für mich selbst, der ich mich dankbar zeigen und als dankbar gelten will, nicht dankenswert, wenn ich nicht sicher wüßte, daß er um meinetwillen, nicht aus Eigennutz, mein Freund gewesen ist, es müßte denn sein, du bezeichnest das als Eigennutz, daß es im Interesse aller liegt, richtig zu handeln. Wenn du das sagst, dann habe ich gewonnen, denn darauf will ich ja hinaus, daß eben das der Lohn der Pflichterfüllung sein soll, seine Pflicht erfüllt zu haben. (73) Das will dein Epikur nicht gelten lassen und verlangt für alles gleichsam die Lust als Lohn. Aber ich kehre zu dem oben genannten Torquatus zurück. Wenn er um der Lust willen am Anio mit dem Gallier kämpfte, der ihn herausgefordert hatte, und wenn er sich aus seiner Beute die Kette und den Namen aus einem anderen Grund zulegte als deshalb, weil er eine solche Handlungsweise eines Mannes würdig fand, dann halte ich

non puto. iam si pudor, si modestia, si pudicitia, si uno verbo temperantia poenae aut infamiae metu coërcebuntur, non sanctitate sua se tuebuntur, quod adulterium, quod stuprum, quae libido non se proripiet ac proiciet aut occultatione proposita aut inpunitate aut licentia? (74) Quid? illud, Torquate, quale tandem videtur, te isto nomine, ingenio, gloria, quae facis, quae cogitas, quae contendis quo referas, cuius rei causa perficere quae conaris velis, quid optimum denique in vita iudices non audere in conventu dicere? quid enim mereri velis, iam cum magistratum inieris et in contionem ascenderis – est enim tibi edicendum quae sis observaturus in iure dicendo, et fortasse etiam, si tibi erit visum, aliquid de maioribus tuis et de te ipso dices more maiorum –, quid merearis igitur, ut dicas te in eo magistratu omnia voluptatis causa facturum esse, teque nihil fecisse in vita nisi voluptatis causa? ›An me‹ inquis ›tam amentem putas, ut apud imperitos isto modo loquar?‹ At tu eadem ista dic in iudicio aut, si coronam times, dic in senatu. numquam facies. cur, nisi quod turpis oratio est? mene ergo et Triarium dignos existimas, apud quos turpiter loquare?

(75) Verum esto: verbum ipsum voluptatis non habet dignitatem, nec nos fortasse intellegimus. hoc enim identidem dicitis, non intellegere nos quam dicatis voluptatem. rem

ihn nicht für tapfer. Wenn ferner Scham, Bescheidenheit und Sittsamkeit, mit einem Wort: wenn Selbstbeherrschung aus Furcht vor Strafe oder schlechtem Ruf geübt wird und sich nicht mehr durch ihre eigene Unantastbarkeit behauptet, welcher Ehebruch, welche Entehrung, welche Ausschweifung wird dann nicht ungehemmt zum Vorschein kommen, wenn ihr entweder Straflosigkeit oder uneingeschränkte Freiheit in Aussicht steht? (74) Und weiter, Torquatus, was hältst du schließlich von der Vorstellung, daß du mit deinem Namen, Talent und Ruhm bei dem, was du tust, was du denkst, was du behauptest, in der Versammlung nicht zu sagen wagst, nach welchem Maßstab du dich richtest, um welcher Ziele willen du vollbringen willst, was du versuchst, und was du schließlich im Leben für das Beste hältst? Und welche Wirkung versprichst du dir denn gar, wenn du ein Amt antrittst und in der Volksversammlung als Redner auftrittst – da mußt du dich ja dazu äußern, welche Grundsätze du bei der Rechtsprechung beachten wirst, und wenn es dir gut scheint, wirst du vielleicht auch nach der Sitte der Vorfahren etwas über deine Ahnen und dich selbst verlauten lassen –, was also könntest du dir dann von der Erklärung versprechen, du würdest alles in diesem Amte um der Lust willen tun und habest nichts in deinem Leben aus einem anderen Grund als dem der Lust getan? ›Hältst du mich etwa‹, wirst du sagen, ›für so verrückt, daß ich vor Leuten, die nichts davon verstehen, in dieser Weise spreche?‹ Aber dann sag dasselbe vor Gericht, oder, wenn du die Menschenansammlung scheust, sag es im Senat! Du wirst es niemals tun. Aus welchem anderen Grund als deshalb, weil eine solche Rede schimpflich ist? Glaubst du dann also, ich und Triarius verdienten es, daß man vor ihnen schimpflich redet?

(75) Doch sei's drum; sei's das bloße Wort ›Lust‹, dem die Würde fehlt. Vielleicht verstehen wir es auch nicht richtig. Das sagt ihr nämlich immer wieder, daß wir nicht verstehen, was ihr mit Lust meint. Offensichtlich eine schwierige und

videlicet difficilem et obscuram! individua cum dicitis et intermundia, quae nec sunt ulla nec possunt esse, intellegimus, voluptas, quae passeribus omnibus nota est, a nobis intellegi non potest? quid, si efficio ut fateare me non modo quid sit voluptas scire – est enim iucundus motus in sensu –, sed etiam quid eam tu velis esse? tum enim eam ipsam vis, quam modo ego dixi, et nomen inponis, in motu ut sit et faciat aliquam varietatem, tum aliam quandam summam voluptatem, quo addi nihil possit; eam tum adesse, cum dolor omnis absit; eam stabilem appellas. (76) sit sane ista voluptas. dic in quovis conventu te omnia facere, ne doleas. si ne hoc quidem satis ample, satis honeste dici putas, dic te omnia et in isto magistratu et in omni vita utilitatis tuae causa facturum, nihil nisi quod expediat, nihil denique nisi tua causa: quem clamorem contionis aut quam spem consulatus eius, qui tibi paratissimus est, futuram putas? eamne rationem igitur sequere, qua tecum ipse et cum tuis utare, profiteri et in medium proferre non audeas? at vero illa, quae Peripatetici, quae Stoici dicunt, semper tibi in ore sunt in iudiciis, in senatu. officium, aequitatem, dignitatem, fidem, recta, honesta, digna imperio, digna populo Romano, omnia pericula pro re publica, mori pro patria, haec cum loqueris, nos barones stupemus, tu videlicet tecum ipse rides. (77) nam inter ista tam magnifica verba tamque praeclara non habet ullum voluptas locum, non modo illa, quam in motu

dunkle Angelegenheit. Wenn ihr über Atome und Zwischenwelten[47] sprecht, die es nicht gibt und überhaupt nicht geben kann, verstehen wir euch; und da sollen wir die Lust, die allen Spatzen bekannt ist, nicht verstehen können? Wie steht es, wenn ich dich zu dem Geständnis bringe, daß ich nicht nur weiß, was Lust ist – denn sie besteht in einer angenehmen Wirkung auf die Sinne –, sondern auch weiß, was sie nach deinem Willen sein soll? Bald willst du nämlich, daß sie gerade das ist, was ich eben sagte, und bezeichnest sie so, daß sie in Bewegung ist und eine bunte Mannigfaltigkeit bewirkt, bald willst du sie als eine ganz andere höchste Lust verstanden wissen, der nichts hinzuzufügen ist; sie sei dann gegeben, wenn jeglicher Schmerz fehle; und sie bezeichnest du als die beständige.[48] (76) Diese Lust soll es meinetwegen geben. Sag nur in einer beliebigen Versammlung, daß du alles tust, um keinen Schmerz zu leiden. Wenn du der Meinung bist, nicht einmal diese Formulierung sei eindrucksvoll und ehrenhaft genug, dann sag, daß du in deinem Amte und in deinem ganzen Leben alles um deines Vorteils willen tun wirst, lediglich zu deinem Nutzen und überhaupt ausschließlich um deinetwillen. Was glaubst du wohl, was das für ein Geschrei der Volksversammlung geben wird und was für eine Hoffnung auf das Konsulat, das dir so leicht erreichbar ist! So willst du also einer Lehre folgen, an die du dich für dich persönlich und mit den Deinen hältst, zu der du dich jedoch nicht öffentlich zu bekennen wagst? Dagegen führst du das, was die Peripatetiker und die Stoiker erklären, stets vor Gericht und im Senat im Munde. Wenn du von Pflicht und Billigkeit, von Würde und von Treue redest, von dem, was richtig und sittlich geboten, des Reiches und des römischen Volks würdig ist, wenn du davon sprichst, wie man allen Gefahren im Staatsinteresse trotzt und für das Vaterland stirbt, dann staunen wir Einfaltspinsel, während du dich selbst natürlich im stillen amüsierst. (77) Denn zwischen diesen so eindrucksvollen und so schönen Worten hat die Lust keinen Raum, nicht nur diejenige, die ihr als

esse dicitis, quam omnes urbani rustici, omnes, inquam, qui Latine loquuntur, voluptatem vocant, sed ne haec quidem stabilis, quam praeter vos nemo appellat voluptatem.
Vide igitur ne non debeas verbis nostris uti, sententiis tuis. quodsi vultum tibi, si incessum fingeres, quo gravior viderere, non esses tui similis; verba tu fingas et ea dicas, quae non sentias? aut etiam, ut vestitum, sic sententiam habeas aliam domesticam, aliam forensem, ut in fronte ostentatio sit, intus veritas occultetur? vide, quaeso, rectumne sit. mihi quidem eae verae videntur opiniones, quae honestae, quae laudabiles, quae gloriosae, quae in senatu, quae apud populum, quae in omni coetu concilioque profitendae sint, ne id non pudeat sentire, quod pudeat dicere.
(78) Amicitiae vero locus ubi esse potest aut quis amicus esse cuiquam, quem non ipsum amet propter ipsum? quid autem est amare, e quo nomen ductum amicitiae est, nisi velle bonis aliquem affici quam maximis, etiamsi ad se ex iis nihil redundet? ›Prodest‹ inquit ›mihi eo esse animo.‹ Immo videri fortasse. esse enim, nisi eris, non potes. qui autem esse poteris, nisi te amor ipse ceperit? quod non subducta utilitatis ratione effici solet, sed ipsum a se oritur et sua sponte nascitur. ›At enim sequor utilitatem.‹ Manebit ergo amicitia tam diu, quam diu sequetur utilitas, et, si utilitas amicitiam constituet, tollet eadem. (79) sed quid ages tandem, si utilitas

Lust in der Bewegung bezeichnet, die alle Städter und Landbewohner, alle, sage ich, die unsere Sprache sprechen, Lust nennen, sondern nicht einmal diese beständige, die außer euch niemand als Lust bezeichnet.
So sieh dich also vor, daß du dich nicht an unsere Sprache, aber deine Gedanken halten mußt. Wenn du deinen Gesichtsausdruck und deinen Gang verstellen würdest, um dadurch seriöser zu erscheinen, so wärest du dir nicht mehr ähnlich; willst du da deine Sprache verstellen und Dinge sagen, die du gar nicht denkst? Oder solltest du gar, wie bei der Kleidung, so auch bei der Meinung eine für zu Hause und eine andere für das Forum haben, damit nach außen der Schein zur Schau gestellt und drinnen die Wahrheit verborgen wird? Sieh bitte zu, ob es so richtig ist! Nach meiner Meinung jedenfalls sind die Auffassungen die wahren, die sittlich gut, die rühmlich und die ehrenvoll sind, die es verdienen, im Senat und vor dem Volk, in jeder Versammlung und Zusammenkunft bekannt zu werden, damit man sich nicht schämen muß zu denken, was man sich zu sagen schämt.
(78) Wo aber kann es hier Raum für die Freundschaft geben, oder wer kann mit einem Menschen befreundet sein, den er nicht um seiner selbst willen liebt? Doch was heißt lieben (›amare‹) – davon ist das Wort ›Freundschaft‹ (›amicitia‹) ja abgeleitet – anderes als wünschen, daß jemand möglichst Gutes erfährt, wenn einem selbst auch davon nichts zugute kommt? ›Es nützt mir‹, heißt es, ›so gesinnt zu sein.‹ Nein, höchstens so zu scheinen. Denn so sein kannst du nur, wenn es dir Ernst ist. Wie aber kann es dir Ernst sein, wenn du nicht von der Liebe selbst ergriffen bist? Das pflegt sich freilich nicht aus der Berechnung des Nutzens zu ergeben, sondern entsteht von selbst und kommt aus eigenem Antrieb zustande. ›Aber ich richte mich ja nach dem Nutzen.‹ Dann wird die Freundschaft also solange dauern, wie sie dem Nutzen entspricht, und wenn der Nutzen die Freundschaft zustande bringt, wird er sie auch verschwinden lassen. (79)

ab amicitia, ut fit saepe, defecerit? relinquesne? quae ista amicitia est? retinebis? qui convenit? quid enim de amicitia statueris utilitatis causa expetenda vides. ›Ne in odium veniam, si amicum destitero tueri.‹ Primum cur ista res digna odio est, nisi quod est turpis? quodsi, ne quo incommodo afficiare, non relinques amicum, tamen, ne sine fructu alligatus sis, ut moriatur optabis. Quid, si non modo utilitatem tibi nullam afferet, sed iacturae rei familiaris erunt faciendae, labores suscipiendi, adeundum vitae periculum? ne tum quidem te respicies et cogitabis sibi quemque natum esse et suis voluptatibus? vadem te ad mortem tyranno dabis pro amico, ut Pythagoreus ille Siculo fecit tyranno? aut, Pylades cum sis, dices te esse Orestem, ut moriare pro amico? aut, si esses Orestes, Pyladem refelleres, te indicares et, si id non probares, quo minus ambo una necaremini non precarere? (80) Faceres tu quidem, Torquate, haec omnia; nihil enim arbitror esse magna laude dignum, quod te praetermissurum credam aut mortis aut doloris metu. non quaeritur autem quid naturae tuae consentaneum sit, sed quid disciplinae. ratio ista, quam defendis, praecepta, quae didicisti, quae probas, funditus evertunt amicitiam, quamvis eam Epicurus, ut facit, in caelum efferat laudibus.

›At coluit ipse amicitias.‹ Quis, quaeso, illum negat et bonum virum et comem et humanum fuisse? de ingenio eius

Was aber wirst du denn dann tun, wenn sich der Nutzen, wie es häufig vorkommt, von der Freundschaft trennt? Gibst du die Freundschaft auf? Was ist das dann für eine Freundschaft? Willst du an ihr festhalten? Wie reimt sich das zusammen? Du siehst ja, was du dir mit der Freundschaft vorgenommen hast, die um des Nutzens willen zu erstreben ist. ›Ich halte an ihr fest, um nicht verhaßt zu werden, wenn ich aufhöre, mich meines Freundes anzunehmen.‹ Zunächst, warum verdient man damit Haß, wenn nicht deswegen, weil es schimpflich ist? Wenn du jedoch, um keinen Nachteil zu erleiden, deinen Freund nicht fallen läßt, so wirst du trotzdem wünschen, daß er stirbt, damit du nicht nutzlos gebunden bist. Was aber, wenn du nicht nur keinen Nutzen hast, sondern noch dein Vermögen opfern, Mühen auf dich nehmen und dein Leben riskieren mußt? Wirst du dich nicht einmal dann auf dich besinnen und denken, daß jeder für sich und seine Lust geboren ist? Willst du dich dem Tyrannen für deinen Freund als Bürge auf Tod und Leben stellen, wie es jener Pythagoreer bei dem sizilischen Tyrannen tat?[49] Oder wirst du in der Rolle des Pylades erklären, du seist Orest, um für den Freund zu sterben? Oder würdest du als Orest den Pylades zu widerlegen suchen, dich selbst verraten und, wenn du damit keinen Glauben fändest, auf die Bitte verzichten, daß man euch beide zusammen töten möge?[50] (80) Das alles würdest du natürlich tun, Torquatus; nach meiner Überzeugung gibt es nämlich nichts, was hohen Ruhm verdient, das du aus Furcht vor Tod oder vor Schmerz versäumen würdest. Es geht jedoch nicht um die Frage, was mit deinem Wesen, sondern was mit deiner Lehre zusammenstimmt. Die Grundsätze, die du vertrittst, die Regeln, die du gelernt hast und die du billigst, zerstören die Freundschaft völlig, mag Epikur sie noch so sehr, wie er es tut, mit seinen Lobreden in den Himmel heben.

›Aber er hat selbst Freundschaften gepflegt.‹ Wer, bitteschön, behauptet, daß er kein guter, liebenswürdiger, humaner Mensch gewesen sei? Bei diesen Diskussionen geht

in his disputationibus, non de moribus quaeritur. sit ista in Graecorum levitate perversitas, qui maledictis insectantur eos, a quibus de veritate dissentiunt. sed quamvis comis in amicis tuendis fuerit, tamen, si haec vera sunt – nihil enim affirmo –, non satis acutus fuit. (81) ›At multis se probavit.‹ Et quidem iure fortasse, sed tamen non gravissimum est testimonium multitudinis. in omni enim arte vel studio vel quavis scientia vel in ipsa virtute optimum quidque rarissimum est. ac mihi quidem, quod et ipse bonus vir fuit et multi Epicurei et fuerunt et hodie sunt et in amicitiis fideles et in omni vita constantes et graves nec voluptate, sed officio consilia moderantes, hoc videtur maior vis honestatis et minor voluptatis. ita enim vivunt quidam, ut eorum vita refellatur oratio. atque ut ceteri dicere existimantur melius quam facere, sic hi mihi videntur facere melius quam dicere.

(82) Sed haec nihil sane ad rem; illa videamus, quae a te de amicitia dicta sunt. e quibus unum mihi videbar ab ipso Epicuro dictum cognoscere, amicitiam a voluptate non posse divelli ob eamque rem colendam esse, quod, ⟨quoniam⟩ sine ea tuto et sine metu vivi non posset, ne iucunde quidem posset. satis est ad hoc responsum. Attulisti aliud humanius horum recentiorum, numquam dictum ab ipso illo, quod sciam, primo utilitatis causa amicum expeti, cum autem usus accessisset, tum ipsum amari per se etiam omissa spe volup-

um seine intellektuelle, nicht um seine charakterliche Qualität. Mag sich bei leichtfertigen Griechen die Verirrung finden, daß man diejenigen mit Schmähungen verfolgt, deren Auffassung von der Wahrheit man nicht teilt. Aber wenn er auch bei der Sorge um seine Freunde noch so liebenswürdig war, so ist er doch, falls die zitierten Äußerungen zutreffen – denn ich kann mich für nichts verbürgen –, nicht scharfsinnig genug gewesen. (81) ›Aber er hat doch viele überzeugt.‹ Vielleicht sogar mit Recht, aber das Zeugnis der Menge hat dennoch kein sehr großes Gewicht. Bei jeder Disziplin oder Beschäftigung, bei jeder Wissenschaft oder selbst bei der Tugend ist ja gerade das Beste jeweils ganz besonders selten. Wenn Epikur nun selbst ein Ehrenmann gewesen ist und wenn zahlreiche Epikureer so waren und bis heute sind, in den Freundschaften treu und im gesamten Leben standhaft und zuverlässig, Leute, die sich bei ihren Entscheidungen nicht nach der Lust, sondern dem Pflichtbewußtsein richten, so scheint mir dadurch die Kraft der Sittlichkeit noch größer und die der Lust geringer. Denn manche leben so, daß ihre Lebensweise ihre Worte widerlegt. Und wie die anderen im Rufe stehen, besser zu reden als zu handeln, so scheint mir, daß sie besser handeln, als sie reden.

(82) Doch das trifft eigentlich den Kern der Sache nicht; sehen wir uns lieber deine Behauptungen über die Freundschaft an. In ihnen glaubte ich die eine Bemerkung Epikurs selbst zu erkennen, die Freundschaft sei nicht von der Lust zu trennen, und deshalb müsse man sie pflegen; denn weil man ohne sie nicht sicher und furchtlos leben könne, sei es nicht einmal möglich, angenehm zu leben.[51] Darauf ist genug erwidert worden. Doch dann hast du noch einen anderen, menschlicher klingenden Gedanken der neueren Epikureer hinzugefügt, den Epikur, soviel ich weiß, niemals selbst formuliert hat, anfangs wünsche man sich um des Vorteils willen einen Freund, wenn aber der persönliche Kontakt hinzugekommen sei, dann liebe man ihn selbst um seinetwillen, auch ohne Hoffnung auf Genuß.[52] Dagegen kön-

tatis. hoc etsi multimodis reprehendi potest, tamen accipio, quod dant. mihi enim satis est, ipsis non satis. nam aliquando posse recte fieri dicunt nulla expectata nec quaesita voluptate. (83) Posuisti etiam dicere alios foedus quoddam inter se facere sapientis, ut, quem ad modum sint in se ipsos animati, eodem modo sint erga amicos; id et fieri posse et saepe esse factum et ad voluptates percipiendas maxime pertinere. hoc foedus facere si potuerunt, faciant etiam illud, ut aequitatem, modestiam, virtutes omnes per se ipsas gratis diligant. an vero, si fructibus et emolumentis et utilitatibus amicitias colemus, si nulla caritas erit, quae faciat amicitiam ipsam sua sponte, vi sua, ex se et propter se expetendam, dubium est, quin fundos et insulas amicis anteponamus? (84) Licet hic rursus ea commemores, quae optimis verbis ab Epicuro de laude amicitiae dicta sunt. non quaero, quid dicat, sed quid convenienter possit rationi et sententiae suae dicere. ›Utilitatis causa amicitia est quaesita.‹ Num igitur utiliorem tibi hunc Triarium putas esse posse, quam si tua sint Puteolis granaria? collige omnia, quae soletis: ›Praesidium amicorum.‹ Satis est tibi in te, satis in legibus, satis in mediocribus amicitiis praesidii. iam contemni non poteris. odium autem et invidiam facile vitabis. ad eas enim res ab Epicuro praecepta dantur. et tamen tantis vectigalibus ad liberalitatem utens etiam sine hac Pyladea amicitia multorum

man zwar mancherlei einwenden, doch ich nehme ihr Zugeständnis an; für mich genügt es ja, für sie selbst aber nicht. Denn sie erklären, daß man auch einmal richtig handeln könne, ohne daß man sich davon eine Lust erwarte oder zu gewinnen suche. (83) Nach deiner Darstellung erklären andere Epikureer auch, daß Weise eine Art von Bündnis miteinander schließen, dieselbe Einstellung, die sie gegenüber sich selbst haben, auch Freunden gegenüber zu beweisen; das sei möglich, sei schon oft geschehen und habe entscheidende Bedeutung für den Gewinn von Lust. Wenn sie dieses Abkommen schließen konnten, dann sollen sie auch jenes schließen, den Sinn für Billigkeit und rechtes Maß und alle Tugenden um ihrer selbst willen und ohne Lohn zu lieben. Oder besteht etwa ein Zweifel daran, daß wir Grundstücken und Mietshäusern den Vorzug vor den Freunden geben, wenn wir Freundschaften nur des Vorteils, Nutzens und Gewinnes wegen pflegen und wenn es keine Liebe gibt, die die Freundschaft an sich, von selbst, aus eigener Kraft, von sich aus und um ihrer selbst willen erstrebenswert macht?

(84) Hier magst du wieder an die Gedanken erinnern, die Epikur in ungemein treffenden Worten zum Lob der Freundschaft ausgesprochen hat. Ich frage aber nicht, was er sagt, sondern welche Aussage er mit seiner Lehre und Auffassung vereinbaren kann. ›Freundschaft suchte man eben um des Vorteils willen zu gewinnen.‹ Ja glaubst du etwa, daß dir unser Triarius mehr nützen kann, als wenn dir die Getreidespeicher von Puteoli gehörten? Sammle nur alle Argumente, die ihr gewöhnlich vorbringt: ›Freunde bieten Schutz.‹ Schutz hast du auch genug an dir, an den Gesetzen und an ganz gewöhnlichen Freundschaften. Damit kann man dich schon nicht mehr verachten. Haß aber und Mißgunst wirst du mit Leichtigkeit vermeiden. Denn dafür werden ja Anweisungen von Epikur gegeben. Und da du ja von deinen so stattlichen Einkünften freigebigen Gebrauch machst, wirst du dich doch wohl auch ohne die Freundschaft eines

te benivolentia praeclare tuebere et munies. (85) ›At quicum ioca seria, ut dicitur, quicum arcana, quicum occulta omnia?‹ Tecum optime, deinde etiam cum mediocri amico. sed fac ista esse non inportuna; quid ad utilitatem tantae pecuniae? vides igitur, si amicitiam sua caritate metiare, nihil esse praestantius, sin emolumento, summas familiaritates praediorum fructuosorum mercede superari. me igitur ipsum ames oportet, non mea, si veri amici futuri sumus.

Sed in rebus apertissimis nimium longi sumus. perfecto enim et concluso neque virtutibus neque amicitiis usquam locum esse, si ad voluptatem omnia referantur, nihil praeterea est magnopere dicendum. ac tamen, ne cui loco non videatur esse responsum, pauca etiam nunc dicam ad reliquam orationem tuam. (86) quoniam igitur omnis summa philosophiae ad beate vivendum refertur, idque unum expetentes homines se ad hoc studium contulerunt, beate autem vivere alii in alio, vos in voluptate ponitis, item contra miseriam omnem in dolore, id primum videamus, beate vivere vestrum quale sit. atque hoc dabitis, ut opinor, si modo sit aliquid esse beatum, id oportere totum poni in potestate sapientis. nam si amitti vita beata potest, beata esse non potest. quis enim confidit semper sibi illud stabile et firmum permansurum, quod fragile et caducum sit? qui autem diffidet perpetuitati bonorum suorum, timeat necesse est, ne aliquando amissis

Pylades durch das Wohlwollen vieler glänzend zu schützen und zu wappnen wissen. (85) ›Doch mit wem teilt man Scherz und Ernst, wie man so sagt, mit wem Geheimnisse und alles, was verborgen ist?‹ Am besten mit dir selbst, dann auch mit einem durchschnittlichen Freund. Doch angenommen, diese Möglichkeiten wären gar nicht unbequem, was sind sie gegenüber dem Nutzen eines solchen Vermögens wie des deinen? Du siehst also, daß es nichts Besseres als Freundschaft gibt, wenn du sie mit dem Maß der Liebe mißt, daß aber nach dem Maß des Vorteils die engsten Freundschaften von dem Ertrag ergiebiger Grundstücke übertroffen werden. Mir selbst muß also deine Liebe gelten und nicht meinen Mitteln, sollen wir wahre Freunde sein.
Doch da verbreiten wir uns zu ausführlich über Dinge, die sich von selbst verstehen. Denn wenn man zu dem abschließenden Ergebnis gekommen ist, daß weder für Tugenden noch für Freundschaften irgendwo Raum bleibt, falls alles auf die Lust bezogen wird, braucht man nichts weiter besonders auszuführen. Damit jedoch nicht der Eindruck entsteht, ein Punkt sei unerwidert geblieben, will ich nun auch noch kurz auf den Rest deiner Rede eingehen. (86) Da also alle entscheidenden Anliegen der Philosophie zur Frage des glücklichen Lebens in Beziehung stehen und sich die Menschen im Streben nach diesem einen Ziel dieser Beschäftigung gewidmet haben, da aber das glückliche Leben für die einen in diesem, für die anderen in jenem besteht und ihr es auf der Lust beruhen laßt, entsprechend aber alles Elend auf dem Schmerz, laß uns zuerst die Frage prüfen, von welcher Art euer glückliches Leben ist. Das werdet ihr dabei ja wohl zugeben, daß Glück, wenn es wirklich etwas bedeuten soll, ganz in der Verfügungsgewalt des Weisen liegen muß. Denn wenn man das glückliche Leben verlieren kann, ist es unmöglich glücklich. Wer würde denn darauf vertrauen, daß ihm etwas stets dauerhaft und zuverlässig erhalten bleibt, was doch zerbrechlich und hinfällig ist? Wer aber der Dauer seiner Güter mißtraut, der muß notwendig fürchten, daß er

illis sit miser. beatus autem esse in maximarum rerum timore nemo potest. nemo igitur esse beatus potest. (87) neque enim in aliqua parte, sed in perpetuitate temporis vita beata dici solet, nec appellatur omnino vita, nisi confecta atque absoluta, nec potest quisquam alias beatus esse, alias miser; qui enim existimabit posse se miserum esse, beatus non erit. nam cum suscepta semel est beata vita, tam permanet quam ipsa illa effectrix beatae vitae sapientia neque expectat ultimum tempus aetatis, quod Croeso scribit Herodotus praeceptum a Solone. At enim, quem ad modum tute dicebas, negat Epicurus diuturnitatem quidem temporis ad beate vivendum aliquid afferre, nec minorem voluptatem percipi in brevitate temporis, quam si illa sit sempiterna. (88) haec dicuntur inconstantissime. cum enim summum bonum in voluptate ponat, negat infinito tempore aetatis voluptatem fieri maiorem quam finito atque modico. qui bonum omne in virtute ponit, is potest dicere perfici beatam vitam perfectione virtutis; negat enim summo bono afferre incrementum diem. qui autem voluptate vitam effici beatam putabit, qui sibi is conveniet, si negabit voluptatem crescere longinquitate? igitur ne dolorem quidem. an dolor longissimus quisque miserrimus, voluptatem non optabiliorem diuturnitas facit? quid est igitur, cur ita semper deum appellet Epicurus beatum et aeternum? dempta enim aeternitate nihilo beatior Iuppiter quam Epicurus; uterque enim summo bono fruitur, id est voluptate. ›At enim hic etiam dolore.‹ At eum nihili

sie einmal verliert und dann unglücklich ist. Doch in der Angst um Dinge von entscheidender Bedeutung kann niemand glücklich sein. Also kann niemand glücklich sein. (87) Als glücklich bezeichnet man ein Leben ja gewöhnlich nicht, wenn es um irgendeinen Teil geht, sondern wenn es sich um seine gesamte Dauer dreht, und Leben nennt man überhaupt nur das vollendete und abgeschlossene; dabei kann niemand bald glücklich, bald unglücklich sein; wer nämlich glaubt, er könne unglücklich werden, wird nicht glücklich sein. Denn hat man sich einmal ein glückliches Leben zu eigen gemacht, dann bleibt es so beständig wie jene Quelle des glücklichen Lebens selbst, die Weisheit, und braucht nicht auf das Ende der Lebenszeit zu warten, wozu Kroisos nach der Darstellung Herodots von Solon aufgefordert wurde.[53] Dagegen behauptet Epikur ja, wie du sagtest, daß die Zeitdauer keine Rolle für das glückliche Leben spiele und daß die Lust, die man in kurzer Zeit genieße, nicht geringer sei, als wenn sie ewig währe. (88) Diese Aussagen sind total inkonsequent. Obwohl er nämlich sagt, das höchste Gut bestehe in der Lust, behauptet er, durch unbegrenzte Dauer werde die Lust nicht größer als durch eine begrenzte und bemessene Frist. Wer jedes Gut nur auf der Tugend beruhen läßt, der kann behaupten, daß in der Vollendung der Tugend auch das glückliche Leben seine Vollendung finde. Er sagt ja, daß ein Tag keine Vermehrung für das höchste Gut bedeute. Wer aber überzeugt ist, daß die Lust das Leben glücklich macht, wie kann der konsequent sein, wenn er behauptet, daß die Lust nicht durch die lange Dauer wachse? Dann darf er das ja nicht einmal vom Schmerz behaupten. Oder ist etwa gerade der längste Schmerz der schlimmste, während die lange Dauer die Lust nicht wünschenswerter macht? Was ist denn dann der Grund dafür, daß Epikur in dieser Weise Gott stets glücklich und ewig nennt? Ohne die Ewigkeit ist Jupiter ja um nichts glücklicher als Epikur; denn beide genießen das höchste Gut, das heißt die Lust. ›Doch Epikur kennt auch den Schmerz.‹ Er macht sich aber nichts daraus;

facit; ait enim se, si uratur, ›Quam hoc suave!‹ dicturum. (89) qua igitur re ab deo vincitur, si aeternitate non vincitur? in qua quid est boni praeter summam voluptatem, et eam sempiternam? quid ergo attinet gloriose loqui, nisi constanter loquare? In voluptate corporis – addam, si vis, ›animi‹, dum ea ipsa, ut vultis, sit e corpore – situm est vivere beate. Quid? istam voluptatem perpetuam quis potest praestare sapienti? nam quibus rebus efficiuntur voluptates, eae non sunt in potestate sapientis. non enim in ipsa sapientia positum est beatum esse, sed in iis rebus, quas sapientia comparat ad voluptatem. totum autem id externum est, et quod externum, id in casu est. ita fit beatae vitae domina fortuna, quam Epicurus ait exiguam intervenire sapienti.

(90) ›Age‹ inquies ›ista parva sunt. Sapientem locupletat ipsa natura, cuius divitias Epicurus parabiles esse docuit.‹ Haec bene dicuntur, nec ego repugno, sed inter sese ipsa pugnant. negat enim tenuissimo victu, id est contemptissimis escis et potionibus, minorem voluptatem percipi quam rebus exquisitissimis ad epulandum. huic ego, si negaret quicquam interesse ad beate vivendum quali uteretur victu, concederem, laudarem etiam; verum enim diceret, idque Socratem, qui voluptatem nullo loco numerat, audio dicentem, cibi condimentum esse famem, potionis sitim. sed qui ad voluptatem omnia referens vivit ut Gallonius, loquitur ut Frugi ille Piso, non audio nec eum, quod sentiat, dicere existimo. (91) naturales divitias dixit parabiles esse, quod parvo esset

denn er behauptet, daß er, auch wenn man ihn verbrennen würde, ausrufen würde: ›Was für ein Genuß!‹ (89) Was hat ihm dann ein Gott voraus, wenn er ihn durch die Ewigkeit nicht übertrifft? Was findet sich in ihr denn Gutes außer der höchsten Lust und ihrer Unaufhörlichkeit? Was hilft es also, große Sprüche zu machen, wenn man dabei nicht konsequent ist? Auf der Lust des Körpers – ich würde, wenn du es wünschst, auch noch hinzufügen: ›sowie des Geistes‹, wenn sie nur, wie ihr wollt, vom Körper abhängt –, auf ihr also beruht das glückliche Leben. Wie? Wer kann dem Weisen diese unaufhörliche Lust garantieren? Das, was die Lustgefühle bewirkt, liegt ja nicht in der Macht des Weisen. Das Glücklichsein beruht nämlich nicht auf der Weisheit selbst, sondern auf den Voraussetzungen, die die Weisheit für die Lust bereitstellt. Doch das ist alles äußerlich, und das, was äußerlich ist, unterliegt dem Zufall. So wird Fortuna zur Herrin über das glückliche Leben, die nach den Worten Epikurs doch für den Weisen nur eine kleine Behinderung bedeutet.[54]

(90) ›Nun‹, wirst du sagen, ›das sind Kleinigkeiten. Den Weisen macht die Natur selbst reich; denn über ihre Reichtümer kann er, wie Epikur gelehrt hat, leicht verfügen.‹ Das klingt gut, und ich will es nicht bestreiten; doch die Aussagen widersprechen sich. Er sagt ja, man genieße bei der einfachsten Nahrung, das heißt bei den verächtlichsten Speisen und Getränken, keine geringere Lust als bei den größten Leckerbissen. Da würde ich ihm, wenn er sagte, es komme für das Glück des Lebens nicht darauf an, was man für eine Nahrung zu sich nimmt, recht geben, ihn gar loben; er hätte nämlich recht, und wenn ein Sokrates, für den die Lust nicht zählt, das sagt, die Würze einer Speise sei der Hunger und die eines Tranks der Durst, so höre ich auf ihn. Wenn einer aber wie Gallonius ein Leben führt, das sich in allem an der Lust orientiert, dabei jedoch so redet wie jener Piso Frugi, dann höre ich weder auf ihn, noch glaube ich, daß er sagt, was er denkt. (91) Epikur erklärte, natürliche Reichtümer

natura contenta. Certe, nisi voluptatem tanti aestimaretis. Non minor, inquit, voluptas percipitur ex vilissimis rebus quam ex pretiosissimis. Hoc est non modo cor non habere, sed ne palatum quidem. qui enim voluptatem ipsam contemnunt, iis licet dicere se acupenserem maenae non anteponere. cui vero in voluptate summum bonum est, huic omnia sensu, non ratione sunt iudicanda, eaque dicenda optima, quae sint suavissima.

(92) Verum esto; consequatur summas voluptates non modo parvo, sed per me nihilo, si potest; si voluptas non minor in nasturcio illo, quo vesci Persas esse solitos scribit Xenophon, quam in Syracusanis mensis, quae a Platone graviter vituperantur; sit, inquam, tam facilis, quam vultis, comparatio voluptatis, quid de dolore dicemus? cuius tanta tormenta sunt, ut in iis beata vita, si modo dolor summum malum est, esse non possit. ipse enim Metrodorus, paene alter Epicurus, beatum esse describit his fere verbis: ›cum corpus bene constitutum sit et sit exploratum ita futurum.‹ an id exploratum cuiquam potest esse, quo modo se hoc habiturum sit corpus, non dico ad annum, sed ad vesperum? dolor ergo, id est summum malum, metuetur semper, etiamsi non aderit; iam enim adesse poterit. qui potest igitur habitare in beata vita summi mali metus? (93) ›Traditur‹ inquit ›ab Epicuro ratio neglegendi doloris.‹ Iam id ipsum absurdum, maximum

stünden leicht zur Verfügung, weil die Natur mit wenigem zufrieden sei. Gewiß, wenn ihr die Lust nicht so hoch schätztet. Er sagte: ›Man hat bei den billigsten Speisen keinen geringeren Genuß als bei den teuersten.‹ Das heißt nicht nur die Klugheit, sondern auch den Geschmack vermissen lassen. Wer nämlich die Lust selbst verachtet, darf behaupten, er ziehe den Stör nicht einem Hering vor. Wer aber in der Lust das höchste Gut sieht, der muß alles nach dem Sinneseindruck, nicht nach der Vernunft entscheiden und muß das als das Beste bezeichnen, was am angenehmsten ist.

(92) Doch sei's drum; mag er die höchsten Lustgefühle nicht nur zu einem geringen Preis, sondern meinetwegen womöglich ganz umsonst erreichen; mag der Genuß bei jener Kresse, von der die Perser sich nach Xenophons Darstellung[55] zu ernähren pflegen, nicht geringer sein als bei den Tafelfreuden der Syrakusaner, die von Platon so scharf getadelt werden;[56] mag meinetwegen die Beschaffung der Lust so leicht sein, wie ihr wollt, aber was sagen wir zum Schmerz? Seine Qualen sind so schlimm, daß unter ihrer Wirkung ein glückliches Leben, wenn wirklich der Schmerz das größte Übel darstellt, nicht möglich ist. Selbst Metrodor, beinahe ein zweiter Epikur, beschreibt nämlich das Glücklichsein etwa mit diesen Worten: ›wenn der Körper in guter Verfassung ist und feststeht, daß es auch künftig so sein wird.‹[57] Kann das etwa für jemanden feststehen, in welcher Verfassung der Körper sein wird, ich meine nicht erst übers Jahr, sondern schon bis zum Abend? Den Schmerz, das heißt das höchste Übel, wird man also immer fürchten, auch wenn er sich nicht einstellt; denn er könnte sich schon bald einstellen. Wie kann also in einem glücklichen Leben die Furcht vor dem höchsten Übel eine Stätte haben? (93) ›Von Epikur‹, heißt es, ›wird eine Methode gelehrt, sich gar nicht um den Schmerz zu kümmern.‹ Das ist an sich schon widersinnig, sich um das höchste Übel

malum neglegi. sed quae tandem ista ratio est? ›Maximus dolor‹ inquit ›brevis est.‹ Primum quid tu dicis breve? deinde dolorem quem maximum? quid enim? summus dolor plures dies manere non potest? vide, ne etiam menses! nisi forte eum dicis, qui, simul atque arripuit, interficit. quis istum dolorem timet? illum mallem levares, quo optimum atque humanissimum virum, Cn. Octavium, Marci filium, familiarem meum, confici vidi, nec vero semel nec ad breve tempus, sed et saepe et plane diu. quos ille, di inmortales, cum omnes artus ardere viderentur, cruciatus perferebat! nec tamen miser esse, quia summum id malum non erat, tantum modo laboriosus videbatur; at miser, si in flagitiosa et vitiosa vita afflueret voluptatibus.

(94) Quod autem magnum dolorem brevem, longinquum levem esse dicitis, id non intellego quale sit. video enim et magnos et eosdem bene longinquos dolores, quorum alia toleratio est verior, qua uti vos non potestis, qui honestatem ipsam per se non amatis. fortitudinis quaedam praecepta sunt ac paene leges, quae effeminari virum vetant in dolore. quam ob rem turpe putandum est, non dico dolere – nam id quidem est interdum necesse –, sed saxum illud Lemnium clamore Philocteteo funestare,

Quod éiulatu, quéstu, gemitu, frémitibus
Resonándo mutum flébiles vocés refert.

nicht zu kümmern. Aber was ist denn das für eine Methode? ›Der größte Schmerz‹, sagt er, ›ist kurz.‹ Erstens, was nennst du kurz? Zweitens, welchen Schmerz nennst du den größten? Was heißt das denn? Kann nicht der schlimmste Schmerz mehrere Tage dauern? Sieh zu, daß es nicht gar Monate sind! Es müßte denn sein, daß du den Schmerz meinst, der uns, sowie er uns befallen hat, den Tod bringt. Wer hat schon Angst vor diesem Schmerz? Ich wünschte eher, du könntest einen solchen Schmerz erleichtern wie den, an dem ich meinen Freund Cn. Octavius, den Sohn des Marcus, den besten und wertvollsten Menschen, leiden sah, jedoch nicht nur einmal und für kurze Zeit, sondern oftmals und sehr lange. Welche Qualen, ihr unsterblichen Götter, mußte er ertragen, als alle Glieder zu brennen schienen! Und doch erschien er nicht unglücklich, weil dieses Übel nicht das größte war, vielmehr nur hart geprüft; unglücklich wäre er dagegen erschienen, hätte er in einem verbrecherischen und lasterhaften Leben Lustgefühle im Überfluß gehabt.

(94) Was aber eure Behauptung angeht, daß ein schwerer Schmerz nur kurz und ein lang dauernder leicht sei, so weiß ich nicht, was das bedeuten soll. Denn ich erlebe Schmerzen, die schwer sind und zugleich recht lange dauern; sie zu ertragen, gibt es eine andere Möglichkeit, die eher der Wirklichkeit entspricht; ihr könnt sie freilich nicht anwenden, denn ihr liebt ja nicht die Sittlichkeit um ihrer selbst willen. Es gibt gewisse Regeln und beinahe Gesetze der Tapferkeit, die es dem Mann verbieten, im Schmerz schwach zu werden. Deshalb ist es als schimpflich zu betrachten, ich sage nicht: Schmerz zu empfinden – denn das ist jedenfalls zuweilen unvermeidlich –, aber wie Philoktet dem Fels auf Lemnos sein Leid zu klagen,

der widerhallt von Schmerzensschreien, Klagen, Seufzen, Ächzen
und, selbst stumm, jammervolle Worte ertönen läßt.

Huic Epicurus praecentet, si potest, cui

⟨E⟩ víperino mórsu venae víscerum
Venéno inbutae taétros cruciatús cient!

Sic Epicurus: ›Philocteta, si gravis dolor, brevis.‹ At iam decimum annum in spelunca iacet. ›Si longus, levis; dat enim intervalla et relaxat.‹ (95) Primum non saepe, deinde quae est ista relaxatio, cum et praeteriti doloris memoria recens est et futuri atque inpendentis torquet timor? ›Moriatur‹ inquit. Fortasse id optimum, sed ubi illud: ›Plus semper voluptatis‹? si enim ita est, vide ne facinus facias, cum mori suadeas. potius ergo illa dicantur: turpe esse, viri non esse debilitari dolore, frangi, succumbere. nam ista vestra: ›Si gravis, brevis; si longus, levis‹ dictata sunt. virtutis, magnitudinis animi, patientiae, fortitudinis fomentis dolor mitigari solet.

(96) Audi, ne longe abeam, moriens quid dicat Epicurus, ut intellegas facta eius cum dictis discrepare: ›Epicurus Hermarcho salutem. Cum ageremus‹ inquit ›vitae beatum et eundem supremum diem, scribebamus haec. tanti autem aderant vesicae et torminum morbi, ut nihil ad eorum magnitudinem posset accedere.‹ Miserum hominem! Si dolor summum malum est, dici aliter non potest. sed audiamus ipsum: ›Compensabatur‹ inquit ›tamen cum his omnibus animi laetitia, quam capiebam memoria rationum inventorumque nostrorum. sed tu, ut dignum est tua erga me et

Wenn dem

> vom Biß der Schlange das Gift in seinen Adern
> und Eingeweiden brennt und ihn mit grauenvollen
> Schmerzen quält,[58]

dann mag ihm Epikur, wenn er es kann, den Zauberspruch zurufen: ›Wenn der Schmerz schwer ist, Philoktet, währt er nur kurz.‹ Doch er liegt schon zehn Jahre in der Höhle. ›Wenn der Schmerz lange dauert, ist er leicht; dann gibt es nämlich Unterbrechungen und Linderung.‹ (95) Erstens gibt es das nicht oft, und zweitens: was ist das für eine Linderung, wenn die Erinnerung an den vergangenen Schmerz noch frisch ist und die Angst vor dem zukünftigen und drohenden das Opfer quält? ›Dann mag er den Tod suchen!‹ heißt es. Das ist vielleicht das Beste, aber wo bleibt da die bekannte These: ›Stets überwiegt die Lust‹? Denn wenn es so ist, dann gib acht, daß du dich nicht eines Vergehens schuldig machst, wenn du zum Sterben rätst! Da soll man denn doch eher sagen, es sei schimpflich und unmännlich, vom Schmerz gelähmt, gebrochen und besiegt zu werden. Denn eure Formeln ›wenn schwer, dann kurz; wenn lang, dann leicht‹ sind bloße Sprüche. Die wohltuende Wirkung der Tugend, der Seelengröße, der Geduld, der Tapferkeit, die pflegt den Schmerz zu lindern.

(96) Hör nun, damit ich nicht abschweife, die Worte Epikurs bei seinem Tod;[59] denn so sollst du erkennen, wie seine Taten und Worte auseinanderklaffen: ›Epikur grüßt Hermarch. Als ich den glücklichen Tag beging, der auch der letzte meines Lebens war, schrieb ich dies nieder. Mein Blasenleiden und die Kolik waren so schwer, daß sie nichts mehr verschlimmern konnten.‹ Was für ein unglückseliger Mensch! Wenn der Schmerz das größte Übel ist, kann man nichts anderes sagen. Doch hören wir ihn selbst: ›Das alles wurde freilich aufgewogen durch die Freude, die ich bei der Erinnerung an unsere Einsichten und Entdeckungen empfand. Du aber nimm dich, wie es deiner von früher Jugend

philosophiam voluntate ab adolescentulo suscepta, fac ut Metrodori tueare liberos.‹ (97) non ego iam Epaminondae, non Leonidae mortem huius morti antepono, quorum alter cum vicisset Lacedaemonios apud Mantineam atque ipse gravi vulnere exanimari se videret, ut primum dispexit, quaesivit salvusne esset clipeus. cum salvum esse flentes sui respondissent, rogavit essentne fusi hostes. cum id quoque, ut cupiebat, audivisset, evelli iussit eam, qua erat transfixus, hastam. ita multo sanguine profuso in laetitia et in victoria est mortuus. Leonidas autem, rex Lacedaemoniorum, se in Thermopylis trecentosque eos, quos eduxerat Sparta, cum esset proposita aut fuga turpis aut gloriosa mors, opposuit hostibus. praeclarae mortes sunt imperatoriae; philosophi autem in suis lectulis plerumque moriuntur. refert tamen, quo modo. ⟨beatus⟩ sibi videtur esse moriens. magna laus. ›Compensabatur‹ inquit ›cum summis doloribus laetitia.‹ (98) Audio equidem philosophi vocem, Epicure, sed quid tibi dicendum sit oblitus es. primum enim, si vera sunt ea, quorum recordatione te gaudere dicis, hoc est, si vera sunt tua scripta et inventa, gaudere non potes. nihil enim iam habes, quod ad corpus referas; est autem a te semper dictum nec gaudere quemquam nisi propter corpus nec dolere. ›Praeteritis‹ inquit ›gaudeo.‹ Quibusnam praeteritis? si ad corpus pertinentibus, rationes tuas te video compensare cum istis doloribus, non memoriam corpore perceptarum voluptatum; sin autem ad animum, falsum est, quod negas animi

an bewiesenen Einstellung zu mir und der Philosophie entspricht, der Kinder Metrodors an.‹ (97) Ich gebe nun weder dem Tod des Epameinondas noch dem des Leonidas den Vorzug vor seinem Tod. Als der eine von ihnen die Spartaner bei Mantinea geschlagen hatte und selbst erkannte, daß er einer schweren Verwundung erlag, erkundigte er sich, sobald er zu sich kam, ob sein Schild gerettet sei. Als ihm seine Leute unter Tränen erwiderten, er sei gerettet, fragte er, ob die Feinde in die Flucht geschlagen seien. Als er auch darauf den erwünschten Bescheid gehört hatte, ließ er sich die Lanze herausziehen, von der er durchbohrt war. Er starb, nachdem er viel Blut vergossen hatte, in Freude und im Bewußtsein des Sieges. Leonidas jedoch, der König der Spartaner, warf sich und die dreihundert, die er aus Sparta hergeführt hatte, bei den Thermopylen den Feinden entgegen, als er vor der Entscheidung zwischen schimpflicher Flucht oder ehrenvollem Tod stand. Ein Tod, wie ihn Feldherren finden, ist eindrucksvoll, die Philosophen aber sterben meistens in ihrem Bett. Doch es kommt darauf an, wie sie es tun. Bei seinem Tode fühlte Epikur sich glücklich. Das ist sehr rühmlich. Doch er sagte: ›Die größten Schmerzen wurden durch die Freude aufgewogen.‹ (98) Da höre ich die Stimme des Philosophen, Epikur; aber du hast vergessen, was du eigentlich zu sagen hättest. Denn erstens kannst du dich nicht freuen, wenn das wahr ist, was dich nach deinen Worten in der Erinnerung freut, das heißt wenn deine Schriften und Entdeckungen wahr sind. Denn du hast nichts mehr, was du auf den Körper beziehen kannst; doch du hast immer behauptet, nur durch den Körper könne man Freude oder Schmerz empfinden. – Er sagte doch: ›Ich freue mich über Vergangenes.‹ – Was ist denn dieses Vergangene? Wenn es etwas ist, das auf den Körper zurückzuführen ist, dann wiegen offensichtlich deine Einsichten die Schmerzen auf, nicht die Erinnerung an Lustgefühle, die du durch den Körper gewonnen hast. Wenn es sich aber um etwas handelt, das den Geist betrifft, dann ist deine Behauptung

ullum esse gaudium, quod non referatur ad corpus. cur deinde Metrodori liberos commendas? quid ⟨in⟩ isto egregio tuo officio et tanta fide – sic enim existimo – ad corpus refers?

(99) Huc et illuc, Torquate, vos versetis licet, nihil in hac praeclara epistula scriptum ab Epicuro congruens et conveniens decretis eius reperietis. ita redarguitur ipse a sese, convincunturque scripta eius probitate ipsius ac moribus. nam ista commendatio puerorum, memoria et caritas amicitiae, summorum officiorum in extremo spiritu conservatio indicat innatam esse homini probitatem gratuitam, non invitatam voluptatibus nec praemiorum mercedibus evocatam. quod enim testimonium maius quaerimus, quae honesta et recta sint, ipsa esse optabilia per sese, cum videamus tanta officia morientis?

(100) Sed ut epistulam laudandam arbitror eam, quam modo totidem fere verbis interpretatus sum, quamquam ea cum summa eius philosophia nullo modo congruebat, sic eiusdem testamentum non solum ⟨a⟩ philosophi gravitate, sed etiam ab ipsius sententia iudico discrepare. scripsit enim et multis saepe verbis et breviter aperteque in eo libro, quem modo nominavi, mortem nihil ad nos pertinere. quod enim dissolutum sit, id esse sine sensu, quod autem sine sensu sit, id nihil ad nos pertinere omnino. hoc ipsum elegantius poni meliusque potuit. nam quod ita positum est, quod dissolutum sit, id esse sine sensu, id eius modi est, ut non satis plane dicat quid

falsch, es gebe keine Freude des Geistes, die nicht auf den Körper zurückzuführen sei. Warum empfiehlst du dann die Kinder Metrodors? Was führst du bei deiner so hervorragenden Pflichterfüllung und solcher Treue – so sehe ich es nämlich – auf den Leib zurück?

(99) Ihr mögt euch hierhin oder dorthin wenden, Torquatus, ihr werdet in diesem eindrucksvollen Brief, den Epikur geschrieben hat, nichts finden, was sich mit seinen Entscheidungen deckt und verträgt. So straft er sich selbst Lügen, und seine Schriften werden durch seinen eigenen rechtschaffenen Charakter widerlegt. Denn die Empfehlung der Kinder, die Erinnerung an die Freundschaft und ihre Hochschätzung, die Einhaltung der wichtigsten Gebote pflichtgemäßen Handelns beweist, daß diesem Manne eine angeborene uneigennützige Redlichkeit innewohnte, die nicht durch die Verlockungen der Lust bedingt noch durch die Aussicht auf Belohnungen hervorgerufen war. Was können wir uns denn noch für ein überzeugenderes Zeugnis dafür wünschen, daß das sittlich Gute und Richtige an sich um seiner selbst willen erstrebenswert ist, wenn wir eine solche Erfüllung der Verpflichtungen bei einem Sterbenden erleben?

(100) Doch wie ich glaube, daß dieser Brief, den ich gerade mit fast genau so vielen Worten übersetzte, Lob verdient, obwohl er mit dem Kern seiner Philosophie in keiner Weise harmonierte, so steht nach meinem Urteil sein Testament[60] im Widerspruch nicht nur zur Würde eines Philosophen, sondern auch zu seiner eigenen Auffassung. Er hat ja einerseits vielfach ausführlich und andererseits in dem eben erwähnten Buche[61] kurz und knapp geschrieben, daß der Tod uns nichts angehe. Denn was sich aufgelöst habe, sei ohne Empfindung, und was ohne Empfindung sei, das gehe uns überhaupt nichts an. Gerade diese These hätte sich auch eleganter und besser ausdrücken lassen. Denn die Feststellung, was sich aufgelöst habe, sei ohne Empfindung, ist so formuliert, daß sie nicht klar genug zum Ausdruck bringt,

sit dissolutum. (101) sed tamen intellego quid velit. quaero autem quid sit, quod, cum dissolutione, id est morte, sensus omnis extinguatur, et cum reliqui nihil sit omnino, quod pertineat ad nos, tam accurate tamque diligenter caveat et sanciat ut Amynomachus et Timocrates, heredes sui, de Hermarchi sententia dent quod satis sit ad diem agendum natalem suum quotannis mense Gamelione itemque omnibus mensibus vicesimo die lunae dent ad eorum epulas, qui una secum philosophati sint, ut et sui et Metrodori memoria colatur. (102) haec ego non possum dicere non esse hominis quamvis et belli et humani, sapientis vero nullo modo, physici praesertim, quem se ille esse vult, putare ullum esse cuiusquam diem natalem. quid? idemne potest esse dies saepius, qui semel fuit? certe non potest. an eiusdem modi? ne id quidem, nisi multa annorum intercesserint milia, ut omnium siderum eodem, unde profecta sint, fiat ad unum tempus reversio. nullus est igitur cuiusquam dies natalis. ›At habetur!‹ Et ego id scilicet nesciebam! Sed ut sit, etiamne post mortem coletur? idque testamento cavebit is, qui nobis quasi oraculum ediderit nihil post mortem ad nos pertinere? haec non erant eius, qui innumerabilis mundos infinitasque regiones, quarum nulla esset ora, nulla extremitas, mente peragravisset. num quid tale Democritus? ut alios omittam, hunc appello, quem ille unum secutus est. (103) quodsi dies notandus fuit, eumne potius, quo natus, an eum, quo

was sich da aufgelöst hat. (101) Doch ich verstehe trotzdem, was er sagen will. Ich frage aber: Wenn durch die Auflösung, das heißt den Tod, jede Empfindung ausgelöscht wird und überhaupt nichts übrigbleibt, was uns betrifft, aus welchem Grunde trifft er dann so gründlich und sorgfältig seine Maßnahmen und Anweisungen, daß seine Erben Amynomachos und Timokrates alljährlich im Monat Gamelion nach der Verfügung des Hermarch einen hinreichenden Betrag zur Feier seines Geburtstags aufwenden sollten und daß sie ebenso in jedem Monat am zwanzigsten Tag nach Neumond einen Beitrag zum Festmahl derer leisten sollten, die gemeinsam mit ihm Philosophie getrieben hätten, damit sein Andenken und das des Metrodor in Ehren gehalten werde. (102) Ich kann nicht leugnen, daß es zu einem wie immer netten und leutseligen Menschen paßt, doch keinesfalls zu einem Philosophen, besonders zu einem Vertreter der Naturphilosophie, der er ja sein will, zu glauben, daß es für jemand einen Geburtstag gibt. Wie? Kann es denn denselben Tag, den es einmal gegeben hat, noch öfter geben? Das ist gewiß unmöglich. Oder einen Tag derselben Art? Nicht einmal das, es sei denn, daß viele tausend Jahre vergangen sind, so daß sämtliche Sterne zu ein und derselben Zeit an ihren Ausgangspunkt zurückkehren.[62] Es gibt also für niemand einen Geburtstag. ›Aber man begeht ihn doch.‹ Und ich wußte das natürlich nicht! Doch mag es auch so sein, muß man ihn darum auch nach dem Tod in Ehren halten? Und wird der Mann in seinem Testament dafür Vorsorge treffen, der uns wie ein Orakel verkündet hat, daß nach dem Tod nichts mehr für uns Bedeutung hat? Das paßte nicht zu einem Menschen, der zahllose Welten und unendliche Regionen ohne Rand und Grenze im Geist durchmessen hatte. Gibt es so etwas bei Demokrit? Um nicht von anderen zu reden, nenne ich ihn, dem er als einzigem gefolgt ist. (103) Wenn es jedoch darum ging, einen Tag besonders auszuzeichnen, verdiente es dann eher der Tag, an dem er geboren, oder der, an dem er weise

sapiens factus est? Non potuit, inquies, fieri sapiens, nisi natus esset. [et] Isto modo, ne si avia quidem eius nata non esset. res tota, Torquate, non doctorum hominum, velle post mortem epulis celebrari memoriam sui nominis. quos quidem dies quem ad modum agatis et in quantam hominum facetorum urbanitatem incurratis, non dico – nihil opus est litibus –; tantum dico, magis fuisse vestrum agere Epicuri diem natalem, quam illius testamento cavere ut ageretur.
(104) Sed ut ad propositum – de dolore enim cum diceremus, ad istam epistulam delati sumus –, nunc totum illud concludi sic licet: qui in summo malo est, is tum, cum in eo est, non est beatus; sapiens autem semper beatus est et est aliquando in dolore; non est igitur summum malum dolor.
Iam illud quale tandem est, bona praeterita non effluere sapienti, mala meminisse non oportere? primum in nostrane potestate est, quid meminerimus? Themistocles quidem, cum ei Simonides an quis alius artem memoriae polliceretur, ›Oblivionis‹ inquit ›mallem. Nam memini etiam quae nolo, oblivisci non possum quae volo.‹ (105) Magno hic ingenio, sed res se tamen sic habet, ut nimis imperiosi philosophi sit vetare meminisse. vide ne ista sint Manliana vestra aut maiora etiam, si imperes quod facere non possim. quid, si etiam iucunda memoria est praeteritorum malorum? ut pro-

geworden ist? Er hätte, wirst du sagen, nicht weise werden können, wenn er nicht geboren worden wäre. Wenn man so will, dann hätte er es nicht einmal werden können, wenn seine Großmutter nicht geboren worden wäre. Die ganze Sache, Torquatus, paßt nicht zu gelehrten Menschen, zu wünschen, das Andenken an den eigenen Namen solle nach dem Tod durch Festmähler gefeiert werden. Auf welche Weise ihr diese Tage begeht und bis zu welchen Scherzen witziger Menschen ihr es dabei kommen laßt, davon will ich nicht reden; man braucht darüber nicht zu streiten. Ich sage nur soviel: Es war eher eure Sache, den Geburtstag Epikurs zu feiern, als seine, durch ein Testament Vorsorge dafür zu treffen, daß er gefeiert würde.

(104) Doch um zum Thema zurückzukehren – denn als ich vom Schmerz sprach, verfiel ich auf diesen Brief –, die ganze Angelegenheit läßt sich abschließend so zusammenfassen: Wer von dem größten Übel betroffen ist, der ist in diesem Augenblick, in dem er davon betroffen ist, nicht glücklich. Der Weise aber ist immer glücklich, und er ist manchmal von Schmerzen betroffen. Der Schmerz ist also nicht das größte Übel.

Was hat es schließlich mit der Behauptung auf sich, daß das vergangene Gute dem Weisen nicht verlorengeht, daß er sich aber an das Schlimme nicht zu erinnern braucht? Zunächst, liegt es in unserer Macht, woran wir uns erinnern? Themistokles gab jedenfalls zur Antwort, als ihm Simonides oder sonst jemand versprach, ihn die Kunst der Erinnerung zu lehren: ›Mir wäre die des Vergessens lieber. Denn ich erinnere mich auch an das, was ich nicht will, und kann das nicht vergessen, was ich will.‹ (105) Mag Epikurs Genie auch groß sein, es verhält sich in Wirklichkeit doch so, daß es einen allzu gebieterischen Philosophen kennzeichnen würde, nicht zu erlauben, daß man sich erinnert. Sieh zu, daß eure Forderungen nicht wie die des Manlius oder noch anspruchsvoller sind, wenn du etwas befiehlst, was ich nicht leisten kann. Wie steht es, wenn auch die Erinnerung an die vergangenen

verbia non nulla veriora sint quam vestra dogmata. vulgo enim dicitur: ›Iucundi acti labores‹, nec male Euripides – concludam, si potero, Latine; Graecum enim hunc versum nostis omnes –: ›Suavis laborum est praeteritorum mémoria.‹ Sed ad bona praeterita redeamus. quae si a vobis talia dicerentur, qualibus Caius Marius uti poterat, ut expulsus, egens, in palude demersus tropaeorum recordatione levaret dolorem suum, audirem et plane probarem. nec enim absolvi beata vita sapientis neque ad exitum perduci poterit, si prima quaeque bene ab eo consulta atque facta ipsius oblivione obruentur. (106) sed vobis voluptatum perceptarum recordatio vitam beatam facit, et quidem corpore perceptarum. nam si quae sunt aliae, falsum est omnis animi voluptates esse e corporis societate. corporis autem voluptas si etiam praeterita delectat, non intellego, cur Aristoteles Sardanapalli epigramma tantopere derideat, in quo ille rex Syriae glorietur se omnis secum libidinum voluptates abstulisse. Quod enim ne vivus quidem, inquit, diutius sentire poterat, quam dum fruebatur, quo modo id potuit mortuo permanere? effluit igitur voluptas corporis et prima quaeque avolat saepiusque relinquit causam paenitendi quam recordandi. itaque beatior Africanus cum patria illo modo loquens: ›Desine, Roma, tuos hostes‹ reliquaque praeclare: ›Nam tibi moenimenta mei peperere labores.‹ Laboribus hic praeteritis gaudet, tu iubes voluptatibus, et

Übel angenehm ist? So wären manche Sprichwörter wahrer als eure philosophischen Lehrsätze. Der Volksmund sagt ja: ›Überstandene Mühen sind mir lieb.‹ Nicht übel drückt es auch Euripides aus – ich will versuchen, es auf lateinisch in Versform zu übersetzen; den griechischen Vers kennt ihr ja alle –: ›Süß ist es, überstandener Mühen zu gedenken.‹[63] Doch kehren wir zu dem vergangenen Guten zurück. Wenn ihr darunter so etwas verstehen würdet wie das, woran sich C. Marius halten konnte, als er, vertrieben, bettelarm, in einem Sumpf versteckt, durch die Erinnerung an seine Siegeszeichen seinen Schmerz zu lindern suchte, dann hättet ihr mein Ohr und meine volle Billigung. Denn das glückliche Leben eines Weisen kann nicht zu seinem krönenden Abschluß und Ende kommen, wenn alle seine Erfolge in Rat und Tat bei ihm selbst nacheinander in Vergessenheit geraten. (106) Doch für euch macht ja die Erinnerung an Lustgefühle, die ihr genossen, und zwar durch den Körper genossen habt, das Leben glücklich. Denn wenn es auch noch andere gibt, ist die Behauptung falsch, daß alle geistigen Genüsse aus der Verbindung mit dem Körper stammen. Wenn man jedoch auch die vergangene körperliche Lust genießt, verstehe ich nicht, weshalb sich Aristoteles über die Grabinschrift Sardanapalls so lustig macht.[64] In ihr rühmt sich ja dieser König Syriens, er habe alle Freuden der Lust mit sich ins Grab genommen. ›Wie konnte ihm denn‹, fragte er, ›etwas im Tod erhalten bleiben, was er nicht einmal zu Lebzeiten länger fühlen konnte, als er es genoß?‹ Die körperliche Lust verschwindet also, eine nach der anderen verflüchtigt sich und hinterläßt häufiger einen Grund zur Reue als zur Erinnerung. Deshalb war Scipio Africanus glücklicher, als er zu seinem Vaterland so redete: ›Vergiß die Furcht vor deinen Feinden, Rom!‹; und eindrucksvoll das weitere: ›Denn meine Mühen schufen dir die sichre Wehr.‹[65] Er freut sich über die vergangenen Mühen, während du zur Freude über die vergangenen Lustgefühle aufforderst, und er bezieht sich auf Dinge, von denen er nie etwas auf den

hic se ad ea revocat, e quibus nihil umquam rettulerit ad corpus, tu totus haeres in corpore.

(107) Illud autem ipsum qui optineri potest, quod dicitis, omnis animi et voluptates et dolores ad corporis voluptates ac dolores pertinere? nihilne te delectat umquam – video, quicum loquar –, te igitur, Torquate, ipsum per se nihil delectat? omitto dignitatem, honestatem, speciem ipsam virtutum, de quibus ante dictum est, haec leviora ponam: poëma, orationem cum aut scribis aut legis, cum omnium factorum, cum regionum conquiris historiam, signum, tabula, locus amoenus, ludi, venatio, villa Luculli – nam si ›tuam‹ dicerem, latebram haberes; ad corpus diceres pertinere –, sed ea, quae dixi, ad corpusne refers? an est aliquid, quod te sua sponte delectet? aut pertinacissimus fueris, si in eo perstiteris ad corpus ea, quae dixi, referri, aut deserueris totam Epicuri voluptatem, si negaveris.

(108) Quod vero a te disputatum est maiores esse voluptates et dolores animi quam corporis, quia trium temporum particeps animus sit, corpore autem praesentia solum sentiantur, qui id probari potest, ut is, qui propter me aliquid gaudeat, plus quam ego ipse gaudeat? [animo voluptas oritur propter voluptatem corporis, et maior est animi voluptas quam corporis. ita fit, ut gratulator laetior sit quam is, cui gratulatur.] Sed, dum efficere vultis beatum sapientem, cum maximas animo voluptates percipiat omnibusque partibus maiores quam corpore, quid occurrat non videtis. animi enim

Körper zurückzuführen hatte, während du vollständig dem Körper verhaftet bleibst.

(107) Wie kann man aber gerade an dem festhalten, was ihr da behauptet, daß alle Freuden und Leiden des Geistes zu denen des Körpers in Beziehung stünden? Erfreut dich niemals etwas – ich sehe doch, mit wem ich rede –, erfreut dich also, mein Torquatus, nichts an sich um seinetwillen? Ich rede nicht von Würde, von Sittlichkeit, von dem glanzvollen Bild der Tugenden selbst, Dingen, von denen zuvor die Rede war, ich will dir folgende Beispiele, die weniger bedeutend sind, vor Augen stellen: Wenn du ein Gedicht oder eine Rede schreibst oder liest, wenn du die ganze Geschichte oder Länderkunde erforschst, ein Standbild, ein Gemälde, ein reizvoller Ort, Spiele, eine Tierhetze, die Villa des Lucullus – wenn ich von deiner spräche, hättest du ja ein Schlupfloch; du könntest sagen, das betreffe deinen Körper –; aber das, was ich nannte, führst du das auf den Körper zurück? Oder gibt es da etwas, das dich um seiner selbst willen entzückt? Entweder müßtest du völlig verstockt sein, wenn du darauf beharren wolltest, das, was ich sagte, sei auf den Körper zurückzuführen, oder du müßtest die gesamte Lustlehre Epikurs aufgeben, wenn du erklären würdest, daß es nicht so sei.

(108) Was aber deine Behauptung angeht, die Freuden und Leiden des Geistes seien größer als die des Körpers, weil der Geist an drei Zeitstufen teilhabe, der Körper aber nur Gegenwärtiges fühlen könne, so frage ich: Wie läßt sich das plausibel machen, daß einer, der sich durch mich über etwas freut, mehr Freude als ich selbst empfinde? [Die geistige Lust entsteht ja durch die Lust des Körpers, und die des Geistes ist größer als die des Körpers. So kommt es, daß der Gratulant fröhlicher ist als der, den er beglückwünscht.][66] Doch während ihr den Weisen dadurch glücklich machen wollt, daß er mit seinem Geist besonders große Lustgefühle empfinde, und zwar in jeder Hinsicht größere als mit dem Körper, seht ihr nicht, was euch in die Quere kommt. Denn

quoque dolores percipiet omnibus partibus maiores quam corporis. ita miser sit aliquando necesse est is, quem vos beatum semper vultis esse, nec vero id, dum omnia ad voluptatem doloremque referetis, efficietis umquam.

(109) Quare aliud aliquod, Torquate, hominis summum bonum reperiendum est, voluptatem bestiis concedamus, quibus vos de summo bono testibus uti soletis. quid, si etiam bestiae multa faciunt duce sua quaeque natura partim indulgenter vel cum labore, ut in gignendo, in educando, perfacile ⟨ut⟩ appareat aliud quiddam iis propositum, non voluptatem? partim cursu et peragratione laetantur, congregatione aliae coetum quodam modo civitatis imitantur; (110) videmus in quodam volucrium genere non nulla indicia pietatis, cognitionem, memoriam, in multis etiam desideria videmus. ergo in bestiis erunt secreta a voluptate humanarum quaedam simulacra virtutum, in ipsis hominibus virtus nisi voluptatis causa nulla erit? et homini, qui ceteris animantibus plurimum praestat, praecipue a natura nihil datum esse dicemus?

(111) Nos vero, siquidem in voluptate sunt omnia, longe multumque superamur a bestiis, quibus ipsa terra fundit ex sese pastus varios atque abundantes nihil laborantibus, nobis autem aut vix aut ne vix quidem suppetunt multo labore quaerentibus. nec tamen ullo modo summum pecudis bonum et hominis idem mihi videri potest. quid enim tanto opus est instrumento in optimis artibus comparandis? quid

auch die Schmerzen des Geistes, die er empfindet, werden in jeder Hinsicht größer sein als die des Körpers. So muß er, der nach eurem Willen immer glücklich sein soll, notwendig auch einmal unglücklich sein; aber indem ihr alles auf die Lust und auf den Schmerz zurückführt, werdet ihr euer Ziel niemals erreichen.

(109) Darum, Torquatus, gilt es, irgendein anderes höchstes Gut des Menschen ausfindig zu machen; die Lust indessen wollen wir den Tieren überlassen, die ihr gewöhnlich als Zeugen für das höchste Gut benützt. Wie aber, wenn auch die Tiere, jeweils geleitet von ihrer natürlichen Anlage, viele Dinge tun – teilweise instinktiv, auch unter Mühen, etwa bei der Fortpflanzung oder der Brutpflege –, aus denen leicht zu ersehen ist, daß sie ein völlig anderes Ziel als die Lust verfolgen? Teils macht es ihnen Freude, zu laufen und umherzuschweifen, teils ahmen sie, indem sie sich zusammenscharen, die Bildung einer staatlichen Gemeinschaft nach. (110) Bei einer bestimmten Art von Vögeln beobachten wir manche Anzeichen von Anhänglichkeit, Erkennen und Erinnerung, bei vielen erleben wir auch Beispiele sehnsüchtigen Verlangens. So soll es bei den Tieren gewisse von der Lust getrennte Abbilder menschlicher Tugenden geben, während sich bei den Menschen Tugend nur um der Lust willen finden soll? Und sollen wir erklären, daß dem Menschen, der die übrigen Lebewesen bei weitem überragt, von der Natur kein Vorzug verliehen worden sei?

(111) Wir werden aber, wenn wirklich alles auf der Lust beruht, bei weitem und entscheidend von den Tieren übertroffen. Denn ihnen bietet ja die Erde selbst von sich aus Futter in mannigfacher Art und reicher Fülle, ohne daß sie sich abmühen, wir aber haben entweder kaum das Nötigste oder nicht einmal das, auch wenn wir uns mit großer Anstrengung darum bemühen. Und doch kann ich auf keine Weise finden, daß das höchste Gut für Tier und Mensch dasselbe ist. Wozu bedürfte es denn eines solchen Aufwands, um die edelsten Künste auszuüben? Wozu eines

tanto concursu honestissimorum studiorum, tanto virtutum comitatu, si ea nullam ad aliam rem nisi ad voluptatem conquiruntur? (112) ut, si Xerxes, cum tantis classibus tantisque equestribus et pedestribus copiis Hellesponto iuncto Athone perfosso mari ambulavisset terra navigavisset, si, cum tanto impetu in Graeciam venisset, causam quis ex eo quaereret tantarum copiarum tantique belli, mel se auferre ex Hymetto voluisse diceret, certe sine causa videretur tanta conatus, sic nos sapientem plurimis et gravissimis artibus atque virtutibus instructum et ornatum non, ut illum, maria pedibus peragrantem, classibus montes, sed omne caelum totamque cum universo mari terram mente complexum voluptatem petere si dicemus, mellis causa dicemus tanta molitum. (113) ad altiora quaedam et magnificentiora, mihi crede, Torquate, nati sumus, nec id ex animi solum partibus, in quibus inest memoria rerum innumerabilium, in te quidem infinita, inest coniectura consequentium non multum a divinatione differens, inest moderator cupiditatis pudor, inest ad humanam societatem iustitiae fida custodia, inest in perpetiendis laboribus adeundisque periculis firma et stabilis doloris mortisque contemptio – ergo haec in animis, tu autem etiam membra ipsa sensusque considera, qui tibi, ut reliquae corporis partes, non comites solum virtutum, sed ministri etiam videbuntur. (114) Quid? si in ipso corpore

solchen Zusammenwirkens der ehrenwertesten Bemühungen und einer solchen Mitwirkung vortrefflicher Eigenschaften, wenn das zu keinem anderen Zweck aufgeboten wird als dem der Lust? (112) Wenn Xerxes, als er mit so vielen Schiffen und so starken Truppen zu Pferde und zu Fuß, nachdem er eine Brücke über den Hellespont geschlagen und den Athos durchstochen hatte, über das Meer spaziert und über Land gesegelt war, wenn er, nachdem er einen solchen Angriff gegen Griechenland gerichtet hatte, auf die Frage nach dem Grund eines solchen Truppenaufgebots und eines solchen Feldzugs die Antwort gegeben hätte, er habe Honig vom Hymettos holen wollen, dann hätte man gewiß geglaubt, er habe keinen Grund zu einem solchen Unterfangen gehabt. Genauso werden wir von einem Weisen, der, in zahlreichen Disziplinen bewandert und mit den eindrucksvollsten Tugenden versehen, zwar nicht wie jener das Meer zu Fuß durchwandert und die Berge zu Schiff befährt, jedoch den ganzen Himmel und alle Länder mit dem gesamten Meer im Geist umfaßt, so werden wir, wenn wir von ihm behaupten, er strebe nach der Lust, damit erklären, er habe um des Honigs willen so große Anstrengungen unternommen. (113) Wir sind zu Höherem und Herrlicherem geboren, glaube mir, Torquatus; das geht nicht nur aus den Funktionen des Geistes hervor, zu denen die Erinnerung an unzählige Dinge gehört – sie ist gerade bei dir unbegrenzt –, desgleichen die Erwartung künftiger Entwicklungen, die sich nicht sehr von der Weissagung unterscheidet, das Schamgefühl, das den Begierden eine Grenze setzt, die zuverlässige Bewahrung der Gerechtigkeit, die dem Bestand der menschlichen Gemeinschaft dient, die unerschütterliche und beständige Verachtung von Schmerz und Tod, wenn es darum geht, Mühen zu ertragen und Gefahren zu bestehen. Das also zählt zu den Leistungen des Geistes; betrachte aber gerade auch die Glieder und die Sinne, die dir nicht, wie die übrigen Körperteile, nur als Begleiter, sondern auch als Diener der Tugenden erscheinen werden. (114) Wie, wenn im Körper

multa voluptati praeponenda sunt, ut vires, valetudo, velocitas, pulchritudo, quid tandem in animis censes? in quibus doctissimi illi veteres inesse quiddam caeleste et divinum putaverunt.

Quodsi esset in voluptate summum bonum, ut dicitis, optabile esset maxima in voluptate nullo intervallo interiecto dies noctesque versari, cum omnes sensus dulcedine omni quasi perfusi moverentur. quis est autem dignus nomine hominis, qui unum diem totum velit esse in genere isto voluptatis? Cyrenaici quidem non recusant; vestri haec verecundius, illi fortasse constantius. (115) sed lustremus animo non has maximas artis, quibus qui carebant inertes a maioribus nominabantur, sed quaero num existimes, non dico Homerum, Archilochum, Pindarum, sed Phidian, Polyclitum, Zeuxim ad voluptatem artes suas direxisse. ergo opifex plus sibi proponet ad formarum quam civis excellens ad factorum pulchritudinem? quae autem est alia causa erroris tanti tam longe lateque diffusi, nisi quod is, qui voluptatem summum bonum esse decernit, non cum ea parte animi, ⟨in⟩ qua inest ratio atque consilium, sed cum cupiditate, id est cum animi levissima parte, deliberat? Quaero enim de te, si sunt di, ut vos etiam putatis, qui possint esse beati, cum voluptates corpore percipere non possint, aut, si sine eo genere voluptatis beati sint, cur similem animi usum in sapiente esse nolitis.

(116) Lege laudationes, Torquate, non eorum, qui sunt ab Homero laudati, non Cyri, non Agesilai, non Aristidi aut

selbst noch vieles den Vorzug vor der Lust verdient, z. B. Kraft, Gesundheit, Schnelligkeit und Schönheit, wie, meinst du, steht es dann erst mit der Seele? In ihr lebt ja, wie jene alten großen Gelehrten glaubten, etwas Himmlisches und Göttliches.

Wenn aber nun das höchste Gut, wie ihr sagt, in der Lust bestünde, wäre es zu wünschen, daß man sich ohne Unterbrechung Tag und Nacht im Zustand höchster Lust befände, wobei sich alle Sinne von jeder Wonne gleichsam überflutet fühlen würden. Wer aber, der den Namen eines Menschen verdient, kann wünschen, auch nur einen Tag lang völlig in dieser Art von Lust zu leben? Die Kyrenaiker sind allerdings nicht abgeneigt. Eure Freunde sind hier zurückhaltender, jene vielleicht konsequenter. (115) Doch gehen wir einmal im Geiste die Künste durch; ich meine nicht die wichtigsten, bei deren Unkenntnis man von unseren Vorfahren als ungebildet bezeichnet wurde;[67] ich frage dich jedoch, ob du der Meinung bist, daß Künstler – ich rede nicht von Homer, Archilochos und Pindar, sondern von Phidias, von Polyklet und Zeuxis – bei ihrem Tun die Lust im Auge hatten. Wird sich ein Künstler also für die Schönheit seiner Formen ein höheres Ziel setzen als ein hervorragender Bürger für die Schönheit seiner Taten? Was anderes ist aber die Ursache für diesen so verhängnisvollen und so weit verbreiteten Irrtum als die Tatsache, daß einer, der sich für die Lust als höchstes Gut entscheidet, seine Erwägungen nicht mit dem Teil des Geistes anstellt, in dem sich die Vernunft und Einsicht findet, sondern mit der Begierde, das heißt mit dem unzuverlässigsten Teil des Geistes? Denn wenn es Götter gibt, was ja auch ihr glaubt, frage ich dich, wie sie glücklich zu sein vermögen, obwohl sie keine Lustgefühle mit dem Körper empfinden können, oder, wenn sie ohne diese Art von Lust glückselig sind, warum ihr nicht wollt, daß es einen ähnlichen Gebrauch des Geistes bei einem Weisen geben soll.

(116) Lies die Lobreden, Torquatus, nicht nur auf die, die von Homer verherrlicht worden sind, nicht nur die auf

Themistocli, non Philippi aut Alexandri, lege nostrorum hominum, lege vestrae familiae; neminem videbis ita laudatum, ut artifex callidus comparandarum voluptatum diceretur. non elogia monimentorum id significant, velut hoc ad portam: ›Hunc unum plurimae consentiunt gentes populi primarium fuisse virum.‹ (117) Idne consensisse de Calatino plurimas gentis arbitramur, primarium populi fuisse, quod praestantissimus fuisset in conficiendis voluptatibus? ergo in iis adolescentibus bonam spem esse dicemus et magnam indolem, quos suis commodis inservituros et quicquid ipsis expediat facturos arbitrabimur? nonne videmus quanta perturbatio rerum omnium consequatur, quanta confusio? tollitur beneficium, tollitur gratia, quae sunt vincla concordiae. nec enim, cum tua causa cui commodes, beneficium illud habendum est, sed faeneratio, nec gratia deberi videtur ei, qui sua causa commodaverit. maximas vero virtutes iacere omnis necesse est voluptate dominante. sunt etiam turpitudines plurimae, quae, nisi honestas natura plurimum valeat, cur non cadant in sapientem non est facile defendere.

(118) Ac ne plura complectar – sunt enim innumerabilia –, bene laudata virtus voluptatis aditus intercludat necesse est. quod iam a me expectare noli. tute introspice in mentem tuam ipse eamque omni cogitatione pertractans percontare ipse te perpetuisne malis voluptatibus perfruens in ea, quam saepe usurpabas, tranquillitate degere omnem aetatem sine

Kyros und Agesilaos, auf Aristides und Themistokles, auf Philipp und auf Alexander, lies auch die auf unsere Landsleute, lies die auf deine Familie; du wirst feststellen, daß keiner so gepriesen wurde, daß es hieß, er sei ein raffinierter Meister in der Kunst gewesen, sich Lustgefühle zu verschaffen. Das bringen auch die Grabinschriften nicht zum Ausdruck, zum Beispiel die am Stadttor: ›Die meisten Völker stimmen darin überein, daß dieser eine Mann der beste seines Volkes war.‹[68] (117) Nehmen wir an, die meisten Völker hätten in ihrer Meinung über Calatinus, daß er der beste Mann des Volkes war, deswegen übereingestimmt, weil er unübertrefflich im Erzeugen von Lustgefühlen gewesen sei? Werden wir also sagen, es gebe bei den jungen Leuten Grund zu schöner Hoffnung und eine eindrucksvolle Begabung, von denen wir annehmen, daß sie ihren eigenen Interessen dienen und alles das tun werden, was ihnen selbst zugute kommt? Erleben wir nicht, welche allgemeine Verwirrung, welches Chaos das zur Folge hat? Da gibt es keine Wohltat mehr und keine Dankbarkeit, die doch die Bande der Eintracht sind. Denn wenn du einem deinetwegen einen Gefallen tust, hat der nicht als Wohltat zu gelten, sondern als Kapitalanlage, und der scheint keinen Anspruch auf Dankbarkeit zu haben, der sich um seinetwillen gefällig zeigt. Die größten Tugenden sind aber alle mit Notwendigkeit hinfällig, wenn die Lust regiert. Es gibt auch schlechte Eigenschaften in großer Zahl, von denen nicht leicht zu begründen ist, weshalb sie nicht zu einem Weisen gehören sollten, wenn von Natur aus nicht die Sittlichkeit die höchste Geltung hat.

(118) Um nicht noch weiter auszugreifen – denn es gibt unzählige Argumente –, sage ich: das rechte Lob der Tugend verschließt der Lust den Zugang mit Notwendigkeit. Erwarte das jedoch nicht mehr von mir! Blick du selbst in dein eigenes Herz und prüfe es, indem du alles überdenkst; dann frage dich selbst: Willst du lieber in ununterbrochener Lust und im Genuß der Ruhe, die du so oft im Munde

dolore, adsumpto etiam illo, quod vos quidem adiungere soletis, sed fieri non potest, sine doloris metu, an, cum de omnibus gentibus optime mererere, cum opem indigentibus salutemque ferres, vel Herculis perpeti aerumnas. sic enim maiores nostri labores non fugiendos tristissimo tamen verbo aerumnas etiam in deo nominaverunt. (119) elicerem ex te cogeremque, ut responderes, nisi vererer ne Herculem ipsum ea, quae pro salute gentium summo labore gessisset, voluptatis causa gessisse diceres.«

Quae cum dixissem, »Habeo« inquit Torquatus »ad quos ista referam, et, quamquam aliquid ipse poteram, tamen invenire malo paratiores.«

»Familiares nostros, credo, Sironem dicis et Philodemum, cum optimos viros, tum homines doctissimos.«

»Recte« inquit »intellegis.«

»Age sane« inquam. »sed erat aequius Triarium aliquid de dissensione nostra iudicare.«

»Eiuro« inquit adridens »iniquum, hac quidem de re; tu enim ista lenius, hic Stoicorum more nos vexat.«

Tum Triarius: »Posthac quidem« inquit »audacius. nam haec ipsa mihi erunt in promptu, quae modo audivi, nec ante aggrediar, quam te ab istis, quos dicis, instructum videro.«

Quae cum essent dicta, finem fecimus et ambulandi et disputandi.

führtest, dein ganzes Leben ohne Schmerz und zusätzlich auch ohne das, was ihr zwar noch hinzuzufügen pflegt, was aber nicht realisierbar ist, nämlich auch ohne Furcht vor Schmerz, verbringen, oder ziehst du es vor, indem du dich um alle Völker hoch verdient machst und den Bedürftigen Hilfe und Rettung bringst, sogar die Drangsale eines Herkules auf dich zu nehmen? Mit diesem so unerfreulichen Wort haben nämlich unsere Vorfahren Arbeiten, die nicht zu vermeiden sind, sogar bei einem Gott als eine Drangsal bezeichnet. (119) Ich würde dir die Antwort entlocken und dich sogar zu ihr zwingen, wenn ich nicht fürchten müßte, daß du behaupten könntest, selbst Herkules habe die zum Wohl des Volkes mit höchster Mühe vollbrachten Taten um der Lust willen vollbracht.«

Nachdem ich so gesprochen hatte, sagte Torquatus: »Ich habe Leute, denen ich deine Argumente berichten kann; ich hätte zwar selbst etwas darauf sagen können, doch ich will lieber Leute ausfindig machen, die besser dafür gerüstet sind.«

»Du meinst wohl unsere Freunde Siron und Philodem, die nicht nur vortreffliche Männer, sondern vor allem auch große Gelehrte sind.«

»Du verstehst mich richtig«, erwiderte er.

»Wohlan denn«, sagte ich; »es wäre aber eher ein Urteil des Triarius über unsere Meinungsverschiedenheiten am Platz gewesen.«

»Da protestiere ich«, antwortete Torquatus lachend; »das wäre deplaziert, jedenfalls in dieser Frage. Du gehst ja eher sanft vor, während er uns nach Art der Stoiker zusetzt.«

Darauf bemerkte Triarius: »In Zukunft werde ich mich jedenfalls mutiger zeigen; dann wird mir nämlich auch das zu Gebote stehen, was ich eben hörte, und ich werde dich erst dann angreifen, wenn ich sehe, daß du dich von den genannten Männern hast belehren lassen.«

Nach diesen Worten beendeten wir den Spaziergang und das Gespräch.

Liber tertius

(1) Voluptatem quidem, Brute, si ipsa pro se loquatur nec tam pertinaces habeat patronos, concessuram arbitror convictam superiore libro dignitati. etenim sit inpudens, si virtuti diutius repugnet, aut si honestis iucunda anteponat aut pluris esse contendat dulcedinem corporis ex eave natam laetitiam quam gravitatem animi atque constantiam. quare illam quidem dimittamus et suis se finibus tenere iubeamus, ne blanditiis eius inlecebrisque impediatur disputandi severitas. (2) quaerendum est enim, ubi sit illud summum bonum, quod reperire volumus, quoniam et voluptas ab eo remota est, et eadem fere contra eos dici possunt, qui vacuitatem doloris finem bonorum esse voluerunt, nec vero ullum probetur ⟨oportet⟩ summum bonum, quod virtute careat, qua nihil potest esse praestantius. itaque quamquam in eo sermone, qui cum Torquato est habitus, non remissi fuimus, tamen haec acrior est cum Stoicis parata contentio. quae enim de voluptate dicuntur, ea nec acutissime nec abscondite disseruntur; neque enim qui defendunt eam versuti in disserendo sunt nec qui contra dicunt causam difficilem repellunt. (3) ipse etiam dicit Epicurus ne argumentandum quidem esse de voluptate, quod sit positum iudicium eius in sensibus, ut commoneri nos satis sit, nihil attineat doceri. quare illa nobis simplex fuit in utramque partem disputatio. nec enim in Torquati sermone quicquam implicatum aut tortuosum fuit, nostraque, ut mihi videtur, dilucida oratio. Stoicorum autem non ignoras quam sit subtile vel spinosum

Drittes Buch

(1) Was die Lust betrifft, Brutus, so würde sie sich wohl, wenn sie selbst für sich spräche und nicht so hartnäckige Verteidiger hätte, im letzten Buche durch die Würde geschlagen geben. Es wäre ja auch unverschämt, wenn sie noch länger gegen die Tugend streiten würde oder wenn sie das Angenehme dem sittlich Guten vorziehen und behaupten wollte, ein körperliches Lustgefühl und das aus ihm entsprungene Vergnügen sei wertvoller als Charakterstärke und Beständigkeit. Wir wollen sie deshalb beiseite lassen und auffordern, sich in ihren Grenzen zu halten, damit nicht ihr verführerischer Reiz den Ernst der Untersuchung stört. (2) Es gilt ja zu erkunden, wo jenes höchste Gut liegt, das wir finden wollen; denn einerseits ist die Lust weit von ihm entfernt, und andererseits läßt sich fast dasselbe gegen die einwenden, die im Freisein von Schmerz das höchste der Güter sehen wollten.[1] Aber auch etwas, das die Tugend – das Beste, was es geben kann – vermissen läßt, hat nicht als höchstes Gut zu gelten. So habe ich mir zwar in meiner Unterredung mit Torquatus nichts geschenkt, aber die Auseinandersetzung mit den Stoikern, die nun auf dem Programm steht, ist doch ernster. Denn was sich über die Lust sagen läßt, erfordert weder besonderen Scharfsinn, noch liegt es im Verborgenen. Ihre Verteidiger sind ja in der Erörterung nicht sehr gewandt, und ihre Gegner haben mit der Widerlegung leichtes Spiel. (3) Auch Epikur selbst sagt, man brauche für die Lust nicht einmal Argumente, weil sich das Urteil über sie ja auf die Sinne gründe, so daß es genüge, uns zu erinnern, und nicht darauf ankomme, uns zu belehren.[2] Darum war es für mich da kein Problem, das Für und Wider zu erörtern. Denn einerseits war in den Äußerungen des Torquatus nichts Vertracktes und Verwickeltes zu finden, und andererseits war meine Argumentation, wie mir scheint, klar. Doch was die Stoiker betrifft, so weißt du

potius disserendi genus, idque cum Graecis tum magis nobis, quibus etiam verba parienda sunt inponendaque nova rebus novis nomina. quod quidem nemo mediocriter doctus mirabitur cogitans in omni arte, cuius usus vulgaris communisque non sit, multam novitatem nominum esse, cum constituantur earum rerum vocabula, quae in quaque arte versentur. (4) itaque et dialectici et physici verbis utuntur iis, quae ipsi Graeciae nota non sint, geometrae vero et musici, grammatici etiam more quodam loquuntur suo. ipsae rhetorum artes, quae sunt totae forenses atque populares, verbis tamen in docendo quasi privatis utuntur ac suis. atque ut omittam has artis elegantes et ingenuas, ne opifices quidem tueri sua artificia possent, nisi vocabulis uterentur nobis incognitis, usitatis sibi. quin etiam agri cultura, quae abhorret ab omni politiore elegantia, tamen eas res, in quibus versatur, nominibus notavit novis. quo magis hoc philosopho faciendum est. ars est enim philosophia vitae, de qua disserens arripere verba de foro non potest. (5) Quamquam ex omnibus philosophis Stoici plurima novaverunt, Zenoque, eorum princeps, non tam rerum inventor fuit quam verborum novorum. quodsi in ea lingua, quam plerique uberiorem putant, concessum a Graecia est ut doctissimi homines de rebus non pervagatis inusitatis verbis uterentur, quanto id nobis magis est concedendum, qui ea nunc primum audemus attingere? et quoniam saepe diximus, et

wohl, wie scharfsinnig oder vielmehr spitzfindig ihre Art ist, etwas zu erörtern; und das gilt nicht nur für die Griechen, sondern mehr noch für uns, die wir sogar erst die entsprechenden Ausdrücke erfinden und neuen Gegenständen neue Namen geben müssen. So wird sich im Gedanken daran kein einigermaßen Gebildeter darüber wundern, daß sich in jedem Fachgebiet, mit dem man nicht alltäglich und gewöhnlich umgeht, viele neue Begriffe finden, wenn man für das, was es in dem betreffenden Gebiet gibt, die entsprechenden Ausdrücke bildet. (4) So verwenden die Vertreter der Dialektik und der Physik Begriffe, die selbst den Griechen nicht geläufig sind, in der Geometrie und der Musik sowie in der Grammatik spricht man gar eine ganz eigene Sprache. Selbst die Handbücher der Rhetorik, die doch ganz auf das Forum und das Volk bezogen sind, bedienen sich bei der Darlegung ihrer Lehre gleichsam besonderer und eigener Begriffe. Und abgesehen von diesen erlesenen und edlen Disziplinen könnten nicht einmal die Handwerker ihr Gewerbe treiben, wenn sie nicht Ausdrücke gebrauchen würden, die uns unbekannt, ihnen jedoch geläufig sind. Ja selbst beim Ackerbau, der keinerlei Beziehung zu dem gesamten Bereich verfeinerter Kultur hat, gab man doch den Dingen, mit denen man es dort zu tun hat, neue Namen. Um so mehr hat ein Philosoph so zu verfahren. Philosophie ist ja die Wissenschaft vom Leben; läßt sie sich darüber aus, so kann sie sich ihre Begriffe nicht auf dem Markt besorgen. (5) Von allen Philosophen haben freilich die Stoiker die meisten Neuerungen eingeführt, und Zenon, ihr führender Vertreter, erwies sich nicht so sehr als ein Entdecker neuer Sachverhalte wie als Erfinder von neuartigen Begriffen. Wenn man es aber in der Sprache, die die meisten für reicher an Ausdrucksmöglichkeiten halten, von seiten der Griechen gestattet, daß die größten Gelehrten über Dinge, die nicht allgemein bekannt sind, in ungebräuchlichen Ausdrücken sprechen, um wieviel mehr muß man das dann erst uns erlauben, die wir uns erst jetzt damit zu befassen wagen? Ich

quidem cum aliqua querela non Graecorum modo, sed eorum etiam, qui se Graecos magis quam nostros haberi volunt, nos non modo non vinci a Graecis verborum copia, sed esse in ea etiam superiores, elaborandum est ut hoc non in nostris solum artibus, sed etiam in illorum ipsorum adsequamur. quamquam ea verba, quibus instituto veterum utimur pro Latinis, ut ipsa philosophia, ut rhetorica, dialectica, grammatica, geometria, musica, quamquam Latine ea dici poterant, tamen, quoniam usu percepta sunt, nostra ducamus.

(6) Atque haec quidem de rerum nominibus. de ipsis rebus autem saepenumero, Brute, vereor ne reprehendar, cum haec ad te scribam, qui cum in philosophia, tum in optimo genere philosophiae tantum processeris. quod si facerem quasi te erudiens, iure reprehenderer. sed ab eo plurimum absum neque, ut ea cognoscas, quae tibi notissima sunt, ad te mitto, sed quia facillime in nomine tuo adquiesco, et quia te habeo aequissimum eorum studiorum, quae mihi communia tecum sunt, existimatorem et iudicem. attendes igitur, ut soles, diligenter eamque controversiam diiudicabis, quae mihi fuit cum avunculo tuo, divino ac singulari viro. (7) nam in Tusculano cum essem vellemque e bibliotheca pueri Luculli quibusdam libris uti, veni in eius villam, ut eos ipse, ut solebam, depromerem. quo cum venissem, M. Catonem, quem ibi esse nescieram, vidi in bibliotheca sedentem multis circumfusum Stoicorum libris. erat enim, ut scis, in eo aviditas legendi, nec satiari poterat, quippe qui ne reprehen-

habe es ja auch schon oft gesagt, und zwar unter dem lauten Gezeter nicht nur der Griechen, sondern auch derjenigen, die lieber als Griechen denn als unsere Landsleute gelten wollen,[3] daß wir den Griechen an Ausdrucksmöglichkeiten nicht nur nicht unterlegen, sondern in diesem Punkt sogar noch überlegen sind. Wir müssen uns deshalb bemühen, dieses Ziel nicht nur auf unseren Gebieten, sondern auch in ihren eigenen Disziplinen zu erreichen. Wir wollen aber die Begriffe, die wir nach altem Brauch anstelle lateinischer gebrauchen, wie eben ›Philosophie‹, wie ›Rhetorik‹, ›Dialektik‹, ›Grammatik‹, ›Geometrie‹, ›Musik‹, obwohl man sie auch auf lateinisch hätte ausdrücken können, trotzdem als unsere eigenen betrachten, da wir sie uns ja durch die Praxis angeeignet haben.

(6) Soviel über die Bezeichnungen der Dinge; was aber die Dinge selbst betrifft, so fürchte ich oft, kritisiert zu werden, Brutus, wenn ich dir solche Schriften widme: soweit bist du sowohl in der Philosophie wie ganz besonders in ihrem edelsten Gebiet[4] vorangeschritten. Wenn ich das täte, als wollte ich dich unterweisen, würde ich mit Recht getadelt. Doch davon bin ich weit entfernt, und diese Schriften widme ich dir nicht, damit du etwas kennenlernst, was dir schon wohlbekannt ist, sondern weil ich bei deinem Namen ganz einfach Trost und Ruhe finde und weil ich an dir einen so objektiven Kritiker und Richter der Studien habe, die mich mit dir verbinden. So wirst du wie gewöhnlich gut achtgeben und dir dein Urteil über diese Auseinandersetzung bilden, die ich mit deinem Onkel[5], einem genialen und einzigartigen Mann, führte. (7) Denn als ich mich auf meinem Landgut in Tusculum aufhielt und einige Bücher aus der Bibliothek des jungen Lucullus benützen wollte, ging ich in sein Landhaus, um sie mir wie gewöhnlich selbst zu holen. Als ich dorthin kam, sah ich Marcus Cato, von dessen Anwesenheit ich nichts gewußt hatte, wie er, umgeben von vielen Schriften der Stoiker, in der Bibliothek saß. Er war ja, wie du weißt, in seinem Lesehunger unersättlich

sionem quidem vulgi inanem reformidans in ipsa curia soleret legere saepe, dum senatus cogeretur, nihil operae rei publicae detrahens. quo magis tum in summo otio maximaque copia quasi helluari libris, si hoc verbo in tam clara re utendum est, videbatur. (8) quod cum accidisset ut alter alterum necopinato videremus, surrexit statim. deinde prima illa, quae in congressu solemus: »Quid tu« inquit »huc? a villa enim, credo« et: »Si ibi te esse scissem, ad te ipse venissem.«

»Heri« inquam »ludis commissis ex urbe profectus veni ad vesperum. causa autem fuit huc veniendi ut quosdam hinc libros promerem. et quidem, Cato, hanc totam copiam iam Lucullo nostro notam esse oportebit; nam his libris eum malo quam reliquo ornatu villae delectari. est enim mihi magnae curae – quamquam hoc quidem proprium tuum munus est –, ut ita erudiatur, ut et patri et Caepioni nostro et tibi tam propinquo respondeat. laboro autem non sine causa; nam et avi eius memoria moveor – nec enim ignoras, quanti fecerim Caepionem, qui, ut opinio mea fert, in principibus iam esset, si viveret –, et Lucullus mihi versatur ante oculos, vir cum virtutibus omnibus excellens, tum mecum et amicitia et omni voluntate sententiaque coniunctus.«

(9) »Praeclare« inquit »facis, cum et eorum memoriam tenes, quorum uterque tibi testamento liberos suos commendavit, et puerum diligis. quod autem meum munus dicis

und pflegte ohne Scheu vor der belanglosen Kritik der Leute häufig selbst im Rathaus zu lesen, wenn der Senat zusammentrat, ohne daß sein politisches Engagement darunter litt. Um so mehr schien er mir damals in ungestörter Muße und angesichts der üppigen Bestände gleichsam in Büchern zu schwelgen, wenn dieser Ausdruck bei einer so bedeutenden Beschäftigung gestattet ist. (8) So traf es sich, daß wir einander unerwartet sahen. Sogleich erhob er sich. Dann fragte er, wie es bei einer solchen Begegnung üblich ist: »Was führt dich her? Du kommst doch wohl von deinem Landhaus.« Und er fuhr fort: »Wenn ich gewußt hätte, daß du dort bist, wäre ich selbst zu dir gekommen.«

»Ich bin erst gestern gegen Abend aus der Stadt gekommen«, sagte ich, »als die Spiele[6] begonnen hatten. Der Grund aber, hierher zu kommen, war mein Wunsch, mir einige Bücher von hier mitzunehmen. Freilich, Cato, wird nun unser Lucullus mit diesen ganzen reichen Beständen Bekanntschaft machen müssen. Denn lieber soll er sich an diesen Büchern als an dem übrigen Schmuck seines Landhauses ergötzen. Ich kümmere mich nämlich sehr darum – obwohl es eigentlich deine persönliche Aufgabe ist –,[7] ihm eine solche Bildung zu vermitteln, daß er es mit seinem Vater, unserem Caepio und dir, der ihm so nahe steht, aufnehmen kann. Ich mühe mich jedoch nicht ohne Grund; denn einerseits bewegt mich dazu die Erinnerung an seinen Großvater[8] – du weißt ja gut, wie hoch ich Caepio schätzte, der meiner Meinung nach, wenn er noch lebte, zu den führenden Persönlichkeiten gehören würde –, und andererseits steht mir mit Lucullus ein Mann vor Augen, der sich durch sämtliche Vorzüge auszeichnete und dem ich mich besonders durch Freundschaft und Gemeinsamkeit unseres ganzen Sinnens und Trachtens verbunden fühlte.«

(9) »Es ist großartig von dir«, sagte er, »daß du das Andenken der beiden Männer bewahrst, von denen jeder seine Kinder testamentarisch deiner Obhut anvertraute, und daß du den Jungen liebst. Wenn du das aber als meine Pflicht

non equidem recuso, sed te adiungo socium. addo etiam illud, multa iam mihi dare signa puerum et pudoris et ingenii, sed aetatem vides.«

»Video equidem« inquam, »sed tamen iam infici debet iis artibus, quas si, dum est tener, conbiberit, ad maiora veniet paratior.«

»Sic, et quidem diligentius saepiusque ista loquemur inter nos agemusque communiter. sed residamus« inquit, »si placet.« Itaque fecimus.

(10) Tum ille: »Tu autem cum ipse tantum librorum habeas, quos hic tandem requiris?«

»Commentarios quosdam« inquam »Aristotelios, quos hic sciebam esse, veni ut auferrem, quos legerem, dum essem otiosus; quod quidem nobis non saepe contingit.«

»Quam vellem« inquit »te ad Stoicos inclinavisses! erat enim, si cuiusquam, certe tuum nihil praeter virtutem in bonis ducere.«

»Vide, ne magis« inquam »tuum fuerit, cum re idem tibi, quod mihi, videretur, non nova te rebus nomina inponere. ratio enim nostra consentit, pugnat oratio.«

»Minime vero« inquit ille »consentit. quicquid enim praeter id, quod honestum sit, expetendum esse dixeris in bonisque numeraveris, et honestum ipsum quasi virtutis lumen extinxeris et virtutem penitus everteris.«

(11) »Dicuntur ista, Cato, magnifice« inquam, »sed videsne verborum gloriam tibi cum Pyrrhone et cum Aristone, qui

bezeichnest, so lehne ich das meinerseits nicht ab, doch ich beteilige dich daran. Ich darf auch das noch sagen, daß der Junge in meinen Augen viele Anzeichen von Bescheidenheit und von Begabung zeigt; aber du siehst ja, wie jung er noch ist.«

»Das sehe ich natürlich«, erwiderte ich, »aber man muß ihn doch schon in Berührung mit diesen Wissenschaften bringen, in denen er dann besser gerüstet zu Höherem gelangen wird, wenn er sie schon in zartem Alter in sich aufgenommen hat.«

»So ist es«, sagte er, »und diese Fragen werden wir noch gründlicher und häufiger besprechen und gemeinsam miteinander behandeln. Nun aber wollen wir uns setzen, wenn es dir recht ist.« Und das taten wir.

(10) Darauf erkundigte er sich: »Du hast doch selbst so viele Bücher; nach welchen suchst du denn dann hier?«

Ich sagte: »Nach einigen Aufzeichnungen des Aristoteles,[9] die, wie ich weiß, hier sind; ich bin gekommen, um sie mitzunehmen und zu lesen, wenn ich dazu Zeit finde; das gibt es allerdings bei mir nicht oft.«

»Wie wünschte ich«, rief er, »daß deine Neigung den Stoikern gegolten hätte! Es hätte doch, wenn überhaupt zu jemand, ganz gewiß zu dir gepaßt, nichts als die Tugend für ein Gut zu halten.«

»Sieh zu«, erwiderte ich, »daß es nicht eher deine Aufgabe gewesen wäre, da du doch in der Sache meine Meinung teiltest, den Dingen keine neuen Namen zu geben. Im Denken stimmen wir ja überein, nur in der Ausdrucksweise gibt es einen Gegensatz.«

»Von Übereinstimmung«, gab er zurück, »kann keine Rede sein. Mit allem nämlich, was du außer dem sittlich Guten als erstrebenswert bezeichnest und als ein Gut betrachtest, löschst du das sittlich Gute gleichsam wie eine Leuchte der Tugend aus und ruinierst die Tugend völlig.«

(11) »Das klingt großartig«, sagte ich; »doch siehst du nicht, daß du den Glanz der Worte mit Pyrrhon und Ariston teilst,

omnia exaequant, esse communem? de quibus cupio scire quid sentias.«

»Egone quaeris« inquit »quid sentiam? quos bonos viros, fortes, iustos, moderatos aut audivimus in re publica fuisse aut ipsi vidimus, qui sine ulla doctrina naturam ipsam secuti multa laudabilia fecerunt, eos melius a natura institutos fuisse, quam institui potuissent a philosophia, si ullam aliam probavissent praeter eam, quae nihil aliud in bonis haberet nisi honestum, nihil nisi turpe in malis; ceterae philosophorum disciplinae, omnino alia magis alia, sed tamen omnes, quae rem ullam virtutis expertem aut in bonis aut in malis numerent, eas non modo nihil adiuvare arbitror neque firmare, quo meliores simus, sed ipsam depravare naturam. nam nisi hoc obtineatur, id solum bonum esse, quod honestum sit, nullo modo probari possit beatam vitam virtute effici. quod si ita sit, cur opera philosophiae sit danda nescio. si enim sapiens aliquis miser esse possit, ne ego istam gloriosam memorabilemque virtutem non magno aestimandam putem.«

(12) »Quae adhuc, Cato, a te dicta sunt, eadem« inquam »dicere posses, si sequerere Pyrrhonem aut Aristonem. nec enim ignoras his istud honestum non summum modo, sed etiam, ut tu vis, solum bonum videri. quod si ita est, sequitur id ipsum, quod te velle video, omnes semper beatos esse sapientes. hosne igitur laudas et hanc eorum, inquam, sententiam sequi nos censes oportere?«

»Minime vero istorum quidem« inquit. »cum enim virtutis hoc proprium sit, earum rerum, quae secundum naturam sint, habere delectum, qui omnia sic exaequaverunt, ut in

die alles über einen Leisten schlagen?[10] Ich möchte gerne wissen, was du von ihnen hältst.«

»Du fragst, was ich darüber denke?« entgegnete er. »Ich meine, die Männer, von denen wir entweder hörten oder selbst erlebten, daß sie im öffentlichen Leben anständig, tapfer, gerecht und maßvoll waren, die ohne irgendeine Lehre nur der Natur selbst folgten und soviel Lobenswertes taten – sie also waren von der Natur wohl besser angeleitet, als die Philosophie sie hätte anleiten können, wenn irgendeine andere ihren Beifall gefunden hätte als diejenige, die nur das sittlich Gute für ein Gut und nur das Schimpfliche für ein Übel hält; die anderen Philosophenschulen, die eine mehr, die andere weniger, aber doch alle, die etwas, das nichts mit Tugend zu tun hat, für ein Gut oder ein Übel halten, die bieten, wie ich glaube, nicht nur keine Hilfe und keine Stütze für unsere Besserung, sondern verderben selbst die Natur. Denn wenn man daran nicht festhielte, daß nur das sittlich Gute ein Gut ist, könnte man niemals beweisen, daß ein glückliches Leben nur durch die Tugend zustande kommt. Wenn es sich so verhielte, dann weiß ich nicht, weshalb man Mühe auf die Philosophie verwenden sollte. Denn könnte irgendein Weiser unglücklich sein, dann hielte ich wahrhaftig jene vielgerühmte Tugend nicht für besonders schätzenswert.«

(12) »Was du bis jetzt gesagt hast, Cato«, meinte ich, »das könntest du genauso sagen, wenn du dich Pyrrhon und Ariston anschließen würdest. Du weißt ja wohl, daß ihnen dieses sittlich Gute nicht nur als höchstes, sondern auch, wie du es willst, als einziges Gut gilt. Wenn das zutrifft, dann folgt daraus gerade das, was du, wie ich bemerke, willst, nämlich daß alle Weisen immer glücklich sind. Erkennst du also ihre Meinung an, und meinst du, daß ich ihren Standpunkt teilen sollte?«

»Nein, ihren nicht«, erwiderte er, »denn es ist ein Wesensmerkmal der Tugend, daß man unter den naturgemäßen Dingen eine Auswahl trifft.[11] Die Leute, die alle Dinge so

utramque partem ita paria redderent, uti nulla selectione uterentur, hi virtutem ipsam sustulerunt.«

(13) »Istud quidem« inquam »optime dicis, sed quaero nonne tibi faciendum idem sit nihil dicenti bonum, quod non rectum honestumque sit, reliquarum rerum discrimen omne tollenti.«

»Si quidem« inquit »tollerem, sed relinquo.«

(14) »Quonam modo?« inquam. »si una virtus, unum istud, quod honestum appellas, rectum, laudabile, decorum – erit enim notius quale sit pluribus notatum vocabulis idem declarantibus –, id ergo« inquam, »si solum est bonum, quid habebis praeterea, quod sequare? aut, si nihil malum, nisi quod turpe, inhonestum, indecorum, pravum, flagitiosum, foedum – ut hoc quoque pluribus nominibus insigne faciamus –, quid praeterea dices esse fugiendum?«

»Non ignoranti tibi« inquit »quid sim dicturus, sed aliquid, ut ego suspicor, ex mea brevi responsione arripere cupienti non respondebo ad singula, explicabo potius, quoniam otiosi sumus, nisi alienum putas, totam Zenonis Stoicorumque sententiam.«

»Minime id quidem« inquam »alienum, multumque ad ea, quae quaerimus, explicatio tua ista profecerit.«

(15) »Experiamur igitur« inquit, »etsi habet haec Stoicorum ratio difficilius quiddam et obscurius. nam cum in Graceo sermone haec ipsa quondam rerum nomina novarum * * non

über einen Leisten schlugen, daß sie sie im Sinne des Für und Wider gleichstellten, so daß sie unter ihnen keine Auswahl mehr treffen konnten, die haben der Tugend selbst ihre Grundlage entzogen.«

(13) »Das klingt zwar ausgezeichnet«, sagte ich, »ich frage aber, ob du nicht dann, wenn du nur das, was richtig und sittlich geboten ist, als Gut bezeichnest, genauso handeln mußt wie einer, der jeden Unterschied zwischen den anderen Dingen aufhebt.«

»Ja«, meinte er, »wenn ich den Unterschied aufheben würde; ich lasse ihn jedoch bestehen.«

(14) »Wie denn?« entgegnete ich. »Wenn einzig und allein die Tugend, wenn nur das, was du sittlich geboten, richtig, löblich oder anständig nennst – das Wesen einer Sache wird ja klarer, wenn es mit mehreren Ausdrücken derselben Bedeutung bezeichnet wird –, wenn also«, sagte ich, »nur das ein Gut ist, was hast du dann noch außerdem, wovon du dich bestimmen lassen könntest? Oder wenn nur das ein Übel ist, was du als schimpflich, unehrenhaft und unanständig, verkehrt, verbrecherisch oder abscheulich bezeichnest – um auch das durch mehrere Ausdrücke zu verdeutlichen –, was könntest du dann außerdem noch nennen, das man meiden müßte?«

»Du weißt ja wohl«, erwiderte er, »was ich sagen werde, und willst vermutlich aus meiner knappen Antwort nur einen Punkt aufgreifen. Darum will ich nicht auf die einzelnen Gesichtspunkte eingehen und lieber, da wir Zeit haben, falls du es nicht unpassend findest, die ganze Auffassung Zenons und der Stoiker erklären.«

»Das finde ich gar nicht unpassend«, sagte ich darauf, »und für die Frage, die wir untersuchen, dürfte deine Erklärung sehr hilfreich sein.«

(15) »Versuchen wir es also«, meinte er, »wenn auch die Lehre der Stoiker hier eine gewisse Schwierigkeit und Unklarheit enthält. Denn als im Griechischen für neue Vorstellungen neue Begriffe einzuführen waren, fand man die

videbantur, quae nunc consuetudo diuturna trivit; quid censes in Latino fore?«

»Facillimum id quidem est« inquam. »si enim Zenoni licuit, cum rem aliquam invenisset inusitatam, inauditum quoque ei rei nomen inponere, cur non liceat Catoni? nec tamen exprimi verbum e verbo necesse erit, ut interpretes indiserti solent, cum sit verbum, quod idem declaret, magis usitatum. equidem soleo etiam quod uno Graeci, si aliter non possum, idem pluribus verbis exponere. et tamen puto concedi nobis oportere ut Graeco verbo utamur, si quando minus occurret Latinum, ne hoc ephippiis et acratophoris potius quam proëgmenis et apoproëgmenis concedatur; quamquam haec quidem praeposita recte et reiecta dicere licebit.

(16) »Bene facis« inquit »quod me adiuvas, et istis quidem, quae modo dixisti, utar potius Latinis, in ceteris subvenies, si me haerentem videbis.«

»Sedulo« inquam »faciam. sed ›fortuna fortis‹; quare conare, quaeso. quid enim possumus hoc agere divinius?«

»Placet his« inquit »quorum ratio mihi probatur, simulatque natum sit animal – hinc enim est ordiendum –, ipsum sibi conciliari et commendari ad se conservandum et ad suum statum eaque, quae conservantia sint eius status, diligenda, alienari autem ab interitu iisque rebus, quae interitum videantur adferre. id ita esse sic probant, quod ante, quam

Ausdrücke nicht annehmbar, die heute durch den täglichen Gebrauch geläufig geworden sind.[12] Was meinst du, wie es da wohl im Lateinischen aussehen wird?«

»Das ist ganz einfach«, sagte ich; »wenn nämlich Zenon, als er auf etwas Ungewöhnliches gekommen war, das auch mit einem ungebräuchlichen Ausdruck bezeichnen durfte, warum soll Cato das dann nicht auch dürfen? Trotzdem braucht man nicht einen solchen Fachausdruck durch einen ähnlichen wiederzugeben, wie es ungeschickte Übersetzer tun, wenn es auch ein gebräuchlicheres Wort gibt, das dieselbe Bedeutung hat. Was mich betrifft, so pflege ich, wenn ich nicht anders kann, dasselbe, was die Griechen mit einem Wort ausdrücken, mit mehreren zu sagen. Und trotzdem muß man es uns meiner Meinung nach erlauben, ein griechisches Wort zu gebrauchen, wenn sich uns einmal kein lateinisches anbietet, damit man diese Möglichkeit nicht eher den ›Ephippien‹ und ›Acratophoren‹ als den ›proëgména‹ und den ›apoproëgména‹ einräumt;[13] die kann man freilich auch zutreffend als ›das Bevorzugte‹ und ›das Zurückgesetzte‹ bezeichnen.«

(16) Darauf erwiderte er: »Das ist schön von dir, daß du mich unterstützt, und bei dem, was du gerade anführtest, werde ich mich jedenfalls lieber an die Begriffe unserer Sprache halten; bei den übrigen wirst du mir schon zu Hilfe kommen, wenn du mich in der Klemme siehst.«

»Das werde ich mit Eifer tun«, entgegnete ich, »doch das Glück ist mit den Tüchtigen; deshalb versuch es bitte! Was könnten wir denn Herrlicheres tun als das?«

»Die Leute, deren Lehre mir einleuchtet«, begann er, »sind der Meinung, daß ein Lebewesen sogleich nach der Geburt – denn damit sollte man beginnen – eine Zuneigung und Hinwendung zu sich selbst entwickelt,[14] um sich zu erhalten und auf seine Verfassung und das, was der Erhaltung dieser Verfassung dient, bedacht zu sein, daß es sich aber gegen die Vernichtung und die Dinge, die zur Vernichtung zu führen scheinen, sträubt. Daß es sich so verhält, beweisen sie damit,

voluptas aut dolor attigerit, salutaria appetant parvi aspernenturque contraria, quod non fieret, nisi statum suum diligerent, interitum timerent. fieri autem non posset ut appeterent aliquid, nisi sensum haberent sui eoque se diligerent. ex quo intellegi debet principium ductum esse a se diligendo. (17) in principiis autem naturalibus [diligendi sui] plerique Stoici non putant voluptatem esse ponendam. quibus ego vehementer adsentior, ne, si voluptatem natura posuisse in iis rebus videatur, quae primae appetuntur, multa turpia sequantur. satis esse autem argumenti videtur quam ob rem illa, quae prima sunt adscita natura, diligamus, quod est nemo, quin, cum utrumvis liceat, aptas malit et integras omnis partis corporis quam, eodem usu, inminutas aut detortas habere. rerum autem cognitiones, quas vel c o m p r e h e n s i o n e s vel p e r c e p t i o n e s vel, si haec verba aut minus placent aut minus intelleguntur, καταλήψεις appellemus licet, eas igitur ipsas propter se adsciscendas arbitramur, quod habeant quiddam in se quasi complexum et continens veritatem. id autem in parvis intellegi potest, quos delectari videamus, etiamsi eorum nihil intersit, si quid ratione per se ipsi invenerint. (18) artis etiam ipsas propter se adsumendas putamus, cum quia sit in iis aliquid dignum adsumptione, tum quod constent ex cognitionibus et contineant quiddam in se ratione constitutum et via. a falsa autem adsensione magis nos alienatos esse quam a ceteris rebus,

daß kleine Kinder, bevor sie eine Lust oder ein Schmerz betrifft, nach dem streben, was ihrem Wohl dient, und das Gegenteil verschmähen; das würde nicht geschehen, wenn ihnen nicht an ihrer Verfassung gelegen wäre und sie nicht Angst vor der Vernichtung hätten. Sie könnten aber unmöglich nach irgend etwas streben, wenn sie nicht eine Empfindung von sich hätten und sich deswegen liebten. Daraus ist zu erkennen, daß der Ursprung in der Selbstliebe liegt. (17) Den ursprünglichen, natürlichen Regungen ist aber nach der Meinung der meisten Stoiker die Lust nicht zuzurechnen. Ihnen stimme ich mit Nachdruck zu, damit sich in der Folge nicht viel Schimpfliches daraus ergibt, wenn es so scheint, als habe die Natur die Lust unter die Dinge eingereiht, die man zuerst erstrebt. Es scheint jedoch genügend Gründe zu geben, weswegen wir das lieben, was uns von der Natur als erstes verliehen wurde. Denn es gibt niemand, der nicht, wenn er beide Möglichkeiten hat, sämtliche Körperteile lieber in guter Verfassung und unversehrt als, wenn er auch denselben Gebrauch von ihnen machen könnte, verkümmert und verkrüppelt haben möchte. Was aber die Erkenntnisse betrifft, die wir entweder Akte des Begreifens oder des Auffassens oder, falls diese Worte weniger gefällig oder weniger verständlich klingen, ›katalépseis‹ (›Erfassungen‹) nennen mögen, so glauben wir, daß man sie sich um ihrer selbst willen aneignen muß, weil sie etwas enthalten, das gleichsam die Wahrheit umfaßt und in sich schließt.[15] Das kann man doch schon an den kleinen Kindern erkennen, die sich, auch wenn es gar nicht wichtig für sie ist, sichtlich darüber freuen, wenn sie etwas selbständig durch Nachdenken gefunden haben. (18) Wir glauben auch, daß man sich wissenschaftliche Kenntnisse um ihrer selbst willen aneignen sollte, sowohl deshalb, weil sich in ihnen etwas findet, das der Aneignung wert ist, als auch ganz besonders darum, weil sie aus Einsichten bestehen und etwas methodisch Begründetes in sich enthalten. Die Zustimmung zu etwas Falschem aber widerstrebt uns nach stoischer Auffassung mehr als

quae sint contra naturam, arbitrantur. iam membrorum, id est partium corporis, alia videntur propter eorum usum a natura esse donata, ut manus, crura, pedes, ut ea, quae sunt intus in corpore, quorum utilitas quanta sit a medicis etiam disputatur, alia autem nullam ob utilitatem quasi ad quendam ornatum, ut cauda pavoni, plumae versicolores columbis, viris mammae atque barba. (19) Haec dicuntur fortasse ieiunius; sunt enim quasi prima elementa naturae, quibus ubertas orationis adhiberi vix potest, nec equidem eam cogito consectari. verum tamen cum de rebus grandioribus dicas, ipsae res verba rapiunt; ita fit cum gravior, tum etiam splendidior oratio.«

»Est, ut dicis« inquam. »sed tamen omne, quod de re bona dilucide dicitur, mihi praeclare dici videtur. istius modi autem res dicere ornate velle puerile est, plane autem et perspicue expedire posse docti et intellegentis viri.«

(20) »Progrediamur igitur, quoniam« inquit »ab his principiis naturae discessimus, quibus congruere debent quae sequuntur. sequitur autem haec prima divisio: Aestimabile esse dicunt – sic enim, ut opinor, appellemus – id, quod aut ipsum secundum naturam sit aut tale quid efficiat, ut selectione dignum propterea sit, quod aliquod pondus habeat dignum aestimatione, quam illi ἀξίαν vocant, contraque inaestimabile, quod sit superiori contrarium. initiis igitur ita constitutis, ut ea, quae secundum naturam sunt, ipsa propter se sumenda sint contrariaque item reicienda, primum est

alles andere, was wider die Natur ist. Des weiteren scheint es,[16] daß von den Gliedern, d. h. den Körperteilen, die einen uns von der Natur zum praktischen Gebrauch gegeben sind, etwa die Hände, Beine, Füße oder die inneren Organe, deren Nutzen auch von den Ärzten erörtert wird, während die anderen ohne nützliche Bestimmung gleichsam zur Zierde dienen, wie dem Pfau der Schweif, den Tauben die bunten Federn, den Männern die Brustwarzen und der Bart. (19) Das klingt vielleicht recht trocken; es sind ja gleichsam naturgegebene Anfangsgründe, bei denen sich die Fülle sprachlicher Ausdrucksmöglichkeiten kaum entfalten läßt; was mich betrifft, so habe ich es auch nicht darauf abgesehen. Doch wenn man über Dinge von größerer Bedeutung spricht, dann führt die Sache selbst zu dem entsprechenden Ausdruck; so wird die Sprache eindrucksvoller und vor allem auch glänzender.«
»Es ist so, wie du sagst«, erwiderte ich. »Aber trotzdem scheint mir jede klare Äußerung über ein gutes Thema auch eindrucksvoll zu sein. Doch Themen wie das deine glanzvoll behandeln zu wollen wäre kindisch; die Gabe, sie klar und einleuchtend zu entwickeln, hat aber nur ein Mann von Bildung und Verstand.«
(20) »So laß uns weitersehen«, fuhr er fort. »Wir sind ja von den ersten natürlichen Antrieben ausgegangen, denen das Folgende entsprechen muß. Als erstes aber folgt diese Unterscheidung: Als schätzenswert – so wollen wir es ja wohl nennen – bezeichnen die Stoiker das, was entweder selbst naturgemäß ist oder etwas dieser Art bewirkt, so daß es deshalb wert ist, ausgewählt zu werden, weil es eine Bedeutung hat, die der Wertschätzung würdig ist, die sie ›axía‹ (›Wert‹) nennen; dagegen bezeichnen sie das als nicht schätzenswert, was im Gegensatz zu dem Vorhergenannten steht. Wenn also die Voraussetzungen in dem Sinne festgelegt sind, daß man sich das Naturgemäße schon um seiner selbst willen zu eigen machen und das Gegenteil desgleichen ablehnen muß, dann hat man erstens die Pflicht – so gebe ich

officium – id enim appello καθῆκον –, ut se conservet in naturae statu, deinceps ut ea teneat, quae secundum naturam sint, pellatque contraria. qua inventa selectione et item reiectione sequitur deinceps cum officio selectio, deinde ea perpetua, tum ad extremum constans consentaneaque naturae, in qua primum inesse incipit et intellegi, quid sit, quod vere bonum possit dici. (21) prima est enim conciliatio hominis ad ea, quae sunt secundum naturam. simul autem cepit intellegentiam vel notionem potius, quam appellant ἔννοιαν illi, viditque rerum agendarum ordinem et, ut ita dicam, concordiam, multo eam pluris aestimavit quam omnia illa, quae prima dilexerat, atque ita cognitione et ratione collegit, ut statueret in eo collocatum summum illud hominis per se laudandum et expetendum bonum, quod cum positum sit in eo, quod ὁμολογίαν Stoici, nos appellemus c o n v e n i e n t i a m, si placet, – cum igitur in eo sit id bonum, quo omnia referenda sint, honeste facta ipsumque honestum, quod solum in bonis ducitur, quamquam post oritur, tamen id solum vi sua et dignitate expetendum est; eorum autem, quae sunt prima naturae, propter se nihil est expetendum. (22) cum vero illa, quae officia esse dixi, proficiscantur ab initiis naturae, necesse est ea ad haec referri, ut recte dici possit omnia officia eo referri, ut adipiscamur principia naturae, nec tamen ut hoc sit bonorum ultimum, propterea

ja den Begriff ›kathēkon‹ (›das Zukommende‹) wieder –, sich in der naturgegebenen Verfassung zu erhalten, und zweitens ist man verpflichtet, an dem festzuhalten, was der Natur gemäß ist, und das abzuwehren, was ihr widerspricht. Wenn man zu dieser Auswahl und ebenso zu der entsprechenden Zurückweisung gelangt ist, so folgt anschließend die Auswahl im Sinne pflichtgemäßen Handelns, dann wird sie zu einer dauerhaften Haltung und schließlich zu konsequenter Übereinstimmung mit der Natur;[17] in ihr ist erstmals das zu finden und zu erkennen, was man das wahrhaft Gute nennen kann. (21) Am Anfang steht ja die Zuneigung des Menschen zu dem, was naturgemäß ist. Sobald er aber die entsprechende Erkenntnis oder vielmehr den Begriff davon gewonnen hat – die Stoiker bezeichnen ihn als ›énnoia‹ (›Einsicht‹) – und sowie er die Ordnung und sozusagen Harmonie in dem, was es zu tun gilt, wahrgenommen hat, schätzt er sie weitaus höher als das, wofür er sich zuerst erwärmte, und kommt aufgrund naturgemäßer Erkenntnis zu dem Schluß, darin das höchste Gut des Menschen zu sehen, das es verdient, um seiner selbst willen gepriesen und erstrebt zu werden. Weil es in dem liegt, was die Stoiker ›homología‹ (›Übereinstimmung‹) nennen und was wir, wenn der Ausdruck Beifall findet, als innere Harmonie[18] bezeichnen können, weil also darauf jenes Gut beruht, nach dem man alles auszurichten hat, die sittlich guten Taten und das sittlich Gute selbst, das man alleine als ein Gut betrachten kann, ist das, obwohl es sich erst später ergibt, dennoch alleine wegen seines Wesens und seiner Würde zu erstreben. Von dem jedoch, was die elementaren natürlichen Bedürfnisse betrifft, ist nichts um seiner selbst willen erstrebenswert. (22) Da aber das, was ich als pflichtgemäßes Handeln bezeichnete, von den ursprünglichen Regungen der Natur ausgeht, muß es auf sie bezogen werden, so daß mit Recht behauptet werden kann, sämtliche pflichtgemäßen Handlungen zielten auf die Erfüllung ursprünglicher natürlicher Bedürfnisse, jedoch nicht in dem Sinne, daß darin das höchste Gut

quod non inest in primis naturae conciliationibus honesta actio; consequens enim est et post oritur, ut dixi. est tamen ea secundum naturam multoque nos ad se expetendam magis hortatur quam superiora omnia.

Sed ex hoc primum error tollendus est, ne quis sequi existimet, ut duo sint ultima bonorum. ut enim si cui propositum sit conliniare hastam aliquo aut sagittam, sic nos ultimum in bonis dicimus: [sic illi facere omnia, quae possit, ut conliniet] huic in eius modi similitudine omnia sint facienda, ut conliniet, et tamen, ut omnia faciat, quo propositum adsequatur, sit hoc quasi ultimum, quale nos summum in vita bonum dicimus, illud autem, ut feriat, quasi seligendum, non expetendum.

(23) Cum autem omnia officia a principiis naturae proficiscantur, ab isdem necesse est proficisci ipsam sapientiam. sed quem ad modum saepe fit, ut is, qui commendatus sit alicui, pluris eum faciat, cui commendatus sit, quam illum, a quo, sic minime mirum est primo nos sapientiae commendari ab initiis naturae, post autem ipsam sapientiam nobis cariorem fieri, quam illa sint, a quibus ad hanc venerimus. atque ut membra nobis ita data sunt, ut ad quandam rationem vivendi data esse appareant, sic appetitio animi, quae ὁρμή Graece vocatur, non ad quodvis genus vitae, sed ad quandam formam vivendi videtur data, itemque et ratio et perfecta ratio. (24) ut enim histrioni actio, saltatori motus non quivis, sed certus quidam est datus, sic vita agenda est certo genere

bestehe, und zwar deswegen, weil das sittlich gute Handeln nicht zu den ursprünglichen Regungen der Natur gehört; denn es folgt erst aus ihnen und ergibt sich, wie gesagt, nachträglich. Trotzdem ist es naturgemäß und treibt uns weitaus mehr als alles, was vorhergeht, dazu an, nach ihm zu streben.

Hier ist jedoch zunächst ein Irrtum auszuräumen, damit nicht etwa jemand daraus den Schluß zieht, daß es zwei Formen des höchsten Gutes gibt. Wir sprechen ja im selben Sinne von einem höchsten Gut, wie wenn ein Schütze sich vornimmt, eine Lanze oder einen Pfeil auf ein bestimmtes Ziel zu richten. In diesem Gleichnis müßte er zwar alles unternehmen, um recht zu zielen, und trotzdem bestünde darin, daß er alles zur Erreichung seines Zieles tut, gleichsam das letzte Ziel, entsprechend dem, was wir im Leben als das höchste Gut bezeichnen; das Treffen aber wäre etwas, das auszuwählen, doch nicht etwas, das an sich zu erstreben ist.[19]

(23) Da aber alles pflichtgemäße Handeln von elementaren natürlichen Bedürfnissen ausgeht, muß von ihnen auch die Weisheit selbst ausgehen. Doch wie es oft vorkommt, daß einer, der jemandem empfohlen wurde, den höher schätzt, dem er empfohlen wurde, als den, der ihn empfohlen hatte, so ist es keineswegs verwunderlich, daß wir zunächst von unseren ursprünglichen Regungen zur Weisheit hingeführt werden, daß aber später die Weisheit selbst uns teurer wird als jene Grundlagen, von denen wir zu ihr gekommen sind. Und wie uns unsere Glieder offenbar zu einer bestimmten Lebensweise gegeben sind, so scheint es, daß uns unser innerer Drang, den man auf griechisch ›hormé‹ (›Antrieb‹) nennt, nicht zu einer beliebigen Lebensweise, sondern zu einer bestimmten Form des Lebens gegeben ist; und ebenso verhält es sich mit der Vernunft und ihrer vollkommenen Verwirklichung. (24) Denn wie einem Schauspieler die Darstellung und einem Tänzer die Bewegung nicht in beliebiger, sondern in ganz bestimmter Weise gegeben ist, so haben wir

quodam, non quolibet; quod genus conveniens consentaneumque dicimus. nec enim gubernationi aut medicinae similem sapientiam esse arbitramur, sed actioni illi potius, quam modo dixi, et saltationi, ut in ipsa insit, non foris petatur extremum, id est artis effectio. et tamen est etiam aliqua cum his ipsis artibus sapientiae dissimilitudo, propterea quod in illis quae recte facta sunt non continent tamen omnes partes, e quibus constant; quae autem nos aut recta aut recte facta dicamus, si placet, illi autem appellant κατορθώματα, omnes numeros virtutis continent. sola enim sapientia in se tota conversa est, quod idem in ceteris artibus non fit. (25) Inscite autem medicinae et gubernationis ultimum cum ultimo sapientiae comparatur. sapientia enim et animi magnitudinem complectitur et iustitiam, et ut omnia, quae homini accidant, infra se esse iudicet, quod idem ceteris artibus non contingit. tenere autem virtutes eas ipsas, quarum modo feci mentionem, nemo poterit, nisi statuerit nihil esse, quod intersit aut differat aliud ab alio, praeter honesta et turpia.

(26) Videamus nunc, quam sint praeclare illa his, quae iam posui, consequentia. cum enim hoc sit extremum – sentis enim, credo, me iam diu, quod τέλος Graeci dicant, id dicere tum extremum, tum ultimum, tum summum; licebit etiam finem pro extremo aut ultimo dicere –, cum igitur hoc sit extremum, congruenter naturae convenienter-

das Leben auf eine ganz bestimmte Art, nicht nach Belieben zu führen; und diese Art bezeichnen wir als angemessen und naturgemäß. Nach unserer Auffassung gleicht die Weisheit nämlich nicht der Kunst des Steuermannes oder der des Arztes, sondern vielmehr der eben erwähnten Schauspielkunst und der Tanzkunst, so daß ihr letztes Ziel, das heißt ihre vollkommene Verwirklichung, in ihr selbst liegt und nicht irgendwo außerhalb von ihr zu suchen ist. Und dennoch gibt es auch einen Unterschied zwischen der Weisheit und eben diesen Künsten; es gibt ihn deshalb, weil bei ihnen etwas, das richtig ausgeführt ist, trotzdem nicht alle Bestandteile enthält, aus denen sie bestehen, während das, was wir als das rechte oder das richtige Handeln bezeichnen, wenn dieser Ausdruck Beifall findet, was jene aber als ›katorthómata‹ (›das richtig Vollbrachte‹) bezeichnen, alle Elemente der sittlichen Vollkommenheit in sich enthält.[20] Einzig die Weisheit ist nämlich ganz auf sich gerichtet, bei den übrigen Künsten gibt es das so nicht. (25) Fälschlicherweise wird aber das letzte Ziel der Heilkunst und der Kunst des Steuerns mit dem letzten Ziel der Weisheit verglichen. Die Weisheit nämlich umfaßt auch die Hochherzigkeit und die Gerechtigkeit, und es gehört zu ihr, daß sie sich allem, was dem Menschen zustößt, überlegen fühlt, etwas, das sich so bei den übrigen Künsten nicht findet. Die Tugenden, von denen ich gerade sprach, wird aber nur der besitzen können, der auf dem Standpunkt steht, daß es kein anderes Merkmal gibt, durch das die Dinge sich voneinander unterscheiden, als das sittlich Gute und das Verwerfliche.

(26) Laß uns nun sehen, wie eindrucksvoll sich aus dem schon Gesagten das Folgende ergibt: Weil nämlich das das eigentliche Ziel ist – du merkst ja wohl, daß ich schon lange das, was die Griechen ›télos‹ (›Ziel‹) nennen, bald als das eigentliche, bald als das letzte, bald als das höchste Ziel bezeichne; statt ›eigentliches‹ oder ›letztes Ziel‹ kann man auch ›Endzweck‹ sagen –, weil also das das eigentliche Ziel ist, in Übereinstimmung mit der Natur und ihr gemäß zu

que vivere, necessario sequitur omnes sapientes semper feliciter, absolute, fortunate vivere, nulla re impediri, nulla prohiberi, nulla egere. quod autem continet non magis eam disciplinam, de qua loquor, quam vitam fortunasque nostras, id est ut, quod honestum sit, id solum bonum iudicemus, potest id quidem fuse et copiose et omnibus electissimis verbis gravissimisque sententiis rhetorice et augeri et ornari, sed consectaria me Stoicorum brevia et acuta delectant.

(27) concluduntur igitur eorum argumenta sic: Quod est bonum, omne laudabile est; quod autem laudabile est, omne est honestum; bonum igitur quod est, honestum est. satisne hoc conclusum videtur? certe; quod enim efficiebatur ex iis duobus, quae erant sumpta, in eo vides esse conclusum. duorum autem, e quibus effecta conclusio est, contra superius dici solet non omne bonum esse laudabile. nam quod laudabile sit honestum esse conceditur. illud autem perabsurdum, bonum esse aliquid, quod non expetendum sit, aut expetendum, quod non placens, aut, si id, non etiam diligendum; ergo et probandum; ita etiam laudabile; id autem honestum. ita fit, ut, quod bonum sit, id etiam honestum sit.

(28) Deinde quaero, quis aut de misera vita possit gloriari aut de non beata. de sola igitur beata. ex quo efficitur gloriatione, ut ita dicam, dignam esse beatam vitam, quod non possit nisi honestae vitae iure contingere. ita fit, ut honesta vita beata vita sit. Et quoniam is, cui contingit ut iure laudetur, habet insigne quiddam ad decus et ad gloriam, ut

leben, folgt daraus zwingend, daß alle Weisen immer in unbedingtem und vollkommenem Glück leben, daß sie durch nichts beschränkt oder behindert werden und daß sie nichts entbehren. Der Grundsatz aber, auf welchem diese Lehre, von der ich spreche, so gut wie unser Lebensglück beruht, ist der, daß man das sittlich Gute für das einzige Gut hält; das kann man zwar breit und ausführlich, mit allen möglichen gewählten Worten und eindrucksvollen Wendungen rhetorisch glänzend und wirkungsvoll darstellen, doch mir gefallen die Schlußfolgerungen der Stoiker in ihrer Kürze und Prägnanz.

(27) Die logische Verknüpfung ihrer Argumente also ist die folgende: Alles, was gut ist, ist lobenswert; alles, was lobenswert ist, ist aber sittlich wertvoll. Was gut ist, ist also sittlich wertvoll. Scheint diese Argumentation schlüssig genug? Gewiß; denn die Schlußfolgerung besteht ja offensichtlich in dem, was sich aus jenen zwei Voraussetzungen ergab. Gegen die erste der beiden Voraussetzungen, aus denen die Schlußfolgerung abgeleitet ist, sagt man gewöhnlich, es sei nicht alles Gute lobenswert. Denn daß das Lobenswerte sittlich wertvoll sei, das räumt man ein. Es wäre aber widersinnig zu behaupten, es gebe etwas Gutes, das nicht erstrebenswert sei, oder etwas Erstrebenswertes, das nicht gefällig sei, oder wenn es so sei, sei es nicht hoch zu schätzen; dann ist es aber auch zu billigen; also ist es auch lobenswert; das aber ist ja sittlich wertvoll. So ergibt sich, daß das, was gut ist, auch sittlich wertvoll ist. (28) Des weiteren frage ich, wer sich bei einem elenden oder unglückseligen Leben rühmen könnte. Man kann es also nur bei einem glückseligen. Daraus ergibt sich, daß ein glückseliges Leben der Verherrlichung, um mich so auszudrücken, würdig ist, etwas, das von Rechts wegen nur dem sittlich guten Leben zukommen kann. Daraus ergibt sich, daß das sittlich gute Leben ein glückseliges Leben ist. Und weil der, dem es widerfährt, daß er zu Recht gerühmt wird, einen besonderen Vorrang an Ruhm und Ehre hat, so daß man ihn ob so

ob ea, quae tanta sint, beatus dici iure possit, idem de vita talis viri rectissime dicetur. ita, si beata vita honestate cernitur, quod honestum est, id bonum solum habendum est. (29) Quid vero? negarine ullo modo possit ⟨numquam⟩ quemquam stabili et firmo et magno animo, quem fortem virum dicimus, effici posse, nisi constitutum sit non esse malum dolorem? ut enim qui mortem in malis ponit non potest eam non timere, sic nemo ulla in re potest id, quod malum esse decreverit, non curare idque contemnere. quo posito et omnium adsensu adprobato illud adsumitur, eum, qui magno sit animo atque forti, omnia, quae cadere in hominem possint, despicere ac pro nihilo putare. quae cum ita sint, effectum est nihil esse malum, quod turpe non sit. Atque iste vir altus et excellens, magno animo, vere fortis, infra se omnia humana ducens, is, inquam, quem efficere volumus, quem quaerimus, certe et confidere sibi debet ac suae vitae et actae et consequenti et bene de sese iudicare statuens nihil posse mali incidere sapienti. ex quo intellegitur idem illud, solum bonum esse, quod honestum sit, idque esse beate vivere: honeste, id est cum virtute, vivere.

(30) Nec vero ignoro varias philosophorum fuisse sententias, eorum dico, qui summum bonum, quod ultimum appello, in animo ponerent. quae quamquam vitiose quidam secuti sunt, tamen non modo iis tribus, qui virtutem a summo

bedeutender Vorzüge mit Recht glückselig nennen kann, wird man dasselbe mit vollem Recht auch von dem Leben eines solchen Mannes sagen. Wenn ein glückseliges Leben also an seinem sittlichen Wert zu erkennen ist, darf nur, was sittlich wertvoll ist, als ein Gut angesehen werden. (29) Wie steht es aber damit? Ließe sich auf irgendeine Weise bestreiten, daß niemand jemals standhaft, zuverlässig und hochgesinnt, wie wir einen tapferen Mann bezeichnen, werden könnte, wenn für ihn nicht feststünde, daß der Schmerz kein Übel ist? Wie nämlich jemand, der den Tod unter die Übel rechnet, nicht umhin kann, ihn zu fürchten, so ist man keinesfalls imstande, das, was man entschieden als ein Übel betrachtet, zu vernachlässigen und zu verachten. Wenn dieser Grundsatz gilt und alle damit einverstanden sind, ergibt sich aus ihm folgerichtig auch der andere, daß einer, der hochgesinnt und tapfer ist, alles, was einem Menschen zustoßen kann, geringschätzt und verachtet. Aus diesen Sätzen folgt, daß nur das, was verwerflich ist, ein Übel ist. Und dieser überlegene, hervorragende, hochgesinnte, in Wahrheit tapfere Mann, der sich über alles Menschliche erhaben fühlen darf, der Mann, ich sagte es, um den es uns zu tun ist und den wir im Auge haben, der darf gewiß auf sich und auf sein Leben, sowohl auf das vergangene wie auf das künftige, vertrauen und über sich ein positives Urteil fällen in der Überzeugung, daß dem Weisen kein Übel zustoßen kann. Daraus ergibt sich eben jene Erkenntnis, daß nur das sittlich Gute ein Gut darstellt und das glückselige Leben darin besteht, daß man ein sittlich gutes Leben, das heißt ein Leben in der Tugend, führt.

(30) Ich weiß indessen wohl, daß es verschiedene Auffassungen bei den Philosophen gab, ich meine: bei denen, die das höchste Gut – das, was ich als das letzte Ziel bezeichne – auf die Seele gründeten. Zwar machten manche, die sich dieser Lehre anschlossen, Fehler, aber ich ziehe sie nicht nur den drei Richtungen vor, die eine Trennung zwischen der Tugend und dem höchsten Gut vornahmen, indem sie ent-

bono segregaverunt, cum aut voluptatem aut vacuitatem doloris aut prima naturae in summis bonis ponerent, sed etiam alteris tribus, qui mancam fore putaverunt sine aliqua accessione virtutem ob eamque rem trium earum rerum, quas supra dixi, singuli singulas addiderunt, – his tamen omnibus eos antepono, cuicuimodi sunt, qui summum bonum in animo atque in virtute posuerunt. (31) sed sunt tamen perabsurdi et ii, qui cum scientia vivere ultimum bonorum, et qui nullam rerum differentiam esse dixerunt, atque ita sapientem beatum fore, nihil aliud alii momento ullo anteponentem, ⟨et qui⟩, ut quidam Academici constituisse dicuntur, extremum bonorum et summum munus esse sapientis obsistere visis adsensusque suos firme sustinere. his singulis copiose responderi solet, sed quae perspicua sunt longa esse non debent. quid autem apertius quam, si selectio nulla sit ab iis rebus, quae contra naturam sint, earum rerum, quae sint secundum naturam, ⟨fore ut⟩ tollatur omnis ea, quae quaeratur laudeturque, prudentia?

Circumscriptis igitur iis sententiis, quas posui, et iis, si quae similes earum sunt, relinquitur ut summum bonum sit vivere scientiam adhibentem earum rerum, quae natura eveniant, seligentem quae secundum naturam et quae contra naturam sint reicientem, id est convenienter congruenterque naturae vivere.

(32) Sed in ceteris artibus cum dicitur a r t i f i c i o s e, posterum quodam modo et consequens putandum est, quod

weder die Lust oder die Freiheit von Schmerz oder die Befriedigung der elementaren natürlichen Bedürfnisse zu den höchsten Gütern machten,[21] sondern auch den drei anderen, die die Tugend ohne irgendeinen Zusatz für unzureichend hielten und deshalb von den drei oben genannten Dingen bald das eine, bald das andere hinzufügten[22] – vor diesen allen also gebe ich denen den Vorzug, welcher Art sie auch sein mögen, die das höchste Gut nur auf die Seele und auf die Tugend gegründet haben. (31) Völlig verschroben sind aber trotzdem sowohl diejenigen, die sagten, der Wissenschaft zu leben sei das höchste Gut,[23] als auch die, die behaupteten, es gebe keinen Unterschied zwischen den Dingen, und der Weise sei nur dann glücklich, wenn er keiner Sache wegen irgendeines ausschlaggebenden Moments vor einer anderen den Vorzug gebe.[24] Hierher gehören auch diejenigen, die wie gewisse Akademiker den Standpunkt vertreten haben sollen, das höchste Gut und die vornehmste Pflicht des Weisen sei es, sich Phantasiebildern zu widersetzen und der Neigung, sie für wahr zu halten, energisch zu widerstehen.[25] Auf diese Lehren pflegt man jeweils ausführlich einzugehen. Doch was so evident ist, braucht ja nicht breit ausgeführt zu werden. Was aber wäre offenkundiger, als daß die ganze Klugheit, auf die es uns ankommt und die wir preisen, dann entfällt, wenn keine Möglichkeit besteht, zwischen den Dingen, die der Natur zuwiderlaufen, und denen, die naturgemäß sind, eine Wahl zu treffen?

Wenn also diese Lehren, die ich anführte, und solche, die ihnen vielleicht entsprechen, ausgeschieden sind, bleibt nur dieses Ergebnis übrig: Das höchste Gut besteht darin, im Leben das Wissen um die natürlichen Gegebenheiten anzuwenden, indem man sich für das entscheidet, was naturgemäß ist, und das verwirft, was ihr zuwiderläuft, das heißt in Harmonie und Übereinstimmung mit der Natur zu leben.

(32) Gebraucht man aber in den anderen Bereichen den Ausdruck ›kunstgerecht‹,[26] hat man darunter etwas zu verstehen, das gewissermaßen später folgt und sich logisch

illi ἐπιγεννηματικόν appellant; cum autem in quo sapienter dicimus, id a primo rectissime dicitur. quicquid enim a sapientia proficiscitur, id continuo debet expletum esse omnibus suis partibus; in eo enim positum est id, quod dicimus esse expetendum. nam ut peccatum est patriam prodere, parentes violare, fana depeculari, quae sunt in effectu, sic timere, sic maerere, sic in libidine esse peccatum est etiam sine effectu. verum ut haec non in posteris et in consequentibus, sed in primis continuo peccata sunt, sic ea, quae proficiscuntur a virtute, susceptione prima, non perfectione recta sunt iudicanda.

(33) Bonum autem, quod in hoc sermone totiens usurpatum est, id etiam definitione explicatur. sed eorum definitiones paulum oppido inter se differunt et tamen eodem spectant. ego adsentior Diogeni, qui bonum definierit id, quod esset natura absolutum. id autem sequens illud etiam, quod prodesset – ὠφέλημα enim sic appellemus –, motum aut statum esse dixit e natura absoluto. cumque rerum notiones in animis fiant, si aut usu aliquid cognitum sit aut coniunctione aut similitudine aut collatione rationis, hoc quarto, quod extremum posui, boni notitia facta est. cum enim ab iis rebus, quae sunt secundum naturam, ascendit animus collatione rationis, tum ad notionem boni pervenit. (34) hoc autem ipsum bonum non accessione neque crescendo aut cum ceteris comparando, sed propria vi sua et sentimus et appellamus bonum. ut enim mel, etsi dulcissimum est, suo

ergibt; die Griechen bezeichnen es als ›epigennematikón‹ (›eine Folgeerscheinung bildend‹). Bezeichnet man dagegen etwas bei jemandem als ›weise‹, so versteht man darunter von Anfang an etwas vollkommen Richtiges; denn alles, was von der Weisheit herrührt, muß sogleich in jeder Hinsicht vollkommen sein; es gründet sich ja auf das, was wir als erstrebenswert bezeichnen. Denn wie es ein Vergehen ist, wenn man das Vaterland verrät, die Eltern verwundet oder Heiligtümer plündert, Dinge, die in der Ausführung bestehen, so ist es auch ohne die Ausführung ein Vergehen, wenn man ängstlich, traurig oder wollüstig ist. Wie aber dieses letztere nicht erst in dem, was später folgt und sich ergibt, sondern sogleich im Ursprung ein Vergehen ist, so muß man das, was von der sittlichen Vollkommenheit herrührt, im ersten Ansatz und nicht erst in der Ausführung für richtig halten.

(33) Das Gute aber, das in dieser Unterredung so oft zur Sprache kam, wird auch durch eine Definition erklärt. Zwar unterscheiden sich die Definitionen der Stoiker durchaus ein wenig voneinander, sie zielen aber in dieselbe Richtung. Was mich betrifft, so halte ich es mit Diogenes; er hat das Gute als etwas definiert, das von Natur vollkommen sei. Das aber, was sich aus ihm ergebe und was auch nützlich sei – denn so wollen wir das ›ophélema‹ (›Nutzen‹) ausdrükken –, bezeichnete er als eine Bewegung oder einen Zustand aufgrund des von Natur Vollkommenen. Da die Begriffe von den Dingen im Geist entstehen, wenn etwas entweder durch praktische Erfahrung oder logische Verbindung, durch Ähnlichkeit oder Analogie erkannt ist, entstand durch diese vierte Möglichkeit, die ich an letzter Stelle nannte, der Begriff des Guten. Denn wenn der Geist von den naturgemäßen Dingen im Sinne der Analogie aufsteigt, gelangt er zum Begriff des Guten. (34) Das Gute an sich aber empfinden und bezeichnen wir nicht durch einen Zusatz oder Zuwachs oder durch einen Vergleich mit anderem, sondern durch sein ureigenstes Wesen als gut. Denn wie der Honig,

tamen proprio genere saporis, non comparatione cum aliis dulce esse sentitur, sic bonum hoc, de quo agimus, est illud quidem plurimi aestimandum, sed ea aestimatio genere valet, non magnitudine. nam cum aestimatio, quae ἀξία dicitur, neque in bonis numerata sit nec rursus in malis, quantumcumque eo addideris, in suo genere manebit. alia est igitur propria aestimatio virtutis, quae genere, non crescendo valet. (35) Nec vero perturbationes animorum, quae vitam insipientium miseram acerbamque reddunt, quas Graeci πάθη appellant – poteram ego verbum ipsum interpretans morbos appellare, sed non conveniret ad omnia; quis enim misericordiam aut ipsam iracundiam morbum solet dicere? at illi dicunt πάθος. sit igitur perturbatio, quae nomine ipso vitiosa declarari videtur [nec eae perturbationes vi aliqua naturali moventur]. omnesque eae sunt genere quattuor, partibus plures, aegritudo, formido, libido, quamque Stoici communi nomine corporis et animi ἡδονήν appellant, ego malo l a e t i t i a m appellare, quasi gestientis animi elationem voluptariam. perturbationes autem nulla naturae vi commoventur, omniaque ea sunt opiniones ac iudicia levitatis. itaque his sapiens semper vacabit.

(36) Omne autem, quod honestum sit, id esse propter se expetendum commune nobis est cum multorum aliorum philosophorum sententiis. praeter enim tres disciplinas, quae virtutem a summo bono excludunt, ceteris omnibus

obwohl er das Süßeste ist, doch durch die besondere Eigenart seines Geschmacks und nicht durch Vergleich mit anderem als süß empfunden wird, so ist dieses Gut, mit dem wir es zu tun haben, zwar am höchsten zu schätzen, aber diese Wertschätzung gründet sich auf seine Wesensart, nicht auf seine Größe. Da diese Wertschätzung, die als ›axía‹ (›Wert‹) bezeichnet wird, ja weder zu den Gütern noch andererseits zu den Übeln zählt, wird sie in ihrem Wesen erhalten bleiben, wieviel man auch hinzufügt.[27] Die besondere Wertschätzung der Tugend, die sich auf ihr Wesen, nicht auf einen Zuwachs gründet, ist also eine andere. (35) Was aber die Verwirrungen der Seele betrifft, die das Leben der Unverständigen elend und bitter machen – die Griechen nennen sie ›páthe‹ (›Leiden‹) –, so könnte ich sie in Übersetzung dieses Wortes als Krankheiten bezeichnen, aber das würde nicht in allen Fällen passen; wer pflegt schon Mitleid oder selbst Jähzorn als Krankheit zu bezeichnen? Die Stoiker jedoch bezeichnen sie als ›pathos‹. Mag es also eine Verwirrung sein, die schon durch die Bezeichnung selbst als verwerflich erklärt zu werden scheint. [Diese Verwirrungen werden nicht durch eine natürliche Wirkung hervorgerufen.] Insgesamt gibt es von ihnen vier, im Sinne weiterer Unterteilung mehr: den Gram, die Furcht, die Ausschweifung und das, was die Stoiker mit einem für körperliche und seelische Regungen gemeinsamen Begriff als ›hedoné‹ (›Lust‹) bezeichnen, während ich es lieber als Fröhlichkeit, gleichsam als eine lustvolle, ausgelassene Beschwingtheit bezeichnen möchte. Als Verwirrungen werden sie aber durch keinerlei natürliche Wirkung hervorgerufen, und sie sind allesamt Meinungen und Urteile eines unsteten Sinnes. Deshalb wird auch der Weise stets frei von ihnen sein.

(36) Den Grundsatz aber, daß alles, was sittlich gut ist, um seiner selbst willen zu erstreben ist, teilen wir mit vielen anderen philosophischen Lehrmeinungen. Denn außer drei Schulen, die die sittliche Vollkommenheit vom höchsten Gut ausschließen,[28] müssen sich alle übrigen Philosophen an

philosophis haec est tuenda sententia, maxime tamen his [Stoicis], qui nihil aliud in bonorum numero nisi honestum esse voluerunt. sed haec quidem est perfacilis et perexpedita defensio. quis est enim, aut quis umquam fuit aut avaritia tam ardenti aut tam effrenatis cupiditatibus, ut eandem illam rem, quam adipisci scelere quovis velit, non multis partibus malit ad sese etiam omni inpunitate proposita sine facinore quam illo modo pervenire? (37) quam vero utilitatem aut quem fructum petentes scire cupimus illa, quae occulta nobis sunt, quo modo moveantur quibusque de causis ea ⟨quae⟩ versantur in caelo? quis autem tam agrestibus institutis vivit, aut quis ⟨se⟩ contra studia naturae tam vehementer obduravit, ut a rebus cognitione dignis abhorreat easque sine voluptate aut utilitate aliqua non requirat et pro nihilo putet? aut quis est, qui maiorum, aut Africanorum aut eius, quem tu in ore semper habes, proavi mei, ceterorumque virorum fortium atque omni virtute praestantium facta, dicta, consilia cognoscens nulla animo afficiatur voluptate? (38) quis autem honesta in familia institutus et educatus ingenue non ipsa turpitudine, etiamsi eum laesura non sit, offenditur? quis animo aequo videt eum, quem inpure ac flagitiose putet vivere? quis non odit sordidos, vanos, leves, futiles? quid autem dici poterit, si turpitudinem non ipsam per se fugiendam esse statuemus, quo minus homines tenebras et solitudinem nacti nullo dedecore se abstineant, nisi eos per se foeditate sua turpitudo ipsa deterreat? Innumerabilia dici

diesen Grundsatz halten, am meisten jedoch die Stoiker, die nur etwas sittlich Gutes zu den Gütern zählen wollten. Die Verteidigung dieses Grundsatzes ist aber sehr leicht und ganz einfach zu bewerkstelligen. Wer ist oder wer war denn jemals von so glühender Habgier oder von so hemmungslosen Begierden erfüllt, daß er nicht bei derselben Sache, die er durch jedes beliebige Verbrechen erlangen möchte, um vieles lieber wollte, daß sie ohne Untat als auf jene Weise in seine Hand gelange, auch wenn ihm keine Strafe drohte? (37) Auf welchen Nutzen aber und auf welchen Ertrag sind wir erpicht, wenn wir zu wissen wünschen, wie und aus welchen Gründen sich jene Himmelskörper, die uns verborgen sind, bewegen? Wer aber führt sein Leben nach so primitiven Grundsätzen oder wer ist so völlig unempfindlich für das Streben nach Erkenntnis der Natur, daß er von Dingen, die der Erkenntnis würdig sind, nichts wissen will und ohne Gründe der Lust oder des Nutzens nicht nach ihnen fragt und sie für nichtig hält? Oder wem würde es nicht Freude machen, die Taten, Worte oder Pläne unserer Vorfahren zu studieren, der Scipionen oder des Mannes, den du stets im Munde führst, meines Urgroßvaters[29], oder der übrigen tapferen und durch jeden Vorzug ausgezeichneten Persönlichkeiten? (38) Wer aber, der in einer ehrbaren Familie die Bildung und Erziehung genossen hat, die eines freien Mannes würdig ist, fühlt sich nicht abgestoßen von der Schlechtigkeit an sich, auch wenn sie ihn gar nicht bedroht? Wer kann mit Gleichmut einem Menschen zusehen, der in seinen Augen ein schändliches, verbrecherisches Leben führt? Wer haßt nicht widerliche, aufgeblasene, leichtfertige, haltlose Menschen? Falls man jedoch die Auffassung vertritt, die Schlechtigkeit an sich sei nicht um ihrer selbst willen zu meiden, mit welchem Argument kann man es dann verhindern, daß Menschen im Schutz der Dunkelheit und Einsamkeit auf keine Schändlichkeit verzichten, wenn sie nicht schon die Schlechtigkeit an sich durch ihre Widerwärtigkeit abschreckt? Für diesen Gedanken könnte man zahllose

possunt in hanc sententiam, sed non necesse est. nihil est enim, de quo minus dubitari possit, quam et honesta expetenda per se et eodem modo turpia per se esse fugienda. (39) Constituto autem illo, de quo ante diximus, quod honestum esset, id esse solum bonum, intellegi necesse est pluris id, quod honestum sit, aestimandum esse quam illa media, quae ex eo comparentur. stultitiam autem et timiditatem et iniustitiam et intemperantiam cum dicimus esse fugiendas propter eas res, quae ex ipsis eveniant, non ita dicimus, ut cum illo, quod positum est, solum id esse malum, quod turpe sit, haec pugnare videatur oratio, propterea quod ea non ad corporis incommodum referuntur, sed ad turpes actiones, quae oriuntur e vitiis. quas enim κακίας Graeci appellant, vitia malo quam malitias nominare.«
(40) »Ne tu« inquam »Cato, verbis illustribus et id, quod vis, declarantibus! itaque mihi videris Latine docere philosophiam et ei quasi civitatem dare. quae quidem adhuc peregrinari Romae videbatur nec offerre sese nostris sermonibus, et ista maxime propter limatam quandam et rerum et verborum tenuitatem. scio enim esse quosdam, qui quavis lingua philosophari possint; nullis enim partitionibus, nullis definitionibus utuntur ipsique dicunt ea se modo probare, quibus natura tacita adsentiatur. itaque in rebus minime obscuris non multus est apud eos disserendi labor. quare attendo te studiose et, quaecumque rebus iis, de quibus hic sermo est, nomina inponis, memoriae mando; mihi enim erit isdem istis fortasse iam utendum. Virtutibus igitur rectissime mihi videris et ad consuetudinem nostrae orationis vitia posuisse

Argumente anführen, doch das ist nicht nötig. Denn es gibt nichts, was weniger bezweifelt werden kann als der Grundsatz, daß man das sittlich Gute um seiner selbst willen erstreben muß und ebenso das Schlechte um seiner selbst willen zu meiden hat.

(39) Wenn aber dieser Grundsatz feststeht, von dem wir eben sprachen, ein Gut sei nur das sittlich Gute, ergibt sich mit Notwendigkeit die Einsicht, daß man das sittlich Gute höher schätzen muß als jene wertneutralen Dinge, die man mit seiner Hilfe gewinnt. Wenn wir jedoch behaupten, man müsse Dummheit, Ängstlichkeit, Maßlosigkeit und Ungerechtigkeit wegen ihrer Folgen meiden, dann meinen wir das nicht so, daß diese Aussage jenem Grundsatz, ein Übel sei nur das moralisch Verwerfliche, zu widersprechen scheint, weil sie nicht einen körperlichen Nachteil betreffen, sondern verwerfliche Handlungen, die aus Lastern entstehen. Denn was die Griechen als ›kakíai‹ (›Schlechtigkeiten‹) bezeichnen, will ich lieber Laster als Bosheiten nennen.«

(40) »Wahrhaftig, Cato«, rief ich aus, »du sprichst in klaren Worten, die das, was du willst, auch deutlich werden lassen. So lehrst du die Philosophie, wie mir scheint, auf lateinisch und verleihst ihr gleichsam unser Bürgerrecht. Bisher schien sie in Rom ja fremd zu sein und sich in unseren Gesprächen nicht zu zeigen; das gilt besonders für deine stoische Philosophie, weil sie im Sachlichen und Sprachlichen so fein gesponnen ist. Ich weiß ja, daß es Leute gibt, die fähig sind, in jeder Sprache zu philosophieren; denn sie gebrauchen keine Unterteilungen und Definitionen; wie sie selbst sagen, lassen sie nur gelten, was die Natur stillschweigend anerkennt. Deshalb gibt es bei ihnen, weil ihre Themen gar nicht problematisch sind, auch keine große Mühe der Erörterung.[30] Aus diesem Grunde höre ich dir voll Interesse zu und merke mir alle Bezeichnungen, die du den Dingen gibst, von denen wir hier reden; ich habe ja vielleicht gerade sie bald anzuwenden. So scheint mir, daß du völlig richtig und entsprechend unserem Sprachgebrauch den Tugenden

contraria. quod enim vituperabile est per se ipsum, id eo ipso vitium nominatum puto, vel etiam a vitio dictum vituperari. sin κακίαν malitiam dixisses, ad aliud nos unum certum vitium consuetudo Latina traduceret. nunc omni virtuti vitium contrario nomine opponitur.«

(41) Tum ille: »His igitur ita positis« inquit »sequitur magna contentio, quam tractatam a Peripateticis mollius – est enim eorum consuetudo dicendi non satis acuta propter ignorationem dialecticae – Carneades tuus egregia quadam exercitatione in dialecticis summaque eloquentia rem in summum discrimen adduxit, propterea quod pugnare non destitit in omni hac quaestione, quae de bonis et malis appelletur, non esse rerum Stoicis cum Peripateticis controversiam, sed nominum. mihi autem nihil tam perspicuum videtur, quam has sententias eorum philosophorum re inter se magis quam verbis dissidere; maiorem multo inter Stoicos et Peripateticos rerum esse aio discrepantiam quam verborum, quippe cum Peripatetici omnia, quae ipsi bona appellant, pertinere dicant ad beate vivendum, nostri non ex omni, quod aestimatione aliqua dignum sit, compleri vitam beatam putent.

(42) An vero certius quicquam potest esse quam illorum ratione, qui dolorem in malis ponunt, non posse sapientem beatum esse, cum eculeo torqueatur? eorum autem, qui dolorem in malis non habent, ratio certe cogit ut in omnibus

die Laster entgegenstellst. Ich glaube nämlich, daß man das, was seinem Wesen nach so ist, daß man darüber lästern kann, gerade darum als Laster bezeichnet hat, oder auch daß das Wort ›lästern‹ von ›Laster‹ kommt. Wenn du jedoch das Wort ›kakía‹ mit ›Bosheit‹ wiedergegeben hättest, so würde uns der Sprachgebrauch in unserer Sprache auf einen anderen Gedanken bringen, nämlich den an *ein* bestimmtes Laster. So aber wird der Tugend insgesamt das Laster mit dem entgegengesetzten Begriff gegenübergestellt.«

(41) »Nachdem diese Grundsätze aufgestellt sind«, fuhr Cato darauf fort, »folgt eine Auseinandersetzung von besonderer Bedeutung. Sie wurde von den Peripatetikern nicht sehr energisch geführt; denn ihre Ausdrucksweise ist nicht prägnant genug, weil sie sich in der Dialektik nicht auskennen. Doch dein Karneades mit seiner ganz vorzüglichen Versiertheit in Fragen der Dialektik und seiner außerordentlichen Wortgewandtheit trieb die Sache auf die Spitze, weil er nicht abließ, den Standpunkt zu verfechten, bei jeder solchen Frage, die man als ein Problem von Gut und Böse bezeichne, gebe es zwischen den Stoikern und Peripatetikern keinen Streit um die Sache, sondern nur um Worte. Mir aber scheint hier nichts so klar wie die Erkenntnis, daß die entsprechenden Standpunkte dieser Philosophen sich mehr in der Sache als in Worten unterscheiden; ich behaupte, daß zwischen Stoikern und Peripatetikern ein viel größerer Unterschied in der Sache als in den Worten besteht, da die Peripatetiker erklären, alles, was sie als gut bezeichnen, sei von Bedeutung für das glückliche Leben, während die Vertreter unserer Lehre meinen, daß nicht alles, was irgendeiner Wertschätzung würdig sei, auch einen Beitrag zur Vollendung des glücklichen Lebens leiste.

(42) Oder kann etwas sicherer sein als der Schluß, daß nach der Lehre derer, die den Schmerz unter die Übel rechnen, ein Weiser nicht glücklich sein kann, wenn er auf der Folterbank gemartert wird? Die Lehre derer aber, die den Schmerz nicht zu den Übeln rechnen, ergibt gewiß die

tormentis conservetur beata vita sapienti. etenim si dolores eosdem tolerabilius patiuntur qui excipiunt eos pro patria quam qui leviore de causa, opinio facit, non natura, vim doloris aut maiorem aut minorem.

(43) Ne illud quidem est consentaneum, ut, si, cum tria genera bonorum sint, quae sententia est Peripateticorum, eo beatior quisque sit, quo sit corporis aut externis bonis plenior, ut hoc idem adprobandum sit nobis, ut, qui plura habeat ea, quae in corpore magni aestimantur, sit beatior. illi enim corporis commodis compleri vitam beatam putant, nostri nihil minus. nam cum ita placeat, ne eorum quidem bonorum, quae nos bona vere appellemus, frequentia beatiorem vitam fieri aut magis expetendam aut pluris aestimandam, certe minus ad beatam vitam pertinet multitudo corporis commodorum. (44) etenim, si et sapere expetendum sit et valere, coniunctum utrumque magis expetendum sit quam sapere solum, neque tamen, si utrumque sit aestimatione dignum, pluris sit coniunctum quam sapere ipsum separatim. nam qui valetudinem aestimatione aliqua dignam iudicamus neque eam tamen in bonis ponimus, idem censemus nullam esse tantam aestimationem, ut ea virtuti anteponatur. quod idem Peripatetici non tenent, quibus dicendum est, quae et honesta actio sit et sine dolore, eam magis esse expetendam,

zwingende Schlußfolgerung, daß für den Weisen bei allen Martern das glückliche Leben erhalten bleibt. Denn wenn dieselben Schmerzen von denen leichter ertragen werden, die sie für ihre Heimat auf sich nehmen, als von denen, die es aus einem weniger gewichtigen Grund tun, dann macht die Einbildung, nicht die Natur, die Kraft des Schmerzes stärker oder schwächer.

(43) Nicht einmal in dem folgenden Punkt stimmen unsere Lehren überein: Wenn bei drei Arten von Gütern,[31] wie es der Auffassung der Peripatetiker entspricht, ein jeder um so glücklicher ist, je reicher er an körperlichen oder äußerlichen Gütern ist, dann müßten wir ja diesem selben Schluß beipflichten, daß der glücklicher ist, der mehr von dem besitzt, was man in körperlicher Hinsicht schätzt. Denn die Peripatetiker sind ja der Meinung, daß körperliche Annehmlichkeiten einen Beitrag zur Vollendung des glücklichen Lebens leisten, während die Anhänger unserer Lehre nichts weniger annehmen. Denn da wir der Auffassung sind, daß nicht einmal die Güter, die wir als Güter im eigentlichen Sinn bezeichnen, durch ihre Vielzahl das Leben glücklicher, erstrebens- oder schätzenswerter machen, hat eine große Zahl von körperlichen Annehmlichkeiten gewiß noch weniger Bedeutung für das glückliche Leben. (44) Denn wenn die Weisheit und die Gesundheit etwas Erstrebenswertes wären, so wären beide zusammen noch erstrebenswerter als Weisheit allein; doch wären, wenn jedes von beiden nur schätzenswert wäre, beide zusammen nicht höher zu schätzen als die Weisheit für sich. Denn wenn wir auf dem Standpunkt stehen, die Gesundheit verdiene irgendeine Wertschätzung, ohne daß wir sie jedoch unter die Güter rechnen, dann bringen wir damit zugleich die Überzeugung zum Ausdruck, daß es keine so hohe Wertschätzung gibt, daß sie der Tugend vorgezogen werden könnte. An diesen Grundsatz halten sich die Peripatetiker nicht in derselben Weise; denn sie müssen sagen, daß eine ehrenhafte Handlung ohne Schmerz erstrebenswerter sei, als wenn dieselbe Handlung

quam si esset eadem actio cum dolore. nobis aliter videtur, recte secusne, postea; sed potestne rerum maior esse dissensio?

(45) Ut enim obscuratur et offunditur luce solis lumen lucernae, et ut interit ⟨in⟩ magnitudine maris Aegaei stilla mellis, et ut in divitiis Croesi teruncii accessio et gradus unus in ea via, quae est hinc in Indiam, sic, cum sit is bonorum finis, quem Stoici dicunt, omnis ista rerum corporearum aestimatio splendore virtutis et magnitudine obscuretur et obruatur atque intereat necesse est. et quem ad modum oportunitas – sic enim appellemus εὐκαιρίαν – non fit maior productione temporis – habent enim suum modum, quae oportuna dicuntur –, sic recta effectio – κατόρθωσιν enim ita appello, quoniam rectum factum κατόρθωμα –, recta igitur effectio, item convenientia, denique ipsum bonum, quod in eo positum est, ut naturae consentiat, crescendi accessionem nullam habet. (46) ut enim oportunitas illa, sic haec, de quibus dixi, non fiunt temporis productione maiora, ob eamque causam Stoicis non videtur optabilior nec magis expetenda beata vita, si sit longa, quam si brevis, utunturque simili: ut, si cothurni laus illa esset, ad pedem apte convenire, neque multi cothurni paucis anteponerentur nec maiores minoribus, sic, quorum omne bonum convenientia atque oportunitate finitur, nec plura paucioribus nec longinquiora brevioribus anteponent. (47) Nec vero satis acute dicunt: si bona valetudo pluris aestimanda sit longa quam brevis, sapientiae quoque usus longissimus quisque sit plurimi. non intellegunt valetudinis aestimationem spatio

von Schmerz begleitet wäre. Wir sind da anderer Auffassung; ob zu Recht, davon später. Doch kann es einen größeren Unterschied in der Beurteilung der Sache geben? (45) Denn wie das Licht einer Laterne vom Licht der Sonne verdunkelt und überstrahlt wird und wie ein Tropfen Honig sich in der Weite der Ägäis verliert, wie ein Pfennig mehr in den Reichtümern des Krösus und ein einziger Schritt auf dem Weg von hier nach Indien keine Rolle spielt, so muß, wenn das das höchste Gut ist, was die Stoiker so nennen, jede Wertschätzung körperlicher Dinge angesichts des Glanzes und der Bedeutung der Tugend verblassen, verschwinden und vergehen. Und wie eine günstige Gelegenheit – so will ich nämlich das Wort ›eukairía‹ (›rechter Augenblick‹) wiedergeben – nicht durch Verlängerung der Zeit gesteigert werden kann – denn was man als gelegen bezeichnet, hat sein eigenes Maß –, so kennt die richtige Handlungsweise – denn damit gebe ich das Wort ›katórthosis‹ wieder, weil ›katórthoma‹ die richtige Tat ist –, die richtige Handlungsweise also, ebenso die innere Harmonie, schließlich das Gute selbst, das ja darauf beruht, daß es mit der Natur im Einklang ist, kennt keine Möglichkeit der Steigerung. (46) Wie jene günstige Gelegenheit, so lassen sich nämlich auch die Dinge, über die ich sprach, durch die Verlängerung der Zeit nicht steigern, und darum scheint den Stoikern ein glückliches Leben, wenn es lange ist, nicht wünschens- und erstrebenswerter, als wenn es kurz ist. Dabei bedienen sie sich eines Gleichnisses. Wenn der Wert eines Kothurns[32] darin bestünde, genau an den Fuß zu passen, würde man weder viele Kothurne wenigen noch größere kleineren vorziehen; so werden Leute, für die jedes Gut durch Harmonie und Angemessenheit bestimmt ist, weder eine größere Zahl einer kleineren noch längere Dauer kürzerer Zeit vorziehen. (47) Es ist aber nicht sehr scharfsinnig zu sagen: Wenn gute Gesundheit bei längerer Dauer schätzenswerter als bei kurzer wäre, dann wäre auch gerade der längste Gebrauch der Weisheit am meisten wert. Solche Leute begreifen nicht, daß

iudicari, virtutis oportunitate, ut videantur qui illud dicant idem hoc esse dicturi, bonam mortem et bonum partum meliorem longum esse quam brevem. non vident alia brevitate pluris aestimari, alia diuturnitate. (48) itaque consentaneum est his, quae dicta sunt, ratione illorum, qui illum bonorum finem, quod appellamus extremum, quod ultimum, crescere putent posse – isdem placere esse alium alio et sapientiorem itemque alium magis alio vel peccare vel recte facere, quod nobis non licet dicere, qui crescere bonorum finem non putamus. ut enim qui demersi sunt in aqua nihilo magis respirare possunt, si non longe absunt a summo, ut iam iamque possint emergere, quam si etiam tum essent in profundo, nec catulus ille, qui iam adpropinquat ut videat, plus cernit quam is, qui modo est natus, item qui processit aliquantum ad virtutis habitum nihilo minus in miseria est quam ille, qui nihil processit.

Haec mirabilia videri intellego, sed cum certe superiora firma ac vera sint, his autem ea consentanea et consequentia, ne de horum quidem est veritate dubitandum. sed quamquam negant nec virtutes nec vitia crescere, tamen utrumque eorum fundi quodam modo et quasi dilatari putant.

(49) Divitias autem Diogenes censet non eam modo vim habere, ut quasi duces sint ad voluptatem et ad valetudinem bonam, sed etiam uti ea contineant, non idem facere eas in virtute neque in ceteris artibus, ad quas esse dux pecunia

es bei der Beurteilung der Gesundheit auf die Dauer ankommt, bei der Tugend aber auf die Angemessenheit. So kann man den Vertretern dieser Auffassung auch zutrauen, daß sie sagen würden, ein guter Tod und eine gute Geburt sei besser bei langer als bei kurzer Dauer. Sie sehen nicht ein, daß man das eine aufgrund der Kürze, das andere aufgrund der Dauer höher schätzt. (48) So stimmt es nach der Lehre jener Leute, die bei dem höchsten Gut, das wir das äußerste oder das letzte nennen, eine Steigerung für möglich halten, mit dem Gesagten überein, wenn sie auch der Auffassung sind, der eine sei weiser als der andere, und ebenso, der eine übertreffe den anderen in Verfehlungen oder im rechten Handeln; das dürfen wir nicht sagen, da wir nicht an eine Steigerung des höchsten Gutes glauben. Es ist ja wie bei Leuten, die im Wasser versunken sind; sie können um nichts mehr Luft holen, wenn sie dicht unter der Oberfläche sind, so daß sie jeden Augenblick auftauchen können, als wenn sie noch in der Tiefe wären. Auch so ein kleiner Hund, der schon nahe daran ist, die Augen aufzumachen, sieht nicht mehr als einer, der gerade geboren ist. Ebenso steckt einer, der ein Stück auf dem Weg zur Haltung der Tugend vorangekommen ist, nicht weniger im Elend als derjenige, der überhaupt nicht vorwärts gekommen ist.

Ich bin mir klar darüber, daß das seltsam scheint; da aber die Voraussetzungen mit Sicherheit wahr sind und diese Konsequenzen aus ihnen logisch folgen, ist auch an ihrer Wahrheit nicht zu zweifeln. Obwohl die Stoiker jedoch behaupten, daß es weder bei den Tugenden noch bei den Lastern eine Steigerung gibt, glauben sie doch, daß sich beide ausbreiten und gleichsam erweitern können.

(49) Was aber den Reichtum betrifft, so meint Diogenes, er habe nicht nur die Wirkung, gleichsam zu Genuß und Wohlbefinden hinzuführen, sondern auch die, diese Dinge in sich zu schließen; doch er bewirke nicht dasselbe bei der Tugend und den anderen geistigen Fähigkeiten,[33] zu denen das Geld zwar hinführen, die es aber nicht in sich schließen

potest, continere autem non potest; itaque, si voluptas aut si bona valetudo sit in bonis, divitias quoque in bonis esse ponendas, at, si sapientia bonum sit, non sequi ut etiam divitias bonum esse dicamus. neque ab ulla re, quae non sit in bonis, id, quod sit in bonis, contineri potest, ob eamque causam, quia cognitiones comprehensionesque rerum, e quibus afficiuntur artes, adpetitionem movent, cum divitiae non sint in bonis, nulla ars divitiis contineri potest. (50) quod si de artibus concedamus, virtutis tamen non sit eadem ratio, propterea quod haec plurimae commentationis et exercitationis indigeat, quod idem in artibus non sit, et quod virtus stabilitatem, firmitatem, constantiam totius vitae complectatur, nec haec eadem in artibus esse videamus.

Deinceps explicatur differentia rerum, quam si non ullam esse diceremus, confunderetur omnis vita, ut ab Aristone, neque ullum sapientiae munus aut opus inveniretur, cum inter res eas, quae ad vitam degendam pertinerent, nihil omnino interesset, neque ullum dilectum adhiberi oporteret. itaque cum esset satis constitutum id solum esse bonum, quod esset honestum, et id malum solum, quod turpe, tum inter illa, quae nihil valerent ad beate misereve vivendum, aliquid tamen, quod differret, esse voluerunt, ut essent eorum alia aestimabilia, alia contra, alia neutrum. (51) quae autem aestimanda essent, eorum in aliis satis esse causae, quam ob rem quibusdam anteponerentur, ut in valetudine, ut in integritate sensuum, ut in doloris vacuitate, ut gloriae, divitiarum, similium rerum, alia autem non esse eius modi, itemque eorum, quae nulla aestimatione digna

kann; wenn der Genuß oder das Wohlbefinden zu den Gütern zählte, müsse man deswegen auch den Reichtum zu den Gütern rechnen; wenn aber die Weisheit ein Gut sei, folge daraus nicht, daß wir auch den Reichtum als ein Gut bezeichnen müßten. Etwas, das selbst nicht zu den Gütern gehört, kann auch nichts in sich schließen, das zu den Gütern zählt. Und deshalb, weil die Akte des Erkennens und Begreifens, aus denen sich die geistigen Fähigkeiten ergeben, das Verlangen nach ihnen erzeugen, kann der Reichtum, da er nicht zu den Gütern zählt, keine geistige Fähigkeit umfassen. (50) Wenn wir das von den geistigen Fähigkeiten zugeben müßten, so würde trotzdem nicht dasselbe für die Tugend gelten, weil sie ein Höchstmaß von Konzentration und Übung erfordert, was auf die geistigen Fähigkeiten nicht ebenso zutrifft, und weil die Tugend Verläßlichkeit, Beständigkeit und Festigkeit der ganzen Lebensführung in sich schließt, was bei den geistigen Fähigkeiten offensichtlich nicht ebenso der Fall ist.

Darauf folgt die Erklärung des Unterschieds zwischen den einzelnen Dingen. Wenn wir behaupten würden, es gebe keinen Unterschied, so geriete das ganze Leben in Verwirrung, wie etwa bei Ariston, und es fände sich keine Aufgabe oder Leistung der Weisheit, da zwischen den Dingen, die zur Lebensführung gehören, gar kein Unterschied bestünde und man keine Auswahl treffen müßte. Als zur Genüge festgestellt war, daß nur das sittlich Gute ein Gut und nur das Schimpfliche ein Übel sei, da wollten deshalb die Stoiker, daß zwischen jenen Dingen, die für das Glück oder Unglück des Lebens keine Bedeutung hatten, doch irgendein Unterschied bestehen solle, daß einige von ihnen schätzenswert, andere das Gegenteil und wieder andere keines von beidem seien. (51) Unter den schätzenswerten böten die einen Grund genug, daß man sie manchem vorziehe, z. B. die Gesundheit, die Unversehrtheit der Sinne, das Freisein von Schmerz, der Ruhm, der Reichtum und ähnliches, andere aber seien nicht von dieser Art; ebenso gebe es bei den

essent, partim satis habere causae, quam ob rem reicerentur, ut dolorem, morbum, sensuum amissionem, paupertatem, ignominiam, similia horum, partim non item. hinc est illud exortum, quod Zeno προηγμένον, contraque quod ἀποπροηγμένον nominavit, cum uteretur in lingua copiosa factis tamen nominibus ac novis, quod nobis in hac inopi lingua non conceditur; quamquam tu hanc copiosiorem etiam soles dicere. Sed non alienum est, quo facilius vis verbi intellegatur, rationem huius verbi faciendi Zenonis exponere.

(52) Ut enim, inquit, nemo dicit in regia regem ipsum quasi productum esse ad dignitatem (id est enim προηγμένον), sed eos, qui in aliquo honore sunt, quorum ordo proxime accedit, ut secundus sit, ad regium principatum, sic in vita non ea, quae primo loco sunt, sed ea, quae secundum locum obtinent, προηγμένα, id est producta, nominentur; quae vel ita appellemus – id erit verbum e verbo – vel promota et remota vel, ut dudum diximus, praeposita vel praecipua, et illa reiecta. re enim intellecta in verborum usu faciles esse debemus. (53) quoniam autem omne, quod est bonum, primum locum tenere dicimus, necesse est nec bonum esse nec malum hoc, quod praepositum vel praecipuum nominamus. idque ita definimus; quod sit indifferens cum aestimatione mediocri; quod enim illi ἀδιάφορον dicunt, id mihi ita occurrit, ut indifferens dicerem. neque enim illud fieri poterat ullo modo, ut nihil relinqueretur in mediis, quod aut secundum naturam esset aut contra, nec,

Dingen, die keine Wertschätzung verdienten, teils Grund genug, daß man sie von sich weise, etwa bei Schmerz, Krankheit, Verlust der Sinneswahrnehmungen, Armut, Schmach und ähnlichem, teils sei es nicht so. Daher stammt das, was Zenon als ›proëgménon‹ (›bevorzugt‹) und im Gegensatz dazu als ›apoproëgménon‹ (›zurückgesetzt‹) bezeichnete;[34] dabei bediente er sich trotz des Reichtums seiner Sprache neu gebildeter Begriffe, was man uns bei der Armut unserer Sprache nicht gestattet; freilich bezeichnest du gewöhnlich unsere Sprache als die reichere. Doch es liegt nahe, zum leichteren Verständnis der Bedeutung dieses Wortes Zenons Wortbildung zu erläutern.

(52) Er sagte nämlich: Wie man am Königshofe nicht davon redet, daß der König selbst gleichsam zu seiner Würde befördert worden sei (denn das bedeutet ›proëgménon‹), sondern das nur von den Inhabern einer Ehrenstellung sagt, deren Rang dem Vorrang des Königs so nahe kommt, daß er der zweite ist, so soll man im Leben nicht das, was an erster Stelle steht, sondern das, was den zweiten Platz einnimmt, ›proëgména‹, d. h. ›befördert‹ nennen. Das wollen wir entweder so ausdrücken – dabei ist die Entsprechung der Begriffe wörtlich –, oder wir sagen ›vorgezogen‹ und ›zurückgewiesen‹ oder, wie ich mich vorhin schon ausdrückte, ›bevorzugt‹ oder ›vorzüglich‹ und im anderen Fall ›zurückgesetzt‹. Denn wenn die Sache verstanden ist, dann sollten wir in der Wortwahl beweglich sein. (53) Weil aber, wie wir sagen, alles, was ein Gut ist, den ersten Platz einnimmt, muß das, was wir als ›bevorzugt‹ oder ›vorzüglich‹ bezeichnen, weder ein Gut noch ein Übel sein. Ich definiere es so: als etwas Gleichgültiges mit durchschnittlichem Wert; denn ich verfiel darauf, das, was die Griechen als ›adiáphoron‹ (›nicht verschieden‹) bezeichnen, mit ›gleichgültig‹ auszudrücken. Es konnte ja auch gar nicht sein, daß bei den mittleren Dingen nichts übrigblieb, was der Natur entweder gemäß oder zuwider war; und wenn so etwas übrigblieb, dann mußte dabei etwas angenommen

cum id relinqueretur, nihil in his poni, quod satis aestimabile esset, nec hoc posito non aliqua esse praeposita. (54) recte igitur haec facta distinctio est, atque etiam ab iis, quo facilius res perspici possit, hoc simile ponitur: Ut enim, inquiunt, si hoc fingamus esse quasi finem et ultimum, ita iacere talum, ut rectus adsistat, qui ita talus erit iactus, ut cadat rectus, praepositum quiddam habebit ad finem, qui aliter, contra, neque tamen illa praepositio tali ad eum, quem dixi, finem pertinebit, sic ea, quae sunt praeposita, referuntur illa quidem ad finem, sed ad eius vim naturamque nihil pertinent. (55) Sequitur illa divisio, ut bonorum alia sint ad illud ultimum pertinentia (sic enim appello, quae τελικά dicuntur; nam hoc ipsum instituamus, ut placuit, pluribus verbis dicere, quod uno non poterimus, ut res intellegatur), alia autem efficientia, quae Graeci ποιητικά, alia utrumque. de pertinentibus nihil est bonum praeter actiones honestas, de efficientibus nihil praeter amicum, sed et pertinentem et efficientem sapientiam volunt esse. nam quia sapientia est conveniens actio, est ⟨in⟩ illo pertinenti genere, quod dixi; quod autem honestas actiones adfert et efficit, [id] efficiens dici potest.

(56) Haec, quae praeposita dicimus, partim sunt per se ipsa praeposita, partim quod aliquid efficiunt, partim utrumque, per se, ut quidam habitus oris et vultus, ut status, ut motus,

werden, das zur Genüge schätzenswert war; und wenn man das annahm, dann mußte es auch etwas Bevorzugtes geben. (54) Diese Unterscheidung ist also zu Recht getroffen worden, und zum leichteren Verständnis wird von den Stoikern noch folgender Vergleich angestellt: Wenn wir annehmen, sagen sie, es sei das höchste Ziel, den Würfel so zu werfen, daß er richtig fällt, dann wird ein Würfel, der so geworfen wird, daß er richtig fällt, im Hinblick auf dieses Ziel einen gewissen Vorzug haben, ein Würfel, der anders fällt, aber das Gegenteil, und doch wird keine Beziehung zwischen jenem Vorzug des Würfels und dem genannten Ziel bestehen; so bemißt sich das Bevorzugte zwar nach dem Ziel, aber es steht in keiner Beziehung zu dessen eigentlichem Wesen.[35] (55) Daraus ergibt sich die Einteilung, daß von den Gütern die einen in Beziehung zu jenem höchsten Gute stehen – so nenne ich die, die als ›teliká‹ (›zum höchsten Gut gehörig‹) bezeichnet werden; wir wollen es ja, wie beschlossen, so halten, daß wir das mit mehreren Worten ausdrükken, was wir mit einem nicht erklären können, damit der Sinn der Sache klar wird –, andere aber darauf hinwirken – die Griechen nennen sie ›poietiká‹ (›bewirkend‹) – und wieder andere zu beiden Gruppen gehören. Bei der ›zugehörigen‹ Gruppe gibt es kein Gut außer den sittlich guten Handlungen, bei der ›bewirkenden‹ keines außer der Freundschaft,[36] sowohl zur ›zugehörigen‹ wie zur ›bewirkenden‹ Gruppe aber soll nach dem Willen der Stoiker die Weisheit gehören. Denn weil die Weisheit ein harmonisches Verhalten ist, gehört sie zu jener ›zugehörigen‹ Gruppe, die ich nannte; weil sie aber sittlich gute Handlungen mit sich bringt und hervorbringt, kann man sie als ›bewirkend‹ bezeichnen.

(56) Das, was wir bevorzugt nennen, wird teils um seiner selbst willen bevorzugt, teils weil es etwas bewirkt, teils aus beiden Gründen: um seiner selbst willen zum Beispiel gewisse Formen der Miene und des Gesichtsausdrucks, der Haltung und der Bewegung; denn unter ihnen verdienen

in quibus sunt et praeponenda quaedam et reicienda; alia ob eam rem praeposita dicentur, quod ex se aliquid efficiant, ut pecunia, alia autem ob utramque rem, ut integri sensus, ut bona valetudo. (57) De bona autem fama – quam enim appellant εὐδοξίαν, aptius est bonam famam hoc loco appellare quam gloriam – Chrysippus quidem et Diogenes detracta utilitate ne digitum quidem eius causa porrigendum esse dicebant; quibus ego vehementer assentior. qui autem post eos fuerunt, cum Carneadem sustinere non possent, hanc, quam dixi, bonam famam ipsam propter se praepositam et sumendam esse dixerunt, esseque hominis ingenui et liberaliter educati velle bene audire a parentibus, a propinquis, a bonis etiam viris, idque propter rem ipsam, non propter usum, dicuntque, ut liberis consultum velimus, etiamsi postumi futuri sint, propter ipsos, sic futurae post mortem famae tamen esse propter rem, etiam detracto usu, consulendum.

(58) Sed cum, quod honestum sit, id solum bonum esse dicamus, consentaneum tamen est fungi officio, cum id officium nec in bonis ponamus nec in malis. est enim aliquid in his rebus probabile, et quidem ita, ut eius ratio reddi possit, ergo ut etiam probabiliter acti ratio reddi possit. est autem officium, quod ita factum est, ut eius facti probabilis ratio reddi possit. ex quo intellegitur officium medium quiddam esse, quod neque in bonis ponatur neque in contrariis. quoniamque in iis rebus, quae neque in virtutibus sunt neque in vitiis, est tamen quiddam, quod usui possit esse,

manche Bevorzugung und manche Zurückweisung; anderes wird man deswegen bevorzugt nennen, weil es aus sich etwas hervorbringt, wie etwa das Geld, und wieder anderes aus beiden Gründen, zum Beispiel unversehrte Sinne und guten Gesundheitszustand. (57) Was aber den guten Ruf betrifft – ihn nennen die Stoiker ja ›eudoxía‹ (›Wohlberühmtheit‹), doch in diesem Zusammenhang ist ›guter Ruf‹ ein passenderer Ausdruck als ›Berühmtheit‹ –, so erklärten Chrysipp und Diogenes, daß man um seinetwillen, vom Nutzen abgesehen, nicht einmal den Finger krumm zu machen brauche; darin bin ich ganz ihrer Meinung. Ihre Nachfolger aber erklärten, da sie Karneades nicht widerlegen konnten,[37] daß der erwähnte gute Ruf um seiner selbst willen bevorzugt und zu erstreben sei und daß ein edler, frei erzogener Mensch wünschen müsse, bei Eltern, bei Verwandten, auch bei trefflichen Männern in gutem Ruf zu stehen, und zwar der Sache selbst, nicht nur des Nutzens wegen, und sie behaupten, wie wir unsere Kinder um ihrer selbst willen versorgt zu wissen wünschten, auch wenn sie nachgeboren seien, so müßten wir um unseren künftigen Ruf nach dem Tode, auch vom Nutzen abgesehen, doch der Sache wegen Sorge tragen.

(58) Obwohl nach unserer Darstellung nur das ein Gut sein kann, was sittlich gut ist, ist es dennoch folgerichtig, seine Pflicht zu tun, wenn wir auch dieses pflichtgemäße Handeln weder zu den Gütern noch zu den Übeln rechnen. Es gibt in diesem Bereich ja etwas Plausibles, und zwar in dem Sinne, daß eine vernünftige Begründung dafür gegeben werden kann; so läßt sich auch eine vernünftige Begründung für eine plausible Handlung geben. Das pflichtgemäße Handeln aber ist ein Tun von solcher Art, daß dafür eine plausible Begründung gegeben werden kann. Daraus ist zu ersehen, daß das pflichtgemäße Handeln etwas Mittleres ist, das weder zu den Gütern noch zu ihrem Gegenteil zählt. Da es in diesem Bereich, der weder zu den Tugenden noch zu den Lastern gehört, doch etwas gibt, das nützlich sein kann, darf man

tollendum id non est. est autem eius generis actio quoque quaedam, et quidem talis, ut ratio postulet agere aliquid et facere eorum. quod autem ratione actum est, id officium appellamus. est igitur officium eius generis, quod nec in bonis ponatur nec in contrariis.

(59) Atque perspicuum etiam illud est, in istis rebus mediis aliquid agere sapientem. iudicat igitur, cum agit, officium illud esse. quod quoniam numquam fallitur in iudicando, erit in mediis rebus officium. quod efficitur hac etiam conclusione rationis: Quoniam enim videmus esse quiddam, quod recte factum appellemus, id autem est perfectum officium, erit [autem] etiam inchoatum, ut, si iuste depositum reddere in recte factis sit, in officiis ponatur depositum reddere; illo enim addito ›iuste‹ fit recte factum, per se autem hoc ipsum reddere in officio ponitur. quoniamque non dubium est quin in iis, quae media dicamus, sit aliud sumendum, aliud reiciendum, quicquid ita fit aut dicitur, omne officio continetur. ex quo intellegitur, quoniam se ipsi omnes natura diligant, tam insipientem quam sapientem sumpturum, quae secundum naturam sint, reiecturumque contraria. ita est quoddam commune officium sapientis et insipientis, ex quo efficitur versari in iis, quae media dicamus.

(60) Sed cum ab his omnia proficiscantur officia, non sine causa dicitur ad ea referri omnes nostras cogitationes, in his et excessum e vita et in vita mansionem. in quo enim plura

das nicht beiseite lassen. Es gibt aber auch eine bestimmte Handlungsweise dieser Art, und zwar eine, die so beschaffen ist, daß die Vernunft verlangt, etwas davon zu tun und auszuführen. Was aber aufgrund der Vernunft geschieht, das bezeichnen wir als pflichtgemäßes Handeln. Das pflichtgemäße Handeln ist also von solcher Art, daß es weder zu den Gütern noch zu ihrem Gegenteil zählt.

(59) Auch das ist klar, daß der Weise etwas mit diesen mittleren Dingen zu tun hat. Wenn er handelt, ist das nach seinem Urteil also pflichtgemäßes Handeln. Da er in seinem Urteil niemals fehlgeht, wird das pflichtgemäße Handeln also zu den mittleren Dingen gehören. Das ergibt sich auch aus folgendem logischen Schluß: Da es ja offensichtlich etwas gibt, das wir als rechtes Handeln bezeichnen, da das aber pflichtgemäßes Handeln in seiner vollkommenen Form ist, wird es auch eine unvollkommene Form davon geben; wenn die rechtmäßige Rückgabe anvertrauten Gutes also zum rechten Handeln gehört, dann zählt die bloße Rückgabe anvertrauten Gutes zum pflichtgemäßen Handeln; denn durch den Zusatz ›rechtmäßig‹ wird sie zum rechten Handeln, die bloße Rückgabe an sich zählt aber zum pflichtgemäßen Handeln.[38] Da ohne Zweifel bei den Dingen, die wir als mittlere bezeichnen, das eine zu wählen und das andere abzulehnen ist, läßt sich alles, was in diesem ersteren Sinne getan oder gesagt wird, unter dem Begriff des pflichtgemäßen Handelns zusammenfassen. Daraus ist zu ersehen, daß, weil alle sich von Natur aus selbst lieben, der Tor ebenso wie der Weise das, was naturgemäß ist, wählen und das Gegenteil ablehnen wird. So gibt es ein gewisses pflichtgemäßes Handeln, das dem Toren und dem Weisen gemeinsam ist; daraus ergibt sich, daß es mit den Dingen zu tun hat, die wir als mittlere bezeichnen.

(60) Da aber davon alles pflichtgemäße Handeln ausgeht, heißt es nicht ohne Grund, all unser Denken beziehe sich darauf, und davon hänge auch unser Scheiden aus dem Leben und unser Ausharren im Leben ab. Denn der, bei dem sich

sunt quae secundum naturam sunt, huius officium est in vita manere; in quo autem aut sunt plura contraria aut fore videntur, huius officium est de vita excedere. ex quo apparet et sapientis esse aliquando officium excedere e vita, cum beatus sit, et stulti manere in vita, cum sit miser. (61) nam bonum illud et malum, quod saepe iam dictum est, postea consequitur, prima autem illa naturae sive secunda sive contraria sub iudicium sapientis et dilectum cadunt, estque illa subiecta quasi materia sapientiae. itaque et manendi in vita et migrandi ratio omnis iis rebus, quas supra dixi, metienda. nam neque virtute retinetur ⟨ille⟩ in vita, nec iis, qui sine virtute sunt, mors est oppetenda. et saepe officium est sapientis desciscere a vita, cum sit beatissimus, si id oportune facere possit. sic enim censent, oportunitatis esse beate vivere, quod est convenienter naturae vivere. itaque a sapientia praecipitur se ipsam, si usus sit, sapiens ut relinquat. quam ob rem cum vitiorum ista vis non sit, ut causam afferant mortis voluntariae, perspicuum est etiam stultorum, qui idem miseri sint, officium esse manere in vita, si sint in maiore parte rerum earum, quas secundum naturam esse dicimus. et quoniam excedens e vita et manens aeque miser est nec diuturnitas magis ei vitam fugiendam facit, non sine causa dicitur iis, qui pluribus naturalibus frui possint, esse in vita manendum.

(62) Pertinere autem ad rem arbitrantur intellegi natura fieri ut liberi a parentibus amentur. a quo initio profectam com-

mehr Naturgemäßes findet, hat die Pflicht, im Leben auszuharren; der aber, bei dem das Gegenteil überwiegt oder zu überwiegen droht, ist verpflichtet, aus dem Leben zu scheiden. Daraus wird deutlich, daß es zuweilen die Pflicht des Weisen ist, aus dem Leben zu scheiden, obwohl er glücklich ist, und die Pflicht des Toren, im Leben auszuharren, obwohl er unglücklich ist. (61) Denn jenes Gut und jenes Übel, von dem schon oft die Rede war, ergibt sich erst später; jene elementaren natürlichen Regungen aber unterliegen, mögen sie positiv oder negativ sein, dem Urteil und der Wahl des Weisen, und sie bilden gleichsam den Stoff, mit dem es die Weisheit zu tun hat. Deswegen muß sich jede vernünftige Begründung für ein Ausharren im Leben oder ein Scheiden aus dem Leben nach den oben genannten Dingen bemessen. Denn weder wird der Tugendhafte durch die Tugend im Leben zurückgehalten, noch haben die, die ohne Tugend sind, deshalb den Tod zu suchen. Und oft ist es die Pflicht des Weisen, dem Leben zu entsagen, obwohl er völlig glücklich ist, wenn er es unter günstigen Bedingungen tun kann. Diesen Standpunkt vertreten ja die Stoiker, es sei eine Frage der günstigen Bedingungen, glücklich zu leben, das heißt naturgemäß zu leben. Deswegen schreibt die Weisheit dem Weisen vor, daß er selbst sie, wenn es notwendig ist, aufgibt. Aus diesem Grunde, weil die Laster keinen Grund für einen freiwilligen Tod zu bieten vermögen, ist es offenkundig auch die Pflicht der Toren, die zugleich unglücklich sind, im Leben auszuharren, wenn bei ihnen die Dinge überwiegen, die wir als naturgemäß bezeichnen. Und da ein Tor ebenso unglücklich ist, wenn er aus dem Leben scheidet, wie wenn er in ihm ausharrt, und da eine längere Dauer für ihn das Leben nicht verabscheuungswürdiger macht, erklären die Stoiker nicht ohne Grund, diejenigen, die sich überwiegend natürlicher Bedingungen erfreuen könnten, hätten im Leben auszuharren.

(62) Damit hängt ihrer Meinung nach auch die Einsicht zusammen, daß die Natur bewirkt, daß die Kinder von ihren

munem humani generis societatem persequimur. quod primum intellegi debet figura membrisque corporum, quae ipsa declarant procreandi a natura habitam esse rationem. neque vero haec inter se congruere possent, ut natura et procreari vellet et diligi procreatos non curaret. atque etiam in bestiis vis naturae perspici potest; quarum in fetu et in educatione laborem cum cernimus, naturae ipsius vocem videmur audire. quare ⟨ut⟩ perspicuum est natura nos a dolore abhorrere, sic apparet a natura ipsa, ut eos, quos genuerimus, amemus, inpelli. (63) ex hoc nascitur ut etiam communis hominum inter homines naturalis sit commendatio, ut oporteat hominem ab homine ob id ipsum, quod homo sit, non alienum videri. ut enim in membris alia sunt tamquam sibi nata, ut oculi, ut aures, alia etiam ceterorum membrorum usum adiuvant, ut crura, ut manus, sic inmanes quaedam bestiae sibi solum natae sunt, at illa, quae in concha patula pina dicitur, isque, qui enat e concha, qui, quod eam custodit, pinoteres vocatur in eandemque cum se recepit includitur, ut videatur monuisse ut caveret, itemque formicae, apes, ciconiae aliorum etiam causa quaedam faciunt. multo haec coniunctius homines. itaque natura sumus apti ad coetus, concilia, civitates. (64) mundum autem censent regi numine deorum, eumque esse quasi communem urbem et civitatem hominum et deorum, et unum quemque nostrum eius mundi esse partem; ex quo illud natura conse-

Eltern geliebt werden. Von diesem Ursprung aus können wir die Gemeinschaft und Verbindung des menschlichen Geschlechts verfolgen. Diese Erkenntnis muß zunächst schon aus der Bildung der Körper und ihrer Glieder gewonnen werden, die selbst zeigen, daß die Natur auf Fortpflanzung bedacht war. Es könnte aber nicht zusammenpassen, daß die Natur einerseits Fortpflanzung wünschte und andererseits nicht dafür sorgte, daß die von ihr hervorgebrachten Wesen auch geliebt würden. Auch bei den Tieren kann man ja die Wirkung der Natur beobachten; wenn wir ihre Mühe um die Brut und deren Aufzucht sehen, meinen wir die Stimme der Natur selbst zu hören. Wie wir offensichtlich von Natur aus vor dem Schmerz zurückschrecken, so treibt uns deshalb die Natur selbst offenkundig, die zu lieben, die wir gezeugt haben. (63) Daher rührt auch ein natürliches Gefühl der Zusammengehörigkeit, das die Menschen miteinander verbindet, so daß ein Mensch dem anderen schon deshalb, weil er ein Mensch ist, nicht fremd erscheinen darf. Denn wie bei den Organen manche gleichsam für sich selbst geschaffen sind, wie die Augen oder die Ohren, und andere auch den Gebrauch der übrigen Glieder unterstützen, wie die Beine oder Hände, so gibt es bestimmte wilde Tiere, die nur für sich geschaffen sind. Jene Steckmuschel aber, die auf einer flachen Schale sitzt und der, weil er sie behütet, so genannte Steckmuschelhüter[39], der aus der Muschel herausschwimmt und sich beim Rückzug in sie einschließt, so daß es aussieht, als hätte er sie aufgefordert, auf der Hut zu sein, und ebenso die Ameisen, die Bienen und die Störche tun manches auch für andere. Noch viel enger ist hier die Verbindung zwischen Menschen. Deswegen sind wir von Natur aus für Formen der Vereinigung, Versammlung und staatlichen Gemeinschaft bestimmt. (64) Die Welt aber wird nach der Auffassung der Stoiker vom Walten der Götter gelenkt, und sie halten sie gleichsam für die gemeinsame Wohnstatt der Menschen und der Götter und jeden einzelnen von uns für einen Teil dieser Welt; deshalb ergebe es

qui, ut communem utilitatem nostrae anteponamus. ut enim leges omnium salutem singulorum saluti anteponunt, sic vir bonus et sapiens et legibus parens et civilis officii non ignarus utilitati omnium plus quam unius alicuius aut suae consulit. nec magis est vituperandus proditor patriae quam communis utilitatis aut salutis desertor propter suam utilitatem aut salutem. ex quo fit, ut laudandus is sit, qui mortem oppetat pro re publica, quod deceat cariorem nobis esse patriam quam nosmet ipsos. quoniamque illa vox inhumana et scelerata ducitur eorum, qui negant se recusare quo minus ipsis mortuis terrarum omnium deflagratio consequatur – quod vulgari quodam versu Graeco pronuntiari solet –, certe verum est etiam iis, qui aliquando futuri sint, esse propter ipsos consulendum. (65) ex hac animorum affectione testamenta commendationesque morientium natae sunt. quodque nemo in summa solitudine vitam agere velit ne cum infinita quidem voluptatum abundantia, facile intellegitur nos ad coniunctionem congregationemque hominum et ad naturalem communitatem esse natos. Inpellimur autem natura, ut prodesse velimus quam plurimis in primisque docendo rationibusque prudentiae tradendis. (66) itaque non facile est invenire qui quod sciat ipse non tradat alteri; ita non solum ad discendum propensi sumus, verum etiam ad docendum. Atque ut tauris natura datum est ut pro vitulis contra leones summa vi impetuque contendant, sic ii, qui valent opibus atque id facere possunt, ut de Hercule et de Libero accepimus, ad servandum genus hominum natura incitantur. Atque etiam Iovem cum Optimum et Maximum dicimus cumque eundem Salutarem, Hospitalem, Statorem,

sich von Natur aus, daß wir das Gemeinwohl unserem eigenen Interesse vorzögen. Wie die Gesetze das Wohl aller dem Wohl einzelner vorziehen, so sorgt auch ein gut gesinnter, kluger Mann, der den Gesetzen gehorcht und der um seine Pflicht als Bürger weiß, mehr für den Nutzen aller als für den irgendeines einzelnen oder den eigenen. Der Vaterlandsverräter verdient auch nicht mehr Tadel als einer, der den Nutzen und das Wohl der Gemeinschaft dem eigenen Interesse opfert. Deshalb ist der zu loben, der sein Leben für den Staat hingibt, weil uns das Vaterland teurer sein muß als wir selbst. Da jener Ausspruch, man habe nichts dagegen, daß nach dem eigenen Tod die ganze Welt in Flammen aufgehe – was gewöhnlich mit einem ganz bekannten griechischen Vers ausgedrückt wird –[40] als unmenschlich und verbrecherisch gilt, ist es sicher wahr, daß man auch für die, die einmal künftig leben werden, um ihrer selbst willen zu sorgen hat. (65) Aus dieser Einstellung sind auch die Testamente und Empfehlungen Sterbender erwachsen; und weil niemand sein Leben in völliger Einsamkeit verbringen will, nicht einmal bei grenzenlosem Überfluß an Genüssen, erkennt man leicht, daß wir zu Verbindung und geselligem Zusammenleben mit Menschen und zu natürlicher Gemeinschaft geschaffen sind. Die Natur veranlaßt uns aber zu dem Wunsch, möglichst vielen zu nützen, und zwar in erster Linie durch Belehrung und durch Vermittlung kluger Grundsätze. (66) Deswegen ist nicht leicht jemand zu finden, der nicht sein eigenes Wissen dem anderen weitergibt; so neigen wir nicht nur zum Lernen, sondern auch zum Lehren. Und wie es den Stieren gegeben ist, für ihre Kälber mit aller Kraft und höchstem Einsatz gegen die Löwen zu kämpfen, so fühlen sich diejenigen, die dazu hinsichtlich ihrer Mittel imstande sind und das zu tun vermögen, wie wir es von Hercules und von Bacchus vernommen haben, von der Natur zur Rettung des menschlichen Geschlechts getrieben. Auch wenn wir Jupiter den Besten und Größten nennen, den Heilbringer, den Schützer der Gastfreundschaft

hoc intellegi volumus, salutem hominum in eius esse tutela. minime autem convenit, cum ipsi inter nos viles neglectique simus, postulare ut diis inmortalibus cari simus et ab iis diligamur. Quem ad modum igitur membris utimur prius, quam didicimus, cuius ea causa utilitatis habeamus, sic inter nos natura ad civilem communitatem coniuncti et consociati sumus. quod ni ita se haberet, nec iustitiae ullus esset nec bonitati locus. (67) Et quo modo hominum inter homines iuris esse vincula putant, sic homini nihil iuris esse cum bestiis. praeclare enim Chrysippus, cetera nata esse hominum causa et deorum, eos autem communitatis et societatis suae, ut bestiis homines uti ad utilitatem suam possint sine iniuria. Quoniamque ea natura esset hominis, ut ei cum genere humano quasi civile ius intercederet, qui id conservaret, eum iustum, qui migraret, iniustum fore. sed quem ad modum, theatrum cum commune sit, recte tamen dici potest eius esse eum locum, quem quisque occuparit, sic in urbe mundove communi non adversatur ius, quo minus suum quidque cuiusque sit. (68) Cum autem ad tuendos conservandosque homines hominem natum esse videamus, consentaneum est huic naturae, ut sapiens velit gerere et administrare rem publicam atque, ut e natura vivat, uxorem adiungere et velle ex ea liberos. ne amores quidem sanctos a sapiente alienos esse arbitrantur. Cynicorum autem rationem atque vitam alii cadere in sapientem dicunt, si qui eius

und den Bewahrer, soll man daran erkennen, daß das Wohl der Menschen in seiner Obhut liegt. Es paßt aber gar nicht zusammen, wenn wir selbst füreinander wertlos und gleichgültig sind, zu verlangen, daß wir den unsterblichen Göttern teuer sind und von ihnen geliebt werden. Wie wir also unsere Glieder gebrauchen, noch ehe wir gelernt haben, zu welchem natürlichen Zweck wir sie besitzen, so sind wir miteinander von der Natur zu einer bürgerlichen Gemeinschaft verbunden und vereint. Wäre es nicht so, so gäbe es weder Raum für Gerechtigkeit noch für die Güte. (67) Und wie die Stoiker annehmen, daß es zwischen den Menschen Bande des Rechts gibt, so glauben sie, daß keine rechtliche Beziehung zwischen den Menschen und den Tieren besteht. Sehr schön sagte nämlich Chrysipp, alles andere sei um der Menschen und Götter willen geschaffen, sie aber um ihrer Gemeinschaft und Verbindung willen, so daß die Menschen Tiere für ihre Zwecke gebrauchen können, ohne damit ein Unrecht zu begehen. Und da die Natur des Menschen so sei, daß zwischen ihm und dem menschlichen Geschlecht gleichsam ein bürgerliches Recht bestehe, sei der gerecht, der es beachte, und der ungerecht, der es übertrete. Aber wie im Theater, obwohl es Gemeinbesitz ist, trotzdem zu Recht gesagt werden kann, der Platz gehöre jeweils dem, er ihn besetzt habe, so spricht in der gemeinsamen Stadt oder Welt kein Rechtsgrundsatz dagegen, daß jeder seinen eigenen Besitz hat. (68) Weil aber offensichtlich der Mensch dazu geboren ist, andere Menschen zu schützen und zu retten, entspricht es seiner Natur, daß der Weise den Wunsch hat, sich in der Politik und Staatsverwaltung zu betätigen und, um naturgemäß zu leben, sich eine Frau zu nehmen und sich Kinder von ihr zu wünschen. Nicht einmal reine Liebesbeziehungen halten die Stoiker für unvereinbar mit dem Wesen eines Weisen. Was aber die Lebensweise der Kyniker betrifft, so sagen die einen, sie passe zu einem Weisen, wenn zufällig ein solcher Fall eintrete, daß er sich entsprechend

modi forte casus inciderit, ut id faciendum sit, alii nullo modo.

(69) Ut vero conservetur omnis homini erga hominem societas, coniunctio, caritas, et emolumenta et detrimenta, quae ὠφελήματα et βλάμματα appellant, communia esse voluerunt; quorum altera prosunt, nocent altera. neque solum ea communia, verum etiam paria esse dixerunt. incommoda autem et commoda – ita enim εὐχρηστήματα et δυσχρηστήματα appello – communia esse voluerunt, paria noluerunt. illa enim, quae prosunt aut quae nocent, aut bona sunt aut mala, quae sint paria necesse est. commoda autem et incommoda in eo genere sunt, quae praeposita et reiecta diximus; ea possunt paria non esse. sed emolumenta communia esse dicuntur, recte autem facta et peccata non habentur communia.

(70) Amicitiam autem adhibendam esse censent, quia sit ex eo genere, quae prosunt. quamquam autem in amicitia alii dicant aeque caram esse sapienti rationem amici ac suam, alii autem sibi cuique cariorem suam, tamen hi quoque posteriores fatentur alienum esse a iustitia, ad quam nati esse videamur, detrahere quid de aliquo, quod sibi adsumat. minime vero probatur huic disciplinae, de qua loquor, aut iustitiam aut amicitiam propter utilitates adscisci aut probari. eaedem enim utilitates poterunt eas labefactare atque pervertere.

verhalten müsse, für andere kommt sie auf keinen Fall in Frage.

(69) Um aber die ganze Gemeinsamkeit, Verbindung und Liebe eines Menschen gegenüber einem anderen zu bewahren, sollten nach dem Willen der Stoiker die Dinge, die die Menschen sittlich fördern und beeinträchtigen, die sie als ›ophelémata‹ (›Nutzen‹) und ›blámmata‹ (›Schaden‹) bezeichnen, alle gemeinsam betreffen, wobei die einen Nutzen, die anderen Schaden stiften; und sie erklärten sie nicht nur für allen gemeinsam, sondern auch für gleich. Nachteile aber und Vorteile – so nämlich gebe ich die Worte ›euchrestémata‹ (›Bequemlichkeiten‹) und ›dyschrestémata‹ (›Unbequemlichkeiten‹) wieder – sollten nach ihrem Willen gemeinsam sein, jedoch nicht gleich. Die Dinge nämlich, die sittlich nützen oder schaden, sind Güter oder Übel, und sie sind zwangsläufig gleich. Vorteile aber und Nachteile sind Dinge von der Art, die wir als bevorzugt oder zurückgesetzt bezeichnet haben; sie können nicht gleich sein. Was aber sittlichen Gewinn bringt, das geht, wie sie sagen, alle an, während das rechte Handeln und die Verfehlungen nach ihrer Meinung nicht alle betreffen.

(70) Was aber die Freundschaft betrifft, so meinen die Stoiker, daß man sie üben müsse, weil sie zu den Dingen gehöre, die sittlich nützen. Zwar ist dabei nach Auffassung der einen das Interesse des Freundes dem Weisen ebenso teuer wie sein eigenes, nach Auffassung der anderen aber das eigene einem jeden teurer; jedoch bekennen auch die Vertreter dieser letzteren Auffassung, daß es mit der Gerechtigkeit, für die wir ja geschaffen scheinen, nicht vereinbar ist, jemandem etwas abzusprechen, was man sich selbst herausnimmt. Auf keinen Fall kann es die Lehre, über die ich spreche, aber gelten lassen, daß man sich zur Gerechtigkeit oder zur Freundschaft um des Nutzens willen entschließt und sie deshalb gutheißt. Dieselben Nützlichkeitserwägungen könnten sie ja auch erschüttern und ins Gegenteil verkehren. Denn weder Gerechtigkeit noch Freundschaft kön-

etenim nec iustitia nec amicitia esse omnino poterunt, nisi ipsae per se expetuntur.

(71) Ius autem, quod ita dici appellarique possit, id esse natura, alienumque esse a sapiente non modo iniuriam cui facere, verum etiam nocere. nec vero rectum est cum amicis aut bene meritis consociare aut coniungere iniuriam, gravissimeque et verissime defenditur numquam aequitatem ab utilitate posse seiungi, et, quicquid aequum iustumque esset, id etiam honestum vicissimque, quicquid esset honestum, id iustum etiam atque aequum fore.

(72) Ad easque virtutes, de quibus disputatum est, dialecticam etiam adiungunt et physicam, easque ambas virtutum nomine appellant, alteram, quod habeat rationem, ne cui falso adsentiamur neve umquam captiosa probabilitate fallamur, eaque, quae de bonis et malis didicerimus, ut tenere tuerique possimus. nam sine hac arte quemvis arbitrantur a vero abduci fallique posse. recte igitur, si omnibus in rebus temeritas ignoratioque vitiosa est, ars ea, quae tollit haec, virtus nominata est. (73) physicae quoque non sine causa tributus idem est honos, propterea quod, qui convenienter naturae victurus sit, ei proficiscendum est ab omni mundo atque ab eius procuratione. nec vero potest quisquam de bonis et malis vere iudicare nisi omni cognita ratione naturae et vitae etiam deorum, et utrum conveniat necne natura hominis cum universa. quaeque sunt vetera praecepta sapientium, qui iubent tempori parere et sequi deum et se noscere et nihil nimis, haec sine physicis quam

nen überhaupt bestehen, wenn man sie nicht um ihrer selbst willen erstrebt.

(71) Das Recht jedoch, das man mit diesem Namen und Begriff bezeichnen könne, sei ein Naturrecht, und es widerspreche der Art des Weisen nicht nur, jemandem Unrecht zu tun, sondern auch jemandem Schaden zuzufügen. Auch ist es nicht recht, gemeinsam oder in Verbindung mit Freunden oder verdienten Männern ein Unrecht zu begehen, und man verteidigt mit größtem Nachdruck und sehr zu Recht den Grundsatz, daß die Billigkeit niemals vom Nutzen zu trennen sei und daß sich alles, was recht und billig sei, als sittlich gut und umgekehrt alles, was sittlich gut sei, auch als recht und billig erweisen werde.

(72) Zu diesen Tugenden, von denen die Rede war, nehmen die Stoiker auch noch die Dialektik und die Physik hinzu, und sie bezeichnen sie beide als Tugenden, die eine deshalb, weil sie dafür sorge, daß wir keinem falschen Grundsatz zustimmen und uns niemals durch eine trügerische Beweiskraft täuschen lassen und daß wir die gewonnenen Einsichten über die Güter und die Übel bewahren und festhalten können. Denn ohne diese Fähigkeit kann man nach ihrer Meinung jeden von der Wahrheit abbringen und in die Irre führen. Wenn Unbesonnenheit und Unkenntnis in allen Dingen verderblich ist, dann wird die Fähigkeit, die diese Schwächen beseitigt, zu Recht als Tugend bezeichnet. (73) Derselbe Ehrentitel ist auch der Physik nicht ohne Grund zuteil geworden, und zwar deswegen, weil einer, der gesonnen ist, naturgemäß zu leben, von der ganzen Welt und ihrer Lenkung ausgehen muß. Man kann aber über die Güter und die Übel nicht richtig urteilen, ohne die gesamte gesetzmäßige Ordnung der Natur und des Lebens, auch der Götter, erkannt zu haben und so zu wissen, ob die Natur des Menschen mit der Natur im ganzen übereinstimmt oder nicht. Auch jene alten Weisheitsregeln, sich den Umständen zu fügen, Gott zu folgen, sich selbst zu erkennen, nichts im Übermaß zu treiben, kann ohne die Physik in ihrer Bedeu-

vim habeant – et habent maximam – videre nemo potest. atque etiam ad iustitiam colendam, ad tuendas amicitias et reliquas caritates quid natura valeat haec una cognitio potest tradere. nec vero pietas adversus deos nec quanta iis gratia debeatur sine explicatione naturae intellegi potest.
(74) Sed iam sentio me esse longius provectum, quam proposita ratio postularet. verum admirabilis compositio disciplinae incredibilisque rerum me traxit ordo; quem, per deos inmortales, nonne miraris? quid enim aut in natura, qua nihil est aptius, nihil descriptius, aut in operibus manu factis tam compositum tamque compactum et coagmentatum inveniri potest? quid posterius priori non convenit? quid sequitur, quod non respondeat superiori? quid non sic aliud ex alio nectitur, ut, si ullam litteram moveris, labent omnia? nec tamen quicquam est, quod moveri possit. (75) quam gravis vero, quam magnifica, quam constans conficitur persona sapientis! qui, cum ratio docuerit, quod honestum esset, id esse solum bonum, semper sit necesse est beatus vereque omnia ista nomina possideat, quae irrideri ab inperitis solent. rectius enim appellabitur rex quam Tarquinius, qui nec se nec suos regere potuit, rectius magister populi – is enim est dictator – quam Sulla, qui trium pestiferorum vitiorum, luxuriae, avaritiae, crudelitatis, magister fuit, rectius dives quam Crassus, qui nisi eguisset, numquam Euphraten nulla belli causa transire voluisset. recte eius omnia dicentur, qui scit uti solus omnibus, recte etiam

tung – und sie haben eine außerordentliche Bedeutung – niemand ermessen. Und auch die Einsicht, welchen Einfluß die Natur auf unsere Pflege der Gerechtigkeit, auf die Bewahrung von Freundschaften und die anderen Zuneigungen hat, vermag nur diese eine Erkenntnis zu vermitteln. Doch auch die Frömmigkeit gegen die Götter und das Ausmaß des Dankes, den man ihnen schuldet, ist ohne die Erklärung der Natur nicht zu verstehen.

(74) Doch wie ich merke, habe ich schon weiter ausgegriffen, als es meine Konzeption erforderte. Doch der bewundernswerte Aufbau dieser Lehre und die unglaubliche Ordnung ihrer Elemente hat mich mitgerissen. Bei den unsterblichen Göttern, bewunderst du sie etwa nicht? Was läßt sich denn in der Natur, deren Harmonie und Ordnung nichts übertrifft, was unter den von Menschenhand geschaffenen Werken finden, das so geordnet, so wohlgefügt und so geschlossen wäre? Welcher spätere Gedanke paßt nicht mit dem früheren zusammen? Was folgt, das nicht dem Vorhergehenden entspräche? Was ist nicht so miteinander verknüpft, daß alles zusammenfiele, wenn man irgendeinen Buchstaben verrücken würde? Und doch gibt es nichts, was sich verrücken ließe. (75) Wie eindrucksvoll, wie großartig, wie konsequent ist das Bild, das von der Person des Weisen entworfen wird! Er muß, wenn die Vernunft ihn lehrte, daß nur das ein Gut ist, was sittlich gut ist, zwangsläufig immer glücklich sein und alle jene Namen mit Recht besitzen, die die Unwissenden gewöhnlich verlachen. Man wird ihn nämlich mit größerem Recht als Tarquinius, der weder sich noch seine Untertanen beherrschen konnte, König nennen, mit größerem Recht einen Meister des Volkes – denn das ist der Diktator – als Sulla, der in drei unheilvollen Lastern Meister war, in Ausschweifung, Habsucht und Grausamkeit, mit größerem Recht einen reichen Mann als Crassus, der niemals ohne Kriegsgrund den Euphrat hätte überschreiten wollen, wenn er nicht arm gewesen wäre. Zu Recht wird man alles als sein Eigentum bezeichnen, da er allein alles zu gebrau-

pulcher appellabitur – animi enim liniamenta sunt pulchriora quam corporis –, recte solus liber nec dominationi cuiusquam parens nec oboediens cupiditati, recte invictus, cuius etiamsi corpus constringatur, animo tamen vincula inici nulla possint; (76) nec expectet ullum tempus aetatis, uti tum denique iudicetur beatusne fuerit, cum extremum vitae diem morte confecerit, quod ille unus e septem sapientibus non sapienter Croesum monuit; nam si beatus umquam fuisset, beatam vitam usque ad illum a Cyro extructum rogum pertulisset. quod si ita est, ut neque quisquam nisi bonus vir et omnes boni beati sint, quid philosophia magis colendum aut quid est virtute divinius?«

chen versteht, zu Recht wird man ihn auch schön nennen, denn das Bild der Seele ist schöner als das des Körpers, zu Recht wird er alleine frei genannt, der weder jemandes Herrschaft unterworfen ist noch einer Begierde gehorcht, zu Recht unüberwindlich, dessen Seele man, auch wenn sein Leib gefesselt wird, doch nicht in Bande schlagen kann; (76) er braucht auch nicht auf irgendeine Lebenszeit zu warten, damit dann endlich entschieden werden kann, ob er glücklich gewesen ist, wenn er mit seinem Tod den letzten Tag des Lebens beendet hat, wie jener eine von den Sieben Weisen[41] unklugerweise Krösus warnte; denn wenn er jemals glücklich gewesen wäre, dann hätte er sein Lebensglück auch bis zu jenem von Kyrus errichteten Scheiterhaufen erhalten. Wenn es zutrifft, daß nur der Gute glücklich ist und daß es alle Guten sind, was wäre dann mehr wert, gepflegt zu werden, als die Philosophie, und was gäbe es dann Göttlicheres als die Tugend?«

Liber quartus

(1) Quae cum dixisset, finem ille. ego autem: »Ne tu« inquam »Cato, ista exposuisti, ut tam multa, memoriter, ut tam obscura, dilucide. itaque aut omittamus contra omnino velle aliquid aut spatium sumamus ad cogitandum; tam enim diligenter, etiam si minus vere – nam nondum id quidem audeo dicere –, sed tamen accurate non modo fundatam, verum etiam extructam disciplinam non est facile perdiscere.«

Tum ille: »Ain tandem?« inquit, »cum ego te hac nova lege videam eodem die accusatori respondere et tribus horis perorare, in hac me causa tempus dilaturum putas? quae tamen a te agetur non melior, quam illae sunt, quas interdum obtines. quare istam quoque aggredere tractatam praesertim et ab aliis et a te ipso saepe, ut tibi deesse non possit oratio.«

(2) Tum ego: »Non mehercule« inquam »soleo temere contra Stoicos, non quo illis admodum assentiar, sed pudore impedior; ita multa dicunt, quae vix intellegam.«

»Obscura« inquit »quaedam esse confiteor, nec tamen ab illis ita dicuntur de industria, sed inest in rebus ipsis obscuritas.«

»Cur igitur easdem res« inquam »Peripateticis dicentibus verbum nullum est, quod non intellegatur?«

»Easdemne res?« inquit, »an parum disserui non verbis Sto-

Viertes Buch

(1) Nach diesen Worten hielt er inne. Ich aber sagte: »Wahrhaftig, Cato, das hast du, bei solcher Fülle, mit großer Gedächtniskraft und, bei solcher Undurchsichtigkeit, mit einleuchtender Klarheit dargelegt. Deswegen will ich mir entweder den Wunsch nach einer Erwiderung völlig versagen oder mir Zeit zum Nachdenken nehmen; denn eine Lehre, die so sorgfältig, auch wenn sie nicht zutreffen sollte – denn dazu wage ich mich jedenfalls noch nicht zu äußern –, die aber doch so genau nicht nur begründet, sondern auch entwickelt wurde, ist nicht leicht gründlich zu erfassen.«

»Meinst du wirklich?« sagte er darauf. »Ich sehe doch, daß du nach diesem neuen Gesetz[1] einem Ankläger noch am selben Tag antwortest und binnen drei Stunden zum Ende kommst; glaubst du da, daß ich in diesem Falle den Prozeß vertage? Die Sache, die du hier zu vertreten hast, wird dadurch doch nicht besser als die, bei denen du zuweilen die Oberhand behältst.[2] Nimm dir deshalb auch diesen Fall vor, zumal er ja sowohl von anderen wie von dir selbst schon oft behandelt wurde, so daß es dir wohl nicht an Worten fehlen kann.«

(2) Da sagte ich: »Bei Gott, den Stoikern erwidere ich gewöhnlich nicht aufs Geratewohl, nicht als ob ich ihnen unbedingt zustimmte, vielmehr hält mich die Scham zurück; sie sagen ja so vieles, was ich kaum verstehe.«

»Daß manches dunkel ist, bekenne ich«, erwiderte er; »doch sie reden nicht absichtlich so, die Dunkelheit liegt vielmehr in der Sache selbst.«

Da fragte ich: »Warum gibt es dann, wenn die Peripatetiker dieselben Fragen behandeln, kein einziges Wort, das man nicht versteht?«

»Dieselben Fragen?« gab er zurück. »Habe ich etwa zu wenig klar gemacht, daß sich die Stoiker nicht durch Worte,

icos a Peripateticis, sed universa re et tota sententia dissidere?«

»Atqui« inquam »Cato, si istud obtinueris, traducas me ad te totum licebit.«

»Putabam equidem satis« inquit »me dixisse. quare ad ea primum, si videtur; sin aliud quid voles, postea.«

»Immo istud quidem« inquam »quo loco quidque, nisi iniquum postulo, arbitratu meo.«

»Ut placet« inquit, »etsi enim illud erat aptius, aequum cuique concedere.«

(3) »Existimo igitur« inquam »Cato, veteres illos Platonis auditores, Speusippum, Aristotelem, Xenocratem, deinde eorum, Polemonem, Theophrastum, satis et copiose et eleganter habuisse constitutam disciplinam, ut non esset causa Zenoni, cum Polemonem audisset, cur et ab eo ipso et a superioribus dissideret. quorum fuit haec institutio, in qua animadvertas velim quid mutandum putes nec expectes, dum ad omnia dicam, quae a te dicta sunt; universa enim illorum ratione cum tota vestra confligendum puto. (4) qui cum viderent ita nos esse natos, ut et communiter ad eas virtutes apti essemus, quae notae illustresque sunt, iustitiam dico, temperantiam, ceteras generis eiusdem – quae omnes similes artium reliquarum materia tantum ad meliorem partem et tractatione differunt –, easque ipsas virtutes viderent nos magnificentius appetere et ardentius, habere etiam insitam quandam vel potius innatam cupiditatem scientiae natosque esse ad congregationem hominum et ad societatem commu-

sondern durch die Sache insgesamt und ihren ganzen Standpunkt von den Peripatetikern unterscheiden?«

»Nun, Cato«, entgegnete ich, »wenn du das beweisen kannst, wirst du mich ganz auf deine Seite bringen.«

»Ich glaubte jedenfalls«, erwiderte er, »es zur Genüge getan zu haben. Wenden wir uns also, wenn es recht ist, erst dieser Frage zu; doch wenn du einen anderen Wunsch hast, wollen wir es später tun.«

»Nein«, sagte ich, »vielmehr soll diese Frage meiner Meinung nach jeweils an ihrem Platz behandelt werden, wenn ich damit nichts Unbilliges verlange.«

»Wie du meinst«, gab er zurück; »denn wenn auch jenes Verfahren passender gewesen wäre, sollte man doch jedem entgegenkommen.«

(3) »Ich glaube also, Cato«, sagte ich, »daß jene alten Hörer Platons, Speusipp, Aristoteles und Xenokrates, dann deren Hörer, Polemon und Theophrast, über ein Lehrgebäude von genügender Ausführlichkeit und Eleganz verfügten, so daß Zenon, da er ja Polemon gehört hatte, keinen Grund besaß, von ihm selbst und von seinen Vorgängern abzuweichen. Ihre Lehre war die folgende; ich möchte aber, daß du bei ihr auf das achtest, was du für änderungsbedürftig hältst, und nicht abwartest, bis ich auf alle Punkte deiner Darstellung eingehe; ich glaube nämlich, daß man sie in ihrer Gesamtheit eurer ganzen Lehre gegenüberstellen muß. (4) Wie diese Philosophen sahen, sind wir so geschaffen, daß wir uns allgemein für jene bekannten und berühmten Tugenden eignen, ich meine die Gerechtigkeit, die Mäßigung und die anderen Tugenden derselben Art, die alle den übrigen Disziplinen ähnlich sind und sich nur hinsichtlich ihres Gegenstandes und der Art seiner Behandlung in positivem Sinne von ihnen unterscheiden;[3] und sie sahen, daß wir gerade diese Tugenden mit größerem Aufwand und glühenderer Begeisterung erstreben, daß wir auch ein tief eingewurzeltes oder besser eingeborenes Verlangen nach Erkenntnis in uns tragen, daß wir für ein geselliges Zusammenleben mit Men-

nitatemque generis humani, eaque in maximis ingeniis maxime elucere, totam philosophiam tres in partis diviserunt, quam partitionem a Zenone esse retentam videmus. (5) quarum cum una sit, qua mores conformari putantur, differo eam partem, quae quasi stirps est huius quaestionis. qui sit enim finis bonorum, mox, hoc loco tantum dico, a veteribus Peripateticis Academicisque, qui re consentientes vocabulis differebant, eum locum, quem civilem recte appellaturi videmur, Graeci πολιτικόν, graviter et copiose esse tractatum.

Quam multa illi de re publica scripserunt, quam multa de legibus! quam multa non solum praecepta in artibus, sed etiam exempla in orationibus bene dicendi reliquerunt! primum enim ipsa illa, quae subtiliter disserenda erant, polite apteque dixerunt tum definientes, tum partientes, ut vestri etiam; sed vos squalidius, illorum vides quam niteat oratio. (6) deinde ea, quae requirebant orationem ornatam et gravem, quam magnifice sunt dicta ab illis, quam splendide! de iustitia, ⟨de temperantia,⟩ de fortitudine, de amicitia, de aetate degenda, de philosophia, de capessenda re publica, [de temperantia de fortitudine] hominum non spinas vellentium, ut Stoici, nec ossa nudantium, sed eorum, qui grandia ornate vellent, enucleate minora dicere. itaque quae sunt eorum consolationes, quae cohortationes, quae etiam monita et

schen und für die Verbindung und Gemeinschaft des menschlichen Geschlechts geschaffen sind und daß diese Eigenschaften an den größten Geistern am deutlichsten in Erscheinung treten. Im Hinblick darauf teilen sie die Philosophie in drei Bereiche ein,[4] eine Einteilung, die Zenon, wie wir sahen, beibehalten hat. (5) Einer von ihnen ist derjenige, den man als den Bereich der sittlichen Formung des Menschen betrachtet; ihn, der gleichsam die Wurzel dieser Untersuchung bildet, stelle ich zunächst zurück. Die Frage nach dem höchsten Gut soll nämlich später behandelt werden. An dieser Stelle sage ich nur soviel, daß die alten Peripatetiker und Akademiker, die in der Sache übereinstimmten und sich nur im Ausdruck unterschieden, das Gebiet, das wir wohl zutreffend als das politische bezeichnen können und das bei den Griechen ›politikón‹ heißt, nachdrücklich und ausführlich behandelt haben.

Wie viele Schriften haben sie über den Staat, wie viele über die Gesetze verfaßt! Wie vieles haben sie nicht nur an Regeln der Beredsamkeit in ihren Handbüchern, sondern auch an Beispielen in ihren Reden hinterlassen! Denn erstens haben sie gerade das, was scharfsinniger Erörterung bedurfte, geschliffen und angemessen ausgedrückt, und dabei lieferten sie begriffliche Definitionen und systematische Einteilungen wie die Vertreter eurer Lehre auch. Doch während ihr euch recht schmucklos ausdrückt, kannst du sehen, welchen Glanz ihr Stil aufweist. (6) Wie prächtig und wie glanzvoll sind von ihnen sodann die Themen behandelt worden, die eine ansprechende und eindrucksvolle Darstellung erforderten. Sie schrieben über Gerechtigkeit und Selbstbeherrschung, Tapferkeit und Freundschaft, Lebensführung, Philosophie oder politische Betätigung der Menschen nicht im Stil von Leuten, die Dornen ausziehen oder ein Skelett bloßlegen, wie die Stoiker, sondern in der Sprache derer, die große Themen glanzvoll und geringere schlicht zu behandeln wünschten. Welche Trostschriften stammen deshalb auch von ihnen, welche Ermahnungen,

consilia scripta ad summos viros! erat enim apud eos, ut est rerum ipsarum natura, sic dicendi exercitatio duplex. nam quicquid quaeritur, id habet aut generis ipsius sine personis temporibusque aut his adiunctis facti aut iuris aut nominis controversiam. ergo in utroque exercebantur, eaque disciplina effecit tantam illorum utroque in genere dicendi copiam. (7) Totum genus hoc Zeno et qui ab eo sunt aut non potuerunt ⟨tueri⟩ aut noluerunt, certe reliquerunt. quamquam scripsit artem rhetoricam Cleanthes, Chrysippus etiam, sed sic, ut, si quis obmutescere concupierit, nihil aliud legere debeat. itaque vides, quo modo loquantur. nova verba fingunt, deserunt usitata.

At quanta conantur! mundum hunc omnem oppidum esse nostrum! Incendi igitur eos, qui audiunt, vides. quantam rem agas, ut Circeiis qui habitet totum hunc mundum suum municipium esse existimet? Quid? ille incendat? restinguet citius, si ardentem acceperit. Ista ipsa, quae tu breviter: regem, dictatorem, divitem solum esse sapientem, a te quidem apte ac rotunde; quippe; habes enim a rhetoribus; illorum vero ista ipsa quam exilia de virtutis vi! quam tantam volunt esse, ut beatum per se efficere possit. pungunt quasi aculeis interrogatiunculis angustis, quibus etiam qui assentiuntur nihil commutantur animo et idem abeunt, qui vene-

welche Aufforderungen und Ratschläge, gerichtet an die bedeutendsten Persönlichkeiten! Es gab bei ihnen ja auch, wie es dem Wesen der Dinge entspricht, eine zweifache Übung in der Redekunst.[5] Denn jede Untersuchung bietet entweder eine Auseinandersetzung um ein grundsätzliches Problem an sich ohne Angabe von Personen und Umständen oder um einen Tatbestand, eine Rechtsfrage oder einen Begriff mit den entsprechenden konkreten Angaben. So übten sie sich in beidem, und diese Schulung verhalf ihnen zu einer solchen Ausdrucksfähigkeit in beiden Bereichen der Redekunst. (7) Auf diesem ganzen Felde konnten oder wollten Zenon und seine Schüler sich nicht behaupten, jedenfalls gaben sie es auf. Kleanthes und auch Chrysipp verfaßten zwar ein Handbuch der Rhetorik, doch so, daß einer, wenn ihm daran gelegen wäre zu verstummen, nichts anderes zu lesen bräuchte. Du kannst daraus ersehen, wie sie sich ausdrücken. Sie bilden neue Worte und geben die gebräuchlichen auf.

Doch welch großartige Ideen haben sie! Sie sagen, die ganze Welt sei unsere Heimstatt. – Du siehst ja, wie das ihre Zuhörer entflammt. Was müßte man anstellen, damit jemand, der in Circei wohnt, diese gesamte Welt für seine Heimat hält? Wie? So ein Stoiker soll sein Publikum entflammen? Er wird es eher ernüchtern, wenn er es entbrannt empfangen hat. Gerade diese Gedanken, die du kurz angedeutet hast,[6] daß nur der Weise ein König, ein Diktator oder ein reicher Mann sei, die hast du zwar in angemessener, bündiger Form ausgedrückt; kein Wunder, du hast es ja von den Rhetoren gelernt; aber wie dürftig sind ihre eigenen Erklärungen über die Macht der Tugend! Sie soll so groß sein, daß sie durch sich jemanden glücklich machen kann. Sie sticheln gleichsam mit den Spitzfindigkeiten ihrer Fragen, und auch diejenigen, die ihnen zustimmen, ändern ihre Einstellung nicht und gehen so von dannen, wie sie gekommen waren. Denn sie behandeln Dinge, die vielleicht wahr,

rant. res enim fortasse verae, certe graves, non ita tractantur, ut debent, sed aliquanto minutius.

(8) Sequitur disserendi ratio cognitioque naturae; nam de summo bono mox, ut dixi, videbimus et ad id explicandum disputationem omnem conferemus. in his igitur partibus duabus nihil erat, quod Zeno commutare gestiret. res enim se praeclare habebat, et quidem in utraque parte. quid enim ab antiquis ex eo genere, quod ad disserendum valet, praetermissum est? qui et definierunt plurima et definiendi artes reliquerunt, quodque est definitioni adiunctum, ut res in partes dividatur, id et fit ab illis et quem ad modum fieri oporteat traditur; item de contrariis, a quibus ad genera formasque generum venerunt. Iam argumenti ratione conclusi caput esse faciunt ea, quae perspicua dicunt, deinde ordinem sequuntur, tum, quid verum sit in singulis, extrema conclusio est. (9) quanta autem ab illis varietas argumentorum ratione concludentium eorumque cum captiosis interrogationibus dissimilitudo! Quid, quod plurimis locis quasi denuntiant, ut neque sensuum fidem sine ratione nec rationis ⟨sine⟩ sensibus exquiramus, atque ut eorum alterum ab altero ⟨ne⟩ separemus? Quid? ea, quae dialectici nunc tradunt et docent, nonne ab illis instituta aut inventa sunt? de quibus etsi a Chrysippo maxime est elaboratum, tamen a Zenone minus multo quam ab antiquis; ab hoc autem quaedam non melius quam veteres, quaedam omnino relicta. (10) Cumque duae sint artes, quibus perfecte ratio et oratio compleatur, una inveniendi, altera disserendi, hanc posteriorem et Stoici et Peripatetici, priorem autem illi egregie

jedenfalls gewichtig sind, nicht so, wie sie es müßten, sondern um einiges zu kleinkariert.
(8) Danach folgt die Methode der Erörterung und die Naturerkenntnis;[7] denn um das höchste Gut werden wir uns, wie gesagt, später kümmern und die gesamte Untersuchung seiner Erklärung widmen. In diesen beiden Bereichen also gab es nichts, was Zenon zu ändern wünschte; denn es stand glänzend, und zwar in jedem der beiden Bereiche. An welcher Voraussetzung für eine geeignete Erörterung hätten es denn die alten Philosophen fehlen lassen? Sie definierten die meisten Begriffe und hinterließen systematische Handbücher der Definition. Sie leisten auch das, was eine Definition ergänzt, nämlich die Einteilung eines Sachgebiets in Teilbereiche, und lehren, wie man sie vornehmen muß; dasselbe gilt für die Gegensätze, von denen sie zu den Gattungen und zu ihren Erscheinungsformen gelangten. Bei einer logischen Schlußfolgerung machen sie das zum Ausgangspunkt, was sie als offensichtlich bezeichnen, dann gehen sie der Reihe nach vor, und am Ende folgern sie, was jeweils in dem einzelnen Fall richtig ist. (9) Wie groß ist aber die Vielfalt bei ihren Schlußfolgerungen, und wie sehr unterscheiden sie sich von Trugschlüssen! Wie steht es mit ihrer Forderung, die sie an sehr vielen Stellen gleichsam proklamieren, Gewißheit weder nur durch die Sinne ohne die Vernunft noch nur durch die Vernunft ohne die Sinne zu erstreben und das eine vom anderen nicht zu trennen? Und weiter: wurde nicht das, was die Dialektiker jetzt lehren und verkünden, von jenen Philosophen erfunden und eingeführt? Darum hat sich Chrysipp zwar sehr bemüht, doch Zenon viel weniger als die alten Philosophen; der letztere hat aber manches nicht besser als die alten Philosophen gemacht und manches völlig aufgegeben. (10) Zwei Fähigkeiten gibt es ja, in denen sich das Denken und das Reden vollendet, zum einen die des Findens von Argumenten und zum andern die ihrer logischen Entwicklung;[8] die letztere wurde von den Stoikern und den Peripatetikern gelehrt, die erstere

tradiderunt, hi omnino ne attigerunt quidem. nam e quibus locis quasi thesauris argumenta depromerentur, vestri ne suspicati quidem sunt, superiores autem artificio et via tradiderunt. quae quidem ars efficit, ne necesse sit isdem de rebus semper quasi dictata decantare neque a commentariolis suis discedere. nam qui sciet ubi quidque positum sit quaque eo veniat, is, etiamsi quid obrutum erit, poterit eruere semperque esse in disputando suus. quod etsi ingeniis magnis praediti quidam dicendi copiam sine ratione consequuntur, ars tamen est dux certior quam natura. aliud est enim poëtarum more verba fundere, aliud ea, quae dicas, ratione et arte distinguere.

(11) Similia dici possunt de explicatione naturae, qua et hi utuntur et vestri, neque vero ob duas modo causas, quo modo Epicuro videtur, ut pellatur mortis et religionis metus, sed etiam modestiam quandam cognitio rerum caelestium affert iis, qui videant quanta sit etiam apud deos moderatio, quantus ordo, et magnitudinem animi deorum opera et facta cernentibus, iustitiam etiam, cum cognitum habeas quod sit summi rectoris ac domini numen, quod consilium, quae voluntas; cuius ad naturam apta ratio vera illa et summa lex a philosophis dicitur. (12) inest in eadem explicatione naturae insatiabilis quaedam e cognoscendis rebus voluptas, in qua una confectis rebus necessariis vacui negotiis honeste ac liberaliter possimus vivere. Ergo in hac ratione tota de maximis fere rebus Stoici illos secuti sunt, ut et deos esse et

jedoch vermittelten besonders die Peripatetiker, während die Stoiker sich überhaupt nicht mit ihr befaßten. Woher man sich wie aus Schatzkammern seine Argumente holt, das ahnten nämlich die Vertreter eurer Lehre nicht einmal, die früheren Philosophen aber lehrten es methodisch und kunstgerecht. Diese Methode führt jedenfalls dazu, daß man nicht immer gleichsam dieselben Sprüche herunterleiern und an seinen Notizen kleben muß. Denn wer Bescheid weiß, wo jeweils das entsprechende Argument bereitliegt und wie man dazu kommt, der wird es, auch wenn etwas verschüttet ist, zutage fördern können und in der Auseinandersetzung immer unabhängig sein. Manche besonders Begabten erreichen diese Ausdrucksfähigkeit zwar ohne methodisches Vorgehen, doch ein System ist ein verläßlicherer Führer als die Natur. Denn es ist eine Sache, nach Art der Dichter Worte zu verströmen, und eine andere, das, was man sagt, methodisch und systematisch auszuschmücken.

(11) Ähnliches kann man von der Naturerklärung sagen, die sowohl diese Philosophen als auch die Vertreter eurer Lehre praktizieren, aber nicht nur aus zwei Gründen, wie es der Meinung Epikurs entspricht, um Todesangst und abergläubische Furcht zu vertreiben; vielmehr bewirkt die Erkenntnis der Himmelserscheinungen auch eine gewisse Bescheidenheit bei denen, die sehen, welches Maß und welche Ordnung auch bei den Göttern waltet, und Hochgesinntheit bei denen, die die Werke und Taten der Götter sehen, auch Gerechtigkeit, wenn man Walten, Plan und Willen des höchsten Lenkers und Herrn erkannt hat; seinem Wesen entspricht ja, wie die Philosophen sagen, jene wahre Vernunft und das höchste Gesetz. (12) Zu derselben Erklärung der Natur gehört auch die Lust an der Erkenntnis, deren man nicht überdrüssig wird. Sie bietet uns die Möglichkeit, nach der Erledigung notwendiger Aufgaben frei von Geschäften so zu leben, wie es den Forderungen der Sittlichkeit und Unabhängigkeit entspricht. In dieser ganzen Denkweise haben sich die Stoiker also im wesentlichen den Peri-

quattuor ex rebus omnia constare dicerent. cum autem quaereretur res admodum difficilis, num quinta quaedam natura videretur esse, ex qua ratio et intellegentia oriretur, in quo etiam de animis cuius generis essent quaereretur, Zeno id dixit esse ignem, non nulla deinde aliter, sed ea pauca; de maxima autem re eodem modo, divina mente atque natura mundum universum et eius maximas partis administrari. Materiam vero rerum et copiam apud hos exilem, apud illos uberrimam reperiemus. (13) quam multa ab iis conquisita et collecta sunt de omnium animantium genere, ortu, membris, aetatibus! quam multa de rebus iis, quae gignuntur e terra! quam multae quamque de variis rebus et causae, cur quidque fiat, et demonstrationes, quem ad modum quidque fiat! qua ex omni copia plurima et certissima argumenta sumuntur ad cuiusque rei naturam explicandam. Ergo adhuc, quantum equidem intellego, causa non videtur fuisse mutandi nominis. non enim, si omnia non sequebatur, idcirco non erat ortus illinc. equidem etiam Epicurum, in physicis quidem, Democriteum puto. pauca mutat vel plura sane; at cum de plurimis eadem dicit, tum certe de maximis. quod idem cum vestri faciant, non satis magnam tribuunt inventoribus gratiam.

(14) Sed haec hactenus. nunc videamus, quaeso, de summo bono, quod continet philosophiam, quid tandem attulerit, quam ob rem ab inventoribus tamquam a parentibus dissen-

patetikern angeschlossen, so daß sie die Existenz von Göttern behaupteten und erklärten, alles bestehe aus vier Elementen. Als es jedoch an die besonders schwierige Frage ging, ob es wohl einen fünften natürlichen Grundstoff gebe,[9] aus dem die Vernunft und die Einsicht entstehe, wobei auch nach der grundsätzlichen Beschaffenheit der Seelen gefragt wurde, da sprach sich Zenon für das Feuer aus; in einigen Punkten, doch nur in wenigen, äußerte er sich danach anders, in der Hauptsache aber ebenso wie die Peripatetiker, daß nämlich die gesamte Welt und ihre bedeutendsten Bereiche von göttlichem Geist und Wesen durchwaltet würden. Was aber den sachlichen Inhalt und Umfang dieser Lehre betrifft, so wird man bei den Stoikern nur wenig, bei den Peripatetikern dagegen überreiche Fülle finden. (13) Wie vieles haben sie erkundet und gesammelt über Art und Herkunft, Organismus und Lebensdauer aller Lebewesen! Wie vieles über das, was aus der Erde stammt! Wie zahlreich und wie mannigfaltig sind die Erscheinungen, für die sie die Ursachen, aus denen sie jeweils entstehen, angaben und aufzeigten, wie sie vor sich gehen! Aus dieser ganzen Fülle kann man die meisten und zuverlässigsten Beweise für die Erklärung des Wesens aller Dinge entnehmen. Es hat also, soweit ich sehe, bisher wohl keinen Grund gegeben, einen Begriff zu ändern. Wenn Zenon nämlich seinen Vorgängern auch nicht in allem folgte, so leitet er sich doch nichtsdestoweniger von ihnen her. Ich halte jedenfalls auch Epikur, wenigstens in der Physik, für einen Anhänger Demokrits. Er ändert ein paar Dinge oder auch recht viele; doch in den meisten und vor allem in den wichtigsten stimmt er doch sicher mit ihm überein. Obwohl es die Vertreter eurer Lehre genauso halten, sind sie den Erfindern nicht dankbar genug.

(14) Soviel darüber. Was aber nun das höchste Gut betrifft, auf dem ja die Philosophie im Kern beruht, so wollen wir doch bitte nachschauen, was Zenon veranlaßt hat, von den Erfindern seiner Lehre wie von seinen Eltern abzuweichen.

tiret. hoc igitur loco, quamquam a te, Cato, diligenter est explicatum, finis hic bonorum [qui continet philosophiam] et quis a Stoicis et quem ad modum diceretur, tamen ego quoque exponam, ut perspiciamus, si potuerimus, quidnam a Zenone novi sit allatum. cum enim superiores, e quibus planissime Polemo, secundum naturam vivere summum bonum esse dixissent, his verbis tria significari Stoici dicunt, unum eius modi, vivere adhibentem scientiam earum rerum, quae natura evenirent. hunc ipsum Zenonis aiunt esse finem declarantem illud, quod a te dictum est, convenienter naturae vivere. (15) alterum significari idem, ut si diceretur, officia media omnia aut pleraque servantem vivere. hoc sic expositum dissimile est superiori. illud enim rectum est – quod κατόρθωμα dicebas – contingitque sapienti soli, hoc autem inchoati cuiusdam officii est, non perfecti, quod cadere in non nullos insipientes potest. tertium autem omnibus aut maximis rebus iis, quae secundum naturam sint, fruentem vivere. hoc non est positum in nostra actione. completur enim et ex eo genere vitae, quod virtute fruitur, et ex iis rebus, quae sunt secundum naturam neque sunt in nostra potestate. sed hoc summum bonum, quod tertia significatione intellegitur, eaque vita, quae ex summo bono degitur, quia coniuncta ei virtus est, in sapientem solum cadit, isque finis bonorum, ut ab ipsis Stoicis scriptum videmus, a Xenocrate atque ab Aristotele constitutus est. itaque ab iis constitutio illa prima naturae, a qua tu quoque ordiebare, his prope verbis exponitur:

(16) Omnis natura vult esse conservatrix sui, ut et salva sit et

In diesem Punkte hast du, Cato, zwar ausführlich erläutert, was die Stoiker als höchstes Gut und wie sie es bezeichnen, ich will es aber auch darlegen, damit wir uns womöglich klar darüber werden, was Zenon Neues dazu beigetragen hat. Als höchstes Gut hatten es ja schon seine Vorgänger, am klarsten unter ihnen Polemon, bezeichnet, naturgemäß zu leben. Durch diese Worte wird, wie die Stoiker erklären, dreierlei ausgedrückt: einmal ein Leben, bei dem man das Wissen um die Dinge anwendet, die von Natur aus eintreten. Gerade das, so sagen sie, sei Zenons Konzeption des höchsten Gutes, die in der Formulierung zum Ausdruck komme, die du zitiert hast: naturgemäß leben. (15) Zum andern werde dasselbe ausgedrückt, wie wenn man sagen würde: ein Leben, bei dem man alle oder die meisten mittleren Verpflichtungen[10] erfüllt. Diese Erklärung unterscheidet sich von der vorhergehenden; dort geht es nämlich um das rechte Handeln – das von dir sogenannte ›katórthoma‹ –, und das kommt nur dem Weisen zu, hier aber handelt es sich erst um den Ansatz zu pflichtgemäßem Handeln, nicht um seine Vollendung,[11] und das kann auch auf manche zutreffen, die nicht weise sind. Die dritte Bedeutung aber ist: ein Leben, bei dem man sich an allen oder an den wichtigsten naturgemäßen Dingen erfreut. Das hängt nicht von unserer Handlungsweise ab. Denn es erfüllt sich erst durch eine Lebensweise, die die Tugend verwirklicht, und durch die Dinge, die naturgemäß sind und nicht in unserer Verfügungsgewalt liegen. Doch das, was man im Sinne dieser dritten Bedeutung unter dem höchsten Gut versteht, und die Lebensführung, die sich aus diesem höchsten Gut ergibt, trifft, weil sie mit der Tugend verbunden ist, nur auf den Weisen zu, und so ist das höchste Gut, wie wir es bei den Stoikern selbst geschrieben finden, von Xenokrates und Aristoteles festgesetzt worden. Deshalb wird jene erste natürliche Voraussetzung, von der auch du ausgingst,[12] von ihnen etwa mit diesen Worten erklärt:

(16) In jedem Fall will die Natur sich selbst erhalten, um

in genere conservetur suo. ad hanc rem aiunt artis quoque requisitas, quae naturam adiuvarent in quibus ea numeretur in primis, quae est vivendi ars, ut tueatur, quod a natura datum sit, quod desit, adquirat. idemque diviserunt naturam hominis in animum et corpus. cumque eorum utrumque per se expetendum esse dixissent, virtutes quoque utriusque eorum per se expetendas esse dicebant, ⟨et⟩ cum animum infinita quadam laude anteponerent corpori, virtutes quoque animi bonis corporis anteponebant. (17) Sed cum sapientiam totius hominis custodem et procuratricem esse vellent, quae esset naturae comes et adiutrix, hoc sapientiae munus esse dicebant, ut, ⟨cum⟩ eum tueretur, qui constaret ex animo et corpore, in utroque iuvaret eum ac contineret. atque ita re simpliciter primo collocata reliqua subtilius persequentes corporis bona facilem quandam rationem habere censebant; de animi bonis accuratius exquirebant in primisque reperiebant inesse in iis iustitiae semina primique ex omnibus philosophis natura tributum esse docuerunt, ut ii, qui procreati essent, a procreatoribus amarentur, et, id quod temporum ordine antiquius est, ut coniugia virorum et uxorum natura coniuncta esse dicerent, qua ex stirpe orirentur amicitiae cognationum. Atque ab his initiis profecti omnium virtutum et originem et progressionem persecuti sunt. ex quo magnitudo quoque animi existebat, qua facile posset repugnari obsistique fortunae, quod maximae res essent in potestate sapientis. varietates autem iniuriasque fortunae facile veterum philosophorum praeceptis instituta vita superabat. (18) Principiis autem a natura datis amplitudines

unversehrt zu bleiben und sich in ihrer eigenen Art zu bewahren. Dazu sind nach den Worten dieser Philosophen auch Fähigkeiten zur Unterstützung der Natur erforderlich; zu ihnen rechne man besonders die Fähigkeit, entsprechend zu leben; sie solle die Gaben der Natur bewahren und ihr das Fehlende verschaffen. Dieselben Philosophen teilten die Natur des Menschen in Seele und Körper ein. Da sie behauptet hatten, beide seien um ihrer selbst willen erstrebenswert, erklärten sie, daß auch die Tugenden beider um ihrer selbst willen zu erstreben seien; weil sie die Seele unendlich viel höher priesen als den Körper, zogen sie auch die Tugenden der Seele den leiblichen Gütern vor. (17) Da aber nach ihrem Wunsch die Weisheit, die die Gefährtin der Natur und ihre Helferin sei, den ganzen Menschen behüten und betreuen sollte, bezeichneten sie das als die Aufgabe der Weisheit, daß sie als die Beschützerin des Menschen, der aus Seele und Leib bestehe, ihn auch in beidem unterstütze und bewahre. Nachdem sie so zunächst einfache Verhältnisse geschaffen hatten, gingen sie den übrigen Fragen gründlicher nach; sie meinten, daß es mit den körperlichen Gütern eine ganz einfache Bewandtnis habe; über die Güter der Seele forschten sie gründlicher nach und fanden vor allem, in ihnen lägen die Keime der Gerechtigkeit; als erste von allen Philosophen lehrten sie auch, es sei von der Natur so eingerichtet, daß die Eltern ihre Kinder liebten und daß, was dem zeitlich vorhergeht, Männer und Frauen, wie sie sagten, von der Natur zur Ehe verbunden seien und daß aus dieser Wurzel die Zuneigung zwischen Verwandten entspringe. Von diesen Ansätzen ausgehend untersuchten sie den Ursprung und die Entwicklung aller Tugenden. Daraus ergab sich auch die Seelengröße, mit der man sich dem Schicksal leicht widersetzen und entgegenstellen könne, weil die wichtigsten Dinge in der Macht des Weisen lägen. Die Wechselfälle und Ungerechtigkeiten des Schicksals aber konnte ein Leben, das nach den Regeln der alten Philosophen angelegt war, leicht überwinden. (18) Nachdem von der

quaedam bonorum excitabantur partim profectae a contemplatione rerum occultiorum, quod erat insitus menti cognitionis amor, e quo etiam rationis explicandae disserendique cupiditas consequebatur; quodque hoc solum animal natum est pudoris ac verecundiae particeps appetensque coniunctionum hominum ad societatem animadvertensque in omnibus rebus, quas ageret aut diceret, ut ne quid ab eo fieret nisi honeste ac decore, his initiis, ut ante dixi, ⟨et⟩ seminibus a natura datis temperantia, modestia, iustitia et omnis honestas perfecte absoluta est.

(19) Habes« inquam »Cato, formam eorum, de quibus loquor, philosophorum. qua exposita scire cupio quae causa sit, cur Zeno ab hac antiqua constitutione desciverit, quidnam horum ab eo non sit probatum; quodne omnem naturam conservatricem sui dixerint, an quod omne animal ipsum sibi commendatum, ut se et salvum in suo genere et incolume vellet, an ⟨quod⟩, cum omnium artium finis is esset, quem natura maxime quaereret, idem statui debere de totius arte vitae, an quod, cum ex animo constaremus et corpore, et haec ipsa et eorum virtutes per se esse sumendas. an vero displicuit ea, quae tributa est animi virtutibus tanta praestantia? an quae de prudentia, de cognitione rerum, de coniunctione generis humani, quaeque ab eisdem de temperantia, de modestia, de magnitudine animi, de omni honestate dicuntur? fatebuntur Stoici haec omnia dicta esse praeclare, neque eam causam Zenoni desciscendi fuisse. (20) Alia quaedam dicent, credo, magna antiquorum esse pec-

Natur die Grundlagen geschaffen waren, entwickelten sich aber bestimmte hohe Werte, teilweise ausgehend von der Betrachtung verborgenerer Dinge, weil dem Geist der Drang nach Erkenntnis innewohnte, aus dem sich auch das Verlangen nach vernünftiger Erklärung und Erörterung ergab. Weil der Mensch als einziges Lebewesen mit einem Gefühl der Scham und Scheu geboren ist, weil er auch nach geselliger Verbindung mit anderen Menschen strebt und weil er bei allen Taten oder Worten nur auf das sittlich Gute und Geziemende bedacht ist, hat sich, wie ich vorhin sagte, aus diesen Ansätzen und Keimzellen, die die Natur geschaffen hat, die Mäßigung, Bescheidenheit, Gerechtigkeit und jede Sittlichkeit entwickelt.

(19) Hier hast du, Cato«, sagte ich, »in großen Zügen die Lehre der Philosophen, über die ich spreche. Nachdem ich sie erläutert habe, möchte ich gerne den Grund wissen, aus dem sich Zenon von dieser alten Konzeption abwandte, was er davon denn nicht billigte. War es die These, daß die Natur in jedem Fall sich selbst erhalte oder daß jedes Lebewesen sich selbst soviel bedeute, daß es sich heil und unversehrt in seiner Art erhalten wissen wolle, oder daß deshalb, weil alle Fähigkeiten auf das zielten, was die Natur als wichtigstes Anliegen verfolge, dasselbe von der gesamten Fähigkeit zu einer entsprechenden Lebensführung behauptet werden müsse, oder daß deshalb, weil wir aus Leib und Seele bestünden, diese selbst und ihre Tugenden um ihrer selbst willen zu erstreben seien? Oder mißfiel ihm der Vorrang, der den Tugenden der Seele so eindeutig zugebilligt wurde? Oder die Aussagen über die Klugheit, über die Erkenntnis der Welt und über die Verbindung des menschlichen Geschlechts und die Erklärungen derselben Philosophen über Mäßigung, Bescheidenheit, Hochherzigkeit und jede Form der Sittlichkeit? Da werden die Stoiker bekennen müssen, daß alle diese Aussagen vortrefflich sind und Zenon keinen Grund gehabt hat, sich von ihnen abzuwenden. (20) Sie werden wohl erklären, daß die alten Philosophen sich

cata, quae ille veri investigandi cupidus nullo modo ferre potuerit. quid enim perversius, quid intolerabilius, quid stultius quam bonam valetudinem, quam dolorum omnium vacuitatem, quam integritatem oculorum reliquorumque sensuum ponere in bonis potius, quam dicerent nihil omnino inter eas res iisque contrarias interesse? ea enim omnia, quae illi bona dicerent, praeposita esse, non bona, itemque illa, quae in corpore excellerent, stulte antiquos dixisse per se esse expetenda; sumenda potius quam expetenda. ea denique omni vita, quae in una virtute consisteret, illam vitam, quae etiam ceteris rebus, quae essent secundum naturam, abundaret, magis expetendam non esse. sed magis sumendam. cumque ipsa virtus efficiat ita beatam vitam, ut beatior esse non possit, tamen quaedam deesse sapientibus tum, cum sint beatissimi; itaque eos id agere, ut a se dolores, morbos, debilitates repellant.

(21) O magnam vim ingenii causamque iustam, cur nova existeret disciplina! Perge porro. sequuntur enim ea, quae tu scientissime complexus es, omnium insipientiam, iniustitiam, alia vitia similia esse, omniaque peccata esse paria, eosque, qui natura doctrinaque longe ad virtutem processissent, nisi eam plane consecuti essent, summe esse miseros, neque inter eorum vitam et improbissimorum quicquam omnino interesse, ut Plato, tantus ille vir, si sapiens non fuerit, nihilo melius quam quivis improbissimus nec beatius vixerit. haec videlicet est correctio philosophiae veteris et

manche anderen schwerwiegenden Verfehlungen zuschulden kommen ließen, die für Zenon in seinem Verlangen nach Erforschung der Wahrheit keinesfalls erträglich gewesen seien. Was könnte denn verkehrter, unerträglicher und dümmer sein als der Gedanke, die Gesundheit, die Freiheit von allen Schmerzen, die Unversehrtheit der Augen und der anderen Sinnesorgane den Gütern zuzurechnen, statt zu erklären, zwischen ihnen und ihrem Gegenteil bestehe überhaupt kein Unterschied? Denn all die Dinge, die jene als Güter bezeichneten, seien nur ›bevorzugt‹, nicht an sich gut, und ebenso hätten die alten Philosophen von dem, was auf körperlichem Gebiet hervorrage, törichterweise behauptet, daß es um seiner selbst willen zu erstreben sei; es sei eher zu wählen als zu erstreben.[13] Verglichen mit dem ganzen Leben, das nur auf der Tugend beruhe, sei jenes Leben, das auch über die anderen naturgemäßen Dinge im Überfluß verfüge, nicht erstrebenswerter, doch sei es eher wert, gewählt zu werden. Obwohl die Tugend selbst das Leben so glücklich mache, daß es nicht glücklicher sein könne, fehle den Weisen doch dann, wenn sie vollkommen glücklich seien, noch mancherlei; deshalb bemühten sie sich darum, Schmerzen, Gebrechen und Krankheiten abzuwehren.

(21) Welch große Geisteskraft und welch triftiger Grund für die Entstehung einer neuen Lehre! Doch weiter; es folgen ja noch die Gedanken, die du so kenntnisreich zusammengefaßt hast, daß Torheit, Ungerechtigkeit und andere Fehler aller Menschen einander ähnlich seien und alle Verfehlungen einander gleich und daß diejenigen, die durch Veranlagung und Bildung auf dem Weg zur Tugend weit vorangekommen seien, wenn sie sie nicht ganz erreicht hätten, im höchsten Maße elend seien und daß ihr Leben sich von dem der schlimmsten Schurken überhaupt nicht unterscheide; so hätte Platon, ein so großer Mann, wenn er nicht wirklich weise gewesen wäre, um nichts besser und glücklicher als ein beliebiger Bösewicht gelebt. Das ist wahrhaftig eine Richtigstellung und Verbesserung der alten Philosophie; freilich

emendatio, quae omnino aditum habere nullum potest in urbem, in forum, in curiam. quis enim ferre posset ita loquentem eum, qui se auctorem vitae graviter et sapienter agendae profiteretur, nomina rerum commutantem, cumque idem sentiret quod omnes, quibus rebus eandem vim tribueret, alia nomina inponentem, verba modo mutantem, de opinionibus nihil detrahentem? (22) patronusne causae in epilogo pro reo dicens negaret esse malum exilium, publicationem bonorum? haec reicienda esse, non fugienda? nec misericordem iudicem esse oportere? in contione autem si loqueretur, si Hannibal ad portas venisset murumque iaculo traiecisset, negaret esse in malis capi, venire, interfici, patriam amittere? an senatus, cum triumphum Africano decerneret, ›quod eius virtute‹ aut ›felicitate‹ posset dicere, si neque virtus in ullo nisi in sapiente nec felicitas vere dici potest? quae est igitur ista philosophia, quae communi more in foro loquitur, in libellis suo? praesertim cum, quod illi suis verbis significent, in eo nihil novetur, de ipsis rebus nihil mutetur, eaedem res maneant alio modo. (23) quid enim interest, divitias, opes, valetudinem bona dicas anne praeposita, cum ille, qui ista bona dicit, nihilo plus iis tribuat quam tu, qui eadem illa praeposita nominas? itaque homo in primis ingenuus et gravis, dignus illa familiaritate Scipionis et Laelii, Panaetius, cum ad Q. Tuberonem de dolore

verschließt sie ihr vollkommen den Zugang zur Stadt, zum Markt und zum Rathaus. Wer könnte denn auch einen Menschen mit einer solchen Sprache ertragen, der als Erfinder einer ernsten und klugen Lebensführung auftritt, der die Begriffe vertauscht und der, obwohl er dasselbe meint wie alle, Dingen, denen er dieselbe Bedeutung beilegt, neue Namen gibt, wobei er nur die Worte ändert, an dem Gemeinten aber keine Abstriche macht? (22) Sollte ein Anwalt vor Gericht, wenn er im Schlußwort zugunsten seines Mandanten plädiert, erklären, Verbannung oder Einzug des Vermögens sei kein Übel? So etwas müsse man ablehnen, aber nicht zu meiden suchen? Und barmherzig brauche ein Richter nicht zu sein? Falls er jedoch in einer Volksversammlung zu sprechen hätte, wenn Hannibal schon vor den Toren angekommen wäre und einen Wurfspieß über die Mauer geschleudert hätte, würde er da sagen, es gehöre nicht zu den Übeln, in Gefangenschaft zu geraten, verkauft zu werden, sterben zu müssen oder die Heimat zu verlieren? Oder hätte der Senat, als er für Africanus einen Triumph beschloß, von dessen Tüchtigkeit oder Glück sprechen können,[14] wenn von Tüchtigkeit und Glück richtigerweise nur bei einem Weisen die Rede sein kann? Was ist das eigentlich für eine Philosophie, die auf dem Markt eine normale Sprache spricht, in ihren Traktätchen dagegen eine ganz spezielle? Zumal in dem, was diese Leute mit ihren Worten bezeichnen, keine Neuerung und in der Sache selbst keine Änderung stattfindet, die Dinge also unter veränderter Bezeichnung dieselben bleiben. (23) Was macht es denn für einen Unterschied, ob man Reichtum, Macht und Gesundheit Güter oder bevorzugte Dinge nennt, obwohl doch der, der sie als Güter bezeichnet, ihnen damit nicht mehr zuerkennt als du, der jene Dinge ›bevorzugt‹ nennt. Deswegen hat Panaitios, ein besonders edler und bedeutender Mann, der des vertrauten Umgangs mit einem Scipio und Laelius gewürdigt wurde, in einer Q. Tubero gewidmeten Schrift über das Erdulden von Schmerzen nirgends die These aufge-

patiendo scriberet, quod esse caput debebat, si probari posset, nusquam posuit, non esse malum dolorem, sed quid esset et quale, quantumque in eo inesset alieni, deinde quae ratio esset perferendi; cuius quidem, quoniam Stoicus fuit, sententia condemnata mihi videtur esse inanitas ista verborum.

(24) Sed ut propius ad ea, Cato, accedam, quae a te dicta sunt, pressius agamus eaque, quae modo dixisti, cum iis conferamus, quae tuis antepono. quae sunt igitur communia vobis cum antiquis, iis sic utamur quasi concessis; quae in controversiam veniunt, de iis, si placet, disseramus.«

»Mihi vero« inquit »placet agi subtilius et, ut ipse dixisti, pressius. quae enim adhuc protulisti, popularia sunt, ego autem a te elegantiora desidero.«

»A mene tu?« inquam. »sed tamen enitar et, si minus multa mihi occurrent, non fugiam ista popularia. (25) sed primum positum sit nosmet ipsos commendatos esse nobis primamque ex natura hanc habere appetitionem, ut conservemus nosmet ipsos. hoc convenit; sequitur illud, ut animadvertamus qui simus ipsi, ut nos, quales oportet esse, servemus. sumus igitur homines. ex animo constamus et corpore, quae sunt cuiusdam modi, nosque oportet, ut prima appetitio naturalis postulat, haec diligere constituereque ex his finem illum summi boni atque ultimi. quem, si prima vera sunt, ita constitui necesse est: earum rerum, quae sint secundum naturam, quam plurima et quam maxima adipisci. (26) hunc igitur finem illi tenuerunt, quodque ego pluribus verbis, illi

stellt, die die Hauptsache hätte bilden müssen, wenn sie bewiesen werden könnte, daß der Schmerz kein Übel sei, sondern sich nur über sein Wesen und seine Beschaffenheit geäußert sowie über die Frage, wieviel Naturwidriges in ihm liege und schließlich wie man ihn ertragen könne; durch seine Meinung scheint mir, da er ja ein Stoiker war, das Urteil über dieses leere Wortgeklingel gesprochen.

(24) Um aber näher auf das einzugehen, Cato, was du vorgetragen hast, will ich mich konzentrieren und das, was du gesagt hast, mit der Auffassung vergleichen, die ich der deinigen vorziehe. Wir wollen also die Punkte, in denen ihr mit den alten Philosophen übereinstimmt, als anerkannt betrachten; was aber strittig ist, darüber wollen wir, wenn es dir recht ist, sprechen.«

»Was mich betrifft«, erwiderte er, »so bin ich für eine gründlichere und, wie du eben selbst gesagt hast, konzentriertere Behandlung. Denn was du bisher vorgebracht hast, ist volkstümlich, von dir aber wünsche ich mir etwas Anspruchsvolleres.«

»Das willst du von mir?« entgegnete ich. »Aber anstrengen werde ich mich jedenfalls, und wenn mir nicht genug einfällt, so werde ich auch die volkstümlichen Argumente nicht verschmähen. (25) Doch zunächst sei festgehalten, daß wir uns selbst zugeneigt sind und daß wir von Natur aus zuerst danach streben, daß wir uns selbst erhalten. Über diesen Punkt sind wir uns einig. Der nächste Punkt ist, daß wir darauf achten, wer wir eigentlich sind, damit wir uns so erhalten, wie wir sein müssen. Nun sind wir also Menschen. Wir bestehen aus Seele und Körper, und die sind von einer bestimmten Art; so müssen wir sie lieben, wie es der erste natürliche Antrieb verlangt, und davon ausgehend jenes Ziel des höchsten und letzten Gutes bestimmen. Wenn die Voraussetzungen richtig sind, muß man es so bestimmen: von den Dingen, die naturgemäß sind, möglichst viele und möglichst wichtige zu erlangen. (26) An diesem Ziele hielten also jene Philosophen fest, und was von mir ausführlicher, von

brevius secundum naturam vivere, hoc iis bonorum videbatur extremum.

Age nunc isti doceant, vel tu potius – quis enim ista melius? –, quonam modo ab isdem principiis profecti efficiatis, ut honeste vivere – id est enim vel e virtute vel naturae congruenter vivere – summum bonum sit, et quonam modo aut quo loco corpus subito deserueritis omniaque ea, quae, secundum naturam cum sint, absint a nostra potestate, ipsum denique officium. quaero igitur, quo modo hae tantae commendationes a natura profectae subito a sapientia relictae sint. (27) quodsi non hominis summum bonum quaereremus, sed cuiusdam animantis, is autem esset nihil nisi animus – liceat enim fingere aliquid eius modi, quo verum facilius reperiamus –, tamen illi animo non esset hic vester finis. desideraret enim valetudinem, vacuitatem doloris, appeteret etiam conservationem sui earumque rerum custodiam finemque sibi constitueret secundum naturam vivere, quod est, ut dixi, habere ea, quae secundum naturam sint, vel omnia vel plurima et maxima. (28) cuiuscumque enim modi animal constitueris, necesse est, etiamsi id sine corpore sit, ut fingimus, tamen esse in animo quaedam similia eorum, quae sunt in corpore, ut nullo modo, nisi ut exposui, constitui possit finis bonorum. Chrysippus autem exponens differentias animantium ait alias earum corpore excellere, alias autem animo, non nullas valere utraque re; deinde disputat, quod cuiusque generis animantium statui deceat

ihnen kürzer als ein naturgemäßes Leben bezeichnet wurde, das schien ihnen das höchste Gut zu sein.
Wohlan, nun sollen die Stoiker erklären, oder vielmehr du – wer könnte es denn besser? –, wie ihr es, von denselben Voraussetzungen ausgehend, erreicht, daß es das höchste Gut ist, sittlich einwandfrei zu leben – denn das bedeutet es doch, entweder nach dem Gesetz der Tugend oder in Übereinstimmung mit der Natur zu leben –, und auf welche Weise und an welchem Punkt ihr plötzlich den Körper und all das aufgegeben habt, was zwar naturgemäß ist, aber nicht in unserer Macht steht, schließlich sogar das pflichtgemäße Handeln. Ich frage also, wie so wesentliche Dinge, die die Natur dem Menschen nahelegte, plötzlich von der Weisheit aufgegeben werden konnten. (27) Wenn wir jedoch nicht nach dem höchsten Gut des Menschen fragten, sondern nach dem eines bestimmten Lebewesens, das aber nur aus Geist bestünde – so etwas kann man sich ja vorstellen, um dadurch leichter die Wahrheit zu finden –, so wäre dieses euer höchstes Gut trotzdem für jenes Geistwesen nicht geeignet. Es würde nämlich Gesundheit und Freiheit von Schmerz vermissen und würde auch nach Selbsterhaltung streben sowie nach der Bewahrung der entsprechenden Voraussetzungen und würde es für sich als höchstes Gut bestimmen, naturgemäß zu leben, das heißt, wie gesagt, über alle oder die meisten und wichtigsten naturgemäßen Dinge zu verfügen. (28) Von welcher Art auch immer das angenommene Lebewesen sein mag, es muß doch, auch wenn es ohne Körper ist, wie wir es uns vorstellen, im geistigen Bereich bestimmte Dinge geben, die denen ähnlich sind, die es im körperlichen gibt, so daß man das höchste Gut nicht anders, als ich es darlegte, bestimmen kann. Chrysipp erläuterte jedoch die Unterschiede der Lebewesen und sagte, die einen ragten in körperlicher, andere dagegen in geistiger Hinsicht hervor und manche zeichneten sich in beidem aus; danach erörterte er das Problem, was man jeweils für die betreffende Gattung von Lebewesen als höchstes Gut bestimmen müsse.

extremum. cum autem hominem in eo genere posuisset, ut ei tribueret animi excellentiam, summum bonum id constituit, non ut excellere animus, sed ut nihil esse praeter animum videretur. uno autem modo in virtute sola summum bonum recte poneretur, si quod esset animal, quod totum ex mente constaret, id ipsum tamen sic, ut ea mens nihil haberet in se, quod esset secundum naturam, ut valetudo est. (29) sed id ne cogitari quidem potest quale sit, ut non repugnet ipsum sibi.

Sin dicunt obscurari quaedam nec apparere, quia valde parva sint, nos quoque concedimus; quod dicit Epicurus etiam de voluptate, quae minimae sint voluptates, eas obscurari saepe et obrui. sed non sunt in eo genere tantae commoditates corporis tamque productae temporibus tamque multae. itaque in quibus propter eorum exiguitatem obscuratio consequitur, saepe accidit, ut nihil interesse nostra fateamur, sint illa necne sint, ut in sole, quod a te dicebatur, lucernam adhibere nihil interest aut teruncium adicere Croesi pecuniae. (30) quibus autem in rebus tanta obscuratio non fit, fieri tamen potest, ut id ipsum, quod interest, non sit magnum. ut ei, qui iucunde vixerit annos decem, si aeque vita iucunda menstrua addatur, quia momentum aliquod habeat ad iucundum accessio, bonum sit; si autem id non concedatur, non continuo vita beata tollitur. bona autem corporis huic sunt, quod posterius posui, similiora. habent enim accessionem dignam, in qua elaboretur, ut mihi in hoc Stoici iocari videantur interdum, cum ita dicant, si ad illam

Obwohl er den Menschen aber der Gruppe zugerechnet hatte, der er den Vorrang des Geistes zuerkannte, bestimmte er das höchste Gut so, daß der Geist nicht nur den Vorrang zu besitzen schien, sondern daß es so aussah, als gebe es nichts anderes als den Geist. In einem Falle aber ließe sich das höchste Gut zu Recht nur auf die Tugend gründen, wenn es ein Lebewesen gäbe, das ganz aus Geist bestünde, aber so, daß dieser Geist gar nichts Naturgemäßes, wie etwa die Gesundheit, an sich hätte. (29) Es läßt sich aber nicht einmal denken, wie so etwas beschaffen sein sollte, ohne daß es sich selbst widerspräche.

Wenn es nun aber heißt,[15] bestimmte Dinge verschwänden und träten nicht in Erscheinung, weil sie ganz winzig seien, so stimmen auch wir darin zu; das sagt ja Epikur auch von der Lust, die Reize, die am geringsten seien, verschwänden oft und würden zugedeckt. Zu dieser Gruppe gehören aber die Annehmlichkeiten des Körpers nicht, die so bedeutend, ausgedehnt und zahlreich sind. Bei Dingen, die wegen ihrer Winzigkeit verschwinden, kommt es deshalb oft vor, daß wir zugeben müssen, es mache keinen Unterschied, ob sie da sind oder nicht; so macht es z. B., wie du sagtest, nichts aus, ob man bei Sonnenschein noch eine Laterne anzündet oder ob man dem Reichtum des Krösus noch einen Pfennig hinzufügt. (30) Bei Dingen aber, die nicht so verschwinden, ist es doch möglich, daß es gerade auf etwas ankommt, das nicht groß ist. So wäre es z. B. für einen, der zehn Jahre lang ein angenehmes Leben geführt hat, ein Gut, wenn ihm ein Monat eines ebenso angenehmen Lebens hinzugegeben würde, weil der Zuwachs an Annehmlichkeit eine gewisse Bedeutung hätte. Falls man das aber dem Betreffenden nicht zugesteht, wird dadurch das glückliche Leben doch nicht gleich beseitigt. Die körperlichen Güter aber sind dem letztgenannten Beispiel ähnlicher. Denn sie enthalten einen Gewinn, der doch der Mühe wert ist, so daß es mir manchmal ein Witz zu sein scheint, wenn die Stoiker behaupten, falls zu dem tugendhaft verbrachten Leben ein

vitam, quae cum virtute degatur, ampulla aut strigilis accedat, sumpturum sapientem eam vitam potius, quo haec adiecta sint, nec beatiorem tamen ob eam causam fore. (31) hoc simile tandem est? non risu potius quam oratione eiciendum? ampulla enim sit necne sit, quis non iure optimo irrideatur, si laboret? at vero pravitate membrorum et cruciatu dolorum si quis quem levet, magnam ineat gratiam, nec si ille sapiens ad tortoris eculeum a tyranno ire cogatur, similem habeat vultum et si ampullam perdidisset, sed ut magnum et difficile certamen iniens, cum sibi cum capitali adversario, dolore, depugnandum videret, excitaret omnes rationes fortitudinis ac patientiae, quarum praesidio iniret illud difficile, ut dixi, magnumque proelium. deinde non quaerimus, quid obscuretur aut intereat, quia sit admodum parvum, sed quid tale sit, ut expleat summam. una voluptas e multis obscuratur in illa vita voluptaria, sed tamen ea, quamvis parva sit, pars est eius vitae, quae posita est in voluptate. nummus in Croesi divitiis obscuratur, pars est tamen divitiarum. quare obscurentur etiam haec, quae secundum naturam esse dicimus, in vita beata; sint modo partes vitae beatae.

(32) Atqui si, ut convenire debet inter nos, est quaedam appetitio naturalis ea, quae secundum naturam sunt, appetens, eorum omnium est aliqua summa facienda. quo constituto tum licebit otiose ista quaerere, de magnitudine rerum, de excellentia, quanta in quoque sit ad beate vivendum, de istis ipsis obscurationibus, quae propter

Salbfläschchen oder ein Striegel hinzukomme, so werde der Weise eher das Leben wählen, zu dem dies noch hinzugekommen sei, glücklicher werde er deshalb jedoch nicht sein. (31) Doch ist das überhaupt ein Gleichnis? Ist es nicht eher mit Lachen als mit Reden zurückzuweisen? Wen würde man denn nicht mit vollem Recht verspotten, wenn er sich etwas daraus machte, ob ein Salbfläschchen da ist oder nicht? Wenn aber jemand einen Menschen von Entstellung der Glieder und Folterqualen befreien würde, so würde er sich großen Dank verdienen; jener Weise hätte auch nicht den gleichen Gesichtsausdruck, wenn er von einem Tyrannen gezwungen würde, auf die Folterbank zu steigen, wie wenn er ein Salbfläschchen verloren hätte; er würde vielmehr in dem Bewußtsein, daß er einen erbitterten und schweren Kampf beginnt, und in der Einsicht, daß er mit einem Gegner auf Tod und Leben, mit dem Schmerz, zu ringen hat, sämtliche Mittel der Tapferkeit und der Ausdauer aufbieten und würde in ihrem Schutze diesen, wie ich sagte, erbitterten und schweren Kampf aufnehmen. So fragen wir denn nicht, was wegen seiner Winzigkeit verschwindet und untergeht, sondern was so ist, daß ein Ganzes dadurch vollständig wird. Eine Lust von vielen verschwindet zwar in jenem Leben des Genusses, aber sie ist doch, mag sie auch noch so winzig sein, ein Teil des Lebens, das dem Genuß gewidmet ist. Ein Pfennig verschwindet zwar im Reichtum des Krösus, ein Teil des Reichtums ist er aber doch. Mögen deshalb die Dinge, die wir als naturgemäß bezeichnen, in einem glücklichen Leben auch verschwinden, wenn sie nur Teile des glücklichen Lebens sind.

(32) Wenn es nun aber, worüber wir uns einig sein sollten, ein gewisses natürliches Verlangen nach den naturgemäßen Dingen gibt, muß man sie alle zusammenzählen. Wenn ihre Summe festgestellt ist, kann man in Ruhe diese Fragen untersuchen, die ihrer Größe, ihres Vorrangs, ihrer jeweiligen Bedeutung für das glückliche Leben, selbst die des Verschwindens von Dingen, die wegen ihrer Kleinheit nur

exiguitatem vix aut ne vix quidem appareant. quid, de quo nulla dissensio est? nemo enim est, qui aliter dixerit, quin omnium naturarum simile esset id, ad quod omnia referrentur, quod est ultimum rerum appetendarum. omnis enim est natura diligens sui. quae est enim, quae se umquam deserat aut partem aliquam sui aut eius partis habitum aut vim aut ullius earum rerum, quae secundum naturam sunt, aut motum aut statum? quae autem natura suae primae institutionis oblita est? nulla profecto ⟨est⟩, quin suam vim retineat a primo ad extremum. (33) quo modo igitur evenit, ut hominis natura sola esset, quae hominem relinqueret, quae oblivisceretur corporis, quae summum bonum non in toto homine, sed in parte hominis poneret? quo modo autem, quod ipsi etiam fatentur constatque inter omnis, conservabitur ut simile sit omnium naturarum illud ultimum, de quo quaeritur? tum enim esset simile, si in ceteris quoque naturis id cuique esset ultimum, quod in quaque excelleret. tale enim visum est ultimum Stoicorum. (34) Quid dubitas igitur mutare principia naturae? quid enim dicis omne animal, simul atque sit ortum, applicatum esse ad se diligendum esseque in se conservando occupatum? quin potius ita dicis, omne animal applicatum esse ad id, quod in eo sit optimum, et in eius unius occupatum esse custodia, reliquasque naturas nihil aliud agere, nisi ut id conservent, quod in quaque optimum sit? quo modo autem optimum, si bonum praeterea nullum est? sin autem reliqua appetenda sunt, cur, quod est ultimum rerum appetendarum, id non aut ex omnium earum aut ex plurimarum et maximarum

mit Mühe oder nicht einmal mit Mühe zu sehen sind. Wie steht es ferner mit der Frage, über die es keine Meinungsverschiedenheit gibt? Niemand bestreitet ja, daß alles in der Natur den gleichen Bezugspunkt hat, nämlich das letzte unter den erstrebenswerten Dingen. Jedes natürliche Wesen liebt ja sich selbst. Welches würde denn jemals sich selbst aufgeben oder irgendeinen Teil seiner selbst oder Charakter und Wirkungsmöglichkeit, Bewegung und Verfassung eines solchen Teils oder irgendeines von den naturgemäßen Dingen? Welches natürliche Wesen aber vergäße seine ursprüngliche Bestimmung? Es gibt doch sicher keines, das seinen Charakter nicht von Anfang bis Ende beibehielte. (33) Wie wäre es also gekommen, daß die Natur des Menschen als einzige so wäre, daß sie den Menschen aufgäbe, daß sie den Leib vergäße, daß sie das höchste Gut nicht auf den ganzen Menschen, sondern nur auf einen Teil des Menschen gründete? Wie aber soll der Grundsatz, zu dem sich auch die Stoiker bekennen und der allgemein feststeht, erhalten bleiben, daß jenes höchste Gut, nach dem wir fragen, für alle Wesen in der Natur gleichartig ist? Es wäre ja nur dann gleichartig, wenn auch für alle anderen Wesen in der Natur das höchste Gut jeweils in dem bestünde, worin es sich besonders auszeichnet. Das war ja die Auffassung der Stoiker vom höchsten Gut. (34) Was zögerst du also, die Grundgesetze der Natur zu ändern? Weshalb erklärst du denn, ein jedes Lebewesen neige sogleich nach seiner Entstehung dazu, sich selbst zu lieben, und sei mit seiner Selbsterhaltung beschäftigt? Weshalb sagst du nicht lieber, jedes Lebewesen neige dem zu, was in ihm am besten sei, und sei allein mit seiner Bewahrung beschäftigt, und auch die übrigen natürlichen Wesen seien nur darauf ausgerichtet, das zu bewahren, was in ihnen am besten sei? Wie kann aber etwas am besten sein, wenn es außer ihm nichts Gutes gibt? Wenn aber die übrigen Dinge erstrebenswert sind, warum wird dann das, was das höchste unter den erstrebenswerten Dingen ist, nicht aus dem Streben nach ihnen allen oder nach den

appetitione concluditur? ut Phidias potest a primo instituere signum idque perficere, potest ab alio inchoatum accipere et absolvere, huic est sapientia similis; non enim ipsa genuit hominem, sed accepit a natura inchoatum. hanc ergo intuens debet institutum illud quasi signum absolvere.

(35) Qualem igitur hominem natura inchoavit? et quod est munus, quod opus sapientiae? quid est, quod ab ea absolvi et perfici debeat? si est nihil in eo, quod perficiendum est, praeter motum ingenii quendam, id est rationem, necesse est huic ultimum esse ex virtute agere; rationis enim perfectio est virtus; si est nihil nisi corpus, summa erunt illa: valetudo, vacuitas doloris, pulchritudo, cetera. nunc de hominis summo bono quaeritur; (36) quid igitur dubitamus in tota eius natura quaerere quid sit effectum? cum enim constet inter omnes omne officium munusque sapientiae in hominis cultu esse occupatum, alii – ne me existimes contra Stoicos solum dicere – eas sententias afferunt, ut summum bonum in eo genere ponant, quod sit extra nostram potestatem, tamquam de inanimo aliquo loquantur, alii contra, quasi corpus nullum sit hominis, ita praeter animum nihil curant, cum praesertim ipse quoque animus non inane nescio quid sit – neque enim id possum intellegere –, sed in quodam genere corporis, ut ne is quidem virtute una contentus sit, sed appetat vacuitatem doloris. quam ob rem utrique idem faciunt, ut si laevam partem neglegerent, dexteram tuerentur, aut ipsius animi, ut fecit Erillus, cognitionem ample-

meisten und wichtigsten erschlossen? So kann Phidias ein Standbild von Anfang an entwerfen und zu Ende führen, er kann jedoch auch ein von einem anderen begonnenes empfangen und vollenden. Dem letzteren Beispiel entspricht die Weisheit; sie hat den Menschen ja nicht selbst hervorgebracht, sondern so empfangen, wie ihn die Natur begonnen hat. Sie muß also im Hinblick auf die Natur gleichsam jenes begonnene Standbild vollenden.

(35) Wie hat nun die Natur den Menschen begonnen? Und was ist die Aufgabe, was das Werk der Weisheit? Was ist es, was von ihr vollendet und abgeschlossen werden muß? Wenn nichts im Menschen außer einer gewissen Regung des Geistes, das heißt der Vernunft, vollendet werden muß, ist es für ihn zwangsläufig das höchste Gut, nach dem Gesetz der Tugend zu handeln; denn die Tugend ist die Vollendung der Vernunft. Wenn es nur um den Leib geht, werden das die höchsten Güter sein: Gesundheit, Freiheit von Schmerz, Schönheit und dergleichen. Nun geht es um das höchste Gut des Menschen. (36) Was zögern wir also, in seiner ganzen Natur nach dem Ergebnis der entsprechenden Wirkung zu suchen? Obwohl sich nämlich alle darüber einig sind, daß die gesamte Aufgabe und Leistung der Weisheit in der Bildung des Menschen liegt, argumentieren die einen[16] – damit du nicht annimmst, ich spräche nur gegen die Stoiker – so, daß sie das höchste Gut in einem Bereich ansetzen, der außerhalb unserer Macht liegt, als ob sie von einem seelenlosen Wesen sprächen, die anderen[17] dagegen sorgen sich so ausschließlich um die Seele, als ob es keinen menschlichen Körper gäbe, zumal ja auch die Seele selbst nicht irgend etwas Inhaltsleeres ist – das könnte ich ja nicht begreifen –, sondern in gewisser Hinsicht körperlich, so daß nicht einmal sie sich mit der Tugend allein begnügt, sondern auch Freiheit von Schmerz erstrebt. Deswegen handeln beide in gleicher Weise so, wie wenn sie die linke Seite vernachlässigten und nur die rechte beachteten oder, wie es Herillus tat, sich bei der Seele nur auf die Erkenntnis konzentrierten, die

xarentur, actionem relinquerent. eorum enim omnium multa praetermittentium, dum eligant aliquid, quod sequantur, quasi curta sententia; at vero illa perfecta atque plena eorum, qui cum de hominis summo bono quaererent, nullam in eo neque animi neque corporis partem vacuam tutela reliquerunt.

(37) Vos autem, Cato, quia virtus, ut omnes fatemur, altissimum locum in homine et maxime excellentem tenet, et quod eos, qui sapientes sunt, absolutos et perfectos putamus, aciem animorum nostrorum virtutis splendore praestringitis. in omni enim animante est summum aliquid atque optimum, ut in equis, in canibus, quibus tamen et dolore vacare opus est et valere; sic igitur in homine perfectio ista in eo potissimum, quod est optimum, id est in virtute, laudatur. itaque mihi non satis videmini considerare quod iter sit naturae quaeque progressio. non enim, quod facit in frugibus, ut, cum ad spicam perduxerit ab herba, relinquat et pro nihilo habeat herbam, idem facit in homine, cum eum ad rationis habitum perduxit. semper enim ita adsumit aliquid, ut ea, quae prima dederit, non deserat. (38) itaque sensibus rationem adiunxit et ratione effecta sensus non reliquit. Ut si cultura vitium, cuius hoc munus est, ut efficiat, ut vitis cum partibus suis omnibus quam optime se habeat –, sed sic intellegamus – licet enim, ut vos quoque soletis, fingere aliquid docendi causa –: si igitur illa cultura vitium in vite insit ipsa, cetera, credo, velit, quae ad colendam vitem attinebunt, sicut antea, se autem omnibus vitis partibus praeferat statuatque nihil esse melius in vite quam se. simili-

Tätigkeit jedoch beiseite ließen. Bei ihnen allen, die ja vieles übergehen, während sie sich irgendeinen Punkt aussuchen, an den sie sich dann halten, ist die Lehre gleichsam verstümmelt. Dagegen ist sie vollkommen und erfüllt bei denen, die auf ihrer Suche nach dem höchsten Gut des Menschen keinem Bereich der Seele und des Körpers ihre Fürsorge vorenthielten.

(37) Ihr aber, Cato, blendet den Blick unseres Geistes durch den Glanz der Tugend, weil sie, wie wir alle bekennen, beim Menschen den höchsten und bei weitem überragenden Rang einnimmt und weil wir die Weisen für absolut vollkommen halten. Bei jedem Lebewesen gibt es nämlich ein höchstes und größtes Gut, wie etwa bei den Pferden oder Hunden, die trotzdem auf Freiheit von Schmerz und auf Gesundheit angewiesen sind. So rühmt man also die Vollkommenheit beim Menschen am meisten in dem, was sein höchstes Gut ist, das heißt in der Tugend. Deshalb bedenkt ihr, wie mir scheint, nicht zur Genüge den Weg und die Entwicklung der Natur. Sie hält es ja beim Menschen, wenn sie ihn zu einer Haltung der Vernunft geführt hat, nicht so wie beim Getreide, daß sie den Halm aufgibt und für nichts achtet, wenn sie die Entwicklung vom Halm zur Ähre vollendet hat; sie nimmt ja stets etwas hinzu, ohne das aufzugeben, was sie dem Menschen zuerst verliehen hat. (38) So fügte sie den Sinneswahrnehmungen die Vernunft hinzu und gab die Sinneswahrnehmungen nicht auf, als die Vernunft vollendet war. So wäre es auch beim Weinbau, dessen Aufgabe es ist, dafür zu sorgen, daß der Weinstock mit allen seinen Teilen in möglichst guter Verfassung ist. Wir wollen es aber so betrachten – man darf sich ja, wie es auch eure Gewohnheit ist, zur besseren Erklärung etwas vorstellen –: Wenn also die Pflege der Reben ihren Sitz im Weinstock selbst hätte, dann würde sie sich wohl alles übrige, was die Pflege des Weinstocks betrifft, so wie vorher wünschen, sich aber würde sie allen Teilen des Weinstocks vorziehen und verfügen, daß es nichts Besseres am Weinstock gebe als sie.[18] In gleicher

ter sensus, cum accessit ad naturam, tuetur illam quidem, sed etiam se tuetur; cum autem assumpta ratio est, tanto in dominatu locatur, ut omnia illa prima naturae huius tutelae subiciantur. (39) itaque non discedit ab eorum curatione, quibus praeposita vitam omnem debet gubernare, ut mirari satis istorum inconstantiam non possim. naturalem enim appetitionem, quam vocant ὁρμήν, itemque officium, ipsam etiam virtutem tuentem volunt esse earum rerum, quae secundum naturam sunt. cum autem ad summum bonum volunt pervenire, transiliunt omnia et duo nobis opera pro uno relinquunt, ut alia sumamus, alia expetamus, potius quam uno fine utrumque concluderent.

(40) At enim iam dicetis virtutem non posse constitui, si ea, quae extra virtutem sint, ad beate vivendum pertineant. quod totum contra est. introduci enim virtus nullo modo potest, nisi omnia, quae leget quaeque reiciet, unam referentur ad summam. nam si omnia ea neglegemus, in Aristonea vitia incidemus et peccata obliviscemurque quae virtuti ipsi principia dederimus; sin ea non neglegemus neque tamen ad finem summi boni referemus, non multum ab Erilli levitate aberrabimus. duarum enim vitarum nobis erunt instituta capienda. facit enim ille duo seiuncta ultima bonorum, quae ut essent vera, coniungi debuerunt; nunc ita separantur, ut disiuncta sint, quo nihil potest esse perversius. (41) Itaque contra est, ac dicitis; nam constitui virtus nollo modo potest, nisi ea, quae sunt prima naturae, ut ad

Weise sorgt die Sinneswahrnehmung, wenn sie zu der Naturanlage eines Wesens hinzugekommen ist, zwar für sie, doch sorgt sie auch für sich; wenn aber die Vernunft hinzugefügt ist, nimmt sie einen so beherrschenden Rang ein, daß alle jene ursprünglichen Naturanlagen sich ihrem Schutze unterordnen. (39) Deshalb hört sie nicht auf, für die zu sorgen, als deren Herrin sie das ganze Leben lenken muß, so daß ich mich über die Inkonsequenz der Stoiker nicht genug wundern kann. Denn der natürliche Trieb, den sie als ›hormé‹ bezeichnen,[19] ebenso das pflichtgemäße Handeln und selbst die Tugend soll sich nach ihrem Willen der naturgemäßen Dinge annehmen. Wenn sie jedoch zum höchsten Gut gelangen wollen, dann überspringen sie alles und lassen uns zwei Aufgaben statt einer übrig, nämlich das eine auszuwählen[20] und das andere zu erstreben, statt beides in einem Ziele zu vereinen.

(40) Aber da werdet ihr ja sagen, man könne die Tugend nicht zur Grundlage machen, wenn Dinge, die außerhalb der Tugend lägen, für das glückliche Leben von Bedeutung seien. Doch das ist ganz verkehrt. Man kann die Tugend nämlich überhaupt nur dann einführen, wenn man alles, was sie wählen und was sie verwerfen soll, allein auf ein höchstes Gut bezieht. Wenn wir das alles nicht beachten, werden wir in die Fehler und Irrtümer Aristons verfallen und vergessen, welche Voraussetzungen wir der Tugend selbst gegeben haben; wenn wir sie aber beachten und doch nicht auf das Ziel des höchsten Gutes beziehen, wird unser Irrtum nicht weit von der Leichtfertigkeit eines Herillus entfernt sein. Wir müssen uns dann ja grundsätzlich für zwei Arten der Lebensführung entscheiden. Denn er nimmt zwei getrennte Arten des höchsten Gutes an, die miteinander hätten verbunden werden müssen, um wahr zu sein; nun sind sie so getrennt, daß sie sich ausschließen, das Widersinnigste, was es geben kann. (41) Deswegen trifft das Gegenteil von dem zu, was ihr sagt. Man kann die Tugend überhaupt nicht zur Grundlage machen, wenn sie nicht die elementaren natürli-

summam pertinentia tenebit. quaesita enim virtus est, non quae relinqueret naturam, sed quae tueretur. at illa, ut vobis placet, partem quandam tuetur, reliquam deserit.

Atque ipsa hominis institutio si loqueretur, hoc diceret, primos suos quasi coeptus appetendi fuisse, ut se conservaret in ea natura, in qua ortus esset. nondum autem explanatum satis erat, quid maxime natura vellet. explanetur igitur. quid ergo aliud intellegetur nisi uti ne quae pars naturae neglegatur? in qua si nihil est praeter rationem, sit in una virtute finis bonorum; sin est etiam corpus, ista explanatio naturae nempe hoc effecerit, ut ea, quae ante explanationem tenebamus, relinquamus. ergo id est convenienter naturae vivere, a natura discedere. (42) ut quidam philosophi, cum a sensibus profecti maiora quaedam et diviniora vidissent, sensus reliquerunt, sic isti, cum ex appetitione rerum virtutis pulchritudinem aspexissent, omnia, quae praeter virtutem ipsam viderant, abiecerunt obliti naturam omnem appetendarum rerum ita late patere, ut a principiis permanaret ad fines, neque intellegunt se rerum illarum pulchrarum atque admirabilium fundamenta subducere.

(43) Itaque mihi videntur omnes quidem illi errasse, qui finem bonorum esse dixerunt honeste vivere, sed alius alio magis, Pyrrho scilicet maxime, qui virtute constituta nihil omnino, quod appetendum sit, relinquat, deinde Aristo, qui nihil relinquere non est ausus, introduxit autem, quibus

chen Voraussetzungen als etwas zum Ganzen Gehörendes bewahrt. Man trachtete ja nach der Tugend nicht, damit sie die Natur verließ, sondern damit sie sie bewahrte. Aber so, wie sie euch gefällt, bewahrt sie nur einen bestimmten Teil, den übrigen gibt sie auf.

Wenn die Orientierung des Menschen selbst reden könnte, würde sie folgendes sagen: Erst hätten sich bei ihr gleichsam Ansätze eines Strebens darauf gerichtet, sich in der natürlichen Art zu erhalten, in der sie entstanden sei. Es war aber noch nicht genügend klar geworden, was die Natur eigentlich wollte. So soll es denn erklärt werden. Was wird sich für ein anderes Ziel zu erkennen geben, als daß kein Teil der Natur vernachlässigt wird? Wenn es in ihr nichts außer der Vernunft gibt, soll das höchste Gut allein in der Tugend bestehen. Wenn es jedoch auch einen Körper gibt, hat eure Erklärung der Natur dazu geführt, daß wir das aufgeben, woran wir uns vor der Erklärung hielten. In Übereinstimmung mit der Natur zu leben, bedeutet dann also, von ihr abzuweichen. (42) Wie manche Philosophen, als sie, von den Sinneswahrnehmungen ausgehend, Größeres und Göttlicheres zu Gesicht bekommen hatten, die Sinneswahrnehmungen aufgaben, so verwarfen die Stoiker, als sie aufgrund ihres Verlangens nach der Wirklichkeit die Schönheit der Tugend erblickt hatten, alles, was sie außer der Tugend noch gesehen hatten, und vergaßen, daß der gesamte natürliche Bereich erstrebenswerter Dinge so weit reicht, daß er sich von den Ursprüngen bis zu den letzten Zielen erstreckt, und sie verstehen nicht, daß sie jenen schönen und bewundernswerten Dingen die Grundlage entziehen.

(43) Deswegen habe ich den Eindruck, daß sich zwar alle jene irrten, die behaupteten, daß es das höchste Gut sei, sittlich einwandfrei zu leben, doch der eine mehr, der andere weniger; am meisten freilich Pyrrhon, der die Tugend zur Grundlage macht und sonst gar nichts Erstrebenswertes übrig läßt; danach Ariston, der es nicht wagte, gar nichts übrig zu lassen, der aber Gründe einführte, durch die der

commotus sapiens appeteret aliquid, quodcumque in mentem incideret, et quodcumque tamquam occurreret. is hoc melior quam Pyrrho, quod aliquod genus appetendi dedit, deterior quam ceteri, quod penitus a natura recessit. Stoici autem, quod finem bonorum in una virtute ponunt, similes sunt illorum; quod autem principium officii quaerunt, melius quam Pyrrho; quod ea non occurrentia fingunt, vincunt Aristonem; quod autem ea, quae ad naturam accommodata et per se assumenda esse dicunt, non adiungunt ad finem bonorum, desciscunt a natura et quodam modo sunt non dissimiles Aristonis. ille enim occurrentia nescio quae comminiscebatur; hi autem ponunt illi quidem prima naturae, sed ea seiungunt a finibus et a summa bonorum; quae cum praeponunt, ut sit aliqua rerum selectio, naturam videntur sequi; cum autem negant ea quicquam ad beatam vitam pertinere, rursus naturam relinquunt.

(44) Atque adhuc ea dixi, causa cur Zenoni non fuisset, quam ob rem a superiorum auctoritate discederet. nunc reliqua videamus, nisi aut ad haec, Cato, dicere aliquid vis aut nos iam longiores sumus.«

»Neutrum vero« inquit ille. »nam et a te perfici istam disputationem volo, nec tua mihi oratio longa videri potest.«

»Optime« inquam. »quid enim mihi potest esse optatius quam cum Catone, omnium virtutum auctore, de virtutibus disputare? (45) sed primum illud vide, gravissimam illam

Weise bewogen werde, irgend etwas zu erstreben, was ihm gerade in den Sinn komme oder was ihm gleichsam begegne. Er ist insofern Pyrrhon überlegen, als er noch eine Möglichkeit einräumte, etwas zu erstreben, er steht jedoch den anderen insofern nach, als er sich ganz von der Natur lossagte. Die Stoiker sind aber Pyrrhon und Ariston darin ähnlich, daß sie das höchste Gut nur in der Tugend bestehen lassen. Durch ihr Bemühen um eine Grundlage für das pflichtgemäße Handeln sind sie Pyrrhon überlegen; darin, daß sie sich das nicht als etwas Zufälliges vorstellen, übertreffen sie Ariston; doch dadurch, daß sie das, was nach ihren Worten der Natur gemäß und um seiner selbst willen zu wählen ist, nicht in Verbindung mit dem höchsten Gut bringen, werden sie der Natur untreu und sind in gewisser Weise Ariston nicht unähnlich. Er dachte sich ja irgendwelche Zufälligkeiten aus; sie aber nehmen zwar elementare natürliche Voraussetzungen an, doch trennen sie sie von den letzten Zielen und dem höchsten Gut. Indem sie diesen Dingen einen Vorzug geben, so daß eine Auswahl stattfinden kann, scheinen sie sich nach der Natur zu richten; indem sie aber von ihnen sagen, sie hätten keine Beziehung zum glücklichen Leben, wenden sie sich wiederum von der Natur ab.

(44) Ich habe bisher davon gesprochen, warum Zenon keinen Grund hatte, sich von der Lehre seiner Vorgänger loszusagen. Nun wollen wir nach dem übrigen sehen, es sei denn, daß du, Cato, etwas dazu sagen willst oder daß ich schon zu ausführlich bin.«

»Keines von beidem«, erwiderte er. »Denn einerseits will ich, daß diese Erörterung von dir zu Ende geführt wird, und andererseits kann mir deine Darstellung nicht zu lang erscheinen.«

»Sehr gut«, sagte ich. »Was könnte mir denn auch erwünschter sein, als mit Cato, dem Muster aller Tugenden, über die Tugend zu reden? (45) Aber betrachte doch zunächst den folgenden Gesichtspunkt: Euren Grundgedan-

vestram sententiam, quae familiam ducit, honestum quod sit, id esse bonum solum honesteque vivere bonorum finem, communem fore vobis cum omnibus, qui in una virtute constituunt finem bonorum, quodque dicitis, informari non posse virtutem, si quicquam, nisi quod honestum sit, numeretur, idem dicetur ab illis, quos modo nominavi. mihi autem aequius videbatur Zenonem cum Polemone disceptantem, a quo quae essent principia naturae acceperat, a communibus initiis progredientem videre ubi primum insisteret et unde causa controversiae nasceretur, non stantem cum iis, qui ne dicerent quidem sua summa bona esse a natura profecta, uti isdem argumentis, quibus illi uterentur, isdemque sententiis.

(46) Minime vero illud probo, quod, cum docuistis, ut vobis videmini, bonum solum esse, quod honestum sit, tum rursum dicitis initia proponi necesse esse apta et accommodata naturae, quorum ex selectione virtus possit existere. non enim in selectione virtus ponenda erat, ut id ipsum, quod erat bonorum ultimum, aliud aliquid adquireret. nam omnia, quae sumenda quaeque legenda aut optanda sunt, inesse debent in summa bonorum, ut is, qui eam adeptus sit, nihil praeterea desideret. videsne ut, quibus summa est in voluptate, perspicuum sit quid iis faciendum sit aut non faciendum? ut nemo dubitet, eorum omnia officia quo spectare, quid sequi, quid fugere debeant? sit hoc ultimum bonorum, quod nunc a me defenditur; apparet statim, quae sint officia, quae actiones. vobis autem, quibus nihil est aliud propositum nisi rectum

ken, der eurer Schule die Richtung gibt, nur das, was sittlich einwandfrei ist, sei ein Gut, und sittlich einwandfrei zu leben, sei das höchste Gut, habt ihr gemeinsam mit allen, die das höchste Gut allein in der Tugend bestehen lassen, und eure These, man könne sich von der Tugend keine Vorstellung machen, wenn etwas anderes als das sittlich Gute zähle, wird ebenso von denen vertreten, die ich eben nannte. Ich hätte es für richtiger gehalten, daß Zenon bei seiner Auseinandersetzung mit Polemon, von dem er den Gedanken der natürlichen Voraussetzungen übernommen hatte, von gemeinsamen Ansätzen fortschreitend, darauf geachtet hätte, wo er zuerst innehielt und wo sich ein Grund für eine Meinungsverschiedenheit ergab, statt es mit denen zu halten, die nicht einmal erklärten, daß ihre höchsten Güter von der Natur ausgingen, und sich derselben Argumente und Gedanken wie sie zu bedienen.

(46) Am wenigsten einleuchtend aber finde ich es, daß ihr einerseits erklärtet, nach eurer Meinung sei nur das ein Gut, was sittlich einwandfrei sei, doch andererseits wiederum behauptet, als Ausgangspunkte müsse man die der Natur gemäßen und entsprechenden Dinge ansetzen, an deren Auswahl sich die Tugend erweisen könne. Es ging nämlich nicht an, die Tugend in einer Auswahl bestehen zu lassen, so daß gerade das, was das höchste Gut war, zusätzlich etwas anderes benötigte. Denn alles, was man auszusuchen, zu wählen oder zu wünschen hat, muß in dem höchsten Gut enthalten sein, so daß derjenige, der es erlangt hat, nichts weiter braucht. Siehst du nicht, wie diejenigen, für die das höchste Gut in der Lust besteht,[21] sich klar darüber sind, was sie zu tun oder zu lassen haben? Wie keiner zweifelt, auf welches Ziel all ihre Aufgaben ausgerichtet sein müssen, was sie zu befolgen, was sie zu meiden haben? Angenommen, das, was ich jetzt vertrete, sei das höchste Gut; dann zeigt sich sogleich, welches die entsprechenden Verpflichtungen und Handlungen sind. Ihr aber, denen kein anderes Ziel vor Augen steht als das, was recht und sittlich gut ist, werdet

atque honestum, unde officii, unde agendi principium nascatur non reperietis. (47) Hoc igitur quaerentes omnes, et ii, qui quodcumque in mentem veniat aut quodcumque occurrat se sequi dicent, et vos ad naturam revertemini. quibus natura iure responderit non esse verum aliunde finem beate vivendi, a se principia rei gerendae peti; esse enim unam rationem, qua et principia rerum agendarum et ultima bonorum continerentur, atque ut Aristonis esset explosa sententia dicentis nihil differre aliud ab alio, nec esse res ullas praeter virtutes et vitia, inter quas quicquam omnino interesset, sic errare Zenonem, qui nulla in re nisi in virtute aut vitio propensionem ne minimi quidem momenti ad summum bonum adipiscendum esse diceret et, cum ad beatam vitam nullum momentum cetera haberent, ad appetitionem tamen rerum esse in iis momenta diceret; quasi vero haec appetitio non ad summi boni adeptionem pertineret! (48) Quid autem minus consentaneum est quam quod aiunt cognito summo bono reverti se ad naturam, ut ex ea petant agendi principium, id est officii? non enim actionis aut officii ratio impellit ad ea, quae secundum naturam sunt, petenda, sed ab iis et appetitio et actio commovetur.

Nunc venio ad tua illa brevia, quae consectaria esse dicebas, et primum illud, quo nihil potest brevius: Bonum omne laudabile, laudabile autem omne honestum, bonum igitur omne honestum. O plumbeum pugionem! quis enim tibi primum illud concesserit? – quo quidem concesso nihil opus est secundo; si enim omne bonum laudabile est, omne honestum est – (49) quis tibi ergo istud dabit praeter Pyrrhonem, Aristonem eorumve similes, quos tu non probas? Aristote-

nichts finden, woraus sich eine Richtschnur für eure Pflichterfüllung und euer Handeln ergibt. (47) Nur wenn ihr das zu finden sucht, werdet ihr alle zur Natur zurückkehren, auch die, die sagen, sie folgten dem, was ihnen gerade in den Sinn komme oder was ihnen zufällig begegne. Euch allen könnte die Natur mit Recht antworten, das wahre Ziel des glücklichen Lebens liege nicht anderswo, die Grundsätze des Handelns habe man bei ihr zu suchen. Es gebe nämlich nur ein Prinzip, das die Grundsätze des Handelns und die höchsten Güter umfasse, und wie Aristons Standpunkt zu verwerfen sei, daß die Dinge nicht voneinander verschieden seien und daß es außer Tugenden und Lastern nichts gebe, was überhaupt zu unterscheiden sei, so irre Zenon, der behaupte, nichts außer Tugend oder Laster habe auch nur die geringste Bedeutung für die Erlangung des höchsten Gutes, und der zugleich erkläre, obwohl die anderen Dinge keine Bedeutung für das glückliche Leben hätten, hätten sie doch Einfluß auf das Verlangen; als hätte dieses Verlangen nichts mit dem Erreichen des höchsten Gutes zu tun! (48) Was aber ist unlogischer als die Erklärung, man kehre durch die Erkenntnis des höchsten Gutes zur Natur zurück, um bei ihr die Richtschnur des Handelns, das heißt der Pflichterfüllung, zu suchen? Es ist ja nicht so, daß uns das Prinzip des Handelns und der Pflichterfüllung veranlaßt, die naturgemäßen Dinge zu erstreben, sondern unser Streben und Handeln wird von ihnen motiviert.

Nun komme ich zu deinen knappen Formeln, die du als Schlußfolgerungen bezeichnet hast,[22] und zwar zuerst zu jener, die an Knappheit nicht zu übertreffen ist: Alles Gute ist lobenswert, alles Lobenswerte ist sittlich einwandfrei, also ist alles Gute sittlich einwandfrei. Welch stumpfe Klinge! Wer würde dir denn bei dem ersten Satz recht geben? Doch wenn er zugestanden ist, braucht es den zweiten nicht; wenn nämlich alles Gute lobenswert ist, ist es auch sittlich einwandfrei. (49) Wer wird dir also das zugeben außer Pyrrhon, Ariston und ihresgleichen, die nicht deinen

les, Xenocrates, tota illa familia non dabit, quippe qui valetudinem, vires, divitias, gloriam, multa alia bona esse dicant, laudabilia non dicant. et hi quidem ita non sola virtute finem bonorum contineri putant, ut rebus tamen omnibus virtutem anteponant; quid censes eos esse facturos, qui omnino virtutem a bonorum fine segregaverunt, Epicurum, Hieronymum, illos etiam, si qui Carneadeum finem tueri volunt? (50) iam aut Callipho aut Diodorus quo modo poterunt tibi istud concedere, qui ad honestatem aliud adiungant, quod ex eodem genere non sit? placet igitur tibi, Cato, cum res sumpseris non concessas, ex illis efficere, quod velis? Iam ille sorites ⟨est⟩, quo nihil putatis esse vitiosius: quod bonum sit, id esse optabile, quod optabile, id expetendum, quod expetendum, id laudabile, deinde reliqui gradus. sed ego in hoc resisto; eodem modo enim tibi nemo dabit, quod expetendum sit, id esse laudabile. Illud vero minime consectarium, sed in primis hebes, illorum scilicet, non tuum, gloriatione dignam esse beatam vitam, quod non possit sine honestate contingere, ut iure quisquam glorietur. (51) dabit hoc Zenoni Polemo, etiam magister eius et tota illa gens et reliqui, qui virtutem omnibus rebus multo anteponentes adiungunt ei tamen aliquid summo in bono finiendo. si enim virtus digna est gloriatione, ut est, tantumque praestat reliquis rebus, ut dici vix possit, et beatus esse poterit virtute una praeditus carens ceteris, nec tamen illud tibi concedetur, praeter virtutem nihil in bonis esse ducendum.

Beifall finden? Aristoteles, Xenokrates und jene ganze Schule werden es nicht zugestehen, denn sie bezeichnen Gesundheit, Kraft, Reichtum, Ehre und vieles andere als Güter, doch nicht als lobenswert. Sie glauben zwar nicht, daß das höchste Gut nur in der Tugend bestehe, aber sie ziehen die Tugend doch allem vor. Was, meinst du, werden erst die tun, die überhaupt die Tugend vom höchsten Gut ausgeschlossen haben, nämlich Epikur, Hieronymos und auch diejenigen, die am höchsten Gut im Sinne des Karneades[23] festhalten wollen? (50) Wie werden dir erst Kalliphon oder Diodor ein solches Zugeständnis machen können? Sie fügen ja zur Sittlichkeit noch etwas anderes hinzu, das nicht von derselben Art ist. Hältst du es da für richtig, Cato, wenn du Voraussetzungen annimmst, die nicht gegeben sind, aus ihnen beliebige Schlußfolgerungen zu ziehen? Schon das ist ein Trugschluß, nach eurer Meinung das Schlimmste, was es gibt: Was gut sei, das sei wünschenswert, was wünschenswert sei, müsse man erstreben, was man erstreben müsse, das sei lobenswert; entsprechend folgen dann die übrigen Schritte. Ich halte aber hier inne; denn auf dieselbe Weise wird dir niemand zugeben, daß etwas, was man erstreben müsse, auch löblich sei. Die These aber ist überhaupt nicht logisch, sondern besonders stumpfsinnig, die – wohlgemerkt – die Stoiker, nicht du, vertreten, ein glückliches Leben sei rühmenswert, weil es ohne Sittlichkeit nicht möglich sei, daß sich jemand zu Recht rühme. (51) Das wird dem Zenon Polemon zugeben, auch dessen Lehrer[24] und jene ganze Zunft mitsamt den übrigen, die zwar die Tugend allen Dingen bei weitem vorziehen, ihr aber doch bei der Bestimmung des höchsten Gutes noch etwas hinzufügen. Denn wenn die Tugend rühmenswert ist, wie sie es tatsächlich ist, und wenn sie die übrigen Dinge so weit überragt, daß es sich kaum beschreiben läßt, dann kann jemand, der nur über die Tugend und sonst nichts verfügt, wohl glücklich sein; aber das wird man dir doch nicht zugeben, daß außer der Tugend nichts unter die Güter zu

illi autem, quibus summum bonum sine virtute est, non dabunt fortasse vitam beatam habere, in quo iure possit gloriari, etsi illi quidem etiam voluptates faciunt interdum gloriosas. (52) vides igitur te aut ea sumere, quae non concedantur, aut ea, quae etiam concessa te nihil iuvent.

Equidem in omnibus istis conclusionibus hoc putarem philosophia nobisque dignum, et maxime, cum summum bonum quaereremus, vitam nostram, consilia, voluntates, non verba corrigi. quis enim potest istis, quae te, ut ais, delectant, brevibus et acutis auditis de sententia decedere? nam cum expectant et avent audire cur dolor malum non sit, dicunt illi asperum esse dolere, molestum, odiosum, contra naturam, difficile toleratu, sed, quia nulla sit in dolore nec fraus nec improbitas nec malitia nec culpa nec turpitudo, non esse illud malum. haec qui audierit, ut ridere non curet, discedet tamen nihilo firmior ad dolorem ferendum, quam venerat. (53) tu autem negas fortem esse quemquam posse, qui dolorem malum putet. cur fortior sit, si illud, quod tute concedis, asperum et vix ferendum putabit? ex rebus enim timiditas, non ex vocabulis nascitur.

Et ais, si una littera commota sit, fore tota ut labet disciplina. utrum igitur tibi litteram videor an totas paginas commovere? ut enim sit apud illos, id quod est a te laudatum, ordo rerum conservatus et omnia inter se apta et conexa – sic enim aiebas –, tamen persequi non debemus, si a falsis principiis

rechnen sei. Diejenigen aber, für die es ein höchstes Gut ohne die Tugend gibt, werden vielleicht nicht zugeben, daß das glückliche Leben etwas enthält, dessen man sich mit Recht rühmen kann, auch wenn sie zuweilen sogar die Freuden der Lust zu etwas Rühmlichem machen. (52) Du siehst also, daß du entweder Voraussetzungen annimmst, die man dir nicht einräumt, oder solche, die dir nichts nützen, wenn man sie dir zugesteht.

Was mich betrifft, so wäre ich der Meinung, daß bei allen diesen Schlußfolgerungen, zumal wir ja das höchste Gut zu finden suchen, nur das der Philosophie und unser würdig wäre, daß wir unser Leben, unsere Grundsätze und unsere Einstellung, nicht unsere Worte korrigierten. Wer könnte denn seinen Standpunkt aufgeben, wenn er die knappen, pointierten Sätze gehört hat, die dir, wie du sagst, gefallen? Denn wenn man darauf wartet und danach verlangt zu hören, warum der Schmerz kein Übel ist, dann sagen einem diese Leute, Schmerzen zu empfinden sei zwar bitter, lästig, widerwärtig, unnatürlich und schwer zu ertragen, doch weil der Schmerz keinerlei Falschheit und Unredlichkeit, keinerlei Bosheit, Schuld und Schlechtigkeit enthalte, sei er kein Übel. Mag einer das, wenn er es hört, auch nicht zum Lachen finden, so wird er doch, was das Ertragen von Schmerzen betrifft, um nichts gefestigter weggehen, als er gekommen war. (53) Du aber sagst, es könne niemand tapfer sein, der den Schmerz für ein Übel halte. Warum soll er tapferer sein, wenn er ihn nach deinem Eingeständnis für bitter und für kaum erträglich halten muß? Die Ängstlichkeit entsteht ja aus Tatsachen, nicht aus Worten.

Du sagst auch, wenn man einen Buchstaben verrücke, werde das ganze Lehrgebäude ins Wanken geraten.[25] Hast du denn nun den Eindruck, daß ich einen Buchstaben oder daß ich ganze Seiten verrücke? Denn mag auch bei den Stoikern, wie du gerühmt hast, die systematische Ordnung gewahrt sein und alles zueinander passen und zusammenhängen – so sagtest du ja –, so dürfen wir ihnen doch nicht folgen, wenn

profecta congruunt ipsa sibi et a proposito non aberrant. (54) in prima igitur constitutione Zeno tuus a natura recessit, cumque summum bonum posuisset in ingenii praestantia, quam virtutem vocamus, nec quicquam aliud bonum esse dixisset, nisi quod esset honestum, nec virtutem posse constare, si in ceteris rebus esset quicquam, quod aliud alio melius esset aut peius, his propositis tenuit prorsus consequentia. recte dicis; negare non possum. sed ita falsa sunt ea, quae consequuntur, ut illa, e quibus haec nata sunt, vera esse non possint. (55) docent enim nos, ut scis, dialectici, si ea, quae rem aliquam sequantur, falsa sint, falsam illam ipsam esse, quam sequantur. ita fit illa conclusio non solum vera, sed ita perspicua, ut dialectici ne rationem quidem reddi putent oportere: si illud, hoc; non autem hoc; igitur ne illud quidem. sic consequentibus vestris sublatis prima tolluntur. quae sequuntur igitur? omnes, qui non sint sapientes, aeque miseros esse, sapientes omnes summe beatos, recte facta omnia aequalia, omnia peccata paria; quae cum magnifice primo dici viderentur, considerata minus probabantur. sensus enim cuiusque et natura rerum atque ipsa veritas clamabat quodam modo non posse ⟨se⟩ adduci, ut inter eas res, quas Zeno exaequaret, nihil interesset.

(56) Postea tuus ille Poenulus – scis enim Citieos, clientes tuos, e Phoenica profectos –, homo igitur acutus, causam non obtinens repugnante natura verba versare coepit et primum rebus iis, quas nos bonas ducimus, concessit, ut haberentur aestimabiles et ad naturam accommodatae, fate-

eine Lehre, die von falschen Voraussetzungen ausgeht, in sich stimmig ist und nicht vom Ziel abweicht. (54) Mit seinem ersten Ansatz also sagte sich Zenon von der Natur los, und als er das höchste Gut in einer Vortrefflichkeit des Geistes, die wir Tugend nennen, bestehen ließ und sagte, nichts anderes sei ein Gut als das, was sittlich geboten sei, und die Tugend könne nicht bestehen, wenn von den übrigen Dingen das eine besser und das andere schlechter sei, da hielt er sich mit seinen Folgerungen konsequent an die Voraussetzungen. Damit hast du recht, ich kann es nicht bestreiten. Doch diese Konsequenzen sind so falsch, daß die Voraussetzungen, aus denen sie sich ergeben, nicht wahr sein können. (55) Wie du weißt, lehren uns ja die Dialektiker, daß eine Voraussetzung selbst falsch ist, wenn ihre Konsequenzen sich als falsch erweisen. Deshalb ist dieser logische Schluß nicht nur wahr, sondern so unmittelbar einleuchtend, daß die Dialektiker eine Begründung nicht für nötig halten: Wenn jenes gilt, gilt dies; dies gilt jedoch nicht, also gilt auch jenes nicht. So werden mit euren Folgerungen auch die Voraussetzungen hinfällig. Welches sind denn nun die Folgerungen? Daß alle, die nicht weise sind, in gleicher Weise elend seien; daß alle Weisen in höchstem Maße glücklich seien; daß alle rechten Handlungen gleichwertig und alle Verfehlungen gleich seien. Obwohl diese Sätze zunächst großartig schienen, wirkten sie bei näherer Betrachtung weniger überzeugend. Denn die Empfindung eines jeden und die Natur sowie die Wirklichkeit selbst protestierten gewissermaßen gegen die Zumutung, daß zwischen den Dingen, die Zenon gleichsetze, kein Unterschied bestehen solle.

(56) Später begann dein kleiner Phöniker[26] – du weißt ja, daß die Leute von Kition, deine Schützlinge, aus Phönikien stammen – als kluger Mann, der seinen Standpunkt nicht gegen den Widerstand der Natur zu halten suchte, mit den Worten zu jonglieren, und erlaubte zunächst den Dingen, die wir für gut halten, als schätzenswert und als naturgemäß

rique coepit sapienti, hoc est summe beato, commodius tamen esse si ea quoque habeat, quae bona non audet appellare, naturae accommodata esse concedit, negatque Platonem, si sapiens non sit, eadem esse in causa, qua tyrannum Dionysium; huic mori optimum esse propter desperationem sapientiae, illi propter spem vivere. peccata autem partim esse tolerabilia, partim nullo modo, propterea quod alia peccata plures, alia pauciores quasi numeros officii praeterirent. iam insipientes alios ita esse, ut nullo modo ad sapientiam possent pervenire, alios, qui possent, si id egissent, sapientiam consequi. (57) hic loquebatur aliter atque omnes, sentiebat idem, quod ceteri. nec vero minoris aestimanda ducebat ea, quae ipse bona negaret esse, quam illi, qui ea bona esse dicebant. quid igitur voluit sibi, qui illa mutaverit? saltem aliquid de pondere detraxisset et paulo minoris aestimavisset ea quam Peripatetici, ut sentire quoque aliud, non solum dicere videretur. Quid? de ipsa beata vita, ad quam omnia referuntur, quae dicitis? negatis eam esse, quae expleta sit omnibus iis rebus, quas natura desideret, totamque eam in una virtute ponitis; cumque omnis controversia aut de re soleat aut de nomine esse, utraque earum nascitur, si aut res ignoratur aut erratur in nomine. quorum si neutrum est, opera danda est, ut verbis utamur quam usitatissimis et quam maxime aptis, id est rem declarantibus. (58) num igitur dubium est, quin, si in re ipsa nihil

zu gelten;[27] er fing auch an einzugestehen, daß es dem Weisen, das heißt dem im höchsten Maße Glücklichen, doch immerhin genehm sei, wenn er auch die Dinge habe, die er zwar nicht als Güter zu bezeichnen wagt, von denen er jedoch zugibt, daß sie naturgemäß sind; und er erklärt, daß Platon, wenn er kein Weiser wäre, nicht in derselben Lage wäre wie Dionysios, der Tyrann; für diesen sei der Tod am besten, weil er keine Hoffnung auf Weisheit habe, für jenen wegen dieser Hoffnung das Leben. Die Verfehlungen aber seien teils erträglich, teils seien sie es keinesfalls, und zwar deswegen, weil die einen gleichsam eine größere, die anderen eine kleinere Anzahl von Pflichten verletzten. Die einen seien schon so töricht, daß sie auf keinen Fall zur Weisheit gelangen könnten, die anderen hätten die Möglichkeit, die Weisheit zu erreichen, wenn sie sich darum bemühten. (57) Dieser Mann sprach anders als alle anderen und meinte dasselbe wie die übrigen. Die Dinge, die er selbst nicht Güter nennen wollte, hielt er indessen nicht für minder schätzenswert als die, die sie als Güter bezeichneten. Was versprach er sich also davon, daß er diese Begriffe änderte? Er hätte ihnen wenigstens etwas von ihrer Bedeutung nehmen und sie ein wenig geringer einschätzen müssen als die Peripatetiker, um den Eindruck zu erwecken, daß er auch etwas anderes meinte, nicht nur anders redete. Wie steht es mit dem glücklichen Leben selbst, auf das sich alles, was ihr sagt, bezieht? Ihr sagt, es sei nicht etwas, das von all den Dingen erfüllt sei, die die Natur verlangt, und laßt es ganz alleine auf der Tugend beruhen. Da jede Meinungsverschiedenheit gewöhnlich entweder von der Sache oder von der Bezeichnung herrührt, entsteht jede von beiden, wenn man entweder über die Sache nicht Bescheid weiß oder sich in der Bezeichnung irrt; wenn keines von beiden gegeben ist, muß man sich Mühe geben, Worte zu gebrauchen, die möglichst gebräuchlich und angemessen sind, das heißt die Sache klar bezeichnen. (58) Gibt es da etwa einen Zweifel, daß sich eure Vorgänger, wenn ihnen in der Sache selbst kein Fehler

peccatur a superioribus, verbis illi commodius utantur? videamus igitur sententias eorum, tum ad verba redeamus. Dicunt appetitionem animi moveri, cum aliquid ei secundum naturam esse videatur, omniaque, quae secundum naturam sint, aestimatione aliqua digna eaque pro eo, quantum in quoque sit ponderis, esse aestimanda, quaeque secundum naturam sint, partim nihil habere in sese eius appetitionis, de qua saepe iam diximus, quae nec honesta nec laudabilia dicantur, partim, quae voluptatem habeant in omni animante, sed in homine rationem etiam. ex ea quae sint apta, ea honesta, ea pulchra, ea laudabilia, illa autem superiora naturalia nominantur, quae coniuncta cum honestis vitam beatam perficiunt et absolvunt. (59) omnium autem eorum commodorum, quibus non illi plus tribuunt, qui illa bona esse dicunt, quam Zeno, qui negat, longe praestantissimum esse, quod honestum esset atque laudabile. sed si duo honesta proposita sint, alterum cum valetudine, alterum cum morbo, non esse dubium, ad utrum eorum natura nos ipsa deductura sit. sed tamen tantam vim esse honestatis, tantumque eam rebus omnibus praestare et excellere, ut nullis nec suppliciis nec praemiis demoveri possit ex eo, quod rectum esse decreverit, omniaque, quae dura, difficilia, adversa videantur, ea virtutibus iis, quibus a natura essemus ornati, obteri posse, non faciles illas quidem ⟨res⟩ nec contemnendas – quid enim esset in virtute tantum? –, sed ut hoc iudicaremus, non esse in iis partem maximam positam beate aut secus vivendi. (60) Ad summam ea, quae Zeno aestimanda et sumenda et apta naturae esse dixit, eadem illi bona appellant, vitam autem beatam illi eam,

unterläuft, auch angemessener ausdrücken? Wir wollen also ihre Gedanken betrachten und uns dann wieder ihrer Ausdrucksweise zuwenden.
Sie sagen, daß sich ein Verlangen der Seele rege, wenn ihr etwas naturgemäß erscheine, daß alles, was naturgemäß sei, irgendeine Wertschätzung verdiene und daß es entsprechend der Bedeutung, die es jeweils habe, einzuschätzen sei; von den naturgemäßen Dingen habe ein Teil nichts an sich, was dieses Verlangen erwecke, von dem wir schon oft sprachen, Dinge, die man weder als sittlich geboten noch als lobenswert bezeichne, der andere Teil enthalte etwas, das bei jedem Lebewesen die Lust, beim Menschen auch die Vernunft anspreche. Was auf ihr beruht, wird als angemessen, sittlich geboten, schön und lobenswert bezeichnet, das Vorgenannte als natürlich; wenn sich das mit dem sittlich Gebotenen verbindet, bringt es das glückliche Leben zur Vollendung. (59) Von allen diesen Werten aber, denen diejenigen, die sie als Güter bezeichnen, nicht mehr Bedeutung beimessen als Zenon, der sie nicht so nennt, sei das sittlich Gebotene und Lobenswerte weitaus der höchste. Doch wenn zwei Forderungen der Sittlichkeit vorlägen, die eine verbunden mit Gesundheit, die andere mit Krankheit, dann könne man nicht zweifeln, zu welcher uns die Natur selbst führen werde. Die Kraft der Sittlichkeit sei aber doch so groß und übertreffe und überrage alle Dinge so sehr, daß sie durch keine Strafen und Belohnungen von dem abzubringen sei, was sie als recht befunden habe, und alles, was hart, schwer und widrig scheine, könne durch die Tugenden, mit denen die Natur uns ausgestattet habe, überwunden werden. Jene Dinge seien zwar nicht belanglos und nicht zu verachten – was wäre denn sonst so großartig an der Tugend? –, aber sie ließen uns doch zu dem Urteil kommen, daß auf ihnen nicht der größte Teil des glücklichen oder unglücklichen Lebens beruhe. (60) Mit einem Wort: Was Zenon als schätzenswert, als wert, gewählt zu werden, und als naturgemäß bezeichnete, das nennen jene Güter; als ein glückliches Leben aber

quae constaret ex iis rebus, quas dixi, aut plurimis aut gravissimis. Zeno autem, quod suam, quod propriam speciem habeat, cur appetendum sit, id solum bonum appellat, beatam autem vitam eam solam, quae cum virtute degatur.

Si de re disceptari oportet, nulla mihi tecum, Cato, potest esse dissensio. nihil est enim, de quo aliter tu sentias atque ego, modo commutatis verbis ipsas res conferamus. nec hoc ille non vidit, sed verborum magnificentia est et gloria delectatus. qui si ea, quae dicit, ita sentiret, ut verba significant, quid inter eum et vel Pyrrhonem vel Aristonem interesset? sin autem eos non probabat, quid attinuit cum iis, quibuscum re concinebat, verbis discrepare? (61) quid, si reviviscant Platonis illi et deinceps qui eorum auditores fuerunt, et tecum ita loquantur? ›Nos cum te, M. Cato, studiosissimum philosophiae, iustissimum virum, optimum iudicem, religiosissimum testem, audiremus, admirati sumus, quid esset cur nobis Stoicos anteferres, qui de rebus bonis et malis sentirent ea, quae ab hoc Polemone Zeno cognoverat, nominibus uterentur iis, quae prima specie admirationem, re explicata risum moverent. tu autem, si tibi illa probabantur, cur non propriis verbis ea tenebas? sin te auctoritas commovebat, nobisne omnibus et Platoni ipsi nescio quem illum anteponebas? praesertim cum in re publica princeps esse velles ad eamque tuendam cum summa tua dignitate maxime a nobis ornari atque instrui posses. ⟨a⟩ nobis enim ista quaesita, a nobis descripta, notata, praecepta sunt, omniumque rerum publicarum rectionis genera, sta-

bezeichnen sie dasjenige, das aus den meisten oder wichtigsten erwähnten Dingen bestehe. Zenon dagegen nennt nur das ein Gut, was seinen eigenen spezifischen Charakter hat, um dessentwillen es zu erstreben ist, als ein glückliches Leben aber bezeichnet er nur eines, das man in Tugend verbringt.

Wenn es auf die Erörterung der Sache ankommt, Cato, kann zwischen dir und mir kein Streit entstehen. Denn es gibt keinen Punkt, in dem du eine andere Meinung hast als ich, wenn wir nur die Ausdrücke ändern und die sachlichen Inhalte selbst vergleichen. Das hat Zenon auch wohl gesehen, doch er genoß die eindrucksvolle Wirkung und den Glanz der Worte. Wenn er das, was er sagt, so meinen würde, wie es die Worte bezeichnen, was würde ihn dann noch von Pyrrhon oder Ariston unterscheiden? Wenn er mit ihnen aber nicht einverstanden war, was hatte es dann für einen Sinn, sich in den Worten von denen zu unterscheiden, mit denen er in der Sache übereinstimmte? (61) Wie, wenn die Hörer Platons und seiner Nachfolger lebendig würden und so mit dir redeten: ›Als wir dich hörten, Cato, einen so eifrigen Anhänger der Philosophie und einen so gerechten Mann, einen so guten Richter und so gewissenhaften Zeugen, da wunderten wir uns, daß du uns die Stoiker vorzogst, die über Gut und Böse das denken, was Zenon von unserem Polemon gelernt hatte, die aber Begriffe verwenden, die beim ersten Anblick Staunen, doch wenn die Sache erklärt ist, Heiterkeit erregen. Doch warum hast du jene Lehre, wenn du mit ihr einverstanden warst, nicht in ihrer eigenen Sprache bewahrt? Wenn du jedoch von einer Autorität beeindruckt warst, gabst du dann vor uns allen und selbst vor Platon jenem Niemand den Vorzug? Zumal du doch im Staate eine führende Rolle spielen wolltest und dich zu ihrer Behauptung zusammen mit deinem hohen Rang vor allem von uns hättest ausstatten und ausrüsten lassen können. Von uns sind ja die Regeln dafür erforscht, beschrieben, vermerkt und angegeben worden, und für alle Staatsformen

tus, mutationes, leges etiam et instituta ac mores civitatum perscripsimus. eloquentiae vero, quae et principibus maximo ornamento est, et qua te audimus valere plurimum, quantum tibi ex monumentis nostris addidisses!‹ Ea cum dixissent, quid tandem talibus viris responderes?«

(62) »Rogarem te« inquit, »ut diceres pro me tu idem, qui illis orationem dictavisses, vel potius paulum loci mihi, ut iis responderem, dares, nisi et te audire nunc mallem et istis tamen alio tempore responsurus essem, tum scilicet, cum tibi.«

»Atque, si verum respondere velles, Cato, haec erant dicenda, non eos tibi non probatos, tantis ingeniis homines tantaque auctoritate, sed te animadvertisse, quas res illi propter antiquitatem parum vidissent, eas a Stoicis esse perspectas, eisdemque de rebus hos cum acutius disseruisse, tum sensisse gravius et fortius, quippe qui primum valetudinem bonam expetendam negent esse, eligendam dicant, nec quia bonum sit valere, sed quia sit non nihilo aestimandum – neque tamen pluris [quam] illis videtur, qui illud non dubitant bonum dicere –; hoc vero te ferre non potuisse, quod antiqui illi quasi barbati, ut nos de nostris solemus dicere, crediderint, eius, qui honeste viveret, si idem etiam bene valeret, bene audiret, copiosus esset, optabiliorem fore vitam melioremque et magis expetendam quam illius, qui aeque vir bonus ›multis modis‹ esset, ut Ennii Alcmaeo,

haben wir die Arten der Lenkung, die Verfassungen, die Änderungen, auch die Gesetze und Einrichtungen und die politischen Gepflogenheiten aufgezeichnet. Was aber die Beredsamkeit betrifft, die den führenden Männern zu besonderer Zierde gereicht und die du dem Vernehmen nach besonders meisterlich beherrschst, welchen Gewinn hättest du da aus unseren Büchern gehabt!‹ Was würdest du denn solchen Männern erwidern, wenn sie so gesprochen hätten?«

(62) »Ich würde dich bitten«, erwiderte er, »für mich zu sprechen, da du auch ihnen ihre Worte in den Mund gelegt hast, oder vielmehr mir ein wenig Raum zur Antwort auf ihre Rede zu geben, wenn ich nicht lieber dich hören und ihnen doch zu anderer Zeit antworten wollte, nämlich dann, wenn ich dir Antwort gäbe.«

»Wenn du wahrheitsgemäß antworten wolltest, Cato, müßtest du folgendes sagen: Du lehntest diese Männer von großer Klugheit und hohem Rang nicht ab, doch habest du bemerkt, daß Dinge, die sie aufgrund der altertümlichen Verhältnisse zu ihrer Zeit nicht deutlich genug gesehen hätten, von den Stoikern klar erkannt worden seien; sie hätten eben diese Dinge scharfsinniger erörtert und sich ihr Urteil ernster und entschlossener gebildet; denn sie erklärten erstmals, gute Gesundheit sei etwas, das man nicht erstreben, sondern wählen müsse, und zwar nicht, weil Gesundheit ein Gut sei, sondern weil sie eine gewisse Wertschätzung verdiene – trotzdem erscheint ihr Wert denjenigen nicht höher, die sie ohne Zögern als ein Gut bezeichnen –; das aber habest du nicht ertragen können, daß diese Vertreter einer alten Zeit, als man gleichsam noch Bärte trug, wie wir bei unseren Landsleuten zu sagen pflegen, glaubten, das Leben dessen, der ein sittlich einwandfreies Leben führe, werde, wenn er auch noch gesund sei, in gutem Ruf stehe und wohlhabend sei, eher zu wünschen, besser und erstrebenswerter sein als das desjenigen, der, als ein ebenso guter Mensch, wie der Alcmaeo des Ennius, ›auf vielfache Weise

›círcumventus mórbo, exilio atque ínopia‹. (63) illi igitur antiqui non tam acute optabiliorem illam vitam putant, praestantiorem, beatiorem, Stoici autem tantum modo praeponendam in seligendo, non quo beatior ea vita sit, sed quod ad naturam accommodatior.

Et, qui sapientes non sint, omnes aeque esse miseros, Stoici hoc videlicet viderunt, illos autem id fugerat superiores, qui ⟨non⟩ arbitrabantur homines sceleribus et parricidiis inquinatos nihilo miseriores esse quam eos, qui, cum caste et integre viverent, nondum perfectam illam sapientiam essent consecuti. (64) atque hoc loco similitudines eas, quibus illi uti solent, dissimillimas proferebas. quis enim ignorat, si plures ex alto emergere velint, propius fore eos quidem ad respirandum, qui ad summam iam aquam adpropinquent, sed nihilo magis respirare posse quam eos, qui sint in profundo? nihil igitur adiuvat procedere et progredi in virtute, quo minus miserrimus sit, ante quam ad eam pervenerit, quoniam in aqua nihil adiuvat, et, quoniam catuli, qui iam dispecturi sunt, caeci aeque et ii, qui modo nati, Platonem quoque necesse est, quoniam nondum videbat sapientiam, aeque caecum animo ac Phalarim fuisse? (65) ista similia non sunt, Cato, in quibus quamvis multum processeris tamen illud in eadem causa est, a quo abesse velis, donec evaseris; nec enim ille respirat, ante quam emersit, et catuli aeque caeci, prius quam dispexerunt, ac si ita futuri semper essent. illa sunt similia: hebes acies est cuipiam oculorum, corpore alius senescit; hi curatione adhibita levantur in dies,

von Krankheit, von Verbannung und von Not geschlagen‹[28] sei. (63) Es ist also nicht gerade scharfsinnig von jenen alten Philosophen, ein solches Leben für wünschenswerter, besser und glücklicher zu halten; die Stoiker dagegen meinen nur, daß es, wenn man die Auswahl habe, vorzuziehen sei, nicht weil ein solches Leben glücklicher, sondern weil es naturgemäßer sei.

Daß alle, die nicht weise sind, in gleicher Weise unglücklich sind, haben die Stoiker natürlich auch gesehen, während es jenen früheren Philosophen entgangen war; die glaubten nicht, daß von Verbrechen und Vatermord befleckte Menschen um nichts elender seien als die, die zwar makellos und untadelig lebten, doch die vollkommene Weisheit noch nicht erreicht hatten. (64) An dieser Stelle brachtest du diese gänzlich unpassenden Vergleiche vor, mit denen die Stoiker gewöhnlich operieren.[29] Wer wüßte denn nicht, daß, wenn mehrere aus der Tiefe auftauchen wollen, diejenigen, die sich bereits der Wasseroberfläche nähern, zwar näher daran sind, Luft zu holen, aber doch nicht mehr Luft holen können als die, die noch in der Tiefe sind? In der Tugend voranzukommen und Fortschritte zu machen bietet also keine Abhilfe dagegen, daß man ganz elend ist, bevor man dieses Ziel erreicht hat, weil es im Wasser auch nichts hilft? Weil junge Hunde, die schon im Begriff sind, die Augen aufzumachen, genauso blind sind wie die gerade geborenen, muß unbedingt auch Platon, da er die wahre Weisheit noch nicht sah, im Geiste ebenso blind wie Phalaris gewesen sein? (65) Diese Fälle, Cato, in denen, wie weit man auch vorankommt, dasjenige, von dem man loskommen will, doch unverändert bleibt, bis man entkommen ist, sind nicht vergleichbar; denn der Betreffende kann nicht Luft holen, bevor er aufgetaucht ist, und die jungen Hunde sind, bevor sie die Augen geöffnet haben, genauso blind, wie wenn sie immer so bleiben sollten. Folgende Beispiele sind vergleichbar: Bei einem ist die Sehkraft geschwächt, ein anderer leidet an Altersschwäche; wenn diesen Leuten Pflege zuteil wird,

valet alter plus cotidie, alter videt. his similes sunt omnes, qui virtuti student; levantur vitiis, levantur erroribus, nisi forte censes Ti. Gracchum patrem ⟨non⟩ beatiorem fuisse quam filium, cum alter stabilire rem publicam studuerit, alter evertere. nec tamen ille erat sapiens – quis enim hoc aut quando aut ubi aut unde? –; sed quia studebat laudi et dignitati, multum in virtute processerat. (66) conferam avum tuum Drusum cum C. Graccho, eius fere aequali? quae hic rei publicae vulnera inponebat, eadem ille sanabat. si nihil est, quod tam miseros faciat quam inpietas et scelus, ut iam omnes insipientes sint miseri, quod profecto sunt, non est tamen aeque miser, qui patriae consulit, et is, qui illam extinctam cupit. Levatio igitur vitiorum magna fit in iis, qui habent ad virtutem progressionis aliquantum. (67) vestri autem progressionem ad virtutem fieri aiunt, levationem vitiorum fieri negant. at quo utantur homines acuti argumento ad probandum, operae pretium est considerare. quarum, inquit, artium summae crescere possunt, earum etiam contrariorum summa poterit augeri; ad virtutis autem summam accedere nihil potest; ne vitia quidem igitur crescere poterunt, quae sunt virtutum contraria. utrum igitur tandem perspicuisne dubia aperiuntur, an dubiis perspicua tolluntur? atqui hoc perspicuum est, vitia alia [in] aliis esse maiora, illud dubium, ad id, quod summum bonum dicitis, ecquaenam possit fieri accessio. vos autem cum perspicuis dubia debeatis illustrare, dubiis perspicua conamini tollere.

bessert sich ihr Befinden von Tag zu Tag, der eine wird täglich kräftiger, der andere kann wieder sehen. Ihnen sind alle vergleichbar, die nach Tugend streben; sei werden frei von ihren Lastern und frei von ihren Irrtümern, wenn du nicht etwa meinst, der Vater Tiberius Gracchus sei nicht glücklicher gewesen als der Sohn, obwohl der eine den Staat zu stützen, der andere dagegen ihn zu stürzen suchte. Und trotzdem war der erstgenannte nicht weise – wer ist das denn schon, oder wann ist man das, wo oder woher? –, doch weil er nach Ruhm und Geltung strebte, war er in der Tugend weit vorangekommen. (66) Soll ich deinen Großvater Drusus mit dem fast gleichaltrigen Gaius Gracchus vergleichen? Die Wunden, die der letztere dem Staate schlug, versuchte der erstere zu heilen. Wenn es nichts gibt, was Menschen so unglücklich macht wie die Ruchlosigkeit und das Verbrechen, dann mögen zwar alle Toren unglücklich sein, was sie auch sicher sind, aber trotzdem ist der, der Sorge für das Vaterland trägt, nicht ebenso unglücklich wie der, der es vernichtet sehen will. So gibt es also eine erhebliche Verminderung der Laster bei denen, die auf dem Weg zur Tugend einige Fortschritte machen. (67) Dagegen sagen die Vertreter eurer Lehre, es gebe zwar einen Fortschritt zur Tugend, aber keine Verminderung der Laster. Es ist jedoch der Mühe wert, das Argument zu betrachten, dessen sich die scharfsinnigen Stoiker zum Beweis bedienen: Bei Eigenschaften, heißt es, deren Höchstmaß wachsen kann, kann auch das Höchstmaß ihres Gegenteils zunehmen; doch beim Höchstmaß der Tugend kann es keinen Zuwachs geben; also können auch die Laster nicht wachsen, die ja das Gegenteil der Tugend sind. Wird hier denn Zweifelhaftes durch Eindeutiges geklärt oder durch Zweifelhaftes Eindeutiges beseitigt? Das ist doch klar, daß bei den Lastern die einen größer als die anderen sind, ob aber bei dem, was ihr als das höchste Gut bezeichnet, ein Zuwachs möglich ist, ist zweifelhaft. Doch während ihr das Zweifelhafte durch Eindeutiges erhellen solltet, versucht ihr, das Eindeutige durch Zweifelhaftes

(68) itaque rursus eadem ratione, qua sum paulo ante usus, haerebitis. si enim propterea vitia alia aliis maiora non sunt, quia ne ad finem quidem bonorum eum, quem vos facitis, quicquam potest accedere, quoniam perspicuum est vitia non esse omnium paria, finis bonorum vobis mutandus est. teneamus enim illud necesse est, cum consequens aliquod falsum sit, illud, cuius id consequens sit, non posse esse verum.

Quae est igitur causa istarum angustiarum? gloriosa ostentatio in constituendo summo bono. cum enim, quod honestum sit, id solum bonum esse confirmatur, tollitur cura valetudinis, diligentia rei familiaris, administratio rei publicae, ordo gerendorum negotiorum, officia vitae, ipsum denique illud honestum, in quo uno vultis esse omnia, deserendum est. quae diligentissime contra Aristonem dicuntur a Chrysippo. ex ea difficultate illae ›fallaciloquae‹, ut ait Accius, ›malitiae‹ natae sunt. (69) quod enim sapientia, pedem ubi poneret, non habebat sublatis officiis omnibus, officia autem tollebantur dilectu omni et discrimine remoto, quae esse ⟨non⟩ poterant rebus omnibus sic exaequatis, ut inter eas nihil interesset, ex his angustiis ista evaserunt deteriora quam Aristonis. illa tamen simplicia, vestra versuta. roges enim Aristonem, bonane ei videantur haec: vacuitas doloris, divitiae, valetudo; neget. quid? quae contraria sunt his, malane? nihilo magis. Zenonem roges; respondeat totidem verbis. admirantes quaeramus ab utroque, quonam modo vitam agere possimus, si nihil interesse nostra

zu beseitigen. (68) So werdet ihr euch wieder in derselben Argumentation verfangen, die ich gerade eben schon benützte. Denn wenn deswegen bei den Lastern nicht die einen größer als die anderen sind, weil es auch bei dem, was ihr zum höchsten Gut macht, keinen Zuwachs geben kann, dann habt ihr euer höchstes Gut zu ändern, weil offensichtlich nicht die Laster alle gleich sind. Denn daran müssen wir festhalten, daß dann, wenn eine Schlußfolgerung falsch ist, die betreffende Voraussetzung, aus der sie sich ergibt, nicht wahr sein kann.

Was ist nun die Ursache dieser Mißlichkeit? Es ist die großsprecherische Prahlerei bei der Bestimmung des höchsten Gutes. Denn wenn man sich darauf versteift, ein Gut sei nur das, was sittlich geboten sei, beseitigt man die Pflege der Gesundheit, die Sorge um das Vermögen, die Verwaltung des Staates, die Ordnung in der Führung der Geschäfte, die Erfüllung der Pflichten im Leben, und schließlich muß man selbst das sittlich Gute aufgeben, auf dem ihr doch alleine alles beruhen lassen wollt. Chrysipp führt diese Punkte ganz ausgiebig gegen Ariston an. Aus dieser Schwierigkeit sind jene ›trugredenden Bosheiten‹, wie Accius sagt,[30] entstanden. (69) Die Weisheit hatte nämlich keine Grundlage, auf der sie hätte Fuß fassen können, da alle Pflichten beseitigt waren; die Pflichten aber wurden beseitigt, weil jede Auswahl und Unterscheidung aufgegeben war; die konnte es nicht geben, weil alle Dinge einander so angeglichen waren, daß zwischen ihnen kein Unterschied bestand; aus diesen Schwierigkeiten ergeben sich eure Auswege, die noch schlimmer sind als die Aristons. Die seinen waren immerhin einfach, die euren sind vertrackt. Würde man nämlich Ariston fragen, ob er diese Dinge für Güter halte, Freiheit von Schmerz, Reichtum, Gesundheit, so würde er mit nein antworten. Und weiter: ob er die entgegengesetzten Dinge für Übel halte? Ebensowenig. Würde man Zenon fragen, wäre seine Antwort genau so kurz. Da könnten wir sie beide verwundert fragen, was wir denn für ein Leben führen

putemus, valeamus aegrine simus, vacemus an cruciemur dolore, frigus, famem propulsare possimus necne possimus. Vives, inquit Aristo, magnifice atque praeclare, quod erit cumque visum ages, numquam angere, numquam cupies, numquam timebis. (70) Quid Zeno? Portenta haec esse dicit, neque ea ratione ullo modo posse vivi; se dicere inter honestum et turpe nimium quantum, nescio quid inmensum, inter ceteras res nihil omnino interesse. (71) idem adhuc; audi reliqua et risum contine, si potes: Media illa, inquit, inter quae nihil interest, tamen eius modi sunt, ut eorum alia eligenda sint, alia reicienda, alia omnino neglegenda, hoc est, ut eorum alia velis, alia nolis, alia non cures. – At modo dixeras nihil in istis rebus esse, quod interesset. – Et nunc idem dico, inquiet, sed ad virtutes et ad vitia nihil interesse. – (72) Quis istud, quaeso, nesciebat? verum audiamus. – Ista, inquit, quae dixisti, valere, locupletem esse, non dolere, bona non dico, sed dicam Graece προηγμένα, Latine autem producta – sed praeposita aut praecipua malo, sit tolerabilius et mollius –; illa autem, morbum, egestatem, dolorem, non appello mala, sed, si libet reiectanea. itaque illa non dico me expetere, sed legere, nec optare, sed sumere, contraria autem non fugere, sed quasi secernere. Quid ait Aristoteles reliquique Platonis

können, wenn wir glauben, es mache keinen Unterschied, ob wir gesund sind oder krank, ob wir frei sind von Schmerz oder von Schmerz gequält, ob wir imstande sind, Kälte und Hunger abzuwehren, oder nicht. Ariston sagte darauf: Du wirst herrlich und glänzend leben, wirst alles tun, was dir gut scheint, wirst nie Beklommenheit, nie ein Verlangen, niemals Furcht verspüren. (70) Und Zenon? Er sagt, das seien Wahnvorstellungen und man könne keinesfalls auf diese Weise leben. Er behaupte, daß es zwischen dem sittlich Guten und dem Schimpflichen einen gewaltigen, ganz ungeheuren Unterschied gebe, zwischen den übrigen Dingen aber gar keinen. (71) Soweit sagt er das gleiche; nun höre noch den Rest, und unterdrücke das Lachen, wenn du kannst. Jene mittleren Dinge, behauptete er, zwischen denen kein Unterschied besteht, sind doch von solcher Art, daß man von ihnen die einen auszuwählen, andere zurückzuweisen und wieder andere vollkommen zu vernachlässigen hat, das heißt daß man von ihnen die einen wünscht, andere ablehnt und wieder andere gar nicht beachtet. – Aber soeben hattest du gesagt, es gebe bei diesen Dingen nichts, was sie unterscheide. – Ich sage auch jetzt dasselbe, wird er erwidern, aber ich meine damit, daß sie sich im Hinblick auf die Tugenden und Laster nicht unterscheiden. – (72) Wer, frage ich, hätte das nicht gewußt? Doch laß uns weiter hören. – Er sagt: Was du da angeführt hast, gesund sein, reich sein, keine Schmerzen fühlen, das nenne ich nicht ›Güter‹, ich will es vielmehr auf griechisch ›proēgména‹, in unserer Sprache aber ›bevorzugte Dinge‹ nennen[31] – ich sage freilich lieber ›vorgezogene‹ oder ›vorzügliche‹, damit es erträglicher und gefälliger klingt –; das andere aber, Krankheit, Armut, Schmerz, das nenne ich nicht ›Übel‹, sondern ›zurückgesetzte Dinge‹. So sage ich von jenen Dingen auch nicht, daß ich sie erstrebe, sondern wähle, nicht wünsche, sondern nehme, von den entgegengesetzten aber, daß ich sie nicht meide, sondern gleichsam ausscheide. Wie sagten doch Aristoteles und die übrigen Schüler Platons? Sie bezeichne-

alumni? Se omnia, quae secundum naturam sint, bona appellare, quae autem contra, mala.
Videsne igitur Zenonem tuum cum Aristone verbis concinere, re dissidere, cum Aristotele et illis re consentire, verbis discrepare? cur igitur, cum de re conveniat, non malumus usitate loqui? aut doceat paratiorem me ad contemnendam pecuniam fore, si illam in rebus praepositis quam si in bonis duxero, fortioremque in patiendo dolore, si eum asperum et difficilem perpessu et contra naturam esse quam si malum dixero. (73) Facete M. Piso, familiaris noster, et alia multa et hoc loco Stoicos irridebat: ›Quid enim?‹ aiebat. ›Bonum negas esse divitias, praepositum esse dicis? quid adiuvas? avaritiamne minuis? quo modo? si verbum sequimur, primum longius verbum praepositum quam bonum. – Nihil ad rem! – Ne sit sane; at certe gravius. nam bonum ex quo appellatum sit, nescio, praepositum ex eo credo, quod praeponatur aliis. id mihi magnum videtur.‹ itaque dicebat plus tribui divitiis a Zenone, qui eas in praepositis poneret, quam ab Aristotele, qui bonum esse divitias fateretur, sed neque magnum bonum et prae rectis honestisque contemnendum ac despiciendum nec magnopere expetendum, omninoque de istis omnibus verbis a Zenone mutatis ita disputabat, et, quae bona negarentur ab eo esse et quae mala, illa laetioribus nominibus appellari ab eo quam a nobis, haec tristioribus. Piso igitur hoc modo, vir optimus tuique, ut

ten alle naturgemäßen Dinge als Güter, das Gegenteil jedoch als Übel.

Siehst du nun, daß dein Zenon mit Ariston in der Sprache übereinstimmt, doch in der Sache von ihm abweicht, während er mit Aristoteles und jenen Philosophen in der Sache einig ist, sich aber in der Sprache von ihnen unterscheidet? Warum ziehen wir dann nicht die gebräuchliche Ausdrucksweise vor, da in der Sache doch Einigkeit besteht? Oder man soll mir zeigen, daß ich eher bereit sein werde, das Geld geringzuschätzen, wenn ich es zu den bevorzugten Dingen statt zu den Gütern rechne, und daß ich tapferer im Erdulden von Schmerz sein werde, wenn ich ihn als hart, schwer zu ertragen und naturwidrig bezeichne, als wenn ich ihn ein Übel nenne. (73) Geistvoll verspottete M. Piso, unser Freund, wie in manchem anderen, so auch in diesem Punkt die Stoiker; er sagte: ›Wieso bezeichnest du den Reichtum denn nicht als ein Gut und nennst ihn etwas Bevorzugtes? Was erreichst du denn damit? Verringerst du die Habsucht? Auf welche Weise? Halten wir uns an das Wort, dann ist ‚bevorzugt' zunächst ein längeres Wort als ‚gut'. – Das tut doch nichts zur Sache! – Mag sein, doch sicher hat es mehr Gewicht; denn woher das Wort ‚gut' kommt, weiß ich nicht, doch der Ausdruck ‚bevorzugt' kommt wohl daher, daß etwas anderen Dingen vorgezogen wird. Das scheint mir wichtig.‹ Deshalb, behauptete er, messe Zenon dem Reichtum mehr Bedeutung bei, wenn er ihn zu den bevorzugten Dingen rechne, als Aristoteles, der zwar zugebe, daß der Reichtum ein Gut sei, aber kein großes Gut und etwas, das im Vergleich zum rechten und sittlich guten Handeln zu verachten, geringzuschätzen und nicht sehr zu erstreben sei. Er äußerte sich überhaupt in diesem Sinne über alle die Begriffe, die Zenon geändert hatte, und sagte, daß die Dinge, die Zenon nicht als Güter gelten lasse, von ihm mit positiveren und die, die er nicht als Übel gelten lasse, mit negativeren Begriffen als von uns bezeichnet würden. So also urteilte Piso, ein vortrefflicher und, wie du weißt, von

scis, amantissimus. nos paucis ad haec additis finem faciamus aliquando; longum est enim ad omnia respondere, quae a te dicta sunt.

(74) Nam ex eisdem verborum praestrigiis et regna nata vobis sunt et imperia et divitiae, et tantae quidem, ut omnia, quae ubique sint, sapientis esse dicatis. solum praeterea formosum, solum liberum, solum civem, ⟨stultos⟩ omnia contraria, quos etiam insanos esse vultis. haec παράδοξα illi, nos a d m i r a b i l i a dicamus. quid autem habent admirationis, cum prope accesseris? conferam tecum, quam cuique verbo rem subicias; nulla erit controversia. Omnia peccata paria dicitis. non ego tecum iam ita iocabor, ut isdem his de rebus, cum L. Murenam te accusante defenderem. apud imperitos tum illa dicta sunt, aliquid etiam coronae datum; nunc agendum est subtilius. (75) Peccata paria. – Quonam modo? – Quia nec honesto quicquam honestius nec turpi turpius. – Perge porro; nam de isto magna dissensio est. illa argumenta propria videamus, cur omnia sint paria peccata. – Ut, inquit, in fidibus pluribus, si nulla earum ita contenta nervis sit, ut concentum servare possit, omnes aeque incontentae sint, sic peccata, quia discrepant, aeque discrepant; paria sunt igitur. – Hic ambiguo ludimur. aeque enim contingit omnibus fidibus, ut incontentae sint, illud non continuo, ut aeque incontentae. collatio igitur ista te

großer Sympathie für dich erfüllter Mann. Ich habe dazu nur wenig hinzuzufügen und will dann endlich zum Schluß kommen; es würde nämlich zu weit führen, auf alles einzugehen, was du gesagt hast.

(74) Denn aus denselben Wortgaukeleien stammen auch eure Königreiche, Befehlsgewalten und Reichtümer, und zwar so große, daß ihr behauptet, alles, was es auf der Welt gibt, stehe dem Weisen zu Gebote. Nur er sei außerdem schön von Gestalt und frei, nur er ein Bürger; für die Toren, die euch zufolge auch wahnsinnig sein sollen, gelte in allem das Gegenteil. Die Griechen nennen solche Thesen ›parádoxa‹ (›Unerwartetes, Unsinniges‹), wir wollen sie als Wundergeschichten bezeichnen. Was haben sie indessen Wunderbares, wenn man näher zusieht? Ich werde mit dir einen Vergleich anstellen, welche Sache du jeweils einem Wort zugrunde legst. Da wird es keinen Meinungsstreit geben. Alle Vergehen, sagt ihr, sind gleich. Ich will darüber mit dir nicht mehr so im Scherz verhandeln, wie ich es bezüglich dieser selben Fragen tat, als ich L. Murena gegen deine Anklage verteidigte.[32] Damals sind diese Fragen vor Laien behandelt worden, das eine oder andere war auch ein Zugeständnis an das Publikum. Nun geht es um eine differenziertere Behandlung. (75) Alle Verfehlungen sind gleich. – Wie das? – Weil weder das sittlich Gute noch das Schimpfliche zu übertreffen ist. – Nur weiter! Denn darüber gibt es eine erhebliche Meinungsverschiedenheit. Wir wollen die spezifischen Argumente dafür betrachten, weshalb alle Verfehlungen gleich sein sollen. – Wie bei mehreren Saiteninstrumenten, heißt es da, wenn keines von ihnen so gestimmt ist, daß es die Harmonie bewahren kann, alle gleichermaßen verstimmt sind, so weichen alle Verfehlungen, weil sie vom Rechten abweichen, gleichermaßen vom Rechten ab. Infolgedessen sind sie gleich. – Hier werden wir durch eine Zweideutigkeit genarrt. Denn es trifft zwar auf alle entsprechenden Saiteninstrumente zu, daß sie verstimmt sind, doch daraus folgt nicht, daß sie gleich verstimmt sind. Dieser Vergleich hilft

nihil iuvat. nec enim, omnes avaritias si aeque avaritias esse dixerimus, sequetur, ut etiam aequas esse dicamus. (76) Ecce aliud simile dissimile. Ut enim, inquit, gubernator aeque peccat, si palearum navem evertit et si auri, item aeque peccat, qui parentem et qui servum iniuria verberat. – Hoc non videre, cuius generis onus navis vehat, id ad gubernatoris artem nil pertinere! itaque aurum paleamne portet, ad bene aut ad male gubernandum nihil interesse! at quid inter parentem et servulum intersit, intellegi et potest et debet. ergo in gubernando nihil, in officio plurimum interest, quo in genere peccetur. et si in ipsa gubernatione neglegentia est navis eversa, maius est peccatum in auro quam in palea. omnibus enim artibus volumus attributam esse eam, quae communis appellatur prudentia, quam omnes, qui cuique artificio praesunt, debent habere. ita ne hoc quidem modo paria peccata sunt.

(77) Urgent tamen et nihil remittunt. Quoniam, inquiunt, omne peccatum inbecillitatis et inconstantiae est, haec autem vitia in omnibus stultis aeque magna sunt, necesse est paria esse peccata. Quasi vero aut concedatur in omnibus stultis aeque magna esse vitia, et eadem inbecillitate et inconstantia L. Tubulum fuisse, qua illum, cuius is condemnatus est rogatione, P. Scaevolam, et quasi nihil inter res quoque ipsas, in quibus peccatur, intersit, ut, quo hae maiores minoresve sint, eo, quae peccentur in his rebus, aut maiora

dir also nichts. Denn wenn wir sagen, bei allen Fällen von Habsucht handle es sich gleichermaßen um Habsucht, ergibt sich daraus nicht die Behauptung, daß sie auch gleich seien. (76) Hier noch ein weiterer unpassender Vergleich: Wie nämlich ein Steuermann, so heißt es, gleichermaßen einen Fehler macht, wenn er ein Schiff mit einer Ladung Spreu, wie wenn er eines mit Gold zum Kentern bringt, so versündigt sich gleichermaßen, wer seinen Vater, wie wer seinen Sklaven zu Unrecht züchtigt. – Wie kann man das verkennen, daß die Frage, was für eine Fracht das Schiff geladen hat, nichts mit der Kunst des Steuermanns zu tun hat und daß es deshalb für die gute oder schlechte Führung des Steuerruders belanglos ist, ob man Gold oder Spreu geladen hat! Dagegen kann und muß man den Unterschied erkennen, der zwischen einem Vater und irgendeinem Sklaven besteht. So spielt es also beim Steuern keine, beim pflichtgemäßen Handeln aber eine sehr große Rolle, worin man sich vergeht. Und selbst beim Steuern ist die Verfehlung, wenn durch Nachlässigkeit ein Schiff gekentert ist, im Fall des Goldes größer als in dem der Spreu. Zu allen Fertigkeiten soll nach unserem Willen ja die Eigenschaft gehören, die man als den gesunden Menschenverstand bezeichnet; ihn müssen alle haben, die eine entsprechende Tätigkeit ausüben. So sind nicht einmal darin alle Verfehlungen gleich.

(77) Sie bleiben trotzdem hartnäckig und unnachgiebig. Weil jede Verfehlung, so sagen sie, ein Zeichen von Schwäche und Unbeständigkeit ist, diese Fehler aber bei allen Toren gleich groß sind, müssen ihre Verfehlungen zwangsläufig gleich sein. Als ob man zugeben müßte, daß bei allen Toren die Fehler gleich groß seien und daß die Schwäche und Unbeständigkeit bei L. Tubulus dieselbe gewesen sei wie bei P. Scaevola, auf dessen Antrag er verurteilt wurde;[33] und als ob auch zwischen den Dingen selbst, in denen man Verfehlungen begeht, kein Unterschied bestünde, während in Wirklichkeit doch die Vergehen um so größer oder kleiner sind, je größer oder kleiner die Dinge sind, in denen man diese

sint aut minora! (78) Itaque – iam enim concludatur oratio – hoc uno vitio maxime mihi premi videntur tui Stoici, quod se posse putant duas contrarias sententias obtinere. quid enim est tam repugnans quam eundem dicere, quod honestum sit, solum id bonum esse, qui dicat appetitionem rerum ad vivendum accommodatarum ⟨a⟩ natura profectam? ita cum ea volunt retinere, quae superiori sententiae conveniunt, in Aristonem incidunt; cum id fugiunt, re eadem defendunt, quae Peripatetici, verba tenent mordicus. quae rursus dum sibi evelli ex ordine nolunt, horridiores evadunt, asperiores, duriores et oratione et moribus. (79) quam illorum tristitiam atque asperitatem fugiens Panaetius nec acerbitatem sententiarum nec disserendi spinas probavit fuitque in altero genere mitior, in altero illustrior semperque habuit in ore Platonem, Aristotelem, Xenocratem, Theophrastum, Dicaearchum, ut ipsius scripta declarant. quos quidem tibi studiose et diligenter tractandos magnopere censeo. (80) Sed quoniam et advesperascit et mihi ad villam revertendum est, nunc quidem hactenus; verum hoc idem saepe faciamus.«

»Nos vero« inquit ille; »nam quid possumus facere melius? et hanc quidem primam exigam a te operam, ut audias me quae a te dicta sunt refellentem. sed memento te, quae nos sentiamus, omnia probare, nisi quod verbis aliter utamur, mihi autem vestrorum nihil probari.«

»Scrupulum« inquam »abeunti; sed videbimus.«

Quae cum essent dicta, discessimus.

Verfehlungen begeht. (78) Deswegen scheint mir – denn ich will mit meiner Rede nun zu Ende kommen –, daß deine Stoiker besonders an diesem einen Fehler leiden, daß sie glauben, sie könnten zwei entgegengesetzte Standpunkte vertreten. Was wäre denn so widersprüchlich wie zu behaupten, ein Gut sei nur das, was sittlich geboten sei, und zugleich zu sagen, das Streben nach den Dingen, die zum Leben gehörten, habe seinen Ursprung in der Natur. Deshalb geraten sie auf die Seite Aristons, wenn sie an dem festhalten wollen, was dem erstgenannten Grundsatz entspricht, doch wenn sie sich davon abwenden, vertreten sie der Sache nach dasselbe wie die Peripatetiker, klammern sich aber verbissen an die stoischen Begriffe. Die wollen sie wiederum nicht aus dem systematischen Aufbau ihrer Lehre herausgerissen sehen; so werden sie am Ende in Sprache und Charakter noch rauher, härter und abstoßender. (79) Diesen unfreundlichen und unvorteilhaften Eindruck der Stoiker suchte Panaitios zu vermeiden; er lehnte deshalb die herbe Strenge ihrer Grundsätze und die Spitzfindigkeiten ihrer Argumentation ab und war im ersten Punkt umgänglicher, im zweiten klarer und führte, wie seine Schriften zeigen, stets Platon, Aristoteles, Xenokrates, Theophrast und Dikaiarch im Munde. Mit ihnen solltest du dich jedenfalls nach meiner festen Überzeugung eifrig und ausgiebig beschäftigen. (80) Doch weil es Abend wird und ich zu meinem Landhaus zurückkehren muß, soll das für heute genügen. Aber wir wollen darauf noch oft zurückkommen.«

»O ja«, erwiderte er; »was könnten wir denn Besseres tun? Und den Gefallen will ich jedenfalls als ersten von dir fordern, daß du mir zuhörst, wenn ich das widerlege, was du gesagt hast. Doch denke daran, daß du alle meine Auffassungen, abgesehen von meiner anderen Ausdrucksweise, billigst, während mir an eurer Lehre nichts einleuchtet.«

»Das gibt mir zum Abschied noch einen Stich«, erwiderte ich; »doch wir werden sehen.«

Nach diesen Worten trennten wir uns.

Liber quintus

(1) Cum audissem Antiochum, Brute, ut solebam, cum M. Pisone in eo gymnasio, quod Ptolomaeum vocatur, unaque nobiscum Q. frater et T. Pomponius Luciusque Cicero, frater noster cognatione patruelis, amore germanus, constituimus inter nos ut ambulationem postmeridianam conficeremus in Academia, maxime quod is locus ab omni turba id temporis vacuus esset. itaque ad tempus ad Pisonem omnes. inde sermone vario sex illa a Dipylo stadia confecimus. cum autem venissemus in Academiae non sine causa nobilitata spatia, solitudo erat ea, quam volueramus.
(2) tum Piso: »Naturane nobis hoc« inquit »datum dicam an errore quodam, ut, cum ea loca videamus, in quibus memoria dignos viros acceperimus multum esse versatos, magis moveamur, quam si quando eorum ipsorum aut facta audiamus aut scriptum aliquod legamus? velut ego nunc moveor. venit enim mihi Platonis in mentem, quem accepimus primum hic disputare solitum; cuius etiam illi hortuli propinqui non memoriam solum mihi afferunt, sed ipsum videntur in conspectu meo ponere. hic Speusippus, hic Xenocrates, hic eius auditor Polemo, cuius illa ipsa sessio fuit, quam videmus. Equidem etiam curiam nostram – Hostiliam dico, non hanc novam, quae minor mihi esse videtur, posteaquam est maior – solebam intuens Scipionem, Catonem, Laelium, nostrum vero in primis avum cogitare; tanta vis admonitio-

Fünftes Buch

(1) Als ich, mein Brutus, wie gewöhnlich mit M. Piso den Antiochos im sogenannten Ptolemäischen Gymnasium[1] hörte – mit uns zusammen waren auch mein Bruder Quintus, Titus Pomponius und Lucius Cicero, nach der verwandtschaftlichen Beziehung unser Vetter, doch der Liebe nach ein echter Bruder –, da beschlossen wir gemeinsam, einen Nachmittagsspaziergang in der Akademie zu machen, besonders weil der Ort um diese Zeit ganz menschenleer zu sein versprach. So fanden wir uns zur entsprechenden Zeit alle bei Piso ein und legten darauf unter mancherlei Gesprächen den sechs Stadien langen Weg vom Dipylon[2] dorthin zurück. Als wir nun das nicht ohne Grund berühmte Gelände der Akademie erreichten, war es dort so einsam, wie es unser Wunsch gewesen war.

(2) Da sagte Piso: »Soll ich es wohl durch unsere Naturanlage oder eine Art von Wahn erklären, daß wir beim Anblick solcher Stätten, an denen sich denkwürdige Persönlichkeiten dem Vernehmen nach oft aufgehalten haben, mehr beeindruckt werden, als wenn wir einmal von ihren eigenen Leistungen hören oder eine Schrift von ihnen lesen? So fühle ich mich nun beeindruckt; denn ich muß an Platon denken, der dem Vernehmen nach als erster hier zu diskutieren pflegte. Die Gärtchen in der Nähe dort erinnern mich denn auch nicht nur an ihn, sondern es will mir scheinen, daß sie mir ihn selbst vor Augen führen. Hier war Speusipp, hier war Xenokrates und hier sein Hörer Polemon, der ja gerade auf dem Platz dort saß, den wir da sehen. So mußte ich auch, wenn ich unser Rathaus sah – ich meine das des Hostilius, nicht das neue, das mir kleiner vorkommt, nachdem es größer geworden ist –,[3] gewöhnlich an Scipio, Cato, Laelius, vor allem aber an unseren Großvater[4] denken, so groß ist die Kraft der Erinnerung, die Orten innewohnt;

nis inest in locis, ut non sine causa ex iis memoriae ducta sit disciplina.«

(3) Tum Quintus: »Est plane, Piso, ut dicis« inquit. »nam me ipsum huc modo venientem convertebat ad sese Coloneus ille locus, cuius incola Sophocles ob oculos versabatur, quem scis quam admirer quamque eo delecter. me quidem ad altiorem memoriam Oedipodis huc venientis et illo mollissimo carmine quaenam essent ipsa haec loca requirentis species quaedam commovit, inaniter scilicet, sed commovit tamen.«

Tum Pomponius: »At ego, quem vos ut deditum Epicuro insectari soletis, sum multum equidem cum Phaedro, quem unice diligo, ut scitis, in Epicuri hortis, quos modo praeteribamus, sed veteris proverbii admonitu vivorum memini, nec tamen Epicuri licet oblivisci, si cupiam, cuius imaginem non modo in tabulis nostri familiares, sed etiam in poculis et in anulis habent.«

(4) Hic ego: »Pomponius quidem« inquam »noster iocari videtur, et fortasse suo iure. ita enim se Athenis collocavit, ut sit paene unus ex Atticis, ut id etiam cognomen videatur habiturus. Ego autem tibi, Piso, assentior usu hoc venire, ut acrius aliquanto et attentius de claris viris locorum admonitu cogitemus. scis enim me quodam tempore Metapontum venisse tecum neque ad hospitem ante devertisse, quam Pythagorae ipsum illum locum, ubi vitam ediderat, sedemque viderim. hoc autem tempore, etsi multa in omni parte Athenarum sunt in ipsis locis indicia summorum virorum, tamen ego illa moveor exhedra. modo enim fuit Carneadis,

man hat deshalb nicht ohne Grund die Mnemotechnik von ihnen abgeleitet.«[5]

(3) Da meinte Quintus: »Es ist genau so, wie du sagst, Piso. Denn mich selbst zog, als ich gerade hierher kam, die Stätte von Kolonos an, und ihr Bewohner Sophokles stand mir vor Augen; du weißt ja, wie ich ihn bewundere und wieviel Freude er mir macht. Noch tiefer hat mich freilich in meiner Erinnerung das Bild des Ödipus berührt, wie er hierher kommt und sich in jenen Versen, die so rührend sind,[6] nach eben dieser Stätte erkundigt; natürlich ist das Bild unwirklich, aber angerührt hat es mich doch.«

Darauf erwiderte Pomponius: »Was aber mich betrifft, dem ihr gewöhnlich als einem Verehrer Epikurs zusetzt, so halte ich mich oft mit Phaidros, den ich, wie ihr wißt, besonders schätze, in den Gärten Epikurs auf, an denen wir gerade vorüberkamen; der Mahnung eines alten Sprichworts folgend, denke ich dabei zwar an die Lebenden,[7] aber ich könnte, wenn ich es auch wollte, trotzdem nicht Epikur vergessen, dessen Bildnis unsere Freunde nicht nur auf Gemälden, sondern auch auf Bechern und auf Ringen festhalten.«

(4) Da sagte ich: »Unser Pomponius scherzt wohl, und vielleicht mit gutem Recht; denn er ist in Athen so heimisch geworden, daß er fast schon als einer von den Attikern gelten kann, so daß es ihm bestimmt scheint, selbst diesen Beinamen zu tragen.[8] Ich stimme dir aber darin zu, Piso, daß uns die erinnernde Wirkung entsprechender Schauplätze um einiges lebhafter und aufmerksamer an berühmte Männer denken läßt. Du weißt ja, daß ich mit dir einmal Metapont besuchte und erst bei meinem Gastgeber einkehrte, als ich jenen Ort, an dem Pythagoras gestorben war, und seinen Wohnsitz gesehen hatte. In diesem Augenblick jedoch bewegt mich trotz der vielen Spuren hervorragender Männer, die es in jedem Teil Athens an den entsprechenden Schauplätzen gibt, der Hörsaal dort. Vor kurzem war er nämlich noch der des Karneades; mir ist, als sähe ich ihn

quem videre videor – est enim nota imago –, a sedeque ipsa tanta ingenii magnitudine orbata desiderari illam vocem puto.«

(5) Tum Piso: »Quoniam igitur aliquid omnes, quid Lucius noster?« inquit. »an eum locum libenter invisit, ubi Demosthenes et Aeschines inter se decertare soliti sunt? suo enim quisque studio maxime ducitur.«

Et ille, cum erubuisset: »Noli« inquit »ex me quaerere, qui in Phalericum etiam descenderim, quo in loco ad fluctum aiunt declamare solitum Demosthenem, ut fremitum assuesceret voce vincere. modo etiam paulum ad dexteram de via declinavi, ut ad Pericli sepulcrum accederem. quamquam id quidem infinitum est in hac urbe; quacumque enim ingredimur, in aliqua historia vestigium ponimus.«

(6) Tum Piso: »Atqui, Cicero« inquit, »ista studia, si ad imitandos summos viros spectant, ingeniosorum sunt; sin tantum modo ad indicia veteris memoriae cognoscenda, curiosorum. te autem hortamur omnes, currentem quidem, ut spero, ut eos, quos novisse vis, imitari etiam velis.«

Hic ego: »Etsi facit hic quidem« inquam, »Piso, ut vides, ea, quae praecipis, tamen mihi grata hortatio tua est.«

Tum ille amicissime, ut solebat: »Nos vero« inquit »omnes omnia ad huius adolescentiam conferamus, in primisque ut aliquid suorum studiorum philosophiae quoque impertiat, vel ut te imitetur, quem amat, vel ut illud ipsum, quod studet, facere possit ornatius. sed utrum hortandus es nobis,

noch – das Bild ist ja bekannt –, und dabei habe ich den Eindruck, daß der Schauplatz selbst, der eines so großen Geistes beraubt ist, seine Stimme nun vermißt.«

(5) Da erkundigte sich Piso: »Wie steht es denn, da alle etwas beigetragen haben, mit unserem Lucius? Hat er wohl mit Vergnügen den Ort besucht, an dem Demosthenes und Aischines gewöhnlich miteinander stritten?[9] Ein jeder läßt sich ja am ehesten von seiner Neigung leiten.«

»Fragt mich nicht!« erwiderte der Angeredete errötend. »Ich bin sogar nach Phaleron hinabgestiegen zu der Stelle, wo Demosthenes angeblich gegen die Brandung deklamierte, damit er sich daran gewöhnte, das Getöse durch seine Stimme zu übertönen. Gerade bin ich auch ein wenig nach rechts vom Wege abgewichen, um zum Grab des Perikles zu kommen. Doch damit findet man in dieser Stadt kein Ende. Wir setzen unseren Fuß ja überall, wohin wir treten, auf ein Stück Geschichte.«

(6) Da sagte Piso: »Freilich, Cicero, verraten diese Interessen nur dann geistiges Format, wenn sie der Nachahmung hervorragender Männer gelten, dagegen bloße Neugier, wenn es nur darum geht, die Spuren alter Zeiten zu erkennen. Obwohl du hoffentlich schon dahin strebst, ermahnen wir dich alle, daß du die, die du kennen möchtest, auch nachahmen willst.«

Darauf erwiderte ich: »Wenn er auch, wie du siehst, Piso, nach deiner Weisung handelt, ist mir deine Ermahnung doch willkommen.«

»Was uns betrifft«, erwiderte der darauf mit gewohnter Liebenswürdigkeit, »so wollen wir uns alle in allem dieses jungen Mannes annehmen, in erster Linie, damit er sich bei seinen Studien auch mit der Philosophie beschäftigt, sei es um dich nachzuahmen, den er liebt, sei es um das, worum es ihm an sich geht, wirkungsvoller tun zu können.[10] Doch müssen wir dich dazu überhaupt ermahnen, Lucius«, fragte er, »oder bist du auch schon aus eigenem Antrieb dazu

Luci« inquit, »an etiam tua sponte propensus es? mihi quidem Antiochum, quem audis, satis belle videris attendere.« Tum ille timide vel potius verecunde: »Facio« inquit »equidem, sed audistine modo de Carneade? rapior illuc, revocat autem Antiochus, nec est praeterea, quem audiamus.«

(7) Tum Piso: »Etsi hoc« inquit »fortasse non poterit sic abire, cum hic adsit – me autem dicebat –, tamen audebo te ab hac Academia nova ad veterem illam vocare, in qua, ut dicere Antiochum audiebas, non ii soli numerantur, qui Academici vocantur, Speusippus, Xenocrates, Polemo, Crantor ceterique, sed etiam Peripatetici veteres, quorum princeps Aristoteles, quem excepto Platone haud scio an recte dixerim principem philosophorum. ad eos igitur converte te, quaeso. ex eorum enim scriptis et institutis cum omnis doctrina liberalis, omnis historia, omnis sermo elegans sumi potest, tum varietas est tanta artium, ut nemo sine eo instrumento ad ullam rem illustriorem satis ornatus possit accedere. ab his oratores, ab his imperatores ac rerum publicarum principes extiterunt. ut ad minora veniam, mathematici, poëtae, musici, medici denique ex hac tamquam omnium artificum officina profecti sunt.«

(8) Atque ego: »Scis me« inquam »istud idem sentire, Piso, sed a te oportune facta mentio est. studet enim meus audire Cicero quaenam sit istius veteris, quam commemoras, Academiae de finibus bonorum Peripateticorumque sententia. censemus autem facillime te id explanare posse, quod et Staseam Neapolitanum multos annos habueris apud te et

geneigt? Mir scheint es jedenfalls, daß dich Antiochos, den du ja hörst, lebhaft genug interessiert.«

Der meinte darauf zaghaft oder eher schüchtern: »So ist es zwar; doch hast du eben die Bemerkung über Karneades gehört? Er zieht mich dorthin;[11] doch Antiochos ruft mich zurück, und sonst gibt es niemanden, den wir hören könnten.«

(7) Da sagte Piso: »Es wird mir zwar vielleicht in seinem Beisein« – damit aber meinte er mich – »nicht gelingen, doch ich will es wagen, dich zum Übergang von dieser Neueren Akademie zu jener Alten zu bewegen. Man zählt zu ihr ja, wie du von Antiochos gehört hast, nicht nur die sogenannten Akademiker, Speusipp, Xenokrates, Polemon, Krantor und so weiter, sondern auch die alten Peripatetiker. Ihr führender Vertreter ist Aristoteles, den ich vielleicht mit Recht, nur Platon ausgenommen, als den Fürsten der Philosophen bezeichnen darf. Ihnen also wende dich bitte zu. Aus ihren Schriften und Lehren kann man nämlich zum einen jede edle Wissenschaft, jede historische Erkenntnis, jede Eleganz des Ausdrucks gewinnen, zum andern aber ist besonders die Vielfalt der von ihnen vertretenen Disziplinen so groß, daß niemand ohne dieses Rüstzeug sich mit irgendeinem bedeutenderen Thema wirkungsvoll genug befassen kann. Aus ihren Reihen stammten Redner, Feldherren und führende Politiker. Aus ihrer Schule gingen, um zu weniger Bedeutendem zu kommen, Mathematiker und Dichter, Musiker und schließlich Ärzte wie aus einer Bildungsstätte der Vertreter aller Fächer hervor.«

(8) Da sagte ich: »Du weißt, daß ich in diesem Punkte deine Meinung teile, Piso, doch es traf sich gut, daß du darauf zu sprechen kamst. Mein Cicero legt nämlich Wert darauf zu hören, welche Auffassung man bei der Alten Akademie, die du erwähnst, und den Peripatetikern über das höchste Gut vertritt. Ich bin jedoch der Meinung, daß du das besonders gut erklären kannst, zum einen, weil du viele Jahre lang Staseas von Neapel in deiner Nähe hattest, und zum andern,

complures iam menses Athenis haec ipsa te ex Antiocho videamus exquirere.«

Et ille ridens: »Age, age« inquit »– satis enim scite me nostri sermonis principium esse voluisti – exponamus adolescenti, si quae forte possumus. dat enim id nobis solitudo, quod si qui deus diceret, numquam putarem me in Academia tamquam philosophum disputaturum. sed ne, dum huic obsequor, vobis molestus sim.«

»Mihi« inquam »qui te id ipsum rogavi?«

Tum, Quintus et Pomponius cum idem se velle dixissent, Piso exorsus est. cuius oratio attende, quaeso, Brute, satisne videatur Antiochi complexa esse sententiam, quam tibi, qui fratrem eius Aristum frequenter audieris, maxime probatam existimo.

(9) Sic est igitur locutus: »Quantus ornatus in Peripateticorum disciplina sit satis est a me, ut brevissime potuit, paulo ante dictum. sed est forma eius disciplinae, sicut fere ceterarum, triplex: una pars est naturae, disserendi altera, vivendi tertia. Natura sic ab iis investigata est, ut nulla pars caelo, mari, terra, ut poëtice loquar, praetermissa sit; quin etiam, cum de rerum initiis omnique mundo locuti essent, ut multa non modo probabili argumentatione, sed etiam necessaria mathematicorum ratione concluderent, maximam materiam ex rebus per se investigatis ad rerum occultarum cognitionem attulerunt. (10) persecutus est Aristoteles animantium omnium ortus, victus, figuras, Theophrastus autem stirpium naturas omniumque fere rerum, quae e terra

weil du, wie wir sehen, schon mehrere Monate Antiochos gerade nach diesen Dingen fragst.«
»Nur zu, nur zu«, erwiderte er lachend, »es war ja raffiniert genug, wie du es darauf angelegt hast, daß ich den Anfang unserer Unterhaltung machen sollte. Ich will dem jungen Mann die nötige Erklärung geben, wenn ich dazu imstande bin. Denn nur unser Alleinsein hier gibt mir die Möglichkeit dazu; sonst hielte ich es, selbst wenn es ein Gott erklärte, für unvorstellbar, daß ich wie ein Philosoph in der Akademie doziere. Doch hoffentlich langweile ich euch nicht, indem ich diesem hier zu Willen bin.«
»Mich?« sagte ich, »ich habe doch gerade das von dir erbeten.«
Darauf begann, als Quintus und Pomponius sich im selben Sinne geäußert hatten, Piso seine Rede. Richte nun bitte, Brutus, deine Aufmerksamkeit darauf, ob diese Rede wohl zur Genüge die Meinung des Antiochos getroffen hat. Denn du hast, glaube ich, das beste Urteil über sie, da du ja seinen Bruder Aristos oft gehört hast.
(9) Er sagte also folgendes: »Wie glänzend man bei der Schule der Peripatetiker gerüstet ist, das habe ich gerade, so kurz wie möglich, zur Genüge ausgeführt. Der Aufbau ihrer Lehre aber ist, wie bei den anderen Schulen in der Regel auch, dreifach gegliedert: ein Teil gilt der Natur, der zweite der methodischen Erörterung, der dritte der Lebensführung. Dabei ist die Natur von ihnen so erforscht, daß nichts im Himmel, zur See und auf dem Lande, um mich poetisch auszudrücken, ausgelassen wurde. Ja, sie behandelten sogar den Ursprung aller Dinge und die Welt in ihrer Gesamtheit so, daß sie vieles nicht nur im Sinne des Wahrscheinlichkeitsbeweises, sondern selbst nach der zwingenden Methode der Mathematiker erschlossen, und sie schufen durch die Erforschung der Dinge an sich die besten Voraussetzungen für die Erkenntnis des Verborgenen. (10) So untersuchte Aristoteles Entstehung, Lebensweise und Gestalt sämtlicher Lebewesen, Theophrast dagegen die Natur der Pflanzen

gignerentur, causas atque rationes; qua ex cognitione facilior facta est investigatio rerum occultissimarum. Disserendique ab isdem non dialectice solum, sed etiam oratorie praecepta sunt tradita, ab Aristoteleque principe de singulis rebus in utramque partem dicendi exercitatio est instituta, ut non contra omnia semper, sicut Arcesilas, diceret, et tamen ut in omnibus rebus, quicquid ex utraque parte dici posset, expromeret. (11) Cum autem tertia pars bene vivendi praecepta quaereret, ea quoque est ab isdem non solum ad privatae vitae rationem, sed etiam ad rerum publicarum rectionem relata. omnium fere civitatum non Graeciae solum, sed etiam barbariae ab Aristotele mores, instituta, disciplinas, a Theophrasto leges etiam cognovimus. cumque uterque eorum docuisset qualem in re publica principem ⟨esse⟩ conveniret, pluribus praeterea conscripsisset qui esset optimus rei publicae status, hoc amplius Theophrastus: quae essent in re publica rerum inclinationes et momenta temporum, quibus esset moderandum, utcumque res postularet. vitae autem degendae ratio maxime quidem illis placuit quieta, in contemplatione et cognitione posita rerum, quae quia deorum erat vitae simillima, sapiente visa est dignissima. atque his de rebus et splendida est eorum et illustris oratio.

(12) De summo autem bono, quia duo genera librorum sunt, unum populariter scriptum, quod ἐξωτερικόν appellabant, alterum limatius, quod in commentariis reliquerunt, non semper idem dicere videntur, nec in summa tamen ipsa aut varietas est ulla apud hos quidem, quos nominavi, aut inter

sowie den Ursprung und das Wesen aller Dinge, die aus der Erde stammen. Durch diese Erkenntnis wurde die Erforschung der größten Geheimnisse erleichtert. Dieselben Männer lehrten die Grundsätze nicht nur der Dialektik, sondern auch der Redekunst, und Aristoteles führte als erster die Übung ein, bei einer Frage jeweils das Für und Wider zu behandeln, so daß er nicht wie Arkesilas stets allem widersprach, und doch bei jeder Frage alles entwikkelte, was sich dafür sowie dagegen sagen ließ. (11) Was aber den dritten Teil betrifft, der sich mit den Grundsätzen der rechten Lebensführung beschäftigte, so wurde von denselben Männern auch hier nicht nur auf den Gesichtspunkt des privaten Lebens, sondern auch auf den der Lenkung von Staaten Bezug genommen. Wir kennen ja beinahe von allen Staaten nicht nur der Griechen, sondern auch der Barbaren die Sitten, Einrichtungen und Lebensordnungen durch Aristoteles und die Gesetze durch Theophrast. Sie hatten beide dargelegt, wie in einem Staat der führende Mann auszusehen habe, und hatten zudem ausführlicher beschrieben, welches die beste Staatsverfassung sei; doch Theophrast behandelte darüber hinaus die Frage, welches die Tendenzen und Triebkräfte in den Staaten seien, die man entsprechend den Erfordernissen der Lage zu lenken habe. Was aber die Art der Lebensführung angeht, so sagte ihnen die ruhige, die der Betrachtung und Erkenntnis der Dinge gewidmet war, am meisten zu; da sie dem Leben der Götter am meisten glich, schien sie für einen weisen Mann am passendsten zu sein. Und die Behandlung dieser Fragen ist bei ihnen auch glänzend und einleuchtend.

(12) Was aber das höchste Gut betrifft, so scheinen sie nicht immer dieselbe These zu vertreten, weil es bei ihnen zwei Arten von Büchern gibt: einmal volkstümlich geschriebene, die sie als ›exoterisch‹ bezeichneten, zum anderen subtilere, die sie in ihren Aufzeichnungen hinterließen.[12] Doch insgesamt gibt es bei den genannten Männern keinen wesentlichen Punkt, in dem sie voneinander abweichen oder einan-

ipsos dissensio. sed cum beata vita quaeratur idque sit unum, quod philosophia spectare et sequi debeat, sitne ea tota sita in potestate sapientis an possit aut labefactari aut eripi rebus adversis, in eo non numquam variari inter eos et dubitari videtur. quod maxime efficit Theophrasti de beata vita liber, in quo multum admodum fortunae datur. quod si ita se habeat, non possit beatam praestare vitam sapientia. Haec mihi videtur delicatior, ut ita dicam, molliorque ratio, quam virtutis vis gravitasque postulat. quare teneamus Aristotelem et eius filium Nicomachum, cuius accurate scripti de moribus libri dicuntur illi quidem esse Aristoteli, sed non video, cur non potuerit patri similis esse filius. Theophrastum tamen adhibeamus ad pleraque, dum modo plus in virtute teneamus, quam ille tenuit, firmitatis et roboris. (13) Simus igitur contenti his. namque horum posteri meliores illi quidem mea sententia quam reliquarum philosophi disciplinarum, sed ita degenerant, ut ipsi ex se nati esse videantur. primum Theophrasti, Strato, physicum se voluit; in quo etsi est magnus, tamen nova pleraque et perpauca de moribus. huius, Lyco, oratione locuples, rebus ipsis ieiunior. concinnus deinde et elegans huius, Aristo, sed ea, quae desideratur a magno philosopho, gravitas, in eo non fuit; scripta sane et multa et polita, sed nescio quo pacto auctoritatem oratio non habet. (14) praetereo multos, in his doctum hominem et

der widersprechen. Da es indessen um die Frage des glücklichen Lebens geht und dies der einzige Gesichtspunkt ist, an dem sich die Philosophie orientieren muß, ob dieses Glück ganz in der Macht des Weisen liegt oder ob es durch widrige Umstände zu erschüttern oder zu zerstören ist, scheint es, daß sie in diesem Punkt zuweilen voneinander abweichen und im Zweifel sind. Das liegt besonders an dem Buche Theophrasts über das Glück des Lebens, in dem dem Schicksal große Bedeutung eingeräumt wird.[13] Wenn es sich aber so verhielte, dann könnte die Weisheit nicht das Glück des Lebens garantieren. Mir scheint, daß diese Theorie verfeinerter, um mich so auszudrücken, und verweichlichter ist, als es die Bedeutung und die Würde der Tugend fordert. Halten wir uns deshalb an Aristoteles und seinen Sohn Nikomachos. Von dessen Büchern, in denen er ausführlich Fragen der Moral behandelt, sagt man zwar, daß sie dem Aristoteles gehören, ich sehe aber keinen Grund, weshalb der Sohn nicht Ähnlichkeit mit seinem Vater hätte haben können.[14] Nehmen wir aber ruhig in den meisten Fällen auch Theophrast hinzu, wenn wir nur mehr, als er es tat, auf der Stabilität und Stärke beharren, die in der Tugend liegt. (13) Begnügen wir uns also mit diesen Männern. Denn ihre Nachfolger waren zwar meines Erachtens besser als die Philosophen der übrigen Schulrichtungen, doch sind sie so verkümmert, daß man sie für ihre eigenen Abkömmlinge halten könnte. Da ist zunächst Straton, Nachfolger Theophrasts, der ein Vertreter der Naturphilosophie sein wollte. Darin ist er zwar groß, doch er ging meistens neue Wege und beschäftigte sich nur sehr wenig mit Fragen der Moral. Dessen Nachfolger Lykon war reich im Ausdruck, doch dürftiger in der Sache selbst. Dann kam Ariston, ein gefälliger und eleganter Mann, doch ernste Würde, wie man sie von einem großen Philosophen erwartet, fand sich bei ihm nicht. Geschrieben hat er zwar recht viel und mit Geschmack, doch irgendwie läßt seine Darstellung die nötige Autorität vermissen. (14) Ich übergehe viele, darunter einen

suavem, Hieronymum, quem iam cur Peripateticum appellem nescio. summum enim bonum exposuit vacuitatem doloris; qui autem de summo bono dissentit de tota philosophiae ratione dissentit. Critolaus imitari voluit antiquos, et quidem est gravitate proximus, et redundat oratio, ac tamen ⟨ne⟩ is quidem in patriis institutis manet. Diodorus, eius auditor, adiungit ad honestatem vacuitatem doloris. hic quoque suus est de summoque bono dissentiens dici vere Peripateticus non potest. antiquorum autem sententiam Antiochus noster mihi videtur persequi diligentissime, quam eandem Aristoteli fuisse et Polemonis docet.

(15) Facit igitur Lucius noster prudenter, qui audire de summo bono potissimum velit; hoc enim constituto in philosophia constituta sunt omnia. nam ceteris in rebus sive praetermissum sive ignoratum est quippiam, non plus incommodi est, quam quanti quaeque earum rerum est, in quibus neglectum est aliquid. summum autem bonum si ignoretur, vivendi rationem ignorari necesse est, ex quo tantus error consequitur, ut quem in portum se recipiant scire non possint. cognitis autem rerum finibus, cum intellegitur, quid sit et bonorum extremum et malorum, inventa vitae via est conformatioque omnium officiorum, cum quaeritur, quo quidque referatur; (16) ex quo, id quod omnes expetunt, beate vivendi ratio inveniri et comparari potest. quod quoniam in quo sit magna dissensio est, Carneadea

gelehrten und liebenswürdigen Mann, Hieronymos, von dem ich freilich nicht mehr weiß, warum ich ihn als Peripatetiker bezeichnen sollte; er stellte nämlich das Freisein von Schmerz als höchstes Gut dar. Wer aber in der Frage des höchsten Gutes anderer Meinung ist, der widerspricht der ganzen philosophischen Denkweise. Kritolaos wollte die Vertreter der alten Zeit nachahmen; obwohl er ihnen aber an ernster Würde nahekommt und seine Sprache überreich an Ausdrucksmöglichkeiten ist, bleibt doch nicht einmal er bei der ererbten Tradition. Sein Hörer Diodor fügt zu der Sittlichkeit noch das Freisein von Schmerz. Auch er geht eigene Wege und kann, da er hinsichtlich des höchsten Gutes anderer Meinung ist, nicht als Peripatetiker im wahren Sinn des Wortes bezeichnet werden. Unser Antiochos hält sich jedoch, wie mir scheint, am genauesten an die Auffassung der Alten, die nach seiner Lehre ebenso die des Aristoteles wie die des Polemon gewesen ist.

(15) So handelt unser Lucius also klug, wenn er vor allem etwas über das höchste Gut zu hören wünscht; denn wenn das festgelegt ist, dann ist alles in der Philosophie entschieden. Wenn nämlich in den übrigen Bereichen etwas ausgelassen oder ungeklärt ist, schadet das nicht mehr, als der Bedeutung des jeweiligen Bereichs entspricht, in dem man etwas unbeachtet ließ. Wenn man jedoch das höchste Gut nicht kennt, dann kennt man notwendigerweise die grundsätzliche Orientierung seines Lebens nicht. Daraus ergibt sich aber eine solche Verirrung, daß man nicht wissen kann, in welchen Hafen man sich retten soll. Ist aber das letzte Ziel erkannt, indem man einsieht, was das höchste Gut und was das schlimmste Übel ist, dann ist der Weg des Lebens und der Begriff jedweden pflichtgemäßen Handelns gefunden, indem man fragt, auf welchen Bezugspunkt etwas jeweils auszurichten ist. (16) So kann das, wonach alle streben, nämlich die grundsätzliche Orientierung eines Lebens in Glückseligkeit, gefunden und gewonnen werden. Doch weil über die Frage, worin sie besteht, die Meinungen

nobis adhibenda divisio est, qua noster Antiochus libenter uti solet. ille igitur vidit, non modo quot fuissent adhuc philosophorum de summo bono, sed quot omnino esse possent sententiae. negabat igitur ullam esse artem, quae ipsa a se proficisceretur; etenim semper illud extra est, quod arte comprehenditur. nihil opus est exemplis hoc facere longius. est enim perspicuum nullam artem ipsam in se versari, sed esse aliud artem ipsam, aliud quod propositum sit arti. quoniam igitur, ut medicina valetudinis, navigationis gubernatio, sic vivendi ars est prudentia, necesse est eam quoque ab aliqua re esse constitutam et profectam. (17) constitit autem fere inter omnes id, in quo prudentia versaretur et quod assequi vellet, aptum et accommodatum naturae esse oportere et tale, ut ipsum per se invitaret et alliceret appetitum animi, quem ὁρμὴν Graeci vocant. quid autem sit, quod ita moveat itaque a natura in primo ortu appetatur, non constat, deque eo est inter philosophos, cum summum bonum exquiritur, omnis dissensio. totius enim quaestionis eius, quae habetur de finibus bonorum et malorum, cum quaeritur, in his quid sit extremum et ultimum, fons reperiendus est, in quo sint prima invitamenta naturae; quo invento omnis ab eo quasi capite de summo bono et malo disputatio ducitur.

Voluptatis alii primum appetitum putant et primam depulsionem doloris. vacuitatem doloris alii censent primum ascitam et primum declinatum dolorem. (18) ab iis alii, quae

erheblich auseinandergehen, müssen wir die Einteilung des Karneades anwenden, an die sich unser Antiochos mit Vorliebe zu halten pflegt. Er also sah nicht nur, wie viele Meinungen der Philosophen es bisher über das höchste Gut gegeben hatte, sondern wie viele es grundsätzlich geben kann. Er sagte also, daß es keine Kunst gibt, die von sich selbst ausgeht. Denn immer liegt das außerhalb von ihr, was man sich durch die Kunst aneignet. Es ist nicht nötig, das durch Beispiele weiter auszuführen. Denn offensichtlich beschäftigt keine Kunst sich mit sich selbst, sondern die Kunst an sich ist etwas anderes als die Aufgabe, die der Kunst gestellt ist. Weil also, wie die Heilkunde die Kunst der Gesundheit und das Steuern die Kunst der Seefahrt ist, so in der Klugheit die Kunst der Lebensführung liegt, muß auch sie notwendigerweise durch etwas bestimmt sein und von etwas ausgegangen sein. (17) Es waren sich jedoch fast alle darüber einig, daß dasjenige, womit sich die Klugheit befasse und was sie erreichen wolle, naturgemäß sein müsse und von solcher Art, daß es von sich aus das Verlangen hervorrufe und wecke, das die Griechen als ›hormé‹ bezeichnen.[15] Was das jedoch ist, das so wirkt und schon in seinem Ursprung so von der Natur erstrebt wird, steht nicht fest, und bei den Philosophen gehen die Auffassungen darüber, wenn die Frage nach dem höchsten Gut gestellt wird, völlig auseinander. Als Ausgangspunkt der ganzen Untersuchung, die über die Frage des höchsten Gutes und des größten Übels geführt wird, wenn man untersucht, was hier am Ende und an letzter Stelle steht, muß nämlich das gefunden werden, was die ersten Antriebe der Natur enthält. Wenn das gefunden ist, läßt sich daraus die ganze Erörterung über das höchste Gut und größte Übel wie von einem Ursprungsort ableiten.

An erster Stelle steht für die einen das Verlangen nach Lust und die Abwehr von Schmerz. Andere meinen, in erster Linie suche man Schmerzlosigkeit zu erlangen und Schmerz zu meiden. (18) Wieder andere gehen von dem aus, was sie

prima secundum naturam nominant, proficiscuntur, in quibus numerant incolumitatem conservationemque omnium partium, valetudinem, sensus integros, doloris vacuitatem, viris, pulchritudinem, cetera generis eiusdem, quorum similia sunt prima in animis quasi virtutum igniculi et semina. Ex his tribus cum unum aliquid sit, quo primum natura moveatur vel ad appetendum vel ad repellendum, nec quicquam omnino praeter haec tria possit esse, necesse est omnino officium aut fugiendi aut sequendi ad eorum aliquid referri, ut illa prudentia, quam artem vitae esse diximus, in earum trium rerum aliqua versetur, a qua totius vitae ducat exordium. (19) ex eo autem, quod statuerit esse, quo primum natura moveatur, existet recti etiam ratio atque honesti, quae cum uno aliquo ex tribus illis congruere possit, ut aut id honestum sit, facere omnia [aut] voluptatis causa, etiam si eam non consequare, aut non dolendi, etiam si id assequi nequeas, aut eorum, quae secundum naturam sunt, adipiscendi, etiam si nihil consequare. ita fit ut, quanta differentia est in principiis naturalibus, tanta sit in finibus bonorum malorumque dissimilitudo. alii rursum isdem a principiis omne officium referent aut ad voluptatem aut ad non dolendum aut ad prima illa secundum naturam obtinenda. (20) expositis iam igitur sex de summo bono sententiis trium proximarum hi principes: voluptatis Aristippus, non dolendi Hieronymus, fruendi rebus iis, quas primas secundum naturam esse diximus, Carneades non ille quidem auctor, sed defensor disserendi causa fuit. superiores tres erant, quae

als elementare natürliche Bedürfnisse bezeichnen; sie rechnen dazu Unversehrtheit und Erhaltung aller Körperteile, Gesundheit, intakte Sinne, Freisein von Schmerz, Kraft, Schönheit und anderes derselben Art; dem entsprechen auf geistigem Gebiet in erster Linie gleichsam die Funken und die Keime der Tugenden. Da unter diesen drei Zielen eines das ist, was die Natur dazu veranlaßt, es entweder zu erstreben oder zu vermeiden, und überhaupt nichts außer diesen dreien in Frage kommen kann, muß sich zwangsläufig die Aufgabe des Vermeidens oder des Erstrebens auf eines von ihnen beziehen, so daß sich jene Klugheit, als die wir die Kunst der Lebensführung bezeichnet haben, mit einem von diesen dreien beschäftigt und von ihm die ganze Lebensführung ihren Ausgang nehmen läßt. (19) Aus dem jedoch, was sie als ersten Antrieb der Natur bestimmt hat, wird sich auch der Begriff des Richtigen und sittlich Guten ergeben, der sich mit einem von jenen dreien decken kann, so daß das sittlich Gute entweder darin liegt, alles um der Lust willen zu tun, auch wenn man nicht zu ihr gelangt, oder um keinen Schmerz zu fühlen, auch wenn man nicht imstande ist, das zu erreichen, oder um etwas von dem zu erlangen, was naturgemäß ist, auch wenn man nichts erreicht. So kommt es, daß der Unterschied bezüglich der Auffassung vom höchsten Gut und größten Übel genauso groß ist wie die Verschiedenheit bei den grundlegenden natürlichen Antrieben. Andere wieder werden, von denselben Grundantrieben ausgehend, jedes Handeln entweder auf die Lust beziehen oder auf die Schmerzlosigkeit oder auf die Befriedigung jener elementaren natürlichen Bedürfnisse. (20) Es konnten also sechs Auffassungen über das höchste Gut entwickelt werden; die führenden Vertreter der drei letzteren sind folgende: Aristipp für die Lust, Hieronymos für die Schmerzlosigkeit, Karneades für die Befriedigung dessen, was wir als die elementaren natürlichen Bedürfnisse bezeichnet haben, wobei er zwar nicht der Urheber, doch der Verfechter dieser Meinung zum Zwecke der Erörterung

esse possent, quarum est una sola defensa, eaque vehementer. nam voluptatis causa facere omnia, cum, etiamsi nihil consequamur, tamen ipsum illud consilium ita faciendi per se expetendum et honestum et solum bonum sit, nemo dixit. ne vitationem quidem doloris ipsam per se quisquam in rebus expetendis putavit, nisi etiam evitare posset. at vero facere omnia, ut adipiscamur, quae secundum naturam sint, etiam si ea non assequamur, id esse et honestum et solum per se expetendum et solum bonum Stoici dicunt.
(21) Sex igitur hae sunt simplices de summo bonorum malorumque sententiae, duae sine patrono, quattuor defensae. iunctae autem et duplices expositiones summi boni tres omnino fuerunt, nec vero plures, si penitus rerum naturam videas, esse potuerunt. nam aut voluptas adiungi potest ad honestatem, ut Calliphonti Dinomachoque placuit, aut doloris vacuitas, ut Diodoro, aut prima naturae, ut antiquis, quos eosdem Academicos et Peripateticos nominavimus. sed quoniam non possunt omnia simul dici, haec in praesentia nota esse debebunt, voluptatem semovendam esse, quando ad maiora quaedam, ut iam apparebit, nati sumus. de vacuitate doloris eadem fere dici solent, quae de voluptate. [Quando igitur et de voluptate cum Torquato et de honestate, in qua una omne bonum poneretur, cum Catone est disputatum, primum, quae contra voluptatem dicta sunt, eadem fere cadunt contra vacuitatem doloris.] (22) nec vero alia sunt quaerenda contra Carneadeam illam sententiam.

gewesen ist. Was die drei ersteren betraf, so waren sie grundsätzlich möglich, aber nur eine ist verfochten worden, und zwar ganz energisch; denn alles nur zum Zweck der Lust zu tun, da auch dann, wenn man nichts erreiche, doch schon die Absicht, so zu handeln, an sich erstrebenswert, sittlich geboten und allein gut sei, diese Forderung hat niemand aufgestellt. Nicht einmal die Vermeidung von Schmerz an sich hat jemand den erstrebenswerten Dingen zugerechnet, wenn er nicht auch tatsächlich zu vermeiden war. Daß es jedoch sittlich geboten, allein erstrebenswert und einzig gut sei, alles zu tun, um zu erreichen, was naturgemäß sei, sogar wenn man es nicht erreiche, das behaupten die Stoiker.

(21) Das also sind die sechs einfachen Auffassungen über das höchste der Güter und der Übel; zwei blieben ohne Vertreter, vier sind verfochten worden. Doch kombinierte und zweifache Erklärungen des höchsten Gutes hat es im ganzen drei gegeben, und wenn man sich den wesentlichen Sachverhalt genau betrachtet, konnten es auch gar nicht mehr sein. Denn mit der Sittlichkeit kann man entweder die Lust verbinden, wie Kalliphon und Deinomachos es für richtig hielten, oder das Freisein von Schmerz, wie Diodor, oder die elementaren natürlichen Bedürfnisse, wie die Alten es richtig fanden, die wir zugleich als Akademiker und als Peripatetiker bezeichnet haben. Da man jedoch nicht alles auf einmal sagen kann, muß für den Augenblick das klargestellt sein, daß wir die Lust beiseite lassen müssen, da wir, wie sich bald zeigen wird, zu Größerem geboren sind. Über das Freisein von Schmerz sagt man gewöhnlich fast dasselbe wie über die Lust. [Da also von der Lust schon in der Unterhaltung mit Torquatus und von der Sittlichkeit, auf die alleine sich alles Gute gründe, im Gespräch mit Cato die Rede war, gelten zunächst die Argumente, die gegen die Lust angeführt wurden, fast ebenso gegen das Freisein von Schmerz.][16] (22) Man braucht ja auch wahrhaftig keine anderen Argumente gegen jene Auffassung des Karneades zu

quocumque enim modo summum bonum sic exponitur, ut id vacet honestate, nec officia nec virtutes in ea ratione nec amicitiae constare possunt. coniunctio autem cum honestate vel voluptatis vel non dolendi id ipsum honestum, quod amplecti vult, id efficit turpe. ad eas enim res referre, quae agas, quarum una, si quis malo careat, in summo eum bono dicat esse, altera versetur in levissima parte naturae, obscurantis est omnem splendorem honestatis, ne dicam inquinantis. Restant Stoici, qui cum a Peripateticis et Academicis omnia transtulissent, nominibus aliis easdem res secuti sunt. hos contra singulos dici est melius. sed nunc, quod agimus; de illis, cum volemus.

(23) Democriti autem securitas, quae est animi tamquam tranquillitas, quam appellat εὐθυμίαν, eo separanda fuit ab hac disputatione, quia [ista animi tranquillitas] ea ipsa est beata vita; quaerimus autem, non quae sit, sed unde sit. Iam explosae eiectaeque sententiae Pyrrhonis, Aristonis, Erilli quod in hunc orbem, quem circumscripsimus, incidere non possunt, adhibendae omnino non fuerunt. nam cum omnis haec quaestio de finibus et quasi de extremis bonorum et malorum ab eo proficiscatur, quod diximus naturae esse aptum et accommodatum, quodque ipsum per se primum appetatur, hoc totum et ii tollunt, qui in rebus iis, in quibus nihil [quod non] aut honestum aut turpe sit, negant esse ullam causam, cur aliud alii anteponatur, nec inter eas res quicquam omnino putant interesse, et Erillus, si ita sensit,

suchen. Denn wie auch immer man das höchste Gut auf solche Weise erklärt, daß es keine sittliche Verpflichtung enthält, es können jedenfalls bei dieser Auffassung weder Pflichten noch Tugenden noch Freundschaften bestehen. Eine Verbindung mit sittlicher Verpflichtung, sei es eine der Lust oder des Freiseins von Schmerz, entstellt gerade das Element der Sittlichkeit, das sie einbringen will. Denn seine Handlung nach solchen Prinzipien auszurichten, von denen eines besagt, man sei, wenn man vom Übel frei sei, im Besitz des höchsten Gutes, während das andere in den unzuverlässigsten Teil der Natur gehört, das hieße den ganzen Glanz der Sittlichkeit verdunkeln, um nicht zu sagen: ihn verderben. So bleiben die Stoiker; nachdem sie sich von den Peripatetikern und Akademikern alle Gedanken angeeignet hatten, verfolgten sie dieselben Ziele unter anderem Namen. Doch ihnen widerspricht man besser einzeln; jetzt aber zu dem Thema, das wir hier behandeln; von jenen reden wir einmal, wenn wir Lust dazu haben.

(23) Die Gelassenheit Demokrits, die gleichsam eine Ruhe des Gemüts ist und von ihm ›euthymía‹ (›Wohlgemutheit‹) genannt wird, gehörte deshalb nicht in diese Erörterung, weil sie selbst eine Form des glücklichen Lebens ist; wir fragen aber nicht, worin es besteht, sondern woher es kommt. Die Auffassungen Pyrrhons, Aristons und Herillos', die schon verworfen und ausgeschieden wurden, waren überhaupt nicht in Betracht zu ziehen, weil sie nicht in den abgesteckten Rahmen einbezogen werden können. Denn diese ganze Untersuchung über das höchste und gleichsam äußerste Gut und Übel geht von dem aus, was, wie wir sagten, der Natur gemäß und angemessen ist und was man um seiner selbst willen zuerst erstrebt; das heben zum einen die vollständig auf, die sagen, die Dinge, bei denen nichts sittlich geboten oder verwerflich sei, enthielten keinen Grund, weshalb das eine dem anderen vorzuziehen sei, und die annehmen, zwischen diesen Dingen gebe es gar keinen Unterschied; zum andern beseitigte Herillos, wenn er die

nihil esse bonum praeter scientiam, omnem consilii capiendi causam inventionemque officii sustulit. Sic exclusis sententiis reliquorum cum praeterea nulla esse possit, haec antiquorum valeat necesse est. ergo instituto veterum, quo etiam Stoici utuntur, hinc capiamus exordium.

(24) Omne animal se ipsum diligit ac, simul et ortum est, id agit, se ut conservet, quod hic ei primus ad omnem vitam tuendam appetitus a natura datur, se ut conservet atque ita sit affectum, ut optime secundum naturam affectum esse possit. hanc initio institutionem confusam habet et incertam, ut tantum modo se tueatur, qualecumque sit, sed nec quid sit nec quid possit nec quid ipsius natura sit intellegit. cum autem processit paulum et quatenus quicquid se attingat ad seque pertineat perspicere coepit, tum sensim incipit progredi seseque agnoscere et intellegere quam ob causam habeat eum, quem diximus, animi appetitum coeptatque et ea, quae naturae sentit apta, appetere et propulsare contraria. ergo omni animali illud, quod appetit, positum est in eo, quod naturae est accommodatum. ita finis bonorum existit secundum naturam vivere sic affectum, ut optime affici possit ad naturamque accommodatissime. (25) Quoniam autem sua cuiusque animantis natura est, necesse est finem quoque omnium hunc esse, ut natura expleatur – nihil enim prohibet quaedam esse et inter se animalibus reliquis et cum bestiis homini communia, quoniam omnium est natura communis –, sed extrema illa et summa, quae quaerimus, inter animalium genera distincta et dispertita sunt et sua cuique

Auffassung vertrat, nur die Erkenntnis sei ein Gut, jeglichen Grund, einen Entschluß zu fassen, und jede Möglichkeit, seine Aufgabe zu entdecken. Da so die Auffassungen der anderen ausgeschlossen sind und keine weitere möglich ist, muß notwendigerweise die der alten Philosophen gültig sein. Wir wollen also nach der Gepflogenheit der Alten, an die sich auch die Stoiker halten, von folgendem ausgehen: (24) Jedes Lebewesen liebt sich selbst und strebt nach Selbsterhaltung, sobald es geboren ist, weil dieses Verlangen ihm zum Schutze seines ganzen Lebens als erstes von der Natur gegeben ist, damit es sich erhält und sich in der Verfassung befindet, die am besten der Natur entspricht.[17] Diese Orientierung ist bei ihm zu Anfang noch unklar und unsicher, so daß es sich nur so erhält, wie es gerade ist; dabei erkennt es aber weder sein Wesen noch seine Möglichkeiten noch seine eigene Natur. Wenn es jedoch ein wenig vorangekommen ist und angefangen hat, den Einfluß und die Beziehung aller Dinge auf sich zu verstehen, beginnt es allmählich Fortschritte zu machen, sich zu erkennen und die Ursache des erwähnten Verlangens in seiner Seele zu verstehen, und es fängt an, die Dinge, die es als naturgemäß empfindet, zu erstreben und das Gegenteil zurückzuweisen. So ist für jedes Lebewesen das, was es erstrebt, in dem begründet, was der Natur gemäß ist. Auf diese Weise stellt es sich als höchstes Gut heraus, naturgemäß zu leben und sich in einer möglichst guten und möglichst naturgemäßen Verfassung zu befinden. (25) Da aber jedes Lebewesen seine eigene natürliche Bestimmung hat, muß auch das Ziel für alle darin bestehen, daß sich diese natürliche Bestimmung erfüllt. Nichts hindert ja, daß einerseits die übrigen Lebewesen bestimmte Dinge miteinander gemeinsam haben und andererseits der Mensch Gemeinsamkeiten mit den Tieren hat, weil alle eine gemeinsame natürliche Anlage haben. Doch jene letzten und höchsten Ziele, um die es uns zu tun ist, sind zwischen den Arten der Lebewesen unterschiedlich bestimmt und aufgeteilt, und alle haben jeweils ihre eigenen und dem jeweiligen natürli-

propria et ad id apta, quod cuiusque natura desideret. (26) quare cum dicimus omnibus animalibus extremum esse secundum naturam vivere, non ita accipiendum est, quasi dicamus unum esse omnium extremum, sed ut omnium artium recte dici potest commune esse, ut in aliqua scientia versentur, scientiam autem suam cuiusque artis esse, sic commune animalium omnium secundum naturam vivere, sed naturas esse diversas, ut aliud equo sit e natura, aliud bovi, aliud homini. et tamen in omnibus est summa communis, et quidem non solum in animalibus, sed etiam in rebus omnibus iis, quas natura alit, auget, tuetur, in quibus videmus ea, quae gignuntur e terra, multa quodam modo efficere ipsa sibi per se, quae ad vivendum crescendumque valeant, ut ⟨in⟩ suo genere perveniant ad extremum; ut iam liceat una comprehensione omnia complecti non dubitantemque dicere omnem naturam esse servatricem sui idque habere propositum quasi finem et extremum, se ut custodiat quam in optimo sui generis statu; ut necesse sit omnium rerum, quae natura vigeant, similem esse finem, non eundem. ex quo intellegi debet homini id esse in bonis ultimum, secundum naturam vivere, quod ita interpretemur: vivere ex hominis natura undique perfecta et nihil requirente. (27) haec igitur nobis explicanda sunt, sed si enodatius, vos ignoscetis. huius enim aetati [et huic] nunc haec primum fortasse audientis servire debemus.«

»Ita prorsus« inquam; »etsi ea quidem, quae adhuc dixisti, quamvis ad aetatem recte isto modo dicerentur.«

»Exposita igitur« inquit »terminatione rerum expetendarum

chen Bedürfnis angemessenen. (26) Deshalb darf man es, wenn wir sagen, für alle Lebewesen sei es das höchste Gut, naturgemäß zu leben, nicht so verstehen, als ob wir damit sagten, es gebe für alle nur ein höchstes Gut, sondern wie man von allen Fächern zu Recht behaupten kann, es sei ihnen gemeinsam, daß es bei ihnen um ein Wissen geht, doch habe jedes Fach sein eigenes Wissen, so kann man sagen, daß es allen Lebewesen gemeinsam ist, naturgemäß zu leben, daß ihre natürlichen Bestimmungen jedoch verschieden sind, so daß die eine Bestimmung für ein Pferd natürlich ist, eine andere für das Rind und wieder eine andere für den Menschen. Und doch gibt es bei allen einen gemeinsamen Bestand, und zwar nicht nur bei Lebewesen, sondern auch bei all den Dingen, die die Natur ernährt, vermehrt und erhält. Dabei bringt, wie wir sehen, das, was aus der Erde entsteht, vieles gewissermaßen selbst aus eigener Kraft für sich hervor, was für das Leben und das Wachstum wichtig ist, so daß es in seiner Art zum höchsten Ziel gelangt. So darf man alles in einem Begriff zusammenfassen und unbedenklich sagen, die gesamte Natur sei die Bewahrerin ihrer selbst und habe darin gleichsam ihr eigentliches und letztes Ziel, sich in der besten für ihre Art möglichen Verfassung zu erhalten. So müssen zwangsläufig alle Dinge, die der Natur ihr Leben verdanken, ein ähnliches Ziel haben, aber nicht dasselbe. Daraus ist zu ersehen, daß für den Menschen das höchste Gut darin besteht, naturgemäß zu leben, was wir so verstehen wollen: zu leben, wie es der Natur des Menschen entspricht, wenn sie in jeder Hinsicht vollkommen ist und nichts vermißt. (27) Das also habe ich hier zu erklären; doch wenn es ausführlicher geschieht, so müßt ihr mir verzeihen. Diesen Gefallen bin ich dem jungen Mann, der so etwas vielleicht zum ersten Mal hört, schuldig.«

»So ist es recht«, erwiderte ich. »Allerdings war das, was du bis jetzt gesagt hast, in dieser Art für jedes Alter richtig.«

»Nachdem ich also die Begriffsbestimmung der erstrebens-

cur ista se res ita habeat, ut dixi, deinceps demonstrandum est. quam ob rem ordiamur ab eo, quod primum posui, quod idem reapse primum est, ut intellegamus omne animal se ipsum diligere. quod quamquam dubitationem non habet – est enim infixum in ipsa natura comprehenditur⟨que⟩ suis cuiusque sensibus sic, ut, contra si quis dicere velit, non audiatur –, tamen, ne quid praetermittamus, rationes quoque, cur hoc ita sit, afferendas puto. (28) etsi qui potest intellegi aut cogitari esse aliquod animal, quod se oderit? res enim concurrent contrariae. nam cum appetitus ille animi aliquid ad se trahere coeperit consulto, quod sibi obsit, quia sit sibi inimicus, cum id sua causa faciet, et oderit se et simul diliget, quod fieri non potest. necesseque est, si quis sibi ipsi inimicus est, eum quae bona sunt mala putare, bona contra quae mala, et quae appetenda fugere, quae fugienda appetere, quae sine dubio vitae est eversio. neque enim, si non nulli reperiuntur, qui aut laqueos aut alia exitia quaerant aut ut ille apud Terentium, qui ›decrevit tantisper se minus iniuriae suo nato facere‹, ut ait ipse, ›dum fiat miser‹, inimicus ipse sibi putandus est. (29) sed alii dolore moventur, alii cupiditate, iracundia etiam multi efferuntur et, cum in mala scientes inruunt, tum se optime sibi consulere arbitrantur. itaque dicunt nec dubitant: ›mihi sic usus est, tibi ut opus est facto, fac‹ et qui ipsi sibi bellum indixissent, cruciari dies, noctes torqueri vellent, nec vero sese ipsi accusarent ob eam causam, quod se male suis rebus consulu-

werten Dinge entwickelt habe«, fuhr er fort, »muß ich anschließend, wie gesagt, aufzeigen, warum sich diese Sache so verhält. Wir wollen deshalb mit dem beginnen, was ich an den Anfang stellte und was auch der Sache nach am Anfang steht, damit wir verstehen, daß jedes Lebewesen sich selbst liebt. Das bietet zwar keinen Grund zum Zweifel – denn es ist in der Natur selbst tief verwurzelt, und jeder nimmt es mit seinen Sinnen wahr, so daß man, wenn jemand widersprechen wollte, nicht auf ihn hören würde –, doch um nichts zu versäumen, halte ich es für geboten, auch die Vernunftgründe dafür, warum es so ist, beizubringen. (28) Wie könnte man es freilich verstehen oder in Erwägung ziehen, daß es irgendein Lebewesen gibt, das sich haßt? Da würden ja Gegensätze zusammentreffen. Denn wenn jenes Verlangen der Seele bewußt beginnt, sich etwas zuzuziehen, was ihm schadet, weil es sich feindlich gesinnt ist, dann wird es, wenn es das sich zuliebe tut, zugleich sich hassen und sich lieben, was unmöglich ist. Zwangsläufig muß jemand, wenn er sein eigener Feind ist, Dinge, die gut sind, für Übel, die Übel aber für Güter halten, Erstrebenswertes meiden und, was zu meiden ist, erstreben, was ohne Zweifel der Ruin des Lebens ist. Denn wenn sich manche Leute finden, die auf der Suche nach dem Strick oder nach einer anderen Todesart sind oder es so halten wie jener Vater bei Terenz, der, wie er selbst erklärte, ›auf dem Standpunkt stand, er füge seinem Sohn weniger Unrecht zu, wenn er selbst elend sei‹,[18] dann darf man deshalb von dem Betreffenden nicht glauben, daß er sein eigener Feind sei. (29) Vielmehr sind manche vom Schmerz getrieben, andere vom Verlangen, viele lassen sich auch vom Zorn hinreißen, und wenn sie sich bewußt ins Unglück stürzen, dann bilden sie sich ein, besonders gut für sich zu sorgen. Deswegen zögern sie auch nicht zu sagen: ›Mir ist damit gedient, mach du es so, wie du es brauchst.‹[19] Leute, die sich selbst den Krieg erklärten, wollten bei Tag und Nacht gemartert und gefoltert werden, doch würden sie sich nicht deswegen selbst anklagen, weil

isse dicerent. eorum enim est haec querela, qui sibi cari sunt seseque diligunt. quare, quotienscumque dicetur male quis de se mereri sibique esse inimicus atque hostis, vitam denique fugere, intellegatur aliquam subesse eius modi causam, ut ex eo ipso intellegi possit sibi quemque esse carum. (30) Nec vero id satis est, neminem esse, qui ipse se oderit, sed illud quoque intellegendum est, neminem esse, qui, quo modo se habeat, nihil sua censeat interesse. tolletur enim appetitus animi, si, ut in iis rebus, inter quas nihil interest, neutram in partem propensiores sumus, item in nobismet ipsis quem ad modum affecti simus nihil nostra arbitrabimur interesse.

Atque etiam illud si qui dicere velit, perabsurdum sit, ita diligi a sese quemque, ut ea vis diligendi ad aliam rem quampiam referatur, non ad eum ipsum, qui sese diligat. hoc cum in amicitiis, cum in officiis, cum in virtutibus dicitur, quomodocumque dicitur, intellegi tamen quid dicatur potest, in nobismet autem ipsis ⟨ne⟩ intellegi quidem, ⟨ut⟩ propter aliam quampiam rem, verbi gratia propter voluptatem, nos amemus; propter nos enim illam, non propter eam nosmet ipsos diligimus.

(31) Quamquam quid est, quod magis perspicuum sit, ⟨quam⟩ non modo carum sibi quemque, verum etiam vehementer carum esse? quis est enim aut quotus quisque, cui, mors cum adpropinquet, non ›refugiat tímido sanguen átque exalbescát metu‹? etsi hoc quidem est in vitio, dissolutionem naturae tam valde perhorrescere – quod item est reprehendendum in dolore –, sed quia fere sic afficiuntur omnes, satis argumenti est ab interitu naturam abhorrere; idque quo magis quidam ita faciunt, ut iure etiam reprehendantur, hoc

sie auf ihre Interessen schlecht bedacht gewesen seien. Denn diese Klage kommt von Leuten, die sich selbst teuer sind und die sich lieben. Sooft es deshalb von jemandem heißt, daß er sich einen schlechten Dienst erweise und sein eigener Feind und Gegner sei, ja daß er gar das Leben fliehe, soll man einsehen, daß ein solcher Grund vorliegt, daß man gerade daran sehen kann, daß der Betreffende sich teuer ist. (30) Doch es ist damit nicht genug, daß es niemanden gibt, der sich selbst haßt, sondern man muß auch das erkennen, daß es niemanden gibt, dem es gleichgültig wäre, wie es um ihn steht. Denn das Verlangen der Seele verschwindet, wenn es uns ebenso, wie wir bei Dingen, zwischen denen kein Unterschied besteht, zu keiner Seite neigen, auch bei uns selbst gleichgültig ist, in welcher Verfassung wir uns befinden.

Es wäre auch widersinnig, wenn jemand die Behauptung aufstellen wollte, jeder liebe zwar sich selbst, doch diese Liebeskraft beziehe sich auf etwas anderes, nicht auf den selbst, der sich liebe. Wenn man das bei Freundschaften, bei der Erfüllung von Pflichten und bei Tugenden sagt, kann man, wie immer es gesagt wird, doch verstehen, was damit gemeint ist; doch bei uns selbst ist es nicht einmal zu verstehen, wie wir uns irgendeiner anderen Sache, z. B. des Genusses, wegen lieben sollen. Wir lieben ihn ja unseretwegen, nicht uns selbst seinetwegen.

(31) Was wäre freilich klarer, als daß ein jeder sich nicht nur teuer, sondern sogar in hohem Maße teuer ist? Wen gibt es denn oder wie wenige sind es, denen nicht, wenn der Tod herannaht, ›in ihrer Angst das Blut entweicht und die vor Furcht erblassen‹?[20] Es zählt zwar zu den Schwächen, mit solchem Entsetzen auf die Auflösung der Natur zu reagieren – im Fall des Schmerzes ist es ebenso zu tadeln –, weil es jedoch fast alle so erleben, hat es genug Beweiskraft, daß die Natur mit Schaudern vor dem Tod zurückschreckt. Je mehr sich manche Leute dabei so verhalten, daß sie sogar mit Recht getadelt werden, um so mehr muß man erkennen, daß

magis intellegendum est haec ipsa nimia in quibusdam futura non fuisse, nisi quaedam essent modica natura. nec vero dico eorum metum mortis, qui, quia privari se vitae bonis arbitrentur, aut quia quasdam post mortem formidines extimescant, aut si metuant, ne cum dolore moriantur, idcirco mortem fugiant; in parvis enim saepe, qui nihil eorum cogitant, si quando iis ludentes minamur praecipitaturos alicunde, extimescunt. quin etiam ›ferae‹, inquit Pacuvius, ›quíbus abest ad praécavendum intéllegendi astútia‹, iniecto terrore mortis ›horrescunt‹. (32) quis autem de ipso sapiente aliter existimat, quin, etiam cum decreverit esse moriendum, tamen discessu a suis atque ipsa relinquenda luce moveatur? maxime autem in hoc quidem genere vis est perspicua naturae, cum et mendicitatem multi perpetiantur, ut vivant, et angantur adpropinquatione mortis confecti homines senectute et ea perferant, quae Philoctetam videmus in fabulis. qui cum cruciaretur non ferendis doloribus, propagabat tamen vitam aucupio, ›sagittarum ⟨ictu⟩ configebat tardus celeres, stans volantis‹, ut apud Accium est, pennarumque contextu corpori tegumenta faciebat. (33) De hominum genere aut omnino de animalium loquor, cum arborum et stirpium eadem paene natura sit? sive enim, ut doctissimis viris visum est, maior aliqua causa atque divinior hanc vim ingenuit, sive hoc ita fit fortuito, videmus ea, quae terra gignit, corticibus et radicibus valida servari, quod contingit animalibus sensuum distributione et quadam compactione membrorum. Qua quidem de re quamquam assentior iis, qui haec omnia

gerade diese Reaktion bei manchen Leuten nicht im Übermaß auftreten würde, wäre nicht eine gewisse maßvolle Form durch die Natur bedingt. Ich meine damit freilich nicht die Todesfurcht der Leute, die dem Tod deswegen zu entgehen suchen, weil sie die Güter des Lebens zu verlieren glauben oder weil sie Angst vor manchen Schrecknissen nach dem Tod bekommen oder wenn sie befürchten, sie müßten unter Schmerzen sterben; bei Kindern bekommen es ja oft solche mit der Angst zu tun, die an nichts Derartiges denken, wenn man ihnen einmal im Scherz droht, sie irgendwo herunterzustürzen. Ja sogar wilde Tiere, die nicht so klug sind, auf der Hut zu sein, erschauern, wie Pacuvius sagte,[21] wenn man ihnen Todesangst einjagt. (32) Wer aber würde selbst bei einem Weisen daran zweifeln, daß ihn die Trennung von den Seinen und der Abschied vom Licht selbst, auch wenn er sich zum Tod entschlossen hat, trotzdem erschüttert? Besonders deutlich aber zeigt sich in dieser Hinsicht die Kraft der Natur, da viele bittere Armut ertragen, um zu leben, und altersschwache Menschen beim Nahen des Todes von Furcht ergriffen werden und Dinge auf sich nehmen, wie wir sie bei Philoktet in den Tragödien sehen.[22] Obwohl er von unerträglichen Schmerzen gepeinigt wurde, versuchte er doch durch die Jagd auf Vögel sein Leben zu verlängern; ›mit Pfeilen durchbohrte er, der Lahme, die Beschwingten, der Stehende die Fliegenden‹, wie es bei Accius heißt,[23] und fertigte aus dem Gefieder, was seinen Leib bedeckte. (33) Was rede ich von Menschen oder überhaupt von Lebewesen, wo doch die Bäume und die Pflanzen beinahe dieselbe Naturanlage zeigen? Mag ihnen nämlich, wie die größten Gelehrten glaubten, irgendeine größere und göttlichere Ursache diese Kraft eingegeben haben oder mag dies durch Zufall so geschehen, wir sehen, daß das, was die Natur hervorbringt, durch Rinden und durch Wurzeln kräftig erhalten wird, wie es den Lebewesen durch die Anordnung ihrer Sinnesorgane und einen bestimmten Körperbau gelingt. Was diesen Punkt betrifft, so

regi natura putant, quae si natura neglegat, ipsa esse non possit, tamen concedo, ut, qui de hoc dissentiunt, existiment, quod velint, ac vel hoc intellegant, si quando naturam hominis dicam, hominem dicere me; nihil enim hoc differt. nam prius a se poterit quisque discedere quam appetitum earum rerum, quae sibi conducant, amittere. iure igitur gravissimi philosophi initium summi boni a natura petiverunt et illum appetitum rerum ad naturam accommodatarum ingeneratum putaverunt omnibus, quia continetur ea commendatione naturae, qua se ipsi diligunt.

(34) Deinceps videndum est, quoniam satis apertum est sibi quemque natura esse carum, quae sit hominis natura. id est enim, de quo quaerimus. atqui perspicuum est hominem e corpore animoque constare, cum primae sint animi partes, secundae corporis. deinde id quoque videmus, et ita figuratum corpus, ut excellat aliis, animumque ita constitutum, ut et sensibus instructus sit et habeat praestantiam mentis, cui tota hominis natura pareat, in qua sit mirabilis quaedam vis rationis et cognitionis et scientiae virtutumque omnium. iam quae corporis sunt, ea nec auctoritatem cum animi partibus comparandam et cognitionem habent faciliorem. itaque ab his ordiamur.

(35) Corporis igitur nostri partes totaque figura et forma et statura quam apta ad naturam sit, apparet, neque est dubium, quin frons, oculi, aures et reliquae partes quales propriae sint hominis intellegatur. sed certe opus est ea valere et vigere et naturales motus ususque habere, ut nec

stimme ich zwar denen zu, die glauben, all das werde von der Natur gelenkt, die, wenn sie es vernachlässigen würde, selbst nicht bestehen könnte; doch ich gestatte denen, die darüber anderer Auffassung sind, zu glauben, was sie wollen, und mich sogar so zu verstehen, daß ich, wenn ich einmal von der Natur des Menschen rede, damit den Menschen meine; denn das macht keinen Unterschied. Ein jeder kann sich nämlich eher selbst aufgeben als das Verlangen nach den Dingen verlieren, die ihm nützen. So haben also die bedeutendsten Philosophen mit Recht das Fundament des höchsten Gutes in der Natur gesucht und angenommen, jenes Verlangen nach den naturgemäßen Dingen sei allen eingeboren, weil es in der Empfehlung der Natur begründet ist, durch die sie sich selbst lieben.

(34) Da zur Genüge feststeht, daß sich ein jeder von Natur aus teuer ist, gilt es nun die Natur des Menschen zu betrachten. Das ist es ja, wonach wir fragen. Dabei ist offenkundig, daß der Mensch aus Leib und Seele besteht, wobei die Seele die Hauptrolle, der Leib die Nebenrolle spielt. Dann sehen wir auch das, daß unser Körper so gebildet ist, daß er andere übertrifft, und unsere Seele so geschaffen, daß sie mit Sinnen ausgestattet ist und einen Vorrang des Geistes aufzuweisen hat, dem die gesamte Natur des Menschen gehorcht; zu ihr gehört eine ganz wunderbare Kraft der Vernunft und der Erkenntnis, des Wissens und aller Tugenden. Was nun zum Körper gehört, hat einerseits keine Bedeutung, die mit der der Seelenteile zu vergleichen wäre, andererseits bietet es die Möglichkeit einfacherer Erkenntnis. Deswegen wollen wir damit beginnen.

(35) Was also die Teile unseres Körpers angeht und seine ganze Bildung, seine Form und seinen Bau, so zeigt sich deutlich, wie naturgemäß sie sind, und ohne Zweifel ist zu erkennen, wie charakteristisch für den Menschen Stirn, Augen, Ohren und die übrigen Organe sind. Doch sicher müssen sie gesund und leistungsfähig sein und die natürlichen Bewegungs- und Anwendungsmöglichkeiten bieten, so

absit quid eorum nec aegrum debilitatumve sit; id enim natura desiderat. est autem etiam actio quaedam corporis, quae motus et status naturae congruentis tenet; in quibus si peccetur distortione et depravatione quadam aut motu statuve deformi, ut si aut manibus ingrediatur quis aut non ante, sed retro, fugere plane se ipse et hominem ex homine exuens naturam odisse videatur. quam ob rem etiam sessiones quaedam et flexi fractique motus, quales protervorum hominum aut mollium esse solent, contra naturam sunt, ut, etiamsi animi vitio id eveniat, tamen in corpore immutari hominis natura videatur. (36) itaque e contrario moderati aequabilesque habitus, affectiones ususque corporis apti esse ad naturam videntur. Iam vero animus non esse solum, sed etiam cuiusdam modi debet esse, ut et omnis partis suas habeat incolumis et de virtutibus nulla desit. atque in sensibus est sua cuiusque virtus, ut ne quid impediat quo minus suo sensus quisque munere fungatur in iis rebus celeriter expediteque percipiendis, quae subiectae sunt sensibus. animi autem et eius animi partis, quae princeps est, quaeque mens nominatur, plures sunt virtutes, sed duo prima genera, unum earum, quae ingenerantur suapte natura appellanturque non voluntariae, alterum autem earum, quae in voluntate positae magis proprio nomine appellari solent, quarum est excellens in animorum laude praestantia. prioris generis est docilitas, memoria; quae fere omnia appellantur uno ingenii nomine, easque virtutes qui habent, ingeniosi vocan-

daß an ihnen nichts fehlt und nichts krank oder gebrechlich ist; denn das erfordert die Natur. Es gibt jedoch auch eine gewisse Betätigung des Körpers, bei der man die natürlichen Bewegungen und Stellungen einhält. Wenn man sich gegen sie durch eine Verrenkung und Entstellung oder durch eine abstoßende Bewegung oder Stellung vergeht, wenn man z. B. auf den Händen läuft oder nicht vorwärts, sondern rückwärts geht, scheint der Betreffende geradezu sich selbst untreu zu werden und, indem er den Menschen seines Menschseins entkleidet, die Natur zu hassen. Deshalb sind auch bestimmte Sitzpositionen und schlaffe, matte Bewegungen, wie sie bei schamlosen oder weichlichen Menschen vorzukommen pflegen, wider die Natur, so daß sich, wenn das auch durch eine falsche geistige Einstellung zustande kommt, die menschliche Natur dennoch in ihrer körperlichen Erscheinung zu verändern scheint. (36) Deswegen machen im Gegensatz dazu beherrschte, ausgeglichene Haltungen, Stimmungen und körperliche Betätigungen den Eindruck, der Natur gemäß zu sein. Die Seele aber muß nicht nur da sein, sondern auch von solcher Art sein, daß alle ihre Teile unversehrt sind und ihr von ihren Fähigkeiten keine fehlt. Auch bei den Sinnen fordert die Leistungsfähigkeit jedes einzelnen, daß ihn nichts hindert, seine Aufgabe bei der raschen und mühelosen Erfassung dessen zu erfüllen, was der Wahrnehmung durch die Sinne unterliegt. Die Seele aber und ihr Hauptteil, der als Geist bezeichnet wird, hat mannigfache Fähigkeiten, doch an erster Stelle stehen zwei Arten: einmal die, die dem Menschen von Natur aus angeboren sind und die man als nicht willentlich bezeichnet, zum andern aber die, die auf dem Willen beruhen und die gewöhnlich als Tugenden im eigentlichen Sinn bezeichnet werden; sie nehmen, wenn es um den Ruhm geistiger Qualitäten geht, eine hervorragende Stellung ein. Zur ersten Gruppe gehören die Lernfähigkeit und das Gedächtnis; sie werden fast alle mit dem einen Namen Begabung bezeichnet, und die, die diese Fähigkeiten haben, nennt man begabt.

tur. alterum autem genus est magnarum verarumque virtutum, quas appellamus voluntarias, ut prudentiam, temperantiam, fortitudinem, iustitiam et reliquas eiusdem generis.

Et summatim quidem haec erant de corpore animoque dicenda, quibus quasi informatum est quid hominis natura postulet. (37) ex quo perspicuum est, quoniam ipsi a nobis diligamur omniaque et in animo et in corpore perfecta velimus esse, ea nobis ipsa cara esse propter se et in iis esse ad bene vivendum momenta maxima. nam cui proposita sit conservatio sui, necesse est huic partes quoque sui caras esse carioresque, quo perfectiores sint et magis in suo genere laudabiles. ea enim vita expetitur, quae sit animi corporisque expleta virtutibus, in eoque summum bonum poni necesse est, quandoquidem id tale esse debet, ut rerum expetendarum sit extremum. quo cognito dubitari non potest, quin, cum ipsi homines sibi sint per se et sua sponte cari, partes quoque et corporis et animi et earum rerum, quae sunt in utriusque motu et statu, sua caritate colantur et per se ipsae appetantur. (38) Quibus expositis facilis est coniectura ea maxime esse expetenda ex nostris, quae plurimum habent dignitatis, ut optimae cuiusque partis, quae per se expetatur, virtus sit expetenda maxime. ita fiet, ut animi virtus corporis virtuti anteponatur animique virtutes non voluntarias vincant virtutes voluntariae, quae quidem proprie virtutes appellantur multumque excellunt, propterea quod ex ratione gignuntur, qua nihil est in homine divinius. etenim omnium rerum, quas et creat natura et tuetur, quae aut sine animo

Die zweite Gruppe ist die der wichtigen und eigentlichen Tugenden, die wir als willentlich bezeichnen, wie z. B. Klugheit, Selbstbeherrschung, Tapferkeit, Gerechtigkeit und die anderen derselben Art.

Das ist in großen Zügen das, was über Leib und Seele zu sagen war; es gibt gleichsam ein Bild davon, was die Natur des Menschen erfordert. (37) Daraus, daß wir uns selbst lieben und daß wir uns alles in geistiger und körperlicher Hinsicht vollkommen wünschen, wird deutlich, daß uns das um seiner selbst willen teuer ist und daß darin die wichtigsten Voraussetzungen für ein gutes Leben liegen. Denn wer sich die Selbsterhaltung zum Ziel gesetzt hat, dem müssen zwangsläufig auch die Teile seiner Person teuer sein, und zwar um so teurer, je vollkommener und lobenswerter in ihrer Art sie sind. Man wünscht sich ja ein Leben mit voller geistiger und körperlicher Leistungsfähigkeit, und darauf gründet sich zwangsläufig das höchste Gut, da es nun einmal so beschaffen sein muß, daß es den Gipfel der erstrebenswerten Dinge darstellt. Hat man das erkannt, kann man nicht daran zweifeln, daß die Menschen, da sie sich um ihrer selbst willen und von sich aus teuer sind, auch auf die Teile des Leibes und der Seele sowie der Dinge, die zur Bewegung und Verfassung beider gehören, liebevoll bedacht sind und sie um ihrer selbst willen erstreben. (38) Nachdem das dargelegt ist, läßt sich leicht vermuten, daß von unseren Möglichkeiten die am erstrebenswertesten sind, die den höchsten Rang besitzen, so daß jeweils die Leistungsfähigkeit des besten Teiles, der um seiner selbst willen erstrebt wird, am meisten zu erstreben ist. So kommt es, daß man die Leistungsfähigkeit des Geistes der des Körpers vorzieht und daß die nicht willentlichen Fähigkeiten des Geistes von den willentlichen übertroffen werden, die man als Tugenden im eigentlichen Sinn bezeichnet und die deswegen bei weitem an der Spitze stehen, weil sie aus der Vernunft entstehen, dem Göttlichsten, was es im Menschen gibt. Bei allen Dingen, die die Natur hervorbringt und erhält, liegt ja das

sunt aut ⟨non⟩ multo secus, earum summum bonum in corpore est, ut non inscite illud dictum videatur in sue, animum illi pecudi datum pro sale, ne putisceret. sunt autem bestiae quaedam, in quibus inest aliquid simile virtutis, ut in leonibus, ut in canibus, in equis, in quibus non corporum solum, ut in suibus, sed etiam animorum aliqua ex parte motus quosdam videmus. in homine autem summa omnis animi est et in animo rationis, ex qua virtus est, quae rationis absolutio definitur, quam etiam atque etiam explicandam putant.

(39) Earum etiam rerum, quas terra gignit, educatio quaedam et perfectio est non dissimilis animantium. itaque et ›vivere‹ vitem et ›mori‹ dicimus arboremque et ›novellam‹ et ›vetulam‹ et ›vigere‹ et ›senescere‹. ex quo non est alienum, ut animantibus, sic illis et apta quaedam ad naturam putare et aliena earumque augendarum et alendarum quandam cultricem esse, quae sit scientia atque ars agricolarum, quae circumcidat, amputet, erigat, extollat, adminiculet, ut, quo natura ferat, eo possint ire, ut ipsae vites, si loqui possint, ita se tractandas tuendasque esse fateantur. et nunc quidem quod eam tuetur, ut de vite potissimum loquar, est id extrinsecus; in ipsa enim parum magna vis inest, ut quam optime se habere possit, si nulla cultura adhibeatur. (40) at vero si ad vitem sensus accesserit, ut appetitum quendam habeat et per se ipsa moveatur, quid facturam putas? an ea, quae per vinitorem antea consequebatur, per se ipsa curabit?

höchste Gut für die, die ohne Seele oder nicht viel anders sind, im Körperlichen. So scheint das Wort, das man vom Schwein sagt, gar nicht dumm: die Seele sei diesem Tier anstelle des Salzes gegeben worden, damit es nicht verfaule. Doch es gibt auch gewisse Tiere, bei denen sich etwas Ähnliches wie Tugend findet, z. B. Löwen, Hunde oder Pferde, bei denen man nicht nur körperliche Regungen, wie bei den Schweinen, sondern in irgendeiner Hinsicht auch gewisse geistige beobachtet. Beim Menschen aber liegt der gesamte Wesenskern im Geiste und beim Geist in der Vernunft; aus ihr erwächst die Tugend, die sich als die Vollendung der Vernunft bestimmen läßt und die man wohl immer wieder erklären muß.

(39) Auch bei den Dingen, die die Erde hervorbringt, gibt es eine Art von Aufzucht und Vollendung, die der der Lebewesen nicht unähnlich ist. So sagen wir bei einem Rebstock und einem Baum, er lebe und er sterbe, er sei jung und er sei alt, er stehe in voller Lebenskraft und er komme in die Jahre. Aus diesem Grunde ist es nicht unpassend, daß man, wie bei den Lebewesen, so auch bei jenen Dingen, manches als naturgemäß und als naturwidrig betrachtet und daß es eine Art Betreuerin für ihr Wachstum und ihre Ernährung gibt, die im Wissen und in der Kunst der Bauern besteht; sie stutzt und sie beschneidet, sie richtet auf und hebt empor, sie unterstützt die Pflanzen, damit sie zu dem Ziel gelangen können, das die Natur ihnen setzt. Da würden die Rebstöcke, wenn sie sprechen könnten, selbst erklären, so müsse man sie behandeln und betreuen. Was den Rebstock erhält, um gerade von ihm zu sprechen, kommt jedenfalls auch jetzt von außen. In ihm selbst ist nämlich nicht Kraft genug, daß er sich in bestmöglicher Verfassung befinden könnte, wenn man ihm keine Pflege angedeihen ließe. (40) Würde dem Rebstock aber die Fähigkeit zuteil, etwas zu fühlen, so daß er ein bestimmtes Verlangen spüren und sich aus eigener Kraft bewegen könnte, was, meinst du, würde er wohl tun? Wird er etwa nur das aus eigener Kraft besorgen,

sed videsne accessuram ei curam, ut sensus quoque suos eorumque omnem appetitum et si qua sint adiuncta ei membra tueatur? sic ad illa, quae semper habuit, iunget ea, quae postea accesserint, nec eundem finem habebit, quem cultor eius habebat, sed volet secundum eam naturam, quae postea ei adiuncta erit, vivere. ita similis erit ei finis boni, atque antea fuerat, neque idem tamen; non enim iam stirpis bonum quaeret, sed animalis. quid, si non sensus modo ei sit datus, verum etiam animus hominis? non necesse est et illa pristina manere, ut tuenda sint, et haec multo esse cariora, quae accesserint, animique optimam quamque partem carissimam, in eaque expletione naturae summi boni finem consistere, cum longe multumque praestet mens atque ratio? sic, quod est extremum omnium appetendorum atque ductum a prima commendatione naturae, multis gradibus adscendit, ut ad summum perveniret, quod cumulatur ex integritate corporis et ex mentis ratione perfecta.

(41) Cum igitur ea sit, quam exposui, forma naturae, si, ut initio dixi, simul atque ortus esset, se quisque cognosceret iudicareque posset quae vis et totius esset naturae et partium singularum, continuo videret quid esset hoc, quod quaerimus, omnium rerum, quas expetimus, summum et ultimum nec ulla in re peccare posset. nunc vero a primo quidem mirabiliter occulta natura est nec perspici nec cognosci potest. progredientibus autem aetatibus sensim tardeve

was er zuvor mit Hilfe des Winzers erreichte? Siehst du nicht, daß ihn außerdem die Sorge beschäftigen wird, auch seine Sinne und ihr gesamtes Streben sowie die Glieder zu bewahren, die er vielleicht zusätzlich bekommen hat? So wird er mit dem, was er schon immer hatte, das verbinden, was später hinzugekommen ist, und er wird nicht dasselbe Ziel wie sein Betreuer haben, sondern entsprechend der Natur zu leben wünschen, die ihm später zusätzlich zuteil geworden ist. So wird für ihn das höchste Gut zwar ähnlich sein, wie es zuvor gewesen war, doch nicht dasselbe. Denn er wird nicht mehr das Gut einer Pflanze suchen, sondern das eines Tiers. Wie wäre es, wenn ihm nicht nur die Möglichkeit zu fühlen gegeben wäre, sondern auch die Seele eines Menschen? Müßten nicht einerseits die früheren Eigenschaften erhalten bleiben, so daß sie zu bewahren wären, und andererseits die, die hinzugekommen wären, viel wertvoller sein? Und müßte nicht gerade der beste Teil der Seele am wertvollsten sein und in dieser Erfüllung der Natur das Ziel des höchsten Gutes bestehen, da ja der Geist und die Vernunft bei weitem und mit großem Abstand an der Spitze stehen? So ist das, was das höchste aller erstrebenswerten Dinge bildet und was sich von der ersten Empfehlung der Natur herleitet, in vielen Stufen aufgestiegen, um zum Gipfel zu gelangen, dessen Krönung die Unversehrtheit des Körpers und die vollkommene Vernunft des Geistes bilden.

(41) Da sich nun also das Bild der Natur so zeigt, wie ich es vorgetragen habe, würde jeder sogleich erkennen, was dieses von uns gesuchte höchste und letzte aller Dinge, die wir erstreben, ist, und könnte in keinem Punkt das Richtige verfehlen, wenn er, wie ich zu Anfang sagte, sich sogleich nach der Geburt erkennen würde und die Möglichkeiten der ganzen Natur und ihrer einzelnen Teile beurteilen könnte. In Wirklichkeit ist die Natur jedoch von Anfang an seltsam verborgen und läßt sich nicht durchschauen und erkennen. Mit zunehmendem Alter aber erkennen wir allmählich oder

potius quasi nosmet ipsos cognoscimus. itaque prima illa commendatio, quae a natura nostri facta est nobis, incerta et obscura est, primusque appetitus ille animi tantum agit, ut salvi atque integri esse possimus. cum autem dispicere coepimus et sentire quid simus et quid ⟨ab⟩ animantibus ceteris differamus, tum ea sequi incipimus, ad quae nati sumus. (42) quam similitudinem videmus in bestiis, quae primo, in quo loco natae sunt, ex eo se non commovent, deinde suo quaeque appetitu movetur. serpere anguiculos, nare anaticulas, evolare merulas, cornibus uti videmus boves, nepas aculeis, suam denique cuique naturam esse ad vivendum ducem. quae similitudo in genere etiam humano apparet. parvi enim primo ortu sic iacent, tamquam omnino sine animo sint. cum autem paulum firmitatis accessit, et animo utuntur et sensibus conitunturque, ut sese erigant, et manibus utuntur et eos agnoscunt, a quibus educantur. deinde aequalibus delectantur libenterque se cum iis congregant dantque se ad ludendum fabellarumque auditione ducuntur deque eo, quod ipsis superat, aliis gratificari volunt animadvertuntque ea, quae domi fiunt, curiosius incipiuntque commentari aliquid et discere et eorum, quos vident, volunt non ignorare nomina, quibusque rebus cum aequalibus decertant, si vicerunt, efferunt se laetitia, victi debilitantur animosque demittunt. quorum sine causa fieri nihil putandum est. (43) est enim natura sic generata vis hominis, ut ad omnem virtutem percipiendam facta videatur, ob eamque causam parvi virtutum simulacris, quarum in se habent semina, sine doctrina moventur; sunt enim prima elementa

besser zögernd gleichsam uns selbst. Deshalb ist jene erste Empfehlung, in der uns unsere eigene Person von der Natur empfohlen wird, noch unbestimmt und dunkel, und jenes erste Verlangen der Seele zielt nur darauf, daß wir gesund und unversehrt zu sein vermögen. Wenn wir jedoch begonnen haben, zu unterscheiden und zu erkennen, was wir sind und wie wir uns von allen anderen Lebewesen unterscheiden, dann fangen wir an, das Ziel zu verfolgen, zu dem wir geboren sind. (42) Ähnliches sehen wir bei den Tieren, die sich zunächst nicht von der Stelle rühren, an der sie geboren sind, dann aber je nach ihrer Neigung regen. Da sehen wir die Schlänglein kriechen, die Entchen schwimmen und die Amseln fliegen, wir sehen, wie die Rinder ihre Hörner und die Skorpione ihre Stacheln gebrauchen, kurz wie einem jeden seine Natur den Weg zum Leben weist. Ähnliches zeigt sich auch beim menschlichen Geschlecht. Kleinkinder liegen ja zuerst nach der Geburt so da, als ob sie völlig ohne Seele wären. Wenn sie aber ein wenig kräftiger geworden sind, zeigen sie ihre Seele und ihre Sinne; sie versuchen angestrengt, sich aufzurichten, gebrauchen ihre Hände und erkennen die, von denen sie erzogen werden. Dann freuen sie sich über gleichaltrige Kinder, leisten ihnen gerne Gesellschaft und sind bereit, mit ihnen zu spielen. Sie werden von Geschichten, die sie hören, in ihren Bann geschlagen und wollen anderen von dem schenken, was sie selbst übrig haben; neugierig achten sie auf das, was sich zu Hause abspielt, sie beginnen nachzudenken und zu lernen und wollen die Namen der Leute wissen, die sie sehen; bei den Wettkämpfen mit ihren Altersgenossen jauchzen sie vor Freude, wenn sie gewonnen haben, als Verlierer sind sie bedrückt und lassen den Kopf hängen. Daß davon etwas ohne Grund geschieht, darf man nicht glauben. (43) Denn von Natur aus ist das Wesen des Menschen so geartet, daß es dazu geschaffen scheint, sich jede Tugend anzueignen; aus diesem Grunde werden die Kleinen durch die Bilder der Tugenden, deren Keime sie in sich tragen, ohne Unterwei-

naturae, quibus auctis virtutis quasi germen efficitur. nam cum ita nati factique simus, ut et agendi aliquid et diligendi aliquos et liberalitatis et referendae gratiae principia in nobis contineremus atque ad scientiam, prudentiam, fortitudinem aptos animos haberemus a contrariisque rebus alienos, non sine causa eas, quas dixi, in pueris virtutum quasi scintillas videmus, e quibus accendi philosophi ratio debet, ut eam quasi deum ducem subsequens ad naturae perveniat extremum. nam, ut saepe iam dixi, in infirma aetate inbecillaque mente vis naturae quasi per caliginem cernitur; cum autem progrediens confirmatur animus, agnoscit ille quidem naturae vim, sed ita, ut progredi possit longius, per se sit tantum inchoata.

(44) Intrandum est igitur in rerum naturam et penitus quid ea postulet pervidendum; aliter enim nosmet ipsos nosse non possumus. quod praeceptum quia maius erat, quam ut ab homine videretur, idcirco assignatum est deo. iubet igitur nos Pythius Apollo noscere nosmet ipsos. cognitio autem haec est una nostri, ut vim corporis animique norimus sequamurque eam vitam, quae rebus iis ipsis perfruatur. quoniam autem is animi appetitus a principio fuit, ut ea, quae dixi, quam perfectissima natura haberemus, confitendum est, cum id adepti simus, quod appetitum sit, in eo quasi in ultimo consistere naturam, atque id esse summum bonum; quod certe universum sua sponte ipsum expeti et propter se necesse est, quoniam ante demonstratum est etiam singulas eius partes esse per se expetendas. (45) In

sung angeregt; es sind ja die ursprünglichsten Naturanlagen, durch deren Wachsen sich gleichsam die Knospe der Tugend bildet. Da wir ja so geboren und geschaffen sind, daß wir in uns den Ansatz dazu tragen, etwas zu tun, jemand zu lieben, großzügig und dankbar zu sein, und daß wir über geistige Anlagen verfügen, die der Einsicht, Klugheit und Tapferkeit zuneigen und den entgegengesetzten Eigenschaften widerstreben, sehen wir in den Kindern nicht ohne Grund gleichsam die Funken der Tugenden, die ich erwähnte,[24] an denen sich die Vernunft des Philosophen entzünden muß, damit er ihrer Weisung wie einer Gottheit folgen und so zum letzten Ziele seiner natürlichen Bestimmung gelangen kann. Denn wie ich schon oft sagte, erkennt der Geist in ungefestigtem und zartem Alter das Wesen der Natur nur wie durch einen Nebel. Wenn die Seele aber in ihrer Entwicklung fortschreitet und Kraft gewinnt, erkennt sie zwar das Wesen der Natur, doch so, daß sie noch weitere Fortschritte machen kann und an sich erst am Anfang steht.

(44) Wir müssen also in die Natur der Dinge eindringen und genau feststellen, was sie erfordert; denn anders können wir uns selbst nicht kennenlernen. Weil diese Vorschrift zu bedeutsam war, als daß sie von einem Menschen zu stammen schien, hat man sie einer Gottheit zugeschrieben. So gebietet uns der Pythische Apoll, uns selbst zu erkennen.[25] Diese unsere Selbsterkenntnis besteht jedoch allein darin, daß wir die Möglichkeiten des Leibes und der Seele erkennen und nach einem Leben trachten, das gerade diese Möglichkeiten verwirklicht. Weil aber dieses Verlangen der Seele von Anfang an darauf gerichtet war, das, was ich sagte, seiner Natur nach möglichst vollkommen zu besitzen, muß man zugeben, daß die Natur dann, wenn wir das Erstrebte erreicht haben, hier wie an ihrem Ziel innehält und daß darin das höchste Gut besteht; das muß man sicher insgesamt aus eigenem Antrieb an sich und um seiner selbst willen erstreben, da, wie zuvor bewiesen wurde,[26] auch seine einzelnen Teile an sich zu erstreben sind. (45) Wenn jemand meint, ich

enumerandis autem corporis commodis si quis praetermissam a nobis voluptatem putabit, in aliud tempus ea quaestio differatur. utrum enim sit voluptas in iis rebus, quas primas secundum naturam esse diximus, necne sit ad id, quod agimus, nihil interest. si enim, ut mihi quidem videtur, non explet bona naturae voluptas, iure praetermissa est; sin autem est in ea, quod quidam volunt, nihil impedit hanc nostram comprehensionem summi boni. quae enim constituta sunt prima naturae, ad ea si voluptas accesserit, unum aliquod accesserit commodum corporis neque eam constitutionem summi bono, quae est proposita, mutaverit.

(46) Et adhuc quidem ita nobis progressa ratio est, ut ea duceretur omnis a prima commendatione naturae. nunc autem aliud iam argumentandi sequamur genus, ut non solum quia nos diligamus, sed quia cuiusque partis naturae et in corpore et in animo sua quaeque vis sit, idcirco in his rebus summe nostra sponte moveamur. atque ut a corpore ordiar, videsne ut, si quae in membris prava aut debilitata aut inminuta sint, occultent homines? ut etiam contendant et elaborent, si efficere possint, ut aut non appareat corporis vitium aut quam minimum appareat? multosque etiam dolores curationis causa perferant, ut, si ipse usus membrorum non modo non maior, verum etiam minor futurus sit, eorum tamen species ad naturam revertatur? etenim, cum omnes natura totos se expetendos putent, nec id ob aliam rem, sed propter ipsos, necesse est eius etiam partis propter se expeti,

hätte bei der Aufzählung der leiblichen Glücksgüter die Lust ausgelassen, so soll die Untersuchung dieser Frage auf einen anderen Zeitpunkt verschoben werden. Ob die Lust nämlich zu den Dingen zählt, die wir als elementare Erfordernisse der Natur bezeichnet haben, oder nicht, spielt für die Frage, um die es hier geht, keine Rolle. Wenn die Lust nämlich, wie es meine Meinung ist, nichts zur Vollkommenheit der Güter der Natur beiträgt, blieb sie zu Recht beiseite, wenn sie jedoch dazugehört, so beeinträchtigt das in keiner Weise unseren Begriff des höchsten Gutes. Denn käme die Lust zu den Dingen hinzu, die wir als elementare Erfordernisse der Natur bestimmten, so käme irgendein körperlicher Vorzug hinzu und würde die vorgeschlagene Bestimmung des höchsten Gutes nicht verändern.

(46) Bis jetzt war unser methodisches Vorgehen dadurch bestimmt, daß es sich ganz von der ursprünglichen Empfehlung der Natur herleitete. Jetzt aber wollen wir ein anderes Argumentationsprinzip befolgen, nämlich das, daß wir uns nicht nur deshalb, weil wir uns lieben, sondern weil jeder Teil der Natur sowohl im Körper wie in der Seele seine eigene Wesensart besitzt, in diesen Bereichen vornehmlich von unserem inneren Antrieb bestimmen lassen. Siehst du nicht, um vom Körper auszugehen, wie die Menschen es zu verbergen suchen, wenn etwas an ihren Gliedern mißgebildet, gelähmt oder verkrüppelt ist? Wie sie sich auch bemühen und anstrengen, daß ein körperliches Gebrechen, wenn sie es erreichen können, entweder gar nicht oder möglichst wenig sichtbar wird? Und wie sie um der Behandlung willen selbst viele Schmerzen ertragen, damit, wenn schon die Brauchbarkeit der Glieder nicht nur nicht größer, sondern gar noch kleiner zu werden droht, doch ihr Aussehen zum natürlichen Erscheinungsbild zurückkehrt? Da alle glauben, sie müßten sich von Natur aus in ihrer Ganzheit erstreben, und zwar nicht nur wegen eines anderen Zieles, sondern um ihrer selbst willen, müssen zwangsläufig auch die Teile dessen, was um seiner selbst willen als Ganzes

quod universum propter se expetatur. (47) Quid? in motu et in statu corporis nihil inest, quod animadvertendum esse ipsa natura iudicet? quem ad modum quis ambulet, sedeat, qui ductus oris, qui vultus in quoque sit? nihilne est in his rebus, quod dignum libero aut indignum esse ducamus? nonne odio multos dignos putamus, qui quodam motu aut statu videntur naturae legem et modum contempsisse? et quoniam haec deducuntur de corpore, quid est cur non recte pulchritudo etiam ipsa propter se expetenda ducatur? nam si pravitatem inminutionemque corporis propter se fugiendam putamus, cur non etiam, ac fortasse magis, propter se formae dignitatem sequamur? et si turpitudinem fugimus in statu et motu corporis, quid est cur pulchritudinem non sequamur? atque etiam valetudinem, vires, vacuitatem doloris non propter utilitatem solum, sed etiam ipsas propter se expetemus. quoniam enim natura suis omnibus expleri partibus vult, hunc statum corporis per se ipsum expetit, qui est maxime e natura, quae tota perturbatur, si aut aegrum corpus est aut dolet aut caret viribus.

(48) Videamus animi partes, quarum est conspectus illustrior; quae quo sunt excelsiores, eo dant clariora indicia naturae. tantus est igitur innatus in nobis cognitionis amor et scientiae, ut nemo dubitare possit quin ad eas res hominum natura nullo emolumento invitata rapiatur. videmusne ut

erstrebt wird, um ihrer selbst willen erstrebt werden. (47) Wie? Gibt es in der Bewegung und Stellung des Körpers nichts, was nach dem Urteil der Natur beachtet werden muß? Wie jemand einherspaziert oder dasitzt, welche Gesichtszüge und welche Miene einer hat? Gibt es dabei nichts, was nach unserer Meinung eines freien Mannes würdig oder unwürdig ist? Finden wir nicht viele hassenswert, die durch eine bestimmte Bewegung oder Stellung den Eindruck erwecken, sie hätten das Gesetz und Maß der Natur nicht beachtet? Und da man diese Maßstäbe vom Körperlichen herleitet, was gibt es da für einen Grund, weshalb man nicht zu Recht annehmen sollte, daß auch die Schönheit selbst um ihrer selbst willen zu erstreben ist? Denn wenn wir glauben, man habe Mißbildung und Verstümmelung des Körpers um ihrer selbst willen zu meiden, warum sollen wir dann nicht auch, und vielleicht noch mehr, um seiner selbst willen nach dem Ansehen trachten, das uns eine schöne Gestalt verleiht? Und wenn wir die Häßlichkeit in der Stellung und Bewegung des Körpers meiden, warum sollen wir dann nicht nach der Schönheit streben? Und auch Gesundheit, Kraft oder Freiheit von Schmerz werden wir nicht nur des Nutzens wegen, sondern auch an sich um ihrer selbst willen erstreben. Da die Natur nämlich in allen ihren Teilen die Erfüllung erreichen will, erstrebt sie diejenige Verfassung des Körpers um ihrer selbst willen, die am meisten der Natur entspricht, und die gerät in völlige Verwirrung, wenn der Körper entweder krank ist oder Schmerzen leidet oder keine Kraft hat.

(48) Betrachten wir nun die Teile der Seele, deren Anblick noch eindrucksvoller ist; je erhabener sie sind, um so deutlichere Hinweise auf die Natur geben sie. Uns ist ja ein so starker Drang nach Wissen und Erkenntnis angeboren, daß es niemand bezweifeln kann, daß die Natur des Menschen sich zu diesen Dingen hingezogen fühlt, ohne von einem Vorteil angelockt zu sein. Sehen wir nicht, wie sich die

pueri ne verberibus quidem a contemplandis rebus perquirendisque deterreantur? ut pulsi recurrant? ut aliquid scire se gaudeant? ut id aliis narrare gestiant? ut pompa, ludis atque eius modi spectaculis teneantur ob eamque rem vel famem et sitim perferant? quid vero? qui ingenuis studiis atque artibus delectantur, nonne videmus eos nec valetudinis nec rei familiaris habere rationem omniaque perpeti ipsa cognitione et scientia captos et cum maximis curis et laboribus compensare eam, quam ex discendo capiant, voluptatem? (49) mihi quidem Homerus huius modi quiddam vidisse videtur in iis, quae de Sirenum cantibus finxerit. neque enim vocum suavitate videntur aut novitate quadam et varietate cantandi revocare eos solitae, qui praetervehebantur, sed quia multa se scire profitebantur, ut homines ad earum saxa discendi cupiditate adhaerescerent. ita enim invitant Ulixem – nam verti, ut quaedam Homeri, sic istum ipsum locum –:

O decus Argolicum, quin puppim flectis, Ulixes,
Auribus ut nostros possis agnoscere cantus!
Nam nemo haec umquam est transvectus caerula cursu,
Quin prius adstiterit vocum dulcedine captus,
Post variis avido satiatus pectore musis
Doctior ad patrias lapsus pervenerit oras.
Nos grave certamen belli clademque tenemus,

Kinder nicht einmal durch Schläge davon abhalten lassen, Betrachtungen und Forschungen anzustellen? Wie sie, wenn sie weggejagt worden sind, wiederkommen? Wie sie sich darüber freuen, etwas zu wissen? Wie sie darauf brennen, anderen davon zu erzählen? Wie sie von einem Schaugepränge, von Spielen und Schaustellungen solcher Art in ihren Bann geschlagen werden und deshalb Hunger und Durst ertragen? Und weiter, sehen wir nicht, daß die, die sich an edlen Studien und Künsten erfreuen, weder auf die Gesundheit noch auf ihre Habe Rücksicht nehmen und, in den Bann des Wissens und der Erkenntnis geschlagen, alles erdulden und gegen die ungeheuren Sorgen und Mühen die Lust aufwiegen, die sie im Lernen finden? (49) Etwas von dieser Art sah, wie mir scheint, Homer in der Geschichte, die er über die Gesänge der Sirenen erzählt hat. Sie riefen ja wohl die Vorüberfahrenden gewöhnlich nicht durch den Wohlklang ihrer Stimmen oder eine gewisse Neuartigkeit und Mannigfaltigkeit ihres Gesangs zurück, sondern weil sie erklärten, daß sie vieles wüßten, so daß die Menschen sich vor Lernbegierde nicht von ihren Felsen lösen konnten. So locken die Sirenen ja den Odysseus – denn gerade diese Stelle habe ich, wie manches von Homer, so übersetzt –:

Zierde der Griechen, Odysseus, was wendest du nicht deine Segel,
um unsere Lieder hören zu können! Denn keiner hat jemals
hier die Bläue des Meeres auf seiner Reise durchfahren,
ohne zuerst zu verharren, vom Klang der Stimmen gefangen,
um dann, im sehnenden Herzen von wechselnden Liedern gesättigt,
klüger in gleitender Fahrt an die Küsten der Heimat zu kommen.
Wissen wir doch um das schwere Ringen des Kriegs und das Unheil,

Graecia quam Troiae divino numine vexit,
Omniaque e latis rerum vestigia terris.

Vidit Homerus probari fabulam non posse, si cantiunculis tantus irretitus vir teneretur; scientiam pollicentur, quam non erat mirum sapientiae cupido patria esse cariorem. Atque omnia quidem scire, cuiuscumque modi sint, cupere curiosorum, duci vero maiorum rerum contemplatione ad cupiditatem scientiae summorum virorum est putandum. (50) quem enim ardorem studii censetis fuisse in Archimede, qui dum in pulvere quaedam describit attentius, ne patriam ⟨quidem⟩ captam esse senserit? quantum Aristoxeni ingenium consumptum videmus in musicis? quo studio Aristophanem putamus aetatem in litteris duxisse? quid de Pythagora? quid de Platone aut de Democrito loquar? a quibus propter discendi cupiditatem videmus ultimas terras esse peragratas. quae qui non vident, nihil umquam magnum ac cognitione dignum amaverunt.
Atque hoc loco, qui propter animi voluptates coli dicunt ea studia, quae dixi, non intellegunt idcirco esse ea propter se expetenda, quod nulla utilitate obiecta delectentur animi atque ipsa scientia, etiamsi incommodatura sit, gaudeant. (51) Sed quid attinet de rebus tam apertis plura requirere? ipsi enim quaeramus a nobis stellarum motus contemplationesque rerum caelestium eorumque omnium, quae naturae

das die Griechen durch göttliche Fügung nach Troia getragen,
und alle Spuren der Dinge aus weit sich erstreckenden Ländern.[27]

Homer sah, daß die Fabel nicht überzeugend wirken könne, wenn die Sirenen einen solchen Mann durch bloße Lieder in ihren Bann zu schlagen suchten; deshalb verheißen sie ihm Wissen, und es konnte nicht verwundern, daß das einem wissensdurstigen Mann teurer als die Heimat war.
Den Wunsch, alles zu wissen, welcher Art es sei, muß man indessen für ein Zeichen von Neugier halten, sich aber durch die Betrachtung bedeutenderer Dinge zum Verlangen nach Erkenntnis führen zu lassen, muß als ein Wesensmerkmal der großen Männer gelten. (50) Was meint ihr denn, welch glühender Lerneifer Archimedes wohl beseelte, der, während er sich darauf konzentrierte, bestimmte Figuren in den Sand zu zeichnen, nicht einmal bemerkte, daß seine Heimatstadt erobert war? Wieviel Scharfsinn hat offensichtlich Aristoxenos auf die Beschäftigung mit der Musik verwandt? Mit welchem Eifer hat wohl Aristophanes sein Leben der Wissenschaft gewidmet? Was soll ich über Pythagoras sagen, was über Platon oder Demokrit? Sie haben, wie wir sehen, aus Lernbegierde die entlegensten Landstriche durchstreift. Wer das nicht sieht, war niemals von der Liebe zu etwas Großem und Wissenswertem erfaßt.
Was diesen Punkt betrifft, so sehen die Verfechter der Behauptung, daß man die genannten Studien wegen der geistigen Genüsse pflege, nicht ein, daß sie deswegen um ihrer selbst willen zu erstreben sind, weil sie das Herz erfreuen, ohne daß ein Nutzen winkt, und durch das Wissen selbst Freude bereiten, auch wenn es Unbequemlichkeiten mit sich bringt. (51) Doch wozu soll man weiter über Dinge forschen, die so offenkundig sind? Fragen wir uns doch selbst, wie die Bewegungen der Sterne und die Betrachtungen der Himmelserscheinungen und die Erkenntnis aller

obscuritate occultantur, cognitiones quem ad modum nos moveant, et quid historia delectet, quam solemus persequi usque ad extremum, ⟨cum⟩ praetermissa repetimus, inchoata persequimur. nec vero sum nescius esse utilitatem in historia, non modo voluptatem. (52) quid, cum fictas fabulas, e quibus utilitas nulla elici potest, cum voluptate legimus? quid, cum volumus nomina eorum, qui quid gesserint, nota nobis esse, parentes, patriam, multa praeterea minime necessaria? quid, quod homines infima fortuna, nulla spe rerum gerendarum, opifices denique delectantur historia? maximeque eos videre possumus res gestas audire et legere velle, qui a spe gerendi absunt confecti senectute. quocirca intellegi necesse est in ipsis rebus, quae discuntur et cognoscuntur, invitamenta inesse, quibus ad discendum cognoscendumque moveamur. (53) Ac veteres quidem philosophi in beatorum insulis fingunt qualis futura sit vita sapientium, quos cura omni liberatos, nullum necessarium vitae cultum aut paratum requirentis, nihil aliud esse acturos putant, nisi ut omne tempus inquirendo ac discendo in naturae cognitione consumant. Nos autem non solum beatae vitae istam esse oblectationem videmus, sed etiam levamentum miseriarum. itaque multi, cum in potestate essent hostium aut tyrannorum, multi in custodia, multi in exilio dolorem suum doctrinae studiis levaverunt. (54) princeps huius civitatis Phalereus Demetrius cum patria pulsus esset iniuria, ad Ptolomaeum se regem Alexandream contulit. qui cum in hac ipsa philosophia, ad quam te hortamur, excelleret Theophrastique esset auditor, multa praeclara in illo cala-

Dinge, die sich im Dunkel der Natur verbergen, auf uns wirken und welche Freude wir an der Geschichte finden, der wir gewöhnlich bis zum äußersten nachspüren, indem wir Übergangenes nachholen und Begonnenes zu Ende führen. Dabei bin ich mir wohl bewußt, daß die Geschichte auch Nutzen bietet und nicht nur Genuß. (52) Wie steht es, wenn wir mit Vergnügen erfundene Geschichten lesen, aus denen sich kein Nutzen ziehen läßt? Wie, wenn wir die Namen derer wissen wollen, die etwas geleistet haben, ihre Eltern, ihr Vaterland und vieles andere, was keineswegs notwendig ist? Was ist davon zu halten, daß Menschen aus bescheidenen Verhältnissen, ohne eine Aussicht, Taten zu vollbringen, ja selbst Handwerker an der Geschichte Freude finden? Am meisten können wir den Wunsch, Geschichtsdarstellungen zu hören und zu lesen, bei denen beobachten, die, altersschwach geworden, keine Aussicht haben, etwas auszurichten. Daraus folgt zwingend die Erkenntnis, daß in den Dingen selbst, mit denen wir uns lernend und erkennend beschäftigen, der Anreiz liegt, durch den wir uns zum Lernen und Erkennen veranlaßt fühlen. (53) Auch die alten Philosophen malen sich aus, wie das Leben der Weisen auf den Inseln der Seligen sein wird; sie glauben, daß sie, befreit von aller Sorge, ohne auf irgendeine Einrichtung oder Zurüstung für das Leben angewiesen zu sein, nichts anderes tun werden, als daß sie die gesamte Zeit forschend und lernend mit der Erkenntnis der Natur zubringen. Wir aber sehen, daß darin nicht nur eine Freude des glückseligen Lebens besteht, sondern auch eine Linderung des Unglücks. So haben viele, als sie in der Gewalt von Feinden oder Tyrannen waren, viele im Gefängnis, viele in der Verbannung ihren Schmerz durch wissenschaftliche Studien gelindert. (54) Ein führender Mann dieser Stadt, Demetrius von Phaleron, begab sich, als er zu Unrecht aus seiner Vaterstadt vertrieben wurde, zu König Ptolemaios nach Alexandria. Da er sich in eben der Philosophie, zu der wir dich ermahnen, auszeichnete und ein Hörer Theophrasts war, schrieb er in

mitoso otio scripsit non ad usum aliquem suum, quo erat orbatus, sed animi cultus ille erat ei quasi quidam humanitatis cibus. equidem e Cn. Aufidio, praetorio, erudito homine, oculis capto, saepe audiebam, cum se lucis magis quam utilitatis desiderio moveri diceret. somnum denique nobis, nisi requietem corporibus et medicinam quandam laboris afferret, contra naturam putaremus datum; aufert enim sensus actionemque tollit omnem. itaque si aut requietem natura non quaereret aut eam posset alia quadam ratione consequi, facile pateremur, qui etiam nunc agendi aliquid discendique causa prope contra naturam vigilias suscipere soleamus.

(55) Sunt autem etiam clariora vel plane perspicua minimeque dubitanda indicia naturae, maxime scilicet in homine, sed in omni animali, ut appetat animus aliquid agere semper neque ulla condicione quietem sempiternam possit pati. facile est hoc cernere in primis puerorum aetatulis. quamquam enim vereor, ne nimius in hoc genere videar, tamen omnes veteres philosophi, maxime nostri, ad incunabula accedunt, quod in pueritia facillime se arbitrantur naturae voluntatem posse cognoscere. videmus igitur ut conquiescere ne infantes quidem possint. cum vero paulum processerunt, lusionibus vel laboriosis delectantur, ut ne verberibus quidem deterreri possint, eaque cupiditas agendi aliquid adolescit una cum aetatibus. itaque, ne si iucundissimis quidem nos somniis usuros putemus, Endymionis somnum nobis velimus dari, idque si accidat, mortis instar putemus. (56) quin etiam inertissimos homines nescio qua singulari

jener unglücklichen Muße viele bedeutende Werke; das tat er nicht zu irgendeinem eigenen Gebrauch, der ihm versagt war, vielmehr war diese Übung des Geistes für ihn gleichsam eine Nahrung für seine menschliche Gesittung. Was mich betrifft, so hörte ich Cn. Aufidius, den ehemaligen Prätor, einen gebildeten Menschen, als er erblindet war, oft sagen, er vermisse mehr das Licht an sich als seinen Nutzen. Wir würden schließlich die Gabe des Schlafs, wenn er uns nicht Ruhe für den Körper und ein gewisses Heilmittel gegen die Anstrengung brächte, für unnatürlich halten; denn er nimmt uns die Empfindung und beseitigt jede Tätigkeit; wenn die Natur entweder nicht auf Ruhe angewiesen wäre oder sie auf ganz andere Weise erreichen könnte, würden wir leicht ohne Schlaf auskommen, da wir ja auch so daran gewöhnt sind, fast gegen die Natur Nachtwachen auf uns zu nehmen, um etwas zu tun oder zu lernen.

(55) Es gibt aber noch klarere oder völlig eindeutige und gar nicht zu bezweifelnde Anzeichen der Natur, vor allem natürlich bei Menschen, aber überhaupt bei jedem Lebewesen, daß die Seele danach strebt, immer irgend etwas zu tun, und unter keiner Bedingung immerwährende Ruhe ertragen kann. Das ist leicht in den ersten Lebensabschnitten kleiner Kinder zu erkennen. Zwar fürchte ich ja, daß ich in diesem Punkt zu übertreiben scheine, aber alle Philosophen, besonders die unsrigen, wenden sich der frühen Kindheit zu, weil sie den Willen der Natur am leichtesten in der Kindheit erkennen zu können meinen. Wir sehen also, wie nicht einmal Kinder Ruhe halten können. Wenn sie sich aber ein wenig weiter entwickelt haben, freuen sie sich sogar an anstrengenden Spielen, so daß sie sich nicht einmal durch Schläge abschrecken lassen, und dieses Verlangen, irgend etwas zu tun, wächst zusammen mit ihrem Alter. Deswegen wünschten wir nicht einmal, wenn wir mit den angenehmsten Träumen rechnen dürften, daß uns der Schlaf Endymions vergönnt wäre, und wenn er uns zuteil würde, erschiene er uns wie der Tod. (56) Ja selbst die trägsten

segnitia praeditos videmus tamen et corpore et animo moveri semper et, cum re nulla impediantur necessaria, aut alveolum poscere aut quaerere quempiam ludum aut sermonem aliquem requirere, cumque non habeant ingenuas ex doctrina oblectationes, circulos aliquos et sessiunculas consectari. quin ne bestiae quidem, quas delectationis causa concludimus, cum copiosius alantur, quam si essent liberae, facile patiuntur sese contineri motusque solutos et vagos a natura sibi tributos requirunt. (57) itaque ut quisque optime natus institutusque est, esse omnino nolit in vita, si gerendis negotiis orbatus possit paratissimis vesci voluptatibus: nam aut privatim aliquid gerere malunt aut, qui altiore animo sunt, capessunt rem publicam honoribus imperiisque adipiscendis aut totos se ad studia doctrinae conferunt. qua in vita tantum abest ut voluptates consectentur, etiam curas, sollicitudines, vigilias perferunt optimaque parte hominis, quae in nobis divina ducenda est, ingenii et mentis acie fruuntur nec voluptatem requirentes nec fugientes laborem. nec vero intermittunt aut admirationem earum rerum, quae sunt ab antiquis repertae, aut investigationem novarum. quo studio cum satiari non possint, omnium ceterarum rerum obliti nihil abiectum, nihil humile cogitant; tantaque est vis talibus in studiis, ut eos etiam, qui sibi alios proposuerunt fines bonorum, quos utilitate aut voluptate dirigunt, tamen in

Menschen, die die Gabe besonderer Saumseligkeit besitzen, sind, wie wir sehen, ständig in körperlicher und geistiger Bewegung, und wenn sie nicht durch einen zwingenden Umstand gehindert werden, verlangen sie entweder ein Spielbrett oder suchen einen Zeitvertreib oder erheben Anspruch auf irgendeine Unterhaltung, und da sie die edlen Freuden der Wissenschaft nicht kennen, sind sie versessen auf irgendwelche Grüppchen oder Kränzchen. Ja nicht einmal die Tiere, die wir zu unserem Vergnügen einsperren, lassen es sich ohne weiteres gefallen, daß sie in Käfigen gehalten werden, obwohl sie mehr zu fressen bekommen, als wenn sie in Freiheit wären, und vermissen die freie und unbehinderte Bewegungsmöglichkeit, die ihnen von der Natur gegeben ist. (57) Je besser einer veranlagt und erzogen ist, um so entschiedener lehnt er deshalb sein Leben ab, wenn ihm die Möglichkeit genommen ist, sich zu beschäftigen, und er nur mühelose Freuden genießen kann. Denn lieber wollen die Menschen irgendeine private Tätigkeit ausüben, oder sie schlagen, wenn ihnen der Sinn nach Höherem steht, die politische Laufbahn ein, um Ehrenämter und Kommandostellen zu erlangen, oder sie wenden sich ganz wissenschaftlichen Studien zu. Bei diesem Leben sind sie so weit davon entfernt, Genüssen nachzujagen, daß sie selbst Sorgen, Kümmernisse und Nachtwachen auf sich nehmen und den besten Teil des Menschen, der in uns als göttlich zu gelten hat, ihren Verstand und Scharfsinn, einsetzen, wobei sie weder Genüsse vermissen noch die Arbeit scheuen. Sie lassen es aber auch nicht daran fehlen, die Entdeckungen der Alten zu bewundern und selbst Neues aufzuspüren. Da sie dieser Beschäftigung nicht überdrüssig werden können, vergessen sie alles andere und sinnen auf nichts Gemeines und Niedriges. In solchen Studien liegt eine so starke Anziehungskraft, daß auch die, die sich eine andere Vorstellung vom höchsten Gut gebildet haben, bei der sie sich nach dem Nutzen oder der Lust richten, ihr Leben

rebus quaerendis explicandisque naturis aetates conterere videamus.

(58) Ergo hoc quidem apparet, nos ad agendum esse natos. actionum autem genera plura, ut obscurentur etiam minora maioribus, maximae autem sunt primum, ut mihi quidem videtur et iis, quorum nunc in ratione versamur, consideratio cognitioque rerum caelestium et earum, quas a natura occultatas et latentes indagare ratio potest, deinde rerum publicarum administratio aut administrandi scientia, tum prudens, temperata, fortis, iusta ratio reliquaeque virtutes et actiones virtutibus congruentes, quae uno verbo complexi omnia honesta dicimus; ad quorum et cognitionem et usum iam corroborati natura ipsa praeeunte deducimur. omnium enim rerum principia parva sunt, sed suis progressionibus usa augentur, nec sine causa; in primo enim ortu inest teneritas ac mollitia quaedam, ut nec res videre optimas nec agere possint. virtutis enim beataeque vitae, quae duo maxime expetenda sunt, serius lumen apparet, multo etiam serius, ut plane qualia sint intellegantur. praeclare enim Plato: ›Beatum, cui etiam in senectute contigerit, ut sapientiam verasque opiniones assequi possit!‹ Quare, quoniam de primis naturae commodis satis dictum est, nunc de maioribus consequentibusque videamus.

(59) Natura igitur corpus quidem hominis sic et genuit et formavit, ut alia in primo ortu perficeret, alia progrediente aetate fingeret neque sane multum adiumentis externis et

trotzdem, wie wir sehen, mit der Erforschung der Welt und der Erklärung der Natur zubringen.

(58) Das jedenfalls ist also deutlich, daß wir zur Tätigkeit geboren sind. Es gibt jedoch mehrere Arten von Tätigkeiten, so daß die wichtigeren die unbedeutenderen in den Schatten stellen; dic wichtigsten sind aber nach meinem Eindruck und der Meinung derer, mit deren Lehre wir uns jetzt beschäftigen, in erster Linie die Betrachtung und Erkenntnis der Himmelserscheinungen und der Phänomene, die die Natur verbirgt und die nur die Vernunft erkunden kann, sodann die Staatsverwaltung und ihre theoretische Beherrschung, danach die Klugheit, die Selbstbeherrschung, die Tapferkeit und die Gerechtigkeit sowie die anderen Tugenden und die den Tugenden entsprechenden Verhaltensweisen, die wir alle mit einem Ausdruck zusammenfassend als das sittlich Gebotene bezeichnen. Zu seiner Erkenntnis und praktischen Verwirklichung weist uns, wenn wir bereits erstarkt sind, die Natur selbst den Weg. Bei allen Dingen ist ja der Anfang klein. Aber indem sie sich entwickeln, wachsen sie, und das nicht ohne Grund. Denn in der ersten Phase der Entstehung eines Wesens findet sich ja eine gewisse Zartheit und Weichheit, so daß es weder möglich ist, die besten Dinge zu sehen noch sie zu vollbringen. Das Licht der Tugend und des glückseligen Lebens, der beiden Dinge, die am meisten zu erstreben sind, leuchtet ja erst später auf, und noch viel später kommt es dazu, daß man ganz versteht, wie sie beschaffen sind. Treffend bemerkt ja Platon: ›Glücklich, wem es auch erst im Alter gelungen ist, zur Weisheit und zu richtigen Überzeugungen zu gelangen!‹[28] Da über die elementaren Erfordernisse der Natur genug gesagt ist, wollen wir nun die wesentlicheren betrachten, die sich folgerichtig aus ihnen ergeben.

(59) Die Natur hat also den Körper des Menschen so geschaffen und gebildet, daß sie manches schon in der ersten Phase seiner Entstehung vollendete, doch anderes erst mit fortschreitendem Alter ausbildete und dabei nicht viel

adventiciis uteretur. animum autem reliquis rebus ita perfecit, ut corpus; sensibus enim ornavit ad res percipiendas idoneis, ut nihil aut non multum adiumento ullo ad suam confirmationem indigerent; quod autem in homine praestantissimum atque optimum est, id deseruit. etsi dedit talem mentem, quae omnem virtutem accipere posset, ingenuitque sine doctrina notitias parvas rerum maximarum et quasi instituit docere et induxit in ea, quae inerant, tamquam elementa virtutis. sed virtutem ipsam inchoavit, nihil amplius. (60) itaque nostrum est – quod nostrum dico, artis est – ad ea principia, quae accepimus, consequentia exquirere, quoad sit id, quod volumus, effectum. quod quidem pluris est haud paulo magisque ipsum propter se expetendum quam aut sensus aut corporis ea, quae diximus, quibus tantum praestat mentis excellens perfectio, ut vix cogitari possit quid intersit. itaque omnis honos, omnis admiratio, omne studium ad virtutem et ad eas actiones, quae virtuti sunt consentaneae, refertur, eaque omnia, quae aut ita in animis sunt aut ita geruntur, uno nomine h o n e s t a dicuntur. quorum omnium quae sint notitiae, quae quidem significentur rerum vocabulis, quaeque cuiusque vis et natura sit mox videbimus.

(61) Hoc autem loco tantum explicemus haec honesta, quae dico, praeterquam quod nosmet ipsos diligamus, praeterea suapte natura per se esse expetenda. indicant pueri, in quibus ut in speculis natura cernitur. quanta studia decertantium sunt! quanta ipsa certamina! ut illi efferuntur laetitia, cum

fremde Unterstützung von außen zu Hilfe nahm. Die Seele aber vollendete sie im übrigen so wie den Körper. Sie stattete sie nämlich mit Sinnen aus, die für die Aufnahme von Eindrücken so geeignet waren, daß sie gar keine oder keine große Hilfe zu ihrer Festigung benötigten; doch in dem, was das Vorzüglichste und Beste am Menschen ist, darin ließ sie ihn im Stich. Sie schenkte ihm zwar einen Geist, der jede Tugend annehmen konnte, und pflanzte ihm ohne Unterweisung kleine Wissenskeime der wesentlichsten Dinge ein und fing so gleichsam an, ihn zu belehren, und führte ihn gewissermaßen in die Anfangsgründe der Tugend ein, die in ihm lagen. Doch was die Tugend selbst betraf, so machte sie nur einen Anfang, nicht mehr. (60) So ist es unsere Aufgabe – was ich unsere Aufgabe nenne, ist eine Aufgabe der Wissenschaft –, zu den Ansätzen, die wir empfangen haben, die sich aus ihnen ergebenden Entwicklungen zu untersuchen, bis unser Ziel erreicht ist. Das ist allerdings erheblich wertvoller und um seiner selbst willen erstrebenswerter als die Sinne oder die körperlichen Güter, die ich nannte; die überragende Vollkommenheit des Geistes übertrifft sie so sehr, daß der Unterschied kaum auszudenken ist. Deshalb bezieht man jede Ehre, jede Bewunderung und jedes eifrige Bemühen auf die Tugend und die ihr entsprechenden Verhaltensweisen, und alles, was sich in diesem Sinne in den Seelen findet oder verwirklicht wird, bezeichnet man mit einem Ausdruck als das sittlich Gute. Von alldem werden wir bald die Begriffe, die Bedeutung der Bezeichnungen sowie jeweils das Wesen und die Natur betrachten.

(61) An dieser Stelle wollen wir nur soviel erklären, daß dieses sittlich Gute, von dem ich spreche, abgesehen davon, daß wir uns selbst lieben, außerdem aufgrund seiner Natur um seiner selbst willen zu erstreben ist. Das machen die Kinder deutlich, bei denen die Natur sich wie in einem Spiegel zeigt. Wie groß ist der Eifer bei ihren Wettkämpfen! Wie wichtig sind die Wettkämpfe selbst! Wie jauchzen sie vor Freude, wenn sie gewonnen haben! Wie schämen sich

vicerunt! ut pudet victos! ut se accusari nolunt! quam cupiunt laudari! quos illi labores non perferunt, ut aequalium principes sint! quae memoria est in iis bene merentium, quae referendae gratiae cupiditas! atque ea in optima quaque indole maxime apparent, in qua haec honesta, quae intellegimus, a natura tamquam adumbrantur. (62) Sed haec in pueris; expressa vero in iis aetatibus, quae iam confirmatae sunt. quis est tam dissimilis homini, qui non moveatur et offensione turpitudinis et comprobatione honestatis? quis est, qui non oderit libidinosam, protervam adolescentiam? quis contra in illa aetate pudorem, constantiam, etiamsi sua nihil intersit, non tamen diligat? quis Pullum Numitorium Fregellanum, proditorem, quamquam rei publicae nostrae profuit, non odit? quis ⟨suae⟩ urbis conservatorem Codrum, quis Erechthei filias non maxime laudat? cui Tubuli nomen odio non est? quis Aristidem non mortuum diligit? an obliviscimur, quantopere in audiendo in legendoque moveamur, cum pie, cum amice, cum magno animo aliquid factum cognoscimus? (63) Quid loquar de nobis, qui ad laudem et ad decus nati, suscepti, instituti sumus? qui clamores vulgi atque imperitorum excitantur in theatris, cum illa dicuntur: ›Ego sum Orestes‹, contraque ab altero: ›Immo enimvero ego sum, inquam, Orestes!‹ cum autem etiam exitus ab utroque datur conturbato errantique regi, ambo ergo se una necari cum precantur, quotiens hoc agitur, ecquandone nisi admirationibus maximis? nemo est igitur, quin hanc affectionem animi probet atque laudet, qua non

die Unterlegenen! Wie ungern lassen sie sich beschuldigen! Wie stark ist ihr Wunsch, gelobt zu werden! Welche Mühen nehmen sie nicht auf sich, um an der Spitze ihrer Altersgenossen zu stehen! Wie gut ist ihr Gedächtnis für Leute, die es gut mit ihnen meinten, und wie groß ihr Verlangen, sich dankbar zu erweisen! Am deutlichsten tritt das gerade bei den besten Veranlagungen in Erscheinung, bei denen das sittlich Gute, das wir erkennen, von der Natur gewissermaßen angedeutet wird. (62) Doch so ist es bei Kindern; seinen deutlichen Ausdruck aber findet das sittlich Gute in den Altersstufen, die schon gefestigt sind. Wer wäre einem Menschen so unähnlich, daß er nicht mit Ablehnung auf schändliches und mit Zustimmung auf anständiges Verhalten reagieren würde? Wem wäre eine ausschweifende und unverschämte Jugend nicht ein Greuel? Wer würde dagegen bei dieser Altersstufe Zurückhaltung und Zuverlässigkeit nicht schätzen, auch wenn er selbst nichts davon hat? Wer verabscheut nicht den Verräter Numitorius Pullus aus Fregellae, obwohl er unserem Staate nützlich war? Wer lobt nicht überschwenglich Kodros, den Erretter seiner Heimatstadt, oder die Töchter des Erechtheus? Wem ist der Name Tubulus nicht verhaßt? Wer ist nicht voll Hochachtung für den toten Aristides? Oder vergessen wir, wie sehr es uns beim Hören oder Lesen erschüttert, wenn wir von einer frommen, freundschaftlichen, hochherzigen Tat erfahren? (63) Was soll ich von uns reden, die wir zu Ruhm und Ehre gezeugt, geboren und angehalten werden? Welches Beifallsgeschrei erhebt sich im Theater beim einfachen Volk und bei den Ungebildeten, wenn es da heißt: ›Ich bin Orest‹ und wenn der andere entgegnet: ›O nein! Orest fürwahr, ich sage es, bin ich!‹ Wenn beide aber gar die Lösung in die Hand des zweifelnden, verwirrten Königs legen, sie also beide bitten, daß man sie gemeinsam tötet, wird diese Szene jemals, sooft man sie aufführt, anders aufgenommen als mit höchster Bewunderung?[29] So gibt es niemand, der diese Gesinnung nicht anerkennt und lobt; dabei zielt sie nicht nur auf keinen

modo utilitas nulla quaeritur, sed contra utilitatem etiam conservatur fides. (64) Talibus exemplis non fictae solum fabulae, verum etiam historiae refertae sunt, et quidem maxime nostrae. nos enim ad sacra Idaea accipienda optimum virum delegimus, nos tutores misimus regibus, nostri imperatores pro salute patriae sua capita voverunt, nostri consules regem inimicissimum moenibus iam adpropinquantem monuerunt, a veneno ut caveret, nostra in re publica [Lucretia] et quae per vim oblatum stuprum voluntaria morte lueret inventa est et qui interficeret filiam, ne stupraretur. quae quidem omnia et innumerabilia praeterea quis est quin intellegat et eos qui fecerint dignitatis splendore ductos inmemores fuisse utilitatum suarum nosque, cum ea laudemus, nulla alia re nisi honestate duci?
Quibus rebus expositis breviter – nec enim sum copiam, quam potui, quia dubitatio in re nulla erat, persecutus – sed his rebus concluditur profecto et virtutes omnes et honestum illud, quod ex iis oritur et in iis haeret, per se esse expetendum. (65) in omni autem honesto, de quo loquimur, nihil est tam illustre nec quod latius pateat quam coniunctio inter homines hominum et quasi quaedam societas et communicatio utilitatum et ipsa caritas generis humani. quae nata a primo satu, quod a procreatoribus nati diliguntur et tota domus coniugio et stirpe coniungitur, serpit sensim foras, cognationibus primum, tum affinitatibus, deinde amicitiis, post vicinitatibus, tum civibus et iis, qui publice socii atque

Nutzen, sondern wahrt die Treue gar im Widerspruch zum Nutzen. (64) Nicht nur Dichtungen, sondern auch Geschichtsdarstellungen sind voll von solchen Beispielen, und zwar besonders bei uns. Wir haben nämlich zum Empfang der heiligen Geräte der Göttin vom Berg Ida den trefflichsten Mann ausgewählt, wir haben Vormünder für Könige bestellt, unsere Feldherren haben ihr Leben dem Heil des Vaterlandes geweiht, unsere Konsuln warnten einen König, der sich als erbitterter Feind schon unseren Mauern näherte, er solle vor Gift auf der Hut sein, in unserem Staat fand sich eine Frau, die die erlittene Entehrung durch Selbstmord sühnte, und ein Vater, der seine Tochter tötete, damit sie nicht geschändet würde.[30] Wer würde bei all diesen und unzähligen anderen Fällen nicht erkennen, daß die, die so handelten, vom Glanz der Ehre geleitet, nicht mehr an ihren Nutzen dachten und daß wir, wenn wir diese Taten loben, uns durch nichts anderes als durch die Sittlichkeit bestimmen lassen?

Ich habe das in kurzen Zügen dargelegt – weil es in dieser Frage keinen Zweifel gab, behandelte ich sie nämlich nicht so ausführlich, wie es möglich gewesen wäre –, doch sicher ergibt sich daraus die Schlußfolgerung, daß alle Tugenden und jenes sittlich Gute, das aus ihnen erwächst und eng mit ihnen verbunden ist, um ihrer selbst willen zu erstreben sind. (65) Bei allem sittlich Guten, über das wir sprechen, gibt es aber nichts, was glanzvoller, und nichts, was weiter verbreitet wäre, als die Verbindung von Menschen miteinander, ihre Interessengemeinschaft und die Menschenliebe selbst. Sie entsteht ja sogleich mit dem Ursprung des Menschen, weil die Eltern ihre Kinder lieben und die ganze Hausgemeinschaft durch Ehe und Abstammung verbunden ist; von dort dringt sie allmählich nach außen, erst durch verwandtschaftliche Beziehungen, dann durch Verschwägerungen, danach durch Freundschaften, später durch Nachbarschaften, weiter durch Mitbürger und durch Leute, die

amici sunt, deinde totius complexu gentis humanae. quae animi affectio suum cuique tribuens atque hanc, quam dico, societatem coniunctionis humanae munifice et aeque tuens iustitia dicitur, cui sunt adiunctae pietas, bonitas, liberalitas, benignitas, comitas, quaeque sunt generis eiusdem. atque haec ita iustitiae propria sunt, ut sint virtutum reliquarum communia. (66) nam cum sic hominis natura generata sit, ut habeat quiddam ingenitum quasi civile atque populare, quod Graeci πολιτικόν vocant, quicquid aget quaeque virtus, id a communitate et ea, quam exposui, caritate ac societate humana non abhorrebit, vicissimque iustitia, ut ipsa se fundet in ceteras virtutes, sic illas expetet. servari enim iustitia nisi a forti viro, nisi a sapiente non potest. qualis est igitur omnis haec, quam dico, conspiratio consensusque virtutum, tale est illud ipsum honestum, quandoquidem honestum aut ipsa virtus est aut res gesta virtute; quibus rebus vita consentiens virtutibusque respondens recta et honesta et constans et naturae congruens existimari potest. (67) atque haec coniunctio confusioque virtutum tamen a philosophis ratione quadam distinguitur. nam cum ita copulatae conexaeque sint, ut omnes omnium participes sint nec alia ab alia possit separari, tamen proprium suum cuiusque munus est, ut fortitudo in laboribus periculisque cernatur, temperantia in praetermittendis voluptatibus, prudentia in dilectu bonorum et malorum, iustitia in suo cuique tribuendo. quando igitur inest in omni virtute cura quaedam quasi foras spectans aliosque appetens atque complectens,

von Staats wegen Verbündete und Freunde sind, schließlich durch die umfassende Gemeinschaft des ganzen menschlichen Geschlechts. Diese Gesinnung, die jedem das Seine gibt und das erwähnte Band menschlicher Gemeinschaft freigebig und gleichmäßig schützt, nennt man Gerechtigkeit; mit ihr verbinden sich Anhänglichkeit und Güte, Großzügigkeit und freundliches Wohlwollen, Leutseligkeit und andere Eigenschaften derselben Art. Sie sind zwar charakteristisch für die Gerechtigkeit, verbinden sich jedoch auch mit den anderen Tugenden. (66) Da die Natur des Menschen nämlich so geschaffen ist, daß ihr etwas gleichsam Politisches und Volksverbundenes angeboren ist, das die Griechen ›politikón‹ nennen, wird jede Tugend bei allem, was sie tun mag, nicht im Widerspruch zum Gemeinsinn und zu der von mir dargelegten liebevollen Verbundenheit mit allen Menschen stehen; andererseits wird die Gerechtigkeit die anderen Tugenden so erstreben, wie sie sich selbst in sie ergießt; denn nur ein tapferer und weiser Mann kann die Gerechtigkeit bewahren. Wie also diese ganze Eintracht und Übereinstimmung der Tugenden, von der ich rede, beschaffen ist, so ist auch eben jenes sittlich Gute beschaffen, da es entweder in der Tugend selbst oder in einer durch die Tugend vollbrachten Tat besteht. Ein Leben, das damit übereinstimmt und den Tugenden entspricht, kann man als richtig und sittlich einwandfrei, als standhaft und naturgemäß bezeichnen. (67) Diese Verbindung und Vermengung der Tugenden wird von den Philosophen doch auf gewisse Weise differenziert. Obwohl sie nämlich so verbunden und verknüpft sind, daß alle an allen beteiligt sind und sich die eine nicht von der anderen trennen läßt, hat jede doch ihre eigene Aufgabe; so kann man die Tapferkeit bei Mühen und Gefahren beobachten, die Selbstbeherrschung beim Verzicht auf Genüsse, die Klugheit bei der Unterscheidung von Gut und Böse und die Gerechtigkeit, wenn jedem das Seine gegeben wird. Da also in jeder Tugend eine Art Fürsorge liegt, die gleichsam den Blick nach außen richtet und andere

existit illud, ut amici, ut fratres, ut propinqui, ut affines, ut cives, ut omnes denique – quoniam unam societatem hominum esse volumus – propter se expetendi sint. atqui eorum nihil est eius generis, ut sit in fine atque extremo bonorum. (68) ita fit, ut duo genera propter se expetendorum reperiantur, unum, quod est in iis, in quibus completur illud extremum, quae sunt aut animi aut corporis; haec autem, quae sunt extrinsecus, id est quae neque in animo insunt neque in corpore, ut amici, ut parentes, ut liberi, ut propinqui, ut ipsa patria, sunt illa quidem sua sponte cara, sed eodem in genere, quo illa, non sunt. nec vero umquam summum bonum assequi quisquam posset, si omnia illa, quae sunt extra, quamquam expetenda, summo bono continerentur.

(69) Quo modo igitur, inquies, verum esse poterit omnia referri ad summum bonum, si amicitiae, si propinquitates, si reliqua externa summo bono non continentur? Hac videlicet ratione, quod ea, quae externa sunt, iis tuemur officiis, quae oriuntur a suo cuiusque genere virtutis. nam et amici cultus et parentis ei, qui officio fungitur, in eo ipso prodest, quod ita fungi officio in recte factis est, quae sunt orta ⟨a⟩ virtutibus. quae quidem sapientes sequuntur duce natura tanquam videntes; non perfecti autem homines et tamen ingeniis excellentibus praediti excitantur saepe gloria, quae habet speciem honestatis et similitudinem. quodsi ipsam honestatem undique perfectam atque absolutam, rem unam

erstrebt und einbezieht, ergibt es sich, daß Freunde, Brüder, Verwandte, Nachbarn und Mitbürger, schließlich alle – da wir ja wollen, daß es eine einzige Gemeinschaft von Menschen gibt – um ihrer selbst willen zu erstreben sind. Und doch ist nichts davon von der Art, daß es zu dem letzten und höchsten Gut gehört. (68) So kommt es, daß man zwei Arten von Dingen findet, die um ihrer selbst willen zu erstreben sind: Die eine ist bei den Dingen gegeben, durch die sich jenes höchste Gut vollendet und die entweder der Seele oder dem Körper angehören; die andere aber zeigt sich bei dem, was außerhalb von uns liegt, das heißt: was weder zur Seele noch zum Körper gehört, etwa Freunde, Eltern, Kinder, Verwandte, selbst das Vaterland. Sie sind uns zwar um ihrer selbst willen teuer, gehören aber nicht zu derselben Gruppe wie die vorhin genannten Dinge. Es könnte doch nie jemand das höchste Gut erreichen, wenn alles das, was außerhalb von uns liegt, wenn es auch erstrebenswert ist, zum höchsten Gut gehören würde.

(69) Wie also, wirst du sagen, kann es wahr sein, daß sich alles auf das höchste Gut bezieht, wenn freundschaftliche und verwandtschaftliche Beziehungen, wenn alles übrige, was außerhalb von uns liegt, nicht zum höchsten Gut gehört? Das findet seine Erklärung offensichtlich darin, daß wir das, was außerhalb von uns liegt, in unsere Obhut nehmen, indem wir die Aufgaben erfüllen, die sich aus der Eigenart einer jeden Tugend ergeben. Denn die Betreuung von Freunden oder Eltern nützt dem, der diese Pflicht erfüllt, schon insofern, als eine solche Pflichterfüllung zu dem rechten Handeln gehört, das sich aus den Tugenden ergibt. Die Weisen richten sich danach, von der Natur geleitet, als könnten sie sie sehen; die Menschen aber, die nicht vollkommen und doch mit vorzüglichen Anlagen begabt sind, lassen sich oft durch den Ruhm antreiben, der einen ähnlichen Eindruck wie die Sittlichkeit erweckt. Wenn sie jedoch die in jeder Hinsicht vollkommene und vollendete Sittlichkeit selbst ganz erkennen würden, das eine allerherr-

praeclarissimam omnium maximeque laudandam, penitus viderent, quonam gaudio complerentur, cum tantopere eius adumbrata opinione laetentur? (70) quem enim deditum voluptatibus, quem cupiditatum incendiis inflammatum in iis potiendis, quae acerrime concupivisset, tanta laetitia perfundi arbitramur, quanta aut superiorem Africanum Hannibale victo aut posteriorem Karthagine eversa? quem Tiberina descensio festo illo die tanto gaudio affecit, quanto L. Paulum, cum regem Persem captum adduceret, eodem flumine invectio?

(71) Age nunc, Luci noster, extrue animo altitudinem excellentiamque virtutum: iam non dubitabis, quin earum compotes homines magno animo erectoque viventes semper sint beati, qui omnis motus fortunae mutationesque rerum et temporum levis et inbecillos fore intellegant, si in virtutis certamen venerint. illa enim, quae sunt a nobis bona corporis numerata, complent ea quidem beatissimam vitam, sed ita, ut sine illis possit beata vita existere. ita enim parvae et exiguae sunt istae accessiones bonorum, ut, quem ad modum stellae in radiis solis, sic istae in virtutum splendore ne cernantur quidem.

(72) Atque hoc ut vere dicitur, parva esse ad beate vivendum momenta ista corporis commodorum, sic nimis violentum est nulla esse dicere; qui enim sic disputant, obliti mihi videntur, quae ipsi fecerint principia naturae. tribuendum est igitur his aliquid, dum modo quantum tribuendum sit intellegas. est enim philosophi non tam gloriosa quam vera quaerentis nec pro nihilo putare ea, quae secundum naturam illi ipsi gloriosi esse fatebantur, et videre ⟨esse⟩ tantam vim

lichste und lobenswerteste Gut, welche Freude würde sie dann erfüllen, da sie ihr schwacher Abglanz schon so erfreut? (70) Von welchem Menschen, der dem Genuß ergeben oder von glühender Begierde verzehrt ist, können wir denn glauben, daß er im Besitze dessen, was er am heftigsten begehrte, von solcher Freudc erfüllt wäre, wie der ältere Africanus beim Sieg über Hannibal oder der jüngere bei der Zerstörung Karthagos? Wen hat die Fahrt auf dem Tiber an jenem Festtag[31] mit solcher Freude erfüllt, wie den Lucius Paulus die Einfahrt auf demselben Fluß, als er den König Perses gefangen mit sich führte?

(71) Wohlan denn, lieber Lucius, laß nun in deinem Geist die Hoheit und Erhabenheit der Tugenden aufragen; dann wirst du nicht mehr zweifeln, daß Menschen, die sie besitzen und ihr Leben in Hochherzigkeit und aufrechter Gesinnung führen, stets glücklich sind, da sie erkennen, daß alle Schicksalsschläge und Wechselfälle des Lebens und der Zeit geringfügig und unbedeutend sind, wenn sie in Wettstreit mit der Tugend treten. Denn jene Güter, die wir denen des Körpers zugerechnet haben, vervollständigen zwar das Leben völliger Glückseligkeit, doch so, daß ein glückliches Leben auch ohne sie bestehen kann. Denn diese zusätzlichen Güter sind so bescheiden und bedeutungslos, daß sie im Glanz der Tugenden so wie Sterne in den Strahlen der Sonne nicht einmal wahrzunehmen sind.

(72) Und wie es zutrifft, daß die Bedeutung der körperlichen Güter für das glückliche Leben gering ist, so wäre es doch allzu hart, sie als nichtig zu bezeichnen. Denn die Vertreter dieser Auffassung scheinen mir die natürlichen Grundlagen zu vergessen, die sie selbst angenommen haben. Man muß den körperlichen Gütern also irgendeine Bedeutung beimessen, wenn man nur erkennt, wieviel ihnen beizumessen ist. Ein Philosoph, der nicht so sehr den Ruhm als vielmehr die Wahrheit sucht, hat nämlich einerseits nicht das Recht, etwas als nichtig zu betrachten, was selbst die Ruhmsüchtigen als naturgemäß erklärten, und andererseits die Pflicht zu

virtutis tantamque, ut ita dicam, auctoritatem honestatis, ut reliqua non illa quidem nulla, sed ita parva sint, ut nulla esse videantur. haec est nec omnia spernentis praeter virtutem et virtutem ipsam suis laudibus amplificantis oratio, denique haec est undique completa et perfecta explicatio summi boni. hinc ceteri particulas arripere conati suam quisque videri voluit afferre sententiam. (73) saepe ab Aristotele, a Theophrasto mirabiliter est laudata per se ipsa rerum scientia; hoc uno captus Erillus scientiam summum bonum esse defendit nec rem ullam aliam per se expetendam. multa sunt dicta ab antiquis de contemnendis ac despiciendis rebus humanis; hoc unum Aristo tenuit: praeter vitia atque virtutes negavit rem esse ullam aut fugiendam aut expetendam. positum est a nostris in iis esse rebus, quae secundum naturam essent, non dolere; hoc Hieronymus summum bonum esse dixit. at vero Callipho et post eum Diodorus, cum alter voluptatem adamavisset, alter vacuitatem doloris, neuter honestate carere potuit, quae est a nostris laudata maxime. (74) quin etiam ipsi voluptarii deverticula quaerunt et virtutes habent in ore totos dies voluptatemque primo dumtaxat expeti dicunt, deinde consuetudine quasi alteram quandam naturam effici, qua inpulsi multa faciant nullam quaerentes voluptatem. Stoici restant. ei quidem non unam aliquam aut alteram ⟨rem⟩ a nobis, sed totam ad se nostram philosophiam

sehen, daß die Bedeutung der Tugend so groß und, um es so zu sagen, die Autorität der Sittlichkeit so hoch ist, daß jene übrigen Güter zwar nicht gerade nichtig, aber doch so geringfügig sind, daß sie nichtig zu sein scheinen. Das ist die Darstellung eines Mannes, der einerseits nicht alles außer der Tugend verachtet und andererseits die Tugend selbst mit dem ihr gebührenden Lob verherrlicht, und schließlich ist das die in jeder Hinsicht vollständige und vollkommene Erklärung des höchsten Gutes. Davon versuchten sich die anderen jeweils ein Stückchen anzueignen, und jeder wollte den Anschein erwecken, eine eigene Auffassung beizusteuern. (73) Oft haben Aristoteles und Theophrast die Wissenschaft um ihrer selbst willen hoch gepriesen; von diesem einen Gedanken fasziniert vertrat Herillos die Auffassung, daß die Wissenschaft das höchste Gut und nichts anderes um seiner selbst willen zu erstreben sei. Ausgiebig sprachen die alten Philosophen über die Verachtung und Geringschätzung der menschlichen Belange; Ariston hielt alleine daran fest: außer den Lastern und Tugenden gebe es nichts, erklärte er, was man zu meiden oder zu erstreben habe. Von unseren Philosophen wurde die Behauptung aufgestellt, zu den naturgemäßen Dingen gehöre die Freiheit von Schmerzen, Hieronymos bezeichnete das als das höchste Gut. Was aber Kalliphon und nach ihm Diodor betrifft, so konnte keiner von beiden, obwohl der eine sich für die Lust, der andere für die Freiheit von Schmerzen begeistert hatte, ohne die Sittlichkeit auskommen, die von unseren Philosophen am meisten gepriesen wurde. (74) Ja selbst die Anhänger der Lust sind auf der Suche nach Ausflüchten und führen die Tugend den ganzen Tag im Munde; die Lust, so sagen sie, erstrebe man nur anfangs, dann bilde sich durch die Gewöhnung gleichsam eine Art zweiter Natur, durch die die Menschen veranlaßt würden, vieles zu tun, ohne nach irgendeiner Lust zu suchen. Es bleiben noch die Stoiker. Sie haben freilich nicht den einen oder anderen Gedanken von uns übernommen, sondern unsere gesamte Philosophie. Und

transtulerunt; atque ut reliqui fures earum rerum, quas ceperunt, signa commutant, sic illi, ut sententiis nostris pro suis uterentur, nomina tamquam rerum notas mutaverunt. ita relinquitur sola haec disciplina digna studiosis ingenuarum artium, digna eruditis, digna claris viris, digna principibus, digna regibus.«

(75) Quae cum dixisset paulumque institisset, »Quid est?« inquit; »satisne vobis videor pro meo iure in vestris auribus commentatus?«

Et ego: »Tu vero« inquam, »Piso, ut saepe alias, sic hodie ita nosse ista visus es, ut, si tui nobis potestas saepius fieret, non multum Graecis supplicandum putarem. quod quidem eo probavi magis, quia memini Staseam Neapolitanum, doctorem illum tuum, nobilem sane Peripateticum, aliquanto ista secus dicere solitum, assentientem iis, qui multum in fortuna secunda aut adversa, multum in bonis aut malis corporis ponerent.«

»Est, ut dicis« inquit; »sed haec ab Antiocho, familiari nostro, dicuntur multo melius et fortius, quam a Stasea dicebantur. quamquam ego non quaero, quid tibi a me probatum sit, sed huic Ciceroni nostro, quem discipulum cupio a te abducere.«

(76) Tum Lucius: »Mihi vero ista valde probata sunt, quod item fratri puto.«

Tum mihi Piso: »Quid ergo?« inquit, »dasne adolescenti veniam? an eum discere ea mavis, quae cum plane perdidicerit, nihil sciat?«

»Ego vero isti« inquam »permitto. sed nonne meministi

wie die Diebe sonst bei den Dingen, die sie sich angeeignet haben, die Merkmale ändern, so haben sie, um unsere Gedanken als die ihren ausgeben zu können, die Namen gleichsam als Erkennungszeichen der Dinge geändert. Somit bleibt diese unsere Lehre als die einzige übrig, die derer würdig ist, die sich der edlen Wissenschaften befleißigen, würdig der Gebildeten, würdig der berühmten Männer, würdig der führenden Persönlichkeiten, würdig der Könige.«

(75) Als er nach diesen Worten ein wenig innegehalten hatte, fragte er: »Wie steht es? Habt ihr den Eindruck, daß ich mit dem, was ich vor euren Ohren von mir gegeben habe, meiner Rolle gerecht geworden bin?«

Da sagte ich: »Wahrhaftig, Piso, wie sonst schon oft, hast du dich heute als ein solcher Kenner auf diesem Gebiet gezeigt, daß wir uns wohl kaum an die Griechen wenden müßten, wenn du uns öfter zur Verfügung stündest. Deine Darstellung hat mir jedenfalls um so mehr eingeleuchtet, als nach meiner Erinnerung Staseas von Neapel, dein Lehrer und ein recht berühmter Peripatetiker, sich über diese Fragen etwas anders zu äußern pflegte, wobei er denen zustimmte, die großes Gewicht auf Glück oder Unglück und auf die Güter oder Übel des Körpers legten.«

»Es ist so, wie du sagst«, erwiderte er. »Doch darüber äußert sich unser Freund Antiochos viel besser und nachdrücklicher, als Staseas es tat. Ich frage allerdings nicht, was dir, sondern was unserem Cicero hier an mir eingeleuchtet hat; ihn möchte ich dir nämlich gern als Schüler abspenstig machen.«

(76) Da sagte Lucius: »Mir haben deine Worte durchaus eingeleuchtet, ebenso wohl meinem Vetter.«

Da wandte Piso sich an mich: »Wie steht es nun? Gibst du dem jungen Mann dein Einverständnis? Oder willst du lieber, daß er Dinge lernt, nach deren gründlichem Studium er immer noch nichts weiß?«[32]

»Was mich betrifft«, erwiderte ich, »so gebe ich ihm die

licere mihi ista probare, quae sunt a te dicta? quis enim potest ea, quae probabilia videantur ei, non probare?«

»An vero« inquit »quisquam potest probare, quod perceptum, quod comprehensum, quod cognitum non habet?«

»Non est ista« inquam, »Piso, magna dissensio. nihil enim est aliud, quam ob rem mihi percipi nihil posse videatur, nisi quod percipiendi vis ita definitur a Stoicis, ut negent quicquam posse percipi nisi tale verum, quale falsum esse non possit. itaque haec cum illis est dissensio, cum Peripateticis nulla sane. sed haec omittamus; habent enim et bene longam et satis litigiosam disputationem. (77) illud mihi a te nimium festinanter dictum videtur, sapientis omnis esse semper beatos; nescio quo modo praetervolavit oratio. quod nisi ita efficitur, quae Theophrastus de fortuna, de dolore, de cruciatu corporis dixit, cum quibus coniungi vitam beatam nullo modo posse putavit, vereor, ne vera sint. nam illud vehementer repugnat, eundem beatum esse et multis malis oppressum. haec quo modo conveniant, non sane intellego.«

»Utrum igitur tibi non placet« inquit, »virtutisne tantam esse vim, ut ad beate vivendum se ipsa contenta sit? an, si id probas, fieri ita posse negas, ut ii, qui virtutis compotes sint, etiam malis quibusdam affecti beati sint?«

»Ego vero volo in virtute vim esse quam maximam; sed quanta sit, alias; nunc tantum possitne esse tanta, si quicquam extra virtutem habeatur in bonis.«

Erlaubnis. Doch denkst du nicht daran, daß es mir freisteht, das zu billigen, was du gesagt hast? Wer könnte denn etwas, das ihm einleuchtend scheint, nicht billigen?«

»Kann aber etwa jemand etwas billigen«, erwiderte er, »was er nicht erfaßt, begriffen und verstanden hat?«

»Darüber, Piso«, antwortete ich, »besteht zwischen uns keine große Meinungsverschiedenheit. Es gibt ja keinen anderen Grund, weshalb es mir unmöglich scheinen würde, etwas zu erkennen, als die Definition, die von den Stoikern für die Erkenntnis gegeben wird; sie sagen, erkennen könne man nur eine Wahrheit, die so sei, daß sie nicht falsch sein könne.[33] Deshalb bezieht sich dieser Meinungsstreit auf sie, doch durchaus nicht auf die Peripatetiker. Doch lassen wir das; es bietet nämlich Stoff für eine recht lange und ziemlich kontroverse Diskussion. (77) Was mich betrifft, so scheint mir deine Behauptung, alle Weisen seien immer glücklich, übereilt; darüber ging dein Vortrag gleichsam wie im Flug hinweg. Wenn sich das nicht beweisen läßt, dann sind die Worte Theophrasts[34] über Schicksal, Schmerz und körperliche Qual, so fürchte ich, zutreffend; er glaubte ja, daß ein glückliches Leben mit ihnen auf keine Weise zu vereinbaren sei. Denn der Gedanke, daß jemand glücklich und zugleich von vielen Übeln bedrängt ist, widerspricht sich unbedingt. Ich sehe jedenfalls nicht ein, wie diese Vorstellungen zusammenpassen sollen.«

»Welche von beiden mißfällt dir denn?« erkundigte er sich.

»Daß die Kraft der Tugend so groß sein soll, daß sie sich zum glücklichen Leben selbst genügt? Oder bestreitest du, wenn du das billigst, die Möglichkeit, daß die, die im Besitz der Tugend sind, sich auch dann glücklich fühlen, wenn sie von bestimmten Übeln betroffen sind?«

»Was mich betrifft, so möchte ich, daß in der Tugend eine möglichst große Kraft liegt. Wie groß sie ist, steht allerdings auf einem anderen Blatt. Jetzt geht es nur darum, ob sie so groß sein kann, wenn man noch etwas anderes als die Tugend zu den Gütern rechnet.«

(78) »Atqui« inquit »si Stoicis concedis ut virtus sola, si adsit, vitam efficiat beatam, concedis etiam Peripateticis. quae enim mala illi non audent appellare, aspera autem et incommoda et reicienda et aliena naturae esse concedunt, ea nos mala dicimus, sed exigua et paene minima. quare si potest esse beatus is, qui est in asperis reiciendisque rebus, potest is quoque esse, qui est in parvis malis.«

Et ego: »Piso« inquam, »si est quisquam, qui acute in causis videre soleat quae res agatur, is es profecto tu. quare attende, quaeso. nam adhuc, meo fortasse vitio, quid ego quaeram non perspicis.«

»Istic sum« inquit »expectoque quid ad id, quod quaerebam, respondeas.«

(79) »Respondebo me non quaerere« inquam »hoc tempore quid virtus efficere possit, sed quid constanter dicatur, quid ipsum a se dissentiat.«

»Quo igitur« inquit »modo?«

»Quia, cum a Zenone« inquam »hoc magnifice tamquam ex oraculo editur: ›Virtus ad beate vivendum se ipsa contenta est‹, ⟨et⟩ ›Quare?‹ inquit, respondet: ›Quia, nisi quod honestum est, nullum est aliud bonum.‹ Non quaero iam verumne sit; illud dico, ea, quae dicat, praeclare inter se cohaerere. (80) dixerit hoc idem Epicurus, semper beatum esse sapientem – quod quidem solet ebullire non numquam –, quem quidem, cum summis doloribus conficiatur, ait dicturum: ›Quam suave est! quam nihil curo!‹; non pugnem cum homine, cur tantum abeat in natura boni; illud urgueam,

(78) »Wenn du es aber«, meinte er, »den Stoikern zugestehst, daß die Tugend allein, falls sie gegeben ist, das Leben glücklich macht, dann machst du dieses Zugeständnis auch den Peripatetikern. Denn Dinge, die die Stoiker nicht als Übel zu bezeichnen wagen, von denen sie jedoch zugeben, daß sie hart und unbequem sind, unannehmbar und nicht naturgemäß, die nennen wir zwar Übel, aber kleine und fast verschwindende. Wenn also einer glücklich sein kann, der sich in schlimmen und unannehmbaren Verhältnissen befindet, dann kann es auch der sein, der unter kleinen Übeln leidet.«

Darauf erwiderte ich: »Piso, wenn es jemand gibt, der bei Prozessen gewöhnlich mit scharfem Blick erkennt, worauf es ankommt, dann bist das sicher du. Gib deshalb bitte acht. Denn bisher erkennst du, vielleicht durch mein Verschulden, nicht, worum es mir zu tun ist.«

»Ich bin ganz Ohr«, gab er zurück, »und warte, was du auf meine Frage für eine Antwort gibst.«

(79) »Ich werde dir antworten«, sagte ich, »daß ich in diesem Augenblick nicht wissen will, wozu die Tugend imstande ist, sondern welche Aussage folgerichtig ist und welche sich widerspricht.«

»Wie kommst du darauf?« fragte er.

Ich sagte: »Wenn Zenon diesen Satz großartig wie ein Orakel verkündet: ›Für das glückliche Leben ist die Tugend sich selbst genug‹ und wenn dann einer fragt: ›Warum?‹, antwortet er: ›Weil es kein anderes Gut gibt als das, was sittlich gut ist.‹ Ich frage nicht mehr, ob das wahr ist; ich sage nur, daß seine Worte von fabelhafter Schlüssigkeit sind. (80) Genau dieselbe Behauptung würde auch Epikur aufstellen, daß der Weise immer glücklich ist; er pflegt es jedenfalls gelegentlich auszuposaunen. Der werde, sagt er, wenn er die schlimmsten Schmerzen leidet, rufen: ›Wie ist das angenehm! Wie bin ich frei von Sorgen!‹[35] Ich möchte mit diesem Mann nicht darüber streiten, warum er sich bei der Natur des Guten so vergreift; nur darauf möchte ich beharren, daß

non intellegere eum quid sibi dicendum sit, cum dolorem summum malum esse dixerit. Eadem nunc mea adversum te oratio est. dicis eadem omnia et bona et mala, quae quidem dicunt ii, qui numquam philosophum pictum, ut dicitur, viderunt: valetudinem, vires, staturam, formam, integritatem unguiculorum omnium ⟨bona⟩, deformitatem, morbum, debilitatem mala. (81) iam illa externa parce tu quidem; sed haec cum corporis bona sint, eorum conficientia certe in bonis numerabis, amicos, liberos, propinquos, divitias, honores, opes. contra hoc attende me nihil dicere, ⟨illud dicere⟩, si ista mala sunt, in quae potest incidere sapiens, sapientem esse non esse ad beate vivendum satis.«
»Immo vero« inquit »ad beatissime vivendum parum est, ad beate vero satis.«
»Animadverti« inquam »te isto modo paulo ante ponere, et scio ab Antiocho nostro dici sic solere; sed quid minus probandum quam esse aliquem beatum nec satis beatum? quod autem satis est, eo quicquid accessit, nimium est; et nemo nimium beatus est; ita nemo beato beatior.«
(82) »Ergo« inquit »tibi Q. Metellus, qui tres filios consules vidit, e quibus unum etiam et censorem et triumphantem, quartum autem praetorem, eosque salvos reliquit et tres filias nuptas, cum ipse consul, censor, etiam augur fuisset ⟨et⟩ triumphasset, ut sapiens fuerit, nonne beatior quam, ut item sapiens fuerit, qui in potestate hostium vigiliis et inedia necatus est, Regulus?«

er sich nicht klar macht, was er sagen muß, wenn er behauptet, daß der Schmerz das höchste Übel ist. Genauso argumentiere ich jetzt gegen dich. In allen Dingen bezeichnest du dieselben Dinge als Güter und als Übel wie diejenigen, die niemals auch nur einen, wie man so sagt, gemalten Philosophen gesehen haben: Gesundheit, Kraft, Wuchs, Schönheit und Unversehrtheit aller Finger- und Zehennägel als Güter, Mißbildung, Krankheit und Gebrechlichkeit als Übel. (81) Über die äußerlichen Dinge äußerst du dich zwar nur zurückhaltend; da aber die eben genannten Dinge Güter des Leibes sind, wirst du auch ihre Wirkungen sicher zu den Gütern zählen: Freunde, Kinder, Verwandte, Reichtum, Ehre, Macht. Beachte, daß ich dagegen nichts einzuwenden habe, daß ich aber sage: Wenn die erwähnten Verhältnisse, in die der Weise geraten kann, nun Übel sind, genügt es für das glückliche Leben nicht, weise zu sein.«

»Nein«, entgegnete er; »für ein vollkommen glückliches Leben ist es zu wenig, für ein glückliches aber genug.«

»Ich habe bemerkt«, antwortete ich, »daß du es gerade eben so dargestellt hast, und ich weiß, daß sich Antiochos gewöhnlich in diesem Sinne äußert; doch was ist weniger zu akzeptieren als der Gedanke, daß jemand glücklich ist, doch nicht glücklich genug? Was aber genug ist, wird durch alles, was noch hinzukommt, zum Übermaß; und niemand ist im Übermaß glücklich; darum kann niemand glücklicher als glücklich sein.«

(82) »Dann ist für dich also Quintus Metellus«, erwiderte er, »der drei Söhne als Konsuln erlebte, einen von ihnen auch als Zensor und Triumphator, den vierten aber als Prätor, der sie gesund zurückließ und der drei verheiratete Töchter hinterließ, nachdem er selbst Konsul, Zensor und auch Augur gewesen war und einen Triumph gefeiert hatte, sofern er weise war, nicht glücklicher als Regulus, gesetzt den Fall, auch er war weise, der in der Gewalt der Feinde durch Schlaflosigkeit und Hunger getötet wurde?«

(83) »Quid me istud rogas?« inquam. »Stoicos roga.«
»Quid igitur« inquit »eos responsuros putas?«
»Nihilo beatiorem esse Metellum quam Regulum.«
»Inde igitur« inquit »ordiendum est.«
»Tamen a proposito« inquam »aberramus. non enim quaero quid verum, sed quid cuique dicendum sit. utinam quidem dicerent alium alio beatiorem! iam ruinas videres. in virtute enim sola et in ipso honesto cum sit bonum positum, cumque nec virtus, ut placet illis, nec honestum crescat, idque bonum solum sit, quo qui potiatur, necesse est beatus sit, cum id augeri non possit, in quo uno positum est beatum esse, qui potest esse quisquam alius alio beatior? videsne, ut haec concinant? et hercule – fatendum est enim, quod sentio – mirabilis est apud illos contextus rerum. respondent extrema primis, media utrisque, omnia omnibus. quid sequatur, quid repugnet, vident. ut in geometria, prima si dederis, danda sunt omnia. concede nihil esse bonum, nisi quod honestum sit: concedendum est in virtute ⟨esse⟩ positam beatam vitam. vide rursus retro: dato hoc dandum erit illud. (84) Quod vestri non item. ›Tria genera bonorum‹; proclivi currit oratio. venit ad extremum; haeret in salebra. cupit enim dicere nihil posse ad beatam vitam deesse sapienti. honesta oratio, Socratica, Platonis etiam.«

(83) »Was fragst du mich das?« gab ich zurück. »Frag doch die Stoiker!«
»Was werden sie denn deiner Meinung nach antworten?« fragte er.
»Metellus sei um nichts glücklicher als Regulus.«
»Dann müssen wir also bei diesem Ausgangspunkt beginnen«, meinte er.
»Wir kommen doch vom Thema ab«, antwortete ich. »Ich frage ja nicht, was wahr ist, sondern was ein jeder logischerweise sagen muß. Wenn sie doch nur sagen würden, der eine sei glücklicher als der andere! Dann würde man sogleich den Einsturz ihres Lehrgebäudes erleben. Denn da das Gute nur in der Tugend und dem sittlich Guten besteht und da nach ihrer Auffassung weder die Tugend noch das sittlich Gute einen Zuwachs erfahren kann und da es nur das Gute ist, durch dessen Besitz man zwangsläufig glücklich wird, wie könnte da der eine glücklicher als der andere sein, da die Grundlage nicht zunehmen kann, auf der alleine das Glücklichsein beruht? Siehst du, wie das zusammenpaßt? Und wahrlich – denn ich muß offen sagen, was ich denke –, die logische Stringenz bei diesen Leuten ist schon erstaunlich. Da entspricht das Letzte dem Ersten, beidem das Mittlere, alles allem. Sie sehen, welche Konsequenz und welcher Widerspruch sich ergibt. Wie in der Mathematik muß man, wenn man die Prämissen zugegeben hat, alles zugeben. Gib zu, daß nur das sittlich Gute ein Gut ist: dann mußt du zugeben, daß das glückliche Leben in der Tugend besteht. Schau wieder auf den Anfang zurück: wenn hier das Zugeständnis gemacht war, muß es dort gemacht werden. (84) Das ist bei den Vertretern eurer Lehre anders. ›Es gibt drei Arten von Gütern.‹ Flüssig läuft die Rede ab. Der Redner kommt zum Ende; da verfängt er sich in einem Hindernis. Er möchte nämlich sagen, dem Weisen könne es zum glücklichen Leben an nichts fehlen. Eine ehrenwerte These, die sokratisch klingt und auch zu Platon paßt.«

»Audeo dicere« inquit.

»Non potes, nisi retexueris illa. paupertas si malum est, mendicus beatus esse nemo potest, quamvis sit sapiens. at Zeno eum non beatum modo, sed etiam divitem dicere ausus est. dolere malum est: in crucem qui agitur, beatus esse non potest. bonum liberi: misera orbitas. bonum patria: miserum exilium. bonum valetudo: miser morbus. bonum integritas corporis: misera debilitas. bonum incolumis acies: misera caecitas. quae si potest singula consolando levare, universa quo modo sustinebit? sit enim idem caecus, debilis, morbo gravissimo affectus, exul, orbus, egens, torqueatur eculeo: quem hunc appellas, Zeno? Beatum, inquit. Etiam beatissimum? Quippe, inquiet, cum tam docuerim gradus istam rem non habere quam virtutem, in qua sit ipsum etiam beatum. (85) Tibi hoc incredibile, quod beatissimum. quid? tuum credibile? si enim ad populum me vocas, eum, qui ita sit affectus, beatum esse numquam probabis; si ad prudentes, alterum fortasse dubitabunt, sitne tantum in virtute, ut ea praediti vel in Phalaridis tauro beati sint, alterum non dubitabunt, quin et Stoici convenientia sibi dicant et vos repugnantia.«

»Theophrasti igitur« inquit »tibi liber ille placet de beata vita?«

»Das wage ich zu behaupten«, warf er ein.
»Das kannst du nicht, wenn du das Vorige nicht wieder auflösen willst. Wenn die Armut ein Übel ist, dann kann kein Bettler glücklich sein, und sei er noch so weise. Doch Zenon wagte es, ihn nicht nur glücklich, sondern sogar reich zu nennen. ›Schmerzen zu leiden ist ein Übel.‹ Dann kann einer, der zur Kreuzigung geführt wird, nicht glücklich sein. ›Kinder sind ein Gut.‹ Dann ist Kinderlosigkeit jammervoll. ›Das Vaterland ist ein Gut.‹ Dann ist Verbannung jämmerlich. ›Gesundheit ist ein Gut.‹ Dann ist der Kranke elend. ›Körperliche Unversehrtheit ist ein Gut.‹ Dann ist Gebrechlichkeit beklagenswert. ›Ungeschwächte Sehschärfe ist ein Gut.‹ Dann ist Blindheit schlimm. Vielleicht kann man das jeweils für sich genommen durch Tröstung lindern, aber wie wird man es zusammen ertragen? Ein und derselbe Mensch soll nämlich blind und gebrechlich, schwer krank und verbannt, kinderlos und arm sein und auf der Folterbank gemartert werden. Wie nennst du diesen Menschen, Zenon? – ›Glücklich‹, sagt er. – Auch völlig glücklich? – ›Ja‹, wird er sagen; ›denn ich habe gelehrt, daß es dabei genauso wenig Abstufungen gibt wie bei der Tugend, in der auch das Glück selbst besteht.‹ (85) Ist das für dich unglaublich, weil er einen solchen Menschen völlig glücklich nennt? Aber wie steht es mit deiner These? Ist sie glaubhaft? Wenn du mich nämlich vor ein Tribunal des Volkes zitierst, wirst du niemals Zustimmung dafür finden, daß ein Mensch in dieser Verfassung glücklich ist. Zitierst du mich dagegen vor ein Tribunal von klugen Männern, so werden sie einerseits vielleicht im Zweifel sein, ob soviel in der Tugend steckt, daß Menschen, die über sie verfügen, sogar im Stier des Phalaris noch glücklich sind, andererseits werden sie nicht daran zweifeln, daß die Erklärungen der Stoiker in sich stimmig und die euren widersprüchlich sind.«
»Dann findet also jenes Buch Theophrasts über das glückliche Leben deinen Beifall?« fragte er.

»Tamen aberramus a proposito, et, ne longius, prorsus« inquam, »Piso, si ista mala sunt, placet.«

(86) »Nonne igitur tibi videntur« inquit »mala?«

»Id quaeris« inquam »in quo, utrum respondero, verses te huc atque illuc necesse est.«

»Quo tandem modo?« inquit.

»Quia, si mala sunt, is, qui erit in iis, beatus non erit; si mala non sunt, iacet omnis ratio Peripateticorum.«

Et ille ridens: »Video« inquit »quid agas; ne discipulum abducam, times.«

»Tu vero« inquam »ducas licet, si sequetur; erit enim mecum, si tecum erit.«

»Audi igitur« inquit, »Luci; tecum enim mihi instituenda oratio est. Omnis auctoritas philosophiae, ut ait Theophrastus, consistit in beata vita comparanda; beate enim vivendi cupiditate incensi omnes sumus. (87) hoc mihi cum tuo fratre convenit. quare hoc videndum est, possitne nobis hoc ratio philosophorum dare. pollicetur certe. nisi enim id faceret, cur Plato Aegyptum peragravit, ut a sacerdotibus barbaris numeros et caelestia acciperet? cur post Tarentum ad Archytam? cur ad reliquos Pythagoreos, Echecratem, Timaeum, Arionem, Locros, ut, cum Socratem expressisset, adiungeret Pythagoreorum disciplinam eaque, quae Socrates repudiabat, addisceret? cur ipse Pythagoras et Aegyptum

»Wir kommen doch vom Thema ab«, erwiderte ich; »und um nicht weiter abzuschweifen, Piso, erkläre ich durchaus mein Einverständnis mit dem Buch, falls jene Dinge Übel sind.«

(86) »Also erscheinen sie dir nicht als Übel?« erkundigte er sich.

»Da stellst du eine Frage«, sagte ich, »bei der du, wie ich auch antworte, zwangsläufig in eine Zwickmühle kommst.«

»Wieso denn?« fragte er.

»Weil dann, wenn sie Übel sind, der, der an ihnen leidet, nicht glücklich sein kann; falls sie aber keine Übel sind, bricht die ganze Lehre der Peripatetiker zusammen.«

Lachend erwiderte er: »Ich sehe schon, worauf du es anlegst; du fürchtest, daß ich dir deinen Schüler abspenstig mache.«

»Du kannst ihn ruhig auf deine Seite ziehen«, antwortete ich, »wenn er mit dir geht; er wird es nämlich auch mit mir halten, wenn er auf deiner Seite steht.«

»Höre also, Lucius«, sagte er; »denn an dich muß ich meine Rede richten. Die ganze Geltung der Philosophie beruht, wie Theophrast sagt, darauf, ein glückliches Leben zu ermöglichen; denn wir sind alle erfüllt von dem Verlangen, glücklich zu leben. (87) In diesem Punkt bin ich mit deinem Vetter einig. Wir müssen deshalb darauf achten, ob uns die Lehre der Philosophen das vermitteln kann. Den Anspruch erhebt sie jedenfalls. Wenn sie das nämlich nicht leisten würde, was hätte Platon dann für einen Grund gehabt, Ägypten zu durchstreifen, um sich von fremden Priestern über Zahlen und Himmelserscheinungen belehren zu lassen? Was hätte ihn später nach Tarent zu Archytas geführt? Was zu den übrigen Pythagoreern, zu Echekrates, Timaios und Arion nach Lokroi, um nach der Darstellung der sokratischen Philosophie mit ihr die Lehre der Pythagoreer zu verbinden und das hinzuzulernen, was Sokrates verschmähte? Warum bereiste Pythagoras selbst Ägypten und

lustravit et Persarum magos adiit? cur tantas regiones barbarorum pedibus obiit, tot maria transmisit? cur haec eadem Democritus? qui – vere falsone, quaerere mittimus – dicitur oculis se privasse; certe, ut quam minime animus a cogitationibus abduceretur, patrimonium neglexit, agros deseruit incultos, quid quaerens aliud nisi vitam beatam? quam si etiam in rerum cognitione ponebat, tamen ex illa investigatione naturae consequi volebat, bono ut esset animo. id enim ille summum bonum εὐθυμίαν et saepe ἀθαμβίαν appellat, id est animum terrore liberum. (88) sed haec etsi praeclare, nondum tamen perpolita. pauca enim, neque ea ipsa enucleate, ab hoc de virtute quidem dicta. post enim haec in hac urbe primum a Socrate quaeri coepta, deinde in hunc locum delata sunt, nec dubitatum, quin in virtute omnis ut bene, sic etiam beate vivendi spes poneretur. quae cum Zeno didicisset a nostris, ut in actionibus praescribi solet, ›DE EADEM RE [FECIT] ALIO MODO‹. hoc tu nunc in illo probas. scilicet vocabulis rerum mutatis inconstantiae crimen ille effugit, nos effugere non possumus! ille Metelli vitam negat beatiorem quam Reguli, praeponendam tamen, nec magis expetendam, sed magis sumendam et, si optio esset, eligendam Metelli, Reguli reiciendam; ego, quam ille praeponendam et magis eligendam, beatiorem hanc appello nec ullo minimo momento plus ei vitae tribuo quam Stoici. (89) quid interest, nisi quod ego res notas notis verbis appello, illi nomina nova

suchte die persischen Magier auf? Warum durchwanderte er so weite Gebiete der Barbaren und überquerte so viele Meere? Warum tat Demokrit dasselbe? Von ihm erzählt man ja – ob es stimmt oder nicht, sei dahingestellt –, er habe sich geblendet. Jedenfalls hat er, um möglichst wenig vom Denken abgelenkt zu werden, sein Erbe vernachlässigt und seine Felder unbestellt gelassen; was anderes als das glückliche Leben wollte er damit gewinnen? Wenn es für ihn auch in der Erkenntnis der Welt bestand, so wollte er dennoch durch jene Erkundung der Natur erreichen, daß er guten Mutes war. Denn darin sah er das höchste Gut; er nennt es ›euthymía‹[36] und häufig ›athambía‹, das heißt ›Unerschrokkenheit‹. (88) Das wirkt zwar eindrucksvoll, es ist jedoch noch nicht ganz ausgefeilt. Er hat nämlich nur wenig über die Tugend gesagt und sich gerade dabei nicht klar ausgedrückt. Später fing nämlich erstmals Sokrates in dieser Stadt an, solche Fragen zu untersuchen, dann fanden sie hier ihre Stätte, und es gab keinen Zweifel, daß sich jede Hoffnung auf ein gutes wie auf ein glückliches Leben auf die Tugend gründe. Als Zenon das von den Anhängern unserer Lehre gelernt hatte, nahm er, wie es gewöhnlich bei Prozessen vorgeschrieben ist, dieselbe Sache in anderer Form wieder auf.[37] Das findest du nun gut an ihm. Dadurch, daß er den Dingen andere Namen gab, entging er offensichtlich dem Vorwurf der Inkonsequenz, während wir ihm nicht entgehen können. Er sagt, das Leben des Metellus sei nicht glücklicher als das des Regulus, doch sei es vorzuziehen, und es sei nicht erstrebenswerter, sondern eher wert, gewählt zu werden, und wenn eine Wahlmöglichkeit bestehe, sei das Leben des Metellus zu wählen und das des Regulus zurückzuweisen.[38] Was mich betrifft, so nenne ich das Leben glücklicher, von dem er sagt, daß es vorzuziehen sei und eher verdiene, gewählt zu werden, und dadurch schätze ich dieses Leben nicht im geringsten höher ein als die Stoiker. (89) Was unterscheidet uns anderes, als daß ich bekannte Dinge mit bekannten Worten bezeichne, während

quaerunt, quibus idem dicant? ita, quem ad modum in senatu semper est aliquis, qui interpretem postulet, sic isti nobis cum interprete audiendi sunt. bonum appello quicquid secundum naturam est, quod contra malum, nec ego solus, sed tu etiam, Chrysippe, in foro, domi; in schola desinis. quid ergo? aliter homines, aliter philosophos loqui putas oportere? quanti quidque sit aliter docti et indocti, sed cum constiterit inter doctos quanti res quaeque sit – si homines essent, usitate loquerentur –, dum res maneant, verba fingant arbitratu suo.

(90) Sed venio ad inconstantiae crimen, ne saepius dicas me aberrare; quam tu ponis in verbis, ego positam in re putabam. si satis erit hoc perceptum, in quo adiutores Stoicos optimos habemus, tantam vim esse virtutis, ut omnia, si ex altera parte ponantur, ne appareant quidem, cum omnia, quae illi commoda certe dicunt esse et sumenda et eligenda et praeposita – quae ita definiunt, ut satis magno aestimanda sint –, haec igitur cum ego tot nominibus a Stoicis appellata, partim novis et commenticiis, ut ista ›producta‹ et ›reducta‹, partim idem significantibus – quid enim interest, expetas an eligas? mihi quidem etiam lautius videtur, quod eligitur, et ad quod dilectus adhibetur –, sed, cum ego ista omnia bona dixero, tantum refert quam magna dicam, cum expetenda, quam valde. sin autem nec expetenda ego magis quam tu

sie neue Begriffe suchen, mit denen sie dasselbe sagen? Wie im Senat sich immer einer findet, der einen Dolmetscher verlangt, so brauchen wir einen Dolmetscher, wenn wir diese Leute hören. Als ein Gut bezeichne ich alles, was naturgemäß ist, das Gegenteil als ein Übel, und nicht nur ich, sondern auch du, Chrysipp, auf dem Markt und zu Hause; in der Schule gibst du es auf. Was soll das? Glaubst du, daß Philosophen anders als normale Menschen reden müssen? Was eine Sache jeweils wert ist, darüber mögen die Gelehrten anders urteilen als die Laien, doch wenn sich die Gelehrten über den Wert einer Sache geeinigt haben – wenn sie normale Menschen wären, würden sie die übliche Sprache sprechen –, dann mögen sie Worte nach ihrem Gutdünken bilden, wenn nur die Dinge bestehen bleiben.

(90) Aber ich komme nun zum Vorwurf der Inkonsequenz, damit du nicht immer wieder sagst, ich schweifte ab. Sie lag für dich in den Worten; ich meinte, sie liege in der Sache. Nehmen wir an, daß dieser Grundsatz, bei dem wir in den Stoikern die besten Helfer haben, klar genug erfaßt ist, daß die Kraft der Tugend so groß ist, daß alles andere, wenn man es ihr gegenüberstellt, nicht einmal in Erscheinung tritt; wenn ich dann alle Dinge, die die Stoiker doch immerhin als Vorteile bezeichnen, die anzunehmen, auszuwählen und bevorzugt seien – sie definieren sie so, daß sie hoch genug zu schätzen sind –, wenn ich also diese Dinge, die von den Stoikern mit so vielen Namen bezeichnet werden, teils mit neuen und erfundenen, wie die ›vorgezogenen‹ und ›abgewiesenen‹ Dinge, teils mit bedeutungsgleichen – was macht es denn für einen Unterschied, ob man etwas erstrebt oder erwählt? mir jedenfalls scheint etwas, das man erwählen kann und bei dem man die Wahl hat, erlesener zu sein –, doch wenn ich alle diese Dinge als Güter bezeichne, dann kommt es doch nur darauf an, wie wertvoll ich sie finde, und wenn ich sie als erstrebenswert bezeichne, wie sehr sie es für mich sind. Wenn sie jedoch für mich nicht mehr erstrebens-

eligenda, nec illa pluris aestimanda ego, qui bona, quam tu, producta qui appellas, omnia ista necesse est obscurari nec apparere et in virtutis tamquam in solis radios incurrere. (91) At enim, qua in vita est aliquid mali, ea beata esse non potest. ne seges quidem igitur spicis uberibus et crebris, si avenam uspiam videris, nec mercatura quaestuosa, si in maximis lucris paulum aliquid damni contraxerit. an hoc usque quaque, aliter in vita? et non ex maxima parte de tota iudicabis? an dubium est, quin virtus ita maximam partem obtineat in rebus humanis, ut reliquas obruat? Audebo igitur cetera, quae secundum naturam sint, bona appellare nec fraudare suo vetere nomine neque iam aliquod potius novum exquirere, virtutis autem amplitudinem quasi in altera librae lance ponere. (92) terram, mihi crede, ea lanx et maria deprimet. semper enim ex eo, quod maximas partes continet latissimeque funditur, tota res appellatur. dicimus aliquem hilare vivere; ergo, si semel tristior effectus est, hilara vita amissa est? at hoc in eo M. Crasso, quem semel ait in vita risisse Lucilius, non contigit, ut ea re minus ἀγέλαστος, ut ait idem, vocaretur. Polycratem Samium felicem appellabant. nihil acciderat ei, quod nollet, nisi quod anulum, quo delectabatur, in mari abiecerat. ergo infelix una molestia, felix rursus, cum is ipse anulus in praecordiis piscis inventus

wert sind als für dich erwählenswert und wenn ich, der ich sie Güter nenne, sie nicht wertvoller finde als du, der du sie vorgezogene Dinge nennst, dann müssen alle diese Dinge zwangsläufig unscheinbar und unsichtbar werden und in die Strahlen der Tugend wie in die der Sonne eintauchen. (91) ›Aber ein Leben, in dem es irgendein Übel gibt, kann ja nicht glücklich sein.‹ Dann wäre nicht einmal ein Kornfeld üppig und reich an Ähren, wenn man irgendwo einen wilden Hafer findet, und ein Handel nicht einträglich, wenn er bei größtem Gewinn auch irgendeine kleine Einbuße mit sich brächte. Oder ist das in allen Bereichen so, im Leben aber anders? Und wird man nicht sein Urteil über das Ganze aufgrund des größten Teiles fällen? Oder besteht etwa ein Zweifel daran, daß die Tugend im Leben der Menschen eine so bedeutende Rolle spielt, daß sie das übrige zudeckt? Ich werde es also wagen, die anderen naturgemäßen Dinge als Güter zu bezeichnen und sie nicht ihres alten Namens zu berauben noch statt dessen irgendeinen neuen ausfindig zu machen, die Majestät der Tugend aber gleichsam in die andere Waagschale zu legen. (92) Diese Waagschale, glaube mir, wird schwerer als Land und Meere wiegen. Denn immer wird ein Ganzes nach dem benannt, was die bedeutendsten Teile umfaßt und sich am weitesten erstreckt. Wir sagen, jemand führe ein Leben voll Fröhlichkeit. Ist denn, falls er einmal traurig geworden ist, deshalb das fröhliche Leben dahin? Bei jenem Marcus Crassus, von dem Lucilius sagt, er habe einmal im Leben gelacht, führte das aber nicht dazu, daß er deswegen weniger den Namen Agelastos (›Ohnelachen‹) trug, wie ebenfalls Lucilius sagt.[39] Polykrates aus Samos nannten die Menschen glücklich. Nichts Unerwünschtes war ihm begegnet, außer daß er einen Ring, der ihn erfreute, im Meer verloren hatte. War er also unglücklich wegen eines einzigen Verdrusses und wieder glücklich, als sich gerade dieser Ring in den Eingeweiden eines Fisches fand? Wenn er ein Tor war – das war er als

est? ille vero, si insipiens – quod certe, quoniam tyrannus –, numquam beatus; si sapiens, ne tum quidem miser, cum ab Oroete, praetore Darei, in crucem actus est. At multis malis affectus. Quis negat? sed ea mala virtutis magnitudine obruebantur. (93) An ne hoc quidem Peripateticis concedis, ut dicant omnium bonorum virorum, id est sapientium omnibusque virtutibus ornatorum, vitam omnibus partibus plus habere semper boni quam mali? Quis hoc dicit? Stoici scilicet. Minime; sed isti ipsi, qui voluptate et dolore omnia metiuntur, nonne clamant sapienti plus semper adesse quod velit quam quod nolit? cum tantum igitur in virtute ponant ii, qui fatentur se virtutis causa, nisi ea voluptatem faceret, ne manum quidem versuros fuisse, quid facere nos oportet, qui quamvis minimam animi praestantiam omnibus bonis corporis anteire dicamus, ut ea ne in conspectu quidem relinquantur? quis est enim, qui hoc cadere in sapientem dicere audeat, ut, si fieri possit, virtutem in perpetuum abiciat, ut dolore omni liberetur? quis nostrum dixerit, quos non pudet ea, quae Stoici aspera dicunt, mala dicere, melius esse turpiter aliquid facere cum voluptate quam honeste cum dolore? (94) nobis Heracleotes ille Dionysius flagitiose descivisse videtur a Stoicis propter oculorum dolorem. quasi vero hoc didicisset a Zenone, non dolere, cum doleret! illud audierat nec tamen didicerat, malum illud non esse, quia turpe non esset, et esse ferendum viro. hic si Peripateticus fuisset, permansisset, credo, in sententia, qui dolorem malum dicunt esse, de asperitate autem eius fortiter ferenda

Tyrann bestimmt –, so war er aber niemals glücklich; doch wenn er weise war, dann war er nicht einmal unglücklich, als er von Oroites, dem Satrapen des Dareios, ans Kreuz geschlagen wurde. Er hatte freilich unter vielen Übeln zu leiden. Wer bestreitet das? Doch diese Übel konnte die Größe seiner Tugend in den Schatten stellen. (93) Oder gestattest du den Peripatetikern nicht einmal zu sagen, das Leben aller vortrefflichen, das heißt weisen und durch alle Tugenden ausgezeichneten Männer enthalte in jeder Hinsicht mehr Gutes als Übles? Wer sagt das? Offenbar die Stoiker. Nein, sondern ausgerechnet die alles nach Lust und Schmerz bemessen;[40] verkünden sie nicht laut, ein Weiser habe immer mehr Erwünschtes als Unerwünschtes? Wenn also Leute, die bekennen, sie würden um der Tugend willen, wenn sie ihnen keine Lust verschaffe, nicht einmal die Hand umdrehen, soviel Wert auf die Tugend legen, was müssen dann erst wir tun, die wir behaupten, eine noch so geringe geistige Qualität sei allen körperlichen Gütern so überlegen, daß sie nicht einmal in unserem Blickfeld blieben? Wer würde es denn wagen zu behaupten, es passe zu einem Weisen, der Tugend, wenn es möglich wäre, für immer zu entsagen, um von jedem Schmerz befreit zu werden? Wer von uns, die wir uns nicht schämen, das, was die Stoiker hart nennen, als Übel zu bezeichnen, würde wohl behaupten, es sei besser, etwas Schimpfliches mit Lust zu tun, als etwas sittlich Gutes unter Schmerzen? (94) Wir finden, daß jener Dionysios von Herakleia in schändlicher Weise wegen seines Augenleidens von den Stoikern abfiel. Als ob er das von Zenon gelernt hätte, keinen Schmerz zu empfinden, wenn er Schmerzen litt. Was er gehört und trotzdem nicht gelernt hatte, war dies, daß der Schmerz kein Übel sei, weil er nicht schimpflich sei, und daß man ihn als Mann ertragen müsse. Wäre er Peripatetiker gewesen, so wäre er wohl seiner Lehre treu geblieben; denn sie bezeichnen den Schmerz als ein Übel, was aber das tapfere Ertragen seiner Grausamkeit

praecipiunt eadem, quae Stoici. Et quidem Arcesilas tuus, etsi fuit in disserendo pertinacior, tamen noster fuit; erat enim Polemonis. is cum arderet podagrae doloribus visitassetque hominem Charmides Epicureus perfamiliaris et tristis exiret, ›Mane, quaeso‹ inquit, ›Charmide noster; nihil illinc huc pervenit.‹ ostendit pedes et pectus. ac tamen hic mallet non dolere.

(95) Haec igitur est nostra ratio, quae tibi videtur inconstans, cum propter virtutis caelestem quandam et divinam tantamque praestantiam, ut, ubi virtus sit resque magnae ⟨et⟩ summe laudabiles virtute gestae, ibi esse miseria et aerumna non possit, tamen labor possit, possit molestia, non dubitem dicere omnes sapientes esse semper beatos, sed tamen fieri posse, ut sit alius alio beatior.«

»Atqui iste locus est, Piso, tibi etiam atque etiam confirmandus, inquam; quem si tenueris, non modo meum Ciceronem, sed etiam me ipsum abducas licebit.«

(96) Tum Quintus: »Mihi quidem« inquit »satis hoc confirmatum videtur, laetorque eam philosophiam, cuius antea supellectilem pluris aestimabam quam possessiones reliquarum – ita mihi dives videbatur, ut ab ea petere possem, quicquid in studiis nostris concupissem –, hanc igitur laetor etiam acutiorem repertam quam ceteras, quod quidam ei deesse dicebant.«

»Non quam nostram quidem« inquit Pomponius iocans; »sed mehercule pergrata mihi oratio tua. quae enim dici Latine posse non arbitrabar, ea dicta sunt a te verbis aptis

angeht, so lehren sie dasselbe wie die Stoiker. Auch dein Arkesilas war zwar beim Diskutieren recht hartnäckig, aber doch einer der Unseren; er war ja auch ein Schüler Polemons. Als er an brennenden Gichtschmerzen litt, besuchte ihn sein enger Freund, der Epikureer Charmides, und schied betrübt von ihm. Da sagte er: ›Bleib bitte, mein Charmides; von dort kommt nichts hierher.‹ Dabei wies er auf seine Füße und seine Brust. Und trotzdem hätte er lieber keine Schmerzen gelitten.

(95) Das also ist unsere Lehre, die dir inkonsequent scheint, weil ich wegen des geradezu himmlischen und göttlichen Vorrangs der Tugend, der so groß ist, daß es dort, wo sich Tugend findet und große, in höchstem Maße lobenswerte Leistungen der Tugend, kein Elend und keine Drangsal geben kann, wohl aber Mühe und Verdruß, weil ich also nicht zögere zu sagen, daß alle Weisen immer glücklich sind, daß aber trotzdem die Möglichkeit besteht, daß der eine glücklicher als der andere ist.«

»Auf diesem Grundsatz, Piso«, sagte ich, »mußt du nur immer fest beharren; wenn du an ihm festhältst, dann darfst du nicht nur meinen Cicero, sondern auch mich selbst auf deine Seite ziehen.«

(96) Da meinte Quintus: »Mir jedenfalls scheint dieser Grundsatz zur Genüge bestätigt, und ich freue mich, daß *die* Philosophie, deren Ausstattung ich schon früher höher schätzte als die Besitzungen der übrigen – so reich erschien sie mir, daß ich mir bei ihr alles holen konnte, was ich mir bei unseren Studien wünschte –, ich freue mich also, daß sie sich sogar den übrigen an Scharfsinn überlegen zeigte, was manche ihr absprechen wollten.«

»Freilich nicht scharfsinniger als die unsrige«, sagte Pomponius im Scherz; »doch deine Rede war mir wahrhaftig sehr willkommen; denn Dinge, von denen ich annahm, daß man sie nicht auf lateinisch ausdrücken könne, hast du in Worten ausgedrückt, die angemessen und nicht weniger klar sind als

nec minus plane quam dicuntur a Graecis. Sed tempus est, si videtur, et recta quidem ad me.«

Quod cum ille dixisset et satis disputatum videretur, in oppidum ad Pomponium perreximus omnes.

die Darstellungen der Griechen. Doch es ist an der Zeit, und wenn ihr einverstanden seid, dann gehen wir geradewegs zu mir.«

Als er das vorgeschlagen hatte und alle fanden, man habe zur Genüge diskutiert, begaben wir uns alle in die Stadt zum Hause des Pomponius.

Anhang

Zum Text

Der lateinische Text folgt der Ausgabe: M. Tullius Cicero, *De finibus bonorum et malorum*, hrsg. von Th. Schiche, Leipzig: Teubner, 1915, Nachdr. Stuttgart: Teubner, 1961. Die Abweichungen betreffen folgende Stellen:

	Teubner	*Reclam*
1,5	Lucilius	Licinus
1,9	comit	cum
2,23	Noli	Nolim
2,27	et quidem	equidem
2,28	quid	quidquid
2,50	sua natura, sua sponte	sua sponte, sua natura
2,56	cicuta	† cum causa †
2,57	facinus esse	facinus ⟨si⟩ esse
2,57	iniquus iustus	iniquus [iustus]
2,94	st! brevis dolor	si gravis dolor, brevis
2,100	arteque	aperteque
2,110	e voluptate	a voluptate
3,22	etenim ... sicut	ut enim ... sic
3,49	eam modo	non eam modo
3,61	si id oportune facere possit, quod est convenienter naturae. sic enim censent oportunitatis esse beate vivere.	si id oportune facere possit. sic enim censent, oportunitatis esse beate vivere, quod est convenienter naturae vivere.
4,10	res	ars
4,22	[de ipsis rebus nihil mutetur]	de ipsis rebus nihil mutetur
4,29	dicit	dicunt
4,40	† omnino nos †	omnia ea
4,45	modo quos	quos modo
4,48	laudabile autem honestum	laudabile autem omne honestum
4,75	nisi nulla earum ⟨non⟩	si nulla earum
5,15	quo quodque referatur	quo quidque referatur
5,23	appellant	appellat
5,25	dispertita sint	dispertita sunt

	Teubner	*Reclam*
5,33	continentur	continetur
5,63	Quid loquor	Quid loquar
5,80	habeat	abeat

Anmerkungen

Erstes Buch

1 Vgl. Einleitung, S. 20.

2 In der 163 v. Chr. aufgeführten Komödie *Heautontimorumenos* (›Selbstquäler‹) bringt Terenz die Gestalt eines alten Vaters, Menedemus, auf die Bühne, der seinen Sohn aus dem Haus getrieben hat und sich aus Reue darüber quält. In der ersten Szene des Stücks richtet der teilnahmsvolle Nachbar Chremes die zitierten Worte (V. 67 ff.) an ihn.

3 Zitat aus Porcius Licinus, der gegen Ende des 2. Jh.s v. Chr. ein literaturgeschichtliches Lehrgedicht schrieb.

4 Beginn der *Medea* des Ennius.

5 Anspielung auf ein Lucilius-Zitat, das Cicero in *De oratore* (2,25) ausführlicher zitiert und im einzelnen erklärt.

6 Vgl. Einleitung, S. 24.

7 Zitat aus dem zweiten Satiren-Buch des Lucilius, dessen Hauptthema die witzig-boshafte Schilderung eines Prozesses war, den Titus Albucius im Jahr 119 v. Chr. gegen Q. Mucius Scaevola anstrengte und verlor. In der zitierten Passage ließ Lucilius den angeklagten Scaevola vor Gericht erklären, wie der Ankläger sein Feind wurde.

8 Das juristische Problem bestand in der Streitfrage, ob das Nutzungsrecht an einer Sklavin auch ein während der Dauer der Nutzung von ihr geborenes Kind einschließe.

9 Epikur nennt diese Abweichung παρέγκλισις (Fr. 280 Usener).

0 Die These findet sich in Epikurs bei Diogenes Laertius (10,84 ff.) überliefertem Brief an Pythokles (§ 91) und dokumentiert seinen Glauben an die Untrüglichkeit der Sinneswahrnehmungen. Zu der bereits in der Antike erkennbaren und zwingend widerlegbaren Absurdität dieser Vorstellung vgl. E. Schrödinger, *Die Natur und die Griechen*, Wien/Hamburg 1987, S. 138 ff.

1 Nach der von Epikur (*Brief an Herodot* 46 ff.) übernommenen Vorstellung der Atomisten bildet ein unablässiger Strom atomarer Abbilder (εἴδωλα), der von den Objekten ausgeht und auf das wahrnehmende bzw. erkennende Subjekt auftrifft, die Grundlage jeder Sinneswahrnehmung und Erkenntnis.

2 Der Name Torquatus leitet sich von *torquis* (›Halskette‹) ab, bedeutet also ursprünglich ›mit einer Halskette geschmückt‹.

13 Zur epikureischen Unterscheidung zwischen zwei verschiedenen Begriffen von Lust, der ›kinetischen‹ (= in der Bewegung) und der ›statischen‹ (= im Ruhezustand), vgl. Einleitung, S. 16.
14 Vgl. Einleitung, Anm. 2.
15 Anspielung auf das Verhalten der verhafteten und überführten Mitverschwörer Catilinas, wie es Cicero in seiner dritten Catilinarischen Rede (§ 13) beschrieb.
16 Vgl. 1,25.
17 Vgl. Κύριαι δόξαι 16 und 19.
18 Die Dialektik der Akademiker (vgl. Einleitung, S. 8), zu denen Torquatus auch Cicero rechnet.
19 Der Lehre von den Sinneswahrnehmungen als Maßstab und Richtschnur aller Erkennntis war eine eigene Schrift Epikurs unter dem Titel Περὶ κριτηρίου ἢ Κανών (›Vom Prüfstein oder Maßstab‹) gewidmet.
20 Theseus und Peirithoos, Achill und Patroklos, Orest und Pylades.
21 Vgl. Κύριαι δόξαι 28.

Zweites Buch

1 Im ursprünglichen Sinne bedeutete ›Sophist‹ etwa: berufsmäßiger Vertreter und Vermittler der Weisheit.
2 Bei der Eröffnung eines Gerichtsverfahrens konnte der Gegenstand des Prozesses in einer Vorbemerkung bezeichnet werden, die mit den formelhaften Worten begann: »ea res agatur ...« (»diese Sache soll verhandelt werden«).
3 Platon, *Phaidros* 237b 7 – c 2.
4 Eine vielzitierte Äußerung Epikurs, deren ausführlichste Fassung Cicero, *Tusculanae disputationes* 3,41 f. bietet (= Fr. 67.69 Usener).
5 Nach Platon, *Protagoras* 343a folgende Philosophen und Staatsmänner des 7. und 6. Jh.s v. Chr.: Thales von Milet, Pittakos von Mytilene, Bias von Priene, Solon von Athen, Kleobulos von Lindos, Myson von Chenai und Cheilon von Sparta. Bei anderen andere Namen, z. B. Periander von Korinth.
6 Vgl. 1,37 mit Anm. 13.
7 Vgl. 1,38.
8 Verse aus unbekannten Komödien, ersterer von Cicero, *Tusc.* 4,35 ausführlicher zitiert.

9 Zur stoischen Beurteilung der Lust vgl. 3,35; die hier zitierte stoische Definition auch bei Cicero, *Tusc.* 4,13.
10 Zitat aus einer unbekannten Komödie.
11 Vers aus einer Komödie des Caecilius.
12 Beginn der Komödie *Heautontimorumenos* des Terenz (vgl. Buch I, Anm. 2).
13 Dialog über kosmologische Themen aus Platons später Schaffenszeit, von dem Cicero eine teilweise erhaltene Übersetzung anfertigte.
14 Vgl. 1,37.
15 Zitat aus einer unbekannten Tragödie.
16 Vgl. 2,7 mit Anm. 4. Dem epikureischen Lustbegriff in diesem – mit dem allgemeinen Sprachgebrauch übereinstimmenden – Sinne gelten auch die folgenden Ausführungen Ciceros, der die eben postulierte Unterscheidung der beiden Lustbegriffe zunächst wieder aus den Augen zu verlieren scheint. Erst in § 28 kommt er auf den Begriff der Lust im Sinne der Schmerzlosigkeit zu sprechen.
17 Vgl. Einleitung, S. 16.
18 Κύριαι δόξαι 10.
19 Vers aus der genannten Komödie des Caecilius, der ein griechisches Original Menanders zugrunde lag.
20 Vgl. Fr. 447 Usener.
21 Der genaue Wortlaut des Lucilius-Zitats ist unsicher, der Zusammenhang, aus dem es stammt, unbekannt.
22 Vielleicht aus dem vierten Satiren-Buch des Lucilius, in dem Luxus und Laster der Reichen gegeißelt wurden.
23 Im Anschluß an diese Lucilius-Verse führt Horaz (*Satiren* 2,2,47) denselben Gallonius als Beispiel für unsinnigen Tafelluxus an.
24 Vgl. 1,37 und Einleitung, S. 16.
25 Vgl. 1,30.
26 Hier folgten offenbar ursprünglich noch Angaben über den Ausgangspunkt für die Bestimmung des höchsten Gutes in anderen Philosophenschulen, auf die im folgenden Bezug genommen wird.
27 Mit dieser Formulierung gibt Cicero den von der Stoa geprägten Begriff der οἰκείωσις wieder (vgl. 3,16 ff. und Einleitung, S. 11). Über die Schwierigkeit bzw. Unmöglichkeit einer adäquaten Übersetzung – auch Ciceros ›prima commendatio‹ ist nur

ein Notbehelf – zutreffend F. H. Sandbach, *The Stoics*, London 1975, S. 32 ff.

28 Die Frage der Zuständigkeit des Gerichts gehörte zu den Prozeßvoraussetzungen, die im konkreten Fall jeweils zu prüfen waren. Erwies sich das Gericht nach ergangenem Urteil als nicht zuständig, so war der Urteilsspruch in jedem Fall, unabhängig von der gewählten Formulierung, hinfällig.

29 Diese Auffassung wird von den Stoikern vertreten (zu ihrer Terminologie vgl. Einleitung, S. 13 f.), die folgende von den Peripatetikern und der alten Akademie.

30 Aus der Tragödie *Hecuba*, einer Nachdichtung der euripideischen *Hekabe*, deren Vers 627 dem zitierten Ennius-Vers entspricht.

31 Platon, *Neunter Brief* 358a 3–5.

32 Vgl. Anm. 4.

33 Vgl. 1,42.

34 Vgl. 1,57.

35 Platon, *Phaidros* 250d 3–6.

36 Das hier verkürzt zitierte lateinische Sprichwort lautet vollständig (vgl. *De officiis* 3,77): »quicum in tenebris mices«; dabei bedeutet *micare* (wörtl. ›blinken, funkeln‹): blitzschnell eine Zahl von Fingern ausstrecken, die der Partner erraten muß.

37 In dem nur fragmentarisch erhaltenen dritten Buch.

38 Vgl. Einleitung, S. 24.

39 Vgl. 1,40–42.

40 Diese Angabe widerspricht in ihrem zweiten Teil der Darstellung des Livius, der Brutus und Lucretias Gatten, L. Tarquinius Collatinus, also nicht ihren Vater, Lucretius Tricipitinus, als Konsuln des Jahres 509 v. Chr. nennt.

41 Die ersten historiographischen Aufzeichnungen der Römer waren Jahres-Chroniken (*annales*), die vom Oberpriester geführt und in seinem Hause der Öffentlichkeit zugänglich gemacht wurden (vgl. *De oratore* 2,52).

42 Anspielung auf den *Liber Annalis* des Atticus (vgl. Einleitung, S. 26).

43 Passage aus dem Traktat des Kleanthes Περὶ ἡδονῆς (›Über die Lust‹), die in der Antike häufig zitiert wurde (vgl. z. B. Seneca, *De vita beata* 13,5 und Augustinus, *De civitate Dei* 5,20).

44 Vgl. 2,21.

45 Zitat aus einer unbekannten Quelle.

46 Vgl. 1,23.

47 Vgl. Einleitung, S. 15 f.
48 Vgl. 1,37; 2,16; 2,32 und Einleitung, S. 16.
49 Phintias, der sich dem Tyrannen von Syrakus Dionysios I. (430–367 v. Chr.) als Bürgen für seinen zum Tod verurteilten Freund Damon zur Verfügung stellte. Das Verhalten der beiden Pythagoreer wird von Cicero noch öfter (vgl. *Tusc.* 5,63 und *De officiis* 3,45) als eindrucksvolles Beispiel unerschütterlicher Freundestreue angeführt.
50 Vgl. 5,63.
51 Vgl. 1,65.
52 Vgl. 1,69.
53 Vgl. Herodot 1,32.
54 Vgl. 1,63 mit Anm. 17.
55 Vgl. Xenophon, *Institutio Cyri* 1,2,8 (vgl. *Tusc.* 5,99).
56 Vgl. Platon, *Politeia* 3, 404d 1–3.
57 Fr. 68 Usener (mit Ergänzung S. 345,5).
58 Verse aus der Tragödie *Philocteta* des Accius (vgl. *Tusc.* 2,19 und 2,33).
59 Der hier an Hermarch gerichtete Brief Epikurs von seinem Todestag ist bei Diogenes Laertius (10,22) als Brief an Idomeneus überliefert (= Fr. 138 Usener).
60 Fr. 217 Usener.
61 Κύριαι δόξαι 2.
62 Die zuerst bei Platon (Timaios 39d 2–7) entwickelte Vorstellung eines Großen Weltenjahres setzt einen astronomischen Zyklus voraus, nach dessen Ablauf sich die Stellung der Sonne, des Mondes und der Planeten zueinander exakt wiederholt (vgl. *De re publica* 6,24 und *De natura deorum* 2,51). Aristoteles gab seine Dauer mit 12954 Jahren an.
63 Wiedergabe eines Verses aus der *Andromeda* des Euripides.
64 Die von Cicero auch in *Tusc.* 5,101 zitierte Äußerung des Aristoteles findet sich nicht in dessen erhaltenen Schriften.
65 Wahrscheinlich Verse des Ennius (vgl. *De oratore* 3,167).
66 Die beiden Sätze, die das Gleichnis erklären, stammen offenbar nicht von Cicero, sondern wurden dem Text erst später hinzugefügt.
67 Die für die Bildung eines freien Mannes unentbehrlichen Kenntnisse und Fähigkeiten auf sprachlich-literarischem, mathematischem, musischem und politischem Gebiet (vgl. *De oratore* 3,127).

68 Dieselbe Aufschrift vom Grab des Aulus Atilius Calatinus an der Via Appia vor der Porta Capena zitiert Cicero auch in *Cato maior* 61.

Drittes Buch

1 Hieronymos von Rhodos und seine Schule (vgl. 2,8).
2 Vgl. 1,30.
3 Vgl. 1,8 f.
4 Zur Dreiteilung der Philosophie in Physik, Logik und Ethik und dem Vorrang der letzteren vgl. Einleitung, S. 4.
5 Cato Uticensis (vgl. Einleitung, S. 24–26).
6 An Festen, die mit der Veranstaltung sportlicher, zirzensischer und szenischer Spiele verbunden waren, fanden keine Senatssitzungen und Volksversammlungen statt, so daß sich Senatoren und Beamten Gelegenheit zum Besuch ihrer Landhäuser außerhalb Roms bot.
7 Cato war ein Halbbruder der Mutter des jungen Lucullus und nahm sich nach dem Tod des Vaters Lucullus und des Bruders der Mutter, Cn. Servilius Caepio, der Erziehung seines Neffen an.
8 Gemeint ist wohl der in Anm. 7 genannte Onkel Cn. Servilius Caepio, der hier fälschlich als Großvater bezeichnet wird.
9 Schriften der ›esoterischen‹ Gattung (vgl. Einleitung, S. 21), die wegen ihres mit Vorlesungsmanuskripten vergleichbaren Charakters im Lateinischen als *commentarii* (›Notizen, Aufzeichnungen‹) bezeichnet wurden.
10 Vgl. 2,43.
11 Vgl. Einleitung, S. 13 f.
12 Der in den Handschriften überlieferte lateinische Text dieses Satzes ist durch eine Lücke entstellt. Die Übersetzung versucht den vermutlichen Sinn des ursprünglichen Textes auszudrücken.
13 *ephippium* (›Satteldecke‹) und *acratophorum* (›Krug für unvermischten Wein‹) sind Beispiele für vermeidbare griechische Fremdwörter; zu den stoischen Begriffen vgl. Einleitung, S. 13.
14 Wiedergabe der stoischen οἰκείωσις-Lehre. Vgl. 2,37 mit Anm. 27 und Einleitung, S. 11.
15 Im Gegensatz zum Skeptizismus der Akademie (vgl. Einleitung, S. 8 f.) glaubten die Stoiker, daß die Vernunft den Menschen befähige, eine adäquate Erkenntnis der Wahrheit zu gewinnen. Zur bildlichen Verdeutlichung des Vorgangs der Erkenntnis

bedienten sie sich des von Zenon geprägten Vergleichs mit einer Hand, die sich vom anfänglichen Tasten mit ausgestreckten Fingern zum festen, umfassenden Ergreifen schließt (vgl. Cicero, *Academica* 1,41 f. und 2,145). Eben diese Vorstellung liegt den Wortbildungen κατάληψις im Griechischen, *comprehensio* im Lateinischen und *Begriff* im Deutschen zugrunde.

16 Ein logischer Zusammenhang dieses Satzes mit dem Vorhergehenden ist nicht erkennbar. Möglicherweise ist er durch das Versehen eines Abschreibers an diese Stelle geraten.

17 Diese Darstellung schildert die Abfolge der einzelnen Schritte, in denen sich die Entwicklung des Menschen von anfänglich instinktiver Auswahl naturgemäßer und Zurückweisung naturwidriger Dinge bis zur vernunftbestimmten Entscheidung für die Tugend als Vollendung des naturgemäßen Lebens vollzieht (vgl. Einleitung, S. 11 f.). Zum griechischen Hintergrund vgl. M. Pohlenz, *Die Stoa*, Bd. 2, Göttingen ^{4}1972, S. 95.

18 Diese Übersetzung wurde gewählt, weil der stoische Begriff ὁμολογία bzw. ὁμολογουμένως ζῆν ursprünglich nicht im Sinne der Harmonie mit etwas anderem, etwa der Natur, sondern zur Bezeichnung der harmonischen Verfassung des Menschen selbst gebraucht wurde (vgl. Einleitung, Anm. 7).

19 Das vielbehandelte und häufig mißverstandene Gleichnis führt viele Erklärer durch die scheinbar naheliegende, in Wirklichkeit aber sinnwidrige Gleichsetzung des vom Schützen anvisierten Ziels mit dem τέλος des höchsten Gutes in die Irre. Entscheidend für das Verständnis ist die Einsicht, daß das höchste Gut für die Stoa gerade nicht im Erreichen eines bestimmten Ergebnisses, bildlich gesprochen im Treffen eines Ziels, liegt (vgl. 5,20), sondern in der inneren Haltung, also in der absoluten Ausrichtung auf das Ziel.

20 Die weitere Entwicklung dieses Wesensunterschiedes zwischen der Weisheit als Vollendung des naturgemäßen Lebens und den ›Künsten‹ als fachspezifischen Betätigungen des Menschen bietet § 32, der vielleicht ursprünglich hier anschloß und durch einen Überlieferungsfehler an die falsche Stelle geriet.

21 Aristipp und Epikur bezeichnen die Lust, Hieronymos die Schmerzlosigkeit, Karneades die Befriedigung der elementaren natürlichen Bedürfnisse als höchstes Gut (vgl. 2,35).

22 Polemon fügte zur Tugend die Befriedigung der elementaren natürlichen Bedürfnisse, Kalliphon die Lust, Diodor die Schmerzlosigkeit hinzu (vgl. 2,34).

23 Lehre des Herillos (vgl. 2,43 und 5,23).
24 Auffassung Pyrrhons und Aristons (vgl. 2,43 und 3,11).
25 Position des Arkesilas (vgl. Einleitung, S. 8).
26 Fortsetzung der Gegenüberstellung von Weisheit und Künsten in § 24 (vgl. Anm. 20).
27 Im Bereich der mittleren, wertneutralen Dinge gibt es zwar quantitativen Zuwachs, aber er bewirkt keine qualitative Änderung des immer nur relativen Wertes.
28 Vgl. Anm. 21.
29 Cato Censorius (vgl. Einleitung, S. 25).
30 Vgl. 3,2 f.
31 Vgl. Einleitung, S. 10.
32 Hoher geschlossener Stiefel.
33 Der von Cicero in *De finibus* immer wieder (vgl. 2,115; 3,23 ff.; 4,4) gezogene Vergleich zwischen ›virtutes‹ (= Tugenden) und ›artes‹ (= Künste, Wissenschaften; im allgemeinen Sinn: fachspezifische geistige Fähigkeiten) beruht auf ihrer grundsätzlichen Gemeinsamkeit, die sie beide als Formen menschlichen Könnens und Wissens verbindet. Dieser Gemeinsamkeit steht aber auch eine wesentliche Verschiedenheit gegenüber: Die ›virtutes‹ betreffen als Vollendung des naturgemäßen Lebens die sittliche Entscheidung des Menschen und damit das einzige wahre und um seiner selbst willen zu erstrebende Gut; nach stoischer Auffassung sind sie von vornherein vollkommen und kennen keine Möglichkeit der Steigerung. Die ›artes‹ dagegen haben es mit zwar naturgemäßen, aber mittleren, wertneutralen Dingen zu tun und bieten durchaus die Möglichkeit der Steigerung oder Minderung ihrer Qualität.
34 Vgl. Einleitung, S. 13 f.
35 Der Sinn des Würfel-Gleichnisses entspricht offenbar dem vom Pfeilschuß oder Lanzenwurf auf ein Ziel (vgl. 3,22 mit Anm. 19). Hier wie dort gibt der Mensch dem Erreichen des gewünschten Ergebnisses den Vorrang vor seinem Verfehlen. Da es aber letztlich nicht in seiner absoluten Verfügungsgewalt liegt, zählt das Ergebnis grundsätzlich zu den mittleren Dingen, die nur relative Bedeutung haben. Entscheidend und im Sinne des wahren Gutes allein zu erstreben ist die richtige Ausrichtung, dort beim Schleudern der Lanze, hier beim Werfen des Würfels.
36 Hier beruht Ciceros Darstellung auf einem Mißverständnis seiner griechischen Vorlage. Ihr Sinn war offenbar: »Nur zur ersten Gruppe gehören die sittlich guten Handlungen, nur zur zweiten

Gruppe gehört die Freundschaft.« Cicero verstand – und übersetzte – aufgrund einer falschen Beziehung des Wortes »nur« (μόνον) irrtümlich: »Zur ersten Gruppe gehören nur die sittlich guten Handlungen, zur zweiten Gruppe gehört nur die Freundschaft.« So die überzeugende Erklärung von M. Schäfer, *Ein frühmittelstoisches System der Ethik bei Cicero*, München 1934, S. 222.

37 Im Zuge ihrer Auseinandersetzung mit der Dialektik der Akademie und ihrer Begegnung mit Rom verstanden sich die Stoiker im 2. Jh. v. Chr. zu einer gewissen Milderung ihrer rigorosen Prinzipien (vgl. Einleitung, S. 15). Diese Entwicklung begann im wesentlichen unter dem Nachfolger des Diogenes von Seleukia und Zeitgenossen des Akademikers Karneades, Antipater von Tarsos.

38 Den lateinischen Begriffen ›officium‹ (= pflichtgemäßes Handeln) und ›recte factum‹ (= rechtes Handeln) entsprechen im Griechischen die Begriffe καθῆκον (vgl. 3,20) und κατόρθωμα (vgl. 3,24). Ihr Verhältnis behandelt Cicero ausführlich in *De officiis* 1,8 und 3,14–18.

39 Ein kleiner Krebs, der zuerst von Aristoteles (*Historia animalium* 547b 28) und später von Chrysipp als Beispiel für soziales Verhalten bei Tieren betrachtet wurde, in Wirklichkeit aber den Muscheln unfreiwillig als Nahrung dient. Cicero erwähnt ihn im selben – sachlich nicht gerechtfertigten – Zusammenhang mit Ameisen, Bienen und Störchen in *De natura deorum* 2,123.

40 Ἐμοῦ θανόντος γαῖα μιχθήτω πυρί (»Nach meinem Tod soll die Erde im Feuer vergehen«); aus einer unbekannten griechischen Tragödie.

41 Vgl. 2,87 mit Anm. 53.

Viertes Buch

1 Im Jahr 52 v. Chr., also kurz vor dem Datum des fiktiven Gesprächs zwischen Cicero und Cato, hatte Pompeius zu Beginn seines dritten Konsulats ein Gesetz (*lex Pompeia de vi*) eingebracht, durch das die Verfahrensdauer bei Strafprozessen auf einen Tag verkürzt und insbesondere die Länge der Rede des Anklägers auf zwei, die der Rede des Verteidigers auf drei Stunden beschränkt wurde. Das Gesetz zielte auf den Strafprozeß gegen Milo, der seinen und Ciceros Todfeind Clodius im

Verlauf einer Straßenschlacht auf der Via Appia getötet hatte und von Cicero erfolglos gegen den Schuldvorwurf des Mordes verteidigt wurde. Cato gehörte zu den Richtern, die für diesen Prozeß ausgelost worden waren.

2 Ironische Anspielung auf den Prozeß gegen Milo, dessen Verurteilung Cicero, im Unterschied zu seinen sonst meist erfolgreichen Verteidigungen, nicht hatte verhindern können. Vgl. 4,74 mit Anm. 32.

3 Vgl. Buch III, Anm. 33.

4 Vgl. Einleitung, S. 4.

5 Die antike Rhetorik unterschied zwischen der Erörterung allgemeiner Fragen (θέσεις, *quaestiones infinitae*) und der Behandlung konkreter Fälle (ὑποθέσεις, *quaestiones finitae / causae*). Vgl. *De oratore* 3,109 ff.

6 Vgl. 3,75.

7 Variierende Bezeichnung der philosophischen Teilgebiete Logik bzw. Dialektik und Physik.

8 Die *ars inveniendi* oder *inventio* (= Ausfindigmachen [von Argumenten]) bildete im System der antiken Rhetorik die erste der fünf Aufgaben des Redners. Zu ihrer Erfüllung benötigte er insbesondere die Kenntnis der Fundstellen (τόποι, *loci*), an denen die Argumente bereitlagen. Die *ars disserendi* bezeichnet, ähnlich wie kurz zuvor (4,8) die *ratio disserendi*, die Fähigkeit der logischen Verbindung und Entwicklung der Argumente, im Grunde also wieder die Dialektik.

9 Unter den vier Elementen – Erde, Wasser, Luft und Feuer – räumten die Stoiker dem letzteren den Vorrang ein. Unterschied man von ihm den feurigen Hauch als göttliches, belebendes Element, so konnte er als fünfte Naturkraft betrachtet werden.

10 Vgl. 3,20 und 3,58.

11 Vgl. 3,24 und 3,59 mit Anm. 38.

12 Vgl. 3,16.

13 Vgl. Einleitung, S. 13 f.

14 Der entsprechende Senatsbeschluß enthielt die formelhafte Wendung »quod eius virtute ac felicitate . . .« (»weil durch seine Tüchtigkeit und sein Glück . . .«).

15 Vgl. 3,45.

16 Aristipp, Epikur, Hieronymos und Karneades (vgl. 2,33).

17 Ariston, Pyrrhon, Herillos und die Stoiker (ebd.).

18 Vgl. 5,39.

19 Vgl. 3,23.

20 Vgl. Einleitung, S. 13 f.
21 Aristipp und Epikur.
22 Vgl. 3,26 f.
23 Vgl. 2,35 und 3,30 mit Anm. 21.
24 Xenokrates (vgl. Einleitung, S. 7).
25 Vgl. 3,74.
26 Vgl. Einleitung, S. 10 und 25.
27 Vgl. 3,20 und Einleitung, S. 13 f.
28 Ennius' Vorbild war die Euripideische Tragödie *Alkmeon in Psophis* (438 v. Chr.), deren Titelheld zur Strafe für einen Muttermord mannigfaches Ungemach erdulden mußte.
29 Vgl. 3,48.
30 Zitat aus einer unbekannten Tragödie.
31 Vgl. Einleitung, S. 13.
32 Durch witzig-pointierte Ironisierung stoischer Prinzipien minderte Cicero in seiner erfolgreichen Verteidigungsrede für Murena das Gewicht der Anklage Catos (Vgl. *Pro Murena* 61–66).
33 Vgl. 2,54.

Fünftes Buch

1 Stiftung des ägyptischen Königs Ptolemaios II. Philadelphos (283–246 v. Chr.), der auch eine Bibliothek angeschlossen war. Die Anlage bildete das Zentrum der Nordstadt des hellenistischen Athen.
2 Doppeltor im Nordwesten Athens, durch das die Heilige Straße nach Eleusis und der Weg zur etwa 1 km entfernten Akademie führte. Vgl. zur Topographie die instruktive Skizze bei A. A. Long / D. N. Sedley, *The Hellenistic Philosophers*, Bd. 1, Cambridge 1987, S. 4, und zur Interpretation des gesamten Einleitungsgesprächs G. Pfligersdorffer, »Landschaft als Erlebnisganzheit (anhand antiker Beispiele)«, in: *Beiträge zur Landeskunde von Griechenland II*, Salzburg 1979 (Arbeiten aus dem Institut für Geographie der Universität Salzburg, 8), S. 13–47, bes. 24 ff.
3 Das nach der Überlieferung auf den dritten König Roms, Tullus Hostilius, zurückgehende Tagungsgebäude des Senats (Curia Hostilia) an der Nordwestecke des Forums war etwa im Jahr 80 v. Chr. von Sulla im Zusammenhang mit der Vergrößerung des Senats von 300 auf 600 Mitglieder erweitert worden.
4 Lucius Calpurnius Piso Frugi.

5 Das Prinzip dieser, besonders für den Redner wichtigen, Mnemotechnik bestand darin, sich Dinge, die dem Gedächtnis einzuprägen waren, im Sinne räumlicher Anordnung vorzustellen. Vgl. *De oratore* 2,350–360.
6 Sophokles, *Ödipus auf Kolonos*, V. 1–13. Die Liebe zu Sophokles lag Quintus Cicero besonders nahe, da er selbst Tragödien schrieb.
7 Das Sprichwort lautete »Vivorum meminerimus!« (»Denken wir an die Lebenden!«).
8 Vgl. Einleitung, S. 26.
9 Die Agora (Marktplatz) oder die Pnyx, ein Hügel westlich der Akropolis, die gewöhnlichen Schauplätze der athenischen Volksversammlung.
10 Als angehender Redner widmete sich Lucius Cicero vor allem der Rhetorik.
11 Zur neueren Akademie, die mit Karneades begann und von der sich Antiochos im Sinne einer Rückbesinnung auf die alte Akademie abwandte. Vgl. Einleitung, S. 8 f.
12 Vgl. Buch III, Anm. 9.
13 Zu Theophrasts Schrift Περὶ εὐδαιμονίας (›Über die Glückseligkeit‹) vgl. Einleitung, S. 10 und *Tusc.* 5,24.
14 Die unter dem Titel *Nikomachische Ethik* überlieferte Schrift ist heute allgemein als aristotelisch anerkannt. Cicero war mit ihr offenbar nur flüchtig vertraut.
15 Vgl. 3,23.
16 Da dieser in allen Handschriften überlieferte Satz die Fiktion des Gesprächs aus dem Jahr 79 v. Chr. durchbricht, kann er nicht von Cicero stammen, sondern muß von einem späteren Abschreiber hinzugefügt worden sein.
17 Damit gibt Cicero, nach 2,37 und 3,16 ff., eine weitere Darstellung der οἰκείωσις-Lehre, die er in § 41 noch einmal kurz zusammenfaßt.
18 Menedemus im *Heautontimorumenos* (V. 147 f.). Vgl. Buch I, Anm. 2.
19 Ebd., V. 80.
20 Vers aus der Tragödie *Alcumaeo* des Ennius, von Cicero auch in *De oratore* 3,154 und 218 zitiert.
21 Zitat aus einer unbekannten Tragödie.
22 Jeder der drei großen griechischen Tragiker schrieb einen *Philoktet*; nur die Tragödie des Sophokles ist erhalten.
23 Vgl. 2,94 mit Anm. 58.

24 Vgl. 5,18.
25 Die berühmte Inschrift vom delphischen Apollon-Tempel Γνῶθι σεαυτόν (»Erkenne dich selbst«) zitiert Cicero auch *Tusc.* 1,52 und 5,70 sowie in *De legibus* 1,58 und 61.
26 Vgl. 5,37.
27 Homer, *Odyssee* 12,184–191.
28 Platon, *Nomoi* 653a 7–9.
29 Verse aus der Tragödie *Dulorestes* des Pacuvius. In der zitierten Szene werden Orest und Pylades in Tauris gefangen vor König Thoas geführt, der Orest töten lassen will, ohne zu wissen, welcher der beiden Gefangenen der Gesuchte ist.
30 Die Hinweise beziehen sich im einzelnen auf folgende Ereignisse: Als im Jahr 204 v. Chr. der Kult der phrygischen Göttin Kybele in Rom eingeführt wurde, beauftragte man aufgrund eines sibyllinischen Orakels Publius Cornelius Scipio Nasica, das Kultbild und die heiligen Geräte zu empfangen. – Nach dem Tod des ägyptischen Königs Ptolemaios V. Epiphanes im Jahr 181 v. Chr. wurde Marcus Aemilius Lepidus zum Vormund seines unmündigen Sohnes bestellt. – Als Konsul des Jahres 340 v. Chr. opferte Publius Decius sein Leben in der Schlacht gegen die Latiner. Ähnlich handelten sein Sohn und sein Enkel (vgl. 2,61). – Die Konsuln des Jahres 278 v. Chr. Gaius Fabricius und Quintus Aemilius Papius warnten den feindlichen König Pyrrhus vor einem Anschlag seines Leibarztes, der den Römern angeboten hatte, den König zu vergiften. – Lucretia nahm sich im Jahr 510 v. Chr. das Leben, nachdem sich der Sohn des letzten römischen Königs Tarquinius Superbus an ihr vergangen hatte, und Lucius Verginius tötete im Jahr 449 v. Chr. seine Tochter, um sie vor der Entehrung durch Appius Claudius zu bewahren (vgl. 2,66).
31 Am 24. Juni begingen die Römer in fröhlicher Ausgelassenheit das Fest der Fors Fortuna, u. a. mit Fahrten auf dem Tiber. Vgl. Ovid, *Fasti* 6,771–784.
32 Anspielung auf den Skeptizismus der neueren Akademie, die die Möglichkeit absolut gesicherten Wissens bestritt und nur eine einleuchtend begründete Wahrscheinlichkeit gelten ließ.
33 Vgl. Buch III, Anm. 15.
34 Vgl. 5,12 mit Anm. 13.
35 Fr. 604 Usener. Vgl. 1,62.
36 Vgl. 5,23.
37 Nach abgeschlossenem Verfahren durfte dieselbe Sache nicht

mehr Gegenstand eines neuen Prozesses sein. Um ein neues Verfahren in Gang zu bringen, bedurfte es deshalb einer anderen Formulierung der betreffenden Sache.

38 Zu dieser Differenzierung im Sinne der stoischen Terminologie vgl. Einleitung, S. 13 f.

39 Dasselbe Lucilius-Zitat, dessen Zusammenhang nicht bekannt ist, auch *Tusc.* 3,31.

40 Die Epikureer; vgl. 2,61.

Glossar der Eigennamen

Griechische Namen erscheinen nicht in latinisierter, sondern in ihrer ursprünglichen Form, also mit *ai* statt *ae* und *k* statt *c*. Die römischen Personennamen – bestehend aus [1]Praenomen (abgekürzt), [2]Nomen gentile, evtl. [3]Angabe des Vaters (abgekürzt) und einem oder mehreren [4]Cognomina – werden unter dem Gentilnamen aufgeführt, z. B. [1]Q(uintus) [2]Mucius [3]P(ublii) f(ilius) [4]Scaevola unter MUCIUS. Die Praenomina werden wie folgt abgekürzt: A. = Aulus, Ap. = Appius, C. = Gaius, Cn. = Gnaeus, D. = Decimus, L. = Lucius, M. = Marcus, M'. = Manius, P. = Publius, Q. = Quintus, S. = Sextus, Ser. = Servius, Sp. = Spurius, T. = Titus, Ti. = Tiberius. Allgemein bekannte Namen, z. B. Athen, werden nicht aufgeführt.

L. ACCIUS (2,94; 5,32), römischer Dichter (170 – um 90 v. Chr.), der vor allem Tragödien nach griechischen Vorbildern schrieb

Q. AELIUS TUBERO (4,23), Neffe des Scipio Aemilianus, Anhänger der stoischen Philosophie, Dialogteilnehmer in Ciceros *De re publica*

L. AEMILIUS PAULUS (5,70), Konsul 182 und 168 v. Chr., Sieger über Perseus von Makedonien in der Schlacht von Pydna (168 v. Chr.), leiblicher Vater des Scipio Aemilianus

L. AFRANIUS (1,7), römischer Komödiendichter (geb. um 150 v. Chr.), der Stücke nach griechischen Vorbildern schrieb, ihre Handlung aber auf römische Verhältnisse übertrug (sog. Togata)

AFRICANUS *s.* Cornelius Scipio

AGESILAOS (2,116), spartanischer König (444–361 v. Chr.), von Xenophon als Vorbild eines Herrschers gerühmt

AISCHINES (5,5), athenischer Redner und Politiker (389–314 v. Chr.), Gegner des Demosthenes

AKADEMIE, AKADEMIKER *s.* Einleitung, S. 6–9

T. ALBUCIUS (1,8), Prätor 105 v. Chr., Anhänger der Epikureischen Philosophie, der wegen seiner übertriebenen Begeisterung für griechische Sprache, Kultur und Lebensart von seinen Landsleuten verspottet wurde

ALCMAEO (griechische Namensform: Alkmaion) (4,62), Sohn des Amphiaraos und der Eriphyle, der seine Mutter zur Strafe für ihren Verrat am Vater tötete; Titelheld griechischer (Euripides) und römischer (Ennius) Tragödien

Alexander der Grosse (2,116), der große Welteroberer (356–323 v. Chr.), Sohn Philipps von Makedonien

Alexandria (5,54), von Alexander d. Gr. nach der Eroberung Ägyptens gegründete Stadt am Westrand des Nildeltas, Zentrum der hellenistischen Kultur

Amynomachos (2,101), Anhänger und Erbe Epikurs

Andria (1,4), Komödie des Terenz (166 v. Chr.) nach einem Vorbild Menanders

Anio (2,73), linker Nebenfluß des Tiber

Antiochos von Askalon (5,1.6ff.16.75) *s.* Einleitung, S. 9

Antiopa (1,4), Geliebte des Zeus, Mutter der thebanischen Zwillinge Amphion und Zethos, Titelheldin einer Tragödie des Euripides und des Pacuvius

Antipater von Tarsos (1,6), Schulhaupt der Stoa (Mitte des 2. Jh.s v. Chr.), Nachfolger des Diogenes von Seleukia (vgl. Buch III, Anm. 37)

Apoll, der Pythische (5,44), Bezeichnung des Gottes von Delphi zur Erinnerung an seine Tötung des Drachens Python, nach dem auch die Priesterin des dortigen Orakels, die Pythia, benannt ist

Archilochos (2,115), frühgriechischer Lyriker (7. Jh. v. Chr.)

Archimedes (5,50), griechischer Mathematiker und Physiker (287–212 v. Chr.) aus Syrakus, berühmt durch zahlreiche Entdekkungen und Erfindungen

Archytas (5,87), pythagoreischer Philosoph, Mathematiker, Politiker und Feldherr aus Tarent; Freund Platons

Arion (5,87), Pythagoreer aus Lokroi; Lehrer Platons

Aristeides (2,116; 5,62), athenischer Politiker und Stratege (um 540–468 v. Chr.), Gegner des Themistokles, berühmt für seine Gerechtigkeit

Aristipp von Kyrene (1,23.26; 2,18f.34.39.41; 5,20), griechischer Philosoph (um 425–355 v. Chr.), Schüler des Sokrates, begründete die nach seinem Geburtsort benannte Kyrenaische Schule, der die Lust als höchstes Gut galt

Ariston von Chios (2,35; 3,12.50; 4,40.43.47.49.60.69.72.78; 5,77), Schüler des Zenon von Kition, der sich aber später von der Stoa abwandte und eine eigene Schule gründete. Er lehrte die Belanglosigkeit alles ethisch Indifferenten

Ariston von Keos (5,13), als Nachfolger Lykons Leiter der peripatetischen Schule (gest. 226 v. Chr.)

Aristophanes von Byzanz (5,50), bedeutender alexandrinischer

Philologe (um 257–180 v. Chr.), seit 195 v. Chr. Leiter der Bibliothek von Alexandria. Herausgeber der griechischen Epiker, Lyriker und Dramatiker

Aristos (5,8), Bruder des Antiochos von Askalon

Aristoteles (1,6.14; 2,19.34.40; 3,10; 4,49.72; 5,10.12.72) *s.* Einleitung, S. 9

Aristoxenos (5,50), griechischer Musiktheoretiker (4. Jh. v. Chr.)

Arkesilas (oder: Arkesilaos) (2,2; 5,31) *s.* Einleitung, S. 8

Athos (2,112), nordöstlicher Vorsprung der Halbinsel Chalkidike, den Xerxes auf seinem Feldzug nach Griechenland 480 v. Chr. an der schmalsten Stelle mit einem Kanal durchstechen ließ

A. Atilius Calatinus (2,117), Konsul 258 und 254 v. Chr. (vgl. Buch II, Anm. 68)

M. Atilius (1,5), römischer Dichter, der Komödien und Tragödien, darunter eine *Electra* nach sophokleischem Vorbild, schrieb

M. Atilius Regulus (2,65; 5,82f.88), Konsul 267 und 256 v. Chr., geriet in karthagische Gefangenschaft und wurde zu Verhandlungen über einen Gefangenenaustausch nach Rom gesandt. Er riet zur Ablehnung und kehrte, getreu dem gegebenen Wort, nach Karthago zurück, wo er grausam getötet wurde

Atticus *s.* Pomponius

Attika (2,18), Landschaft um Athen

Attiker (5,4), Bewohner Attikas; im übertragenen Sinn: von athenischer Kultur geprägt

Cn. Aufidius (5,54), Prätor um 107 v. Chr., schrieb eine römische Geschichte in griechischer Sprache

Bacchus (3,66), der Gott des Weines, der als Befreier der Menschen von Kummer und Sorgen zu den großen Wohltätern der Menschheit gerechnet werden konnte; in Rom auch unter dem Namen Liber verehrt

Brutus *s.* Iunius

Caepio *s.* Servilius

Calatinus *s.* Atilius

L. Calpurnius Piso Frugi (2,90; 5,2), Konsul 133 v. Chr., Staatsmann, Redner und Verfasser eines Geschichtswerks *Annales*; berühmt für seine Schlichtheit, die ihm den Beinamen »Frugi« eintrug

Cato *s.* Porcius

Charmides (5,94), nicht weiter bekannter Epikureer

CHREMES (1,3), Gestalt aus der Komödie *Heautontimorumenos* des Terenz (vgl. Buch I, Anm. 2)

CHRYSIPP (1,6.39; 2,43f.; 3,57.67; 4,7.9.28.68; 5,89) *s.* Einleitung, S. 11

CINCINNATUS *s.* Quinctius

CIRCEI (4,7), kampanisches Küstenstädtchen an dem gleichnamigen Kap

AP. CLAUDIUS (2,66), Mitglied des Kollegiums der Dezemvirn zur Kodifizierung bestehenden Rechts 451 v. Chr., verging sich an der Tochter des Verginius

CONSENTINER (1,7), Einwohner der unteritalischen Stadt Consentia

P. CORNELIUS SCIPIO AFRICANUS MAIOR (2,56.106; 4,22; 5,2.70) römischer Staatsmann und Feldherr (236–184/183 v. Chr.), Konsul 205 und 194 v. Chr., Überwinder Hannibals im Zweiten Punischen Krieg

P. CORNELIUS SCIPIO AEMILIANUS AFRICANUS MINOR (1,7; 4,23; 5,2.70), bedeutender römischer Staatsmann und Stratege (185–129 v. Chr.), natürlicher Sohn des L. Aemilius Paulus, vom Sohn des Scipio Africanus maior adoptiert, Konsul 147 und 134 v. Chr., Sieger über Karthago 146 v. Chr., Kenner und Liebhaber griechischer Bildung, Freund des Stoikers Panaitios

L. CORNELIUS SULLA FELIX (3,75), römischer Staatsmann und Feldherr (138–78 v. Chr.), nach seinem Sieg über die Partei des Marius 82–79 Diktator

P. CORNELIUS SULLA (2,62), zum Konsul für 65 v. Chr. gewählt, aber wegen Amtserschleichung angeklagt und verurteilt (vgl. Einleitung, S. 24)

CRASSUS *s.* Licinius

CROESUS *s.* Kroisos

CUMAE (1,14), von griechischen Kolonisten gegründete Siedlung an der kampanischen Küste; wegen seiner landschaftlichen Schönheit bevorzugter Villenort vornehmer Römer

M'. CURIUS DENTATUS (2,30), Konsul 290, 275 und 274 v. Chr., Vorbild strenger, selbstloser Pflichterfüllung

DANAER (2,18), poetische Bezeichnung der Griechen

P. DECIUS MUS (2,61), Konsul 340 v. Chr., opferte sein Leben in der Schlacht gegen die Latiner

DEINOMACHOS (5,21), hellenistischer Philosoph, der in der Verbindung von Tugend und Lust das höchste Gut erblickte

DEMETRIOS VON PHALERON (5,54), athenischer Politiker, Philosoph und Schriftsteller (um 350–283 v. Chr.), 317–307 v. Chr. Regent Athens, nach seiner Vertreibung aus Athen unter Ptolemaios I. Soter in Alexandria tätig

DEMOKRIT (1,17.28; 2,102; 4,13; 5,23.50.87), griechischer Philosoph (um 460–370 v. Chr.) aus Abdera, entwickelte die von seinem Lehrer Leukipp aus Milet begründete Lehre von den Atomen

DEMOSTHENES (5,5), bedeutendster griechischer Redner (384–322 v. Chr.), leidenschaftlicher Verfechter der antimakedonischen Politik Athens

DIKAIARCH (4,79), bedeutender Peripatetiker (geb. um 340 v. Chr.), Schüler des Aristoteles, Verfasser zahlreicher Werke aus den verschiedensten Wissensgebieten

DIODOR AUS TYROS (2,19.34f.; 4,50; 5,14.21.73), peripatetischer Philosoph (zweite Hälfte des 2. Jh.s v. Chr.), Schüler und Nachfolger des Kritolaos. Er sah das höchste Gut in der Verbindung von Tugend und Freiheit von Schmerzen

DIOGENES AUS SELEUKIA (= Babylon) (1,6; 2,24; 3,33.49.57) (um 240–152 v. Chr.), Schüler Chrysipps und Nachfolger Zenons von Tarsos in der Leitung der Stoa, Lehrer des Panaitios und Mitglied der Philosophengesandtschaft 155 v. Chr. (vgl. Einleitung, S. 8)

DIONYSIOS VON HERAKLEIA (5,94), Schüler Zenons und zunächst Anhänger der stoischen Lehre, von der er sich aber unter der Einwirkung eines schmerzhaften Augenleidens abwandte

DIONYSIOS I. (4,56), Tyrann von Syrakus (430–367 v. Chr.), für Cicero das Gegenbild des idealen Weisen (vgl. *Tusc.* 5,57–63)

DIPYLON (5,1) *s.* Buch V, Anm. 2

DRUSUS *s.* Livius

ECHEKRATES (5,87), Pythagoreer aus Phleius (um 400 v. Chr.), Lehrer Platons

ELEKTRA (1,5), Tochter Agamemnons und Klytaimnestras, Schwester Orests, Titelheldin mehrerer griechischer und römischer Tragödien

ENDYMION (5,55), Geliebter der Mondgöttin Selene, der sich von Zeus ewigen Schlaf erbat

Q. ENNIUS (1,4.7; 2,41; 4,62), bedeutender römischer Dichter aus Rudiae in Kalabrien (239–169 v. Chr.), der u. a. ein Epos *Annales* über die Geschichte Roms bis auf seine Zeit, zahlreiche Tragö-

dien und Komödien nach griechischem Vorbild sowie Satiren schrieb

Epameinondas (2,62.67.97), thebanischer Feldherr (gest. 362 v. Chr.), Sieger in den Schlachten von Leuktra (371 v. Chr.) und Mantinea (362 v. Chr.)

Epikur, Epikureer *s.* Einleitung, S. 15–17

Erechtheus (5,62), mythischer König von Athen, dessen Töchter sich im Krieg mit den Eleusiniern freiwillig für ihre Vaterstadt opferten

Erillus *s.* Herillos

Euphrat (3,75), mesopotamischer Fluß, der im 1. Jh. v. Chr. die Westgrenze des Partherreichs bildete

Euripides (1,4; 2,105), griechischer Tragiker (um 480–405 v. Chr.), dessen Werke römischen Dichtern wie Accius und Pacuvius häufig als Vorlage dienten

Q. Fadius Gallus (2,55.58), Vater einer einzigen Tochter, Fadia, die er nach dem Voconischen Gesetz (s. d.) nicht als Erbin einsetzen durfte. Er erklärte deshalb in seinem Testament, daß er den als nominellen Erben eingesetzten P. Sextilius Rufus gebeten habe, das Erbe seiner Tochter zu übergeben. Da nach dem Tod des Erblassers kein Beweis für die tatsächliche Äußerung dieser Bitte vorzuweisen war, gab es keine Möglichkeit, den nominellen Erben zur Herausgabe des Erbes an die Tochter zu zwingen

Fregellae (5,62), Stadt in Latium, die wegen einer von Q. Numitorius Pullus an die Römer verratenen Rebellion 125 v. Chr. zerstört wurde

P. Gallonius (2,24f.90), berüchtigter Schlemmer (vgl. Buch II, Anm. 23)

Gamelion (2,101), der siebte Monat des athenischen Kalenders, unserem Januar/Februar entsprechend

Gorgias von Leontini (2,1), berühmter Sophist (um 485–380 v. Chr.), der sein Publikum durch Reden – auch aus dem Stegreif – in einem kunstvoll periodisierten Stil beeindruckte

Gracchus *s.* Sempronius

Hannibal (2,56; 4,22; 5,70), der große karthagische Heerführer (247–183/182 v. Chr.), der Rom im Zweiten Punischen Krieg an den Rand einer Niederlage brachte

Hellespont (2,112), die Meerenge der Dardanellen

Herakles (römische Namensform: Hercules) (2,118 f.; 3,66), Sohn des Zeus und der Alkmene, als Überwinder zahlreicher Ungeheuer in der antiken Mythologie Inbegriff eines Wohltäters der Menschheit

Heraklit (2,15), griechischer Philosoph aus Ephesos (um 550–480 v. Chr.). Seine nur in Fragmenten erhaltenen Schriften sind in einer dunklen und schwer verständlichen Sprache abgefaßt

Herillos von Chalkedon (2,35.43; 4,36.40; 5,23.73), ursprünglich Schüler des Stoikers Zenon, der aber später zusammen mit Ariston von Chios die Stoa verließ. Er betrachtete die wissenschaftliche Erkenntnis als höchstes Gut

Hermarch (2,96), Freund Epikurs

Herodot (2,87), der »Vater der Geschichtsschreibung« (Cicero, *De legibus* 1,5) aus Halikarnassos (um 480–um 425 v. Chr.), der auf ausgedehnten Reisen weite Teile der damals bekannten Welt erkundete und eine Geschichte der Perserkriege in neun Büchern schrieb

Hieronymos von Rhodos (2,8.16.19.32.35.41; 4,49; 5,14.20.73), griechischer Philosoph (3. Jh. v. Chr.), der die Freiheit von Schmerzen als das höchste Gut betrachtete

Homer (1,7; 2,115 f.; 5,49), nach der Tradition Verfasser der *Ilias* und *Odyssee*

Q. Hortensius Hortalus (1,2), bedeutender römischer Redner (114–50 v. Chr.), ursprünglich Rivale, später Freund Ciceros. Zu der nach ihm benannten Schrift vgl. Einleitung, S. 20)

Hostilius *s.* Tullus

L. Hostilius Tubulus (2,54; 4,77; 5,62), Prätor 142 v. Chr. Über den Mordprozeß, bei dem er sich als Vorsitzender des Gerichts bestechen ließ, ist nichts Näheres bekannt

Hymettos (2,112), Berg im Osten Athens

Hymnis (2,22), Komödie des Caecilius Statius nach einem griechischen Vorbild

Ida (5,64), Gebirge im Nordwesten Kleinasiens, wo der im Jahr 204 v. Chr. in Rom eingeführte Kult der Göttin Kybele (Magna Mater) beheimatet war

Imperiosus *s.* Manlius

L. Iunius Brutus (2,65), Konsul 509 v. Chr., Begründer der römischen Republik, der nach der Tradition im Jahre 510 v. Chr. den letzten römischen König Tarquinius Superbus vertrieb

M. IUNIUS BRUTUS (1,12), Prätor 83 v. Chr., bedeutender Rechtsgelehrter, Vater des Caesarmörders

M. IUNIUS BRUTUS (1,1; 3,1.6; 5,1.8) *s.* Einleitung, S. 23 f.

D. IUNIUS SILANUS (1,24), adoptierte den von T. Manlius Torquatus in seinem Konsulat 165 v. Chr. verstoßenen Sohn

IUPPITER (3,66), höchster römischer Gott, in dessen Beinamen nach stoischer Auffassung seine Fürsorge für die Menschen zum Ausdruck kommen soll.

KALLIPHON (2,19.34f.; 4,50; 5,21.73), hellenistischer Philosoph, der in der Verbindung von Tugend und Lust das höchste Gut sah

KARNEADES (2,35.38.42.59; 3,41.57; 5,4.16.20.22), griechischer Philosoph (214/213–129/128 v. Chr.) aus Kyrene, Leiter der Akademie bis 137 v. Chr. und Teilnehmer der Philosophengesandtschaft 155 v. Chr. (vgl. Einleitung, S. 8)

KARTHAGO (2,65; 5,70), phönikische Gründung an der Küste Nordafrikas, von Rom in den drei Punischen Kriegen (264–240, 218–201, 149–146) bekämpft und 146 v. Chr. von Scipio Aemilianus zerstört

KERAMEIKOS (1,39), das Töpferviertel im Nordwesten Athens

KITION (4,56), von Griechen und Phönikern bewohnte Stadt auf Zypern

KLEANTHES (2,69; 4,7) *s.* Einleitung, S. 11

KODROS (5,62), letzter König Athens, opferte sich im Kampf gegen die Spartaner für seine Vaterstadt

KOLONOS (5,1), Stadtteil im Norden Athens

KORINTH (2,23), die bekannte griechische Handels- und Hafenstadt am Isthmos

KRANTOR (5,7), akademischer Philosoph (um 335 – um 275 v. Chr.) aus Soloi in Kilikien, Schüler des Xenokrates und Polemon, Lehrer des Arkesilas

KRITOLAOS (5,14), peripatetischer Philosoph (2. Jh. v. Chr.), Teilnehmer der Philosophengesandtschaft des Jahres 155 v. Chr. (vgl. Einleitung, S. 8)

KROISOS (Croesus) (2,87; 3,45.76; 4,29.31), letzter König von Lydien (560–546 v. Chr.), glaubte sich – nach Herodot (1,30–32) – trotz Solons Warnung durch seinen sprichwörtlichen Reichtum gegen jedes Unheil gefeit, wurde aber vom Perserkönig Kyros besiegt

KYNIKER (3,68), durch Bedürfnislosigkeit und Nichtachtung aller Konventionen geprägte philosophische Schule, deren bekannte-

ster Vertreter Diogenes von Sinope (um 412 – um 323 v. Chr.) war

Kyrenaiker (1,23.39; 2,39.114) *s.* Aristipp

Kyros der Grosse (2,116; 3,76), bedeutender persischer König (559–529 v. Chr.)

Lacedaemonii *s.* Spartaner

C. Laelius Sapiens (2,24.59; 4,23; 5,2), römischer Staatsmann (um 190–129 v. Chr.), Konsul 140 v. Chr., berühmt für seine Weisheit und philosophische Bildung, Freund des Scipio Aemilianus

Lanuvium (2,63), latinische Stadt in den Albanerbergen

Latiner (1,23; 2,61), Bewohner der Landschaft Latium südöstlich von Rom

Lemnos (2,94), Insel im Norden der Ägäis, auf der der erkrankte Philoktet (s. d.) zurückgelassen wurde

Leonidas (2,62.97), spartanischer König, der im Jahr 480 v. Chr. mit 300 Spartiaten bei der Verteidigung des Thermopylen-Passes (s. d.) gegen die anrückenden Perser fiel

Leontini (2,1), Stadt in Ostsizilien, Heimat des Sophisten Gorgias

Liber *s.* Bacchus

M. Licinius Crassus Agelastus (5,92), Großvater des folgenden, Prätor 105 v. Chr.

P. Licinius Crassus Dives (2,57; 3,75), Konsul 70 und 55 v. Chr., Besitzer ungeheurer Reichtümer, die ihm seinen Beinamen eintrugen, fiel 53 v. Chr. in der Schlacht gegen die Parther bei Carrhae

L. Licinius Lucullus (2,107; 3,8), erfolgreicher römischer Staatsmann und Feldherr (um 117 – um 57 v. Chr.), Prätor 78 und Konsul 74 v. Chr., kultivierter Feinschmecker und Besitzer einer reich ausgestatteten Bibliothek

L. Licinius Lucullus L. f. (3,7f.), Sohn des vorigen

L. Licinius Murena (4,74), Konsul 62 v. Chr., von Cicero 63 erfolgreich gegen die Anklage der Amtserschleichung verteidigt

M. Livius Drusus (4,66), als Volkstribun 122 v. Chr. Kollege des C. Gracchus, Vater der Livia, der Mutter des Cato Uticensis

Lokroi (Locri Epicephyrii) (5,87), Stadt an der Südspitze Italiens

C. Lucilius (1,7.9; 2,23.25; 5,92), römischer Dichter (gest. um 102 v. Chr.), Verfasser satirischer Gedichte vermischten Inhalts in verschiedenen Versmaßen, von großem Einfluß auf die Satiren-

dichtung des Horaz (65–8 v. Chr.), vertrauter Freund bedeutender Persönlichkeiten seiner Zeit

LUCRETIA (2,66; 5,64), Tochter des Sp. Lucretius Tricipitinus und Gattin des L. Tarquinius Collatinus, die vom Sohn des letzten römischen Königs Tarquinius Superbus geschändet wurde und sich deshalb das Leben nahm

LUCULLUS *s.* Licinius

LYKON VON TROAS (5,13), Leiter der peripatetischen Schule (270/268–222 v. Chr.), Nachfolger des Straton von Lampsakos

LYKURG (2,67), legendärer spartanischer Gesetzgeber des 8. Jh.s v. Chr.

MAKEDONEN (1,24), Bewohner der Landschaft Makedonien in Nordgriechenland, seit 148 v. Chr. römische Provinz

M'. MANILIUS (1,12), Konsul 149 v. Chr., bedeutender Redner und Jurist, Freund des Laelius und des Scipio Aemilianus

A. MANLIUS TORQUATUS (2,72), Prätor 52 v. Chr., im Bürgerkrieg auf seiten des Pompeius, lebte nach dem Sieg Caesars als Verbannter in Athen

L. MANLIUS TORQUATUS, Gesprächspartner Ciceros im Buch I und II *s.* Einleitung, S. 24

T. MANLIUS TORQUATUS (1,24), Konsul 165 v. Chr., verstieß seinen Sohn wegen Vergehen bei der Verwaltung der Provinz Makedonien (vgl. D. Iunius Silanus)

T. MANLIUS TORQUATUS IMPERIOSUS (1,23f.34f.; 2,60f.72f.), Konsul 347, 344 und 340 v. Chr., besiegte 361 einen gallischen Gegner im Zweikampf und nahm ihm seine Halskette ab, was ihm seinen Beinamen eintrug (vgl. Buch I, Anm. 12). In seinem dritten Konsulat ließ er den eigenen Sohn wegen militärischen Ungehorsams im Krieg gegen die Latiner hinrichten

MANTINEA (2,97), Stadt in Arkadien, bei der 371 v. Chr. die Thebaner unter Epameinondas die Spartaner vernichtend schlugen

MARIUS (2,105), erfolgreicher römischer Heerführer und siebenfacher Konsul (156–86 v. Chr.), reformierte das römische Heer, besiegte Jugurtha (104), Kimbern (102) und Teutonen (101), geriet im Bürgerkrieg als Gegner Sullas auf der Flucht in schwere Bedrängnis (88) und nahm bei seiner siegreichen Rückkehr (87) grausame Rache

MEDEA (1,4), Tochter des Königs Aietes von Kolchis, verhalf durch Zauberkraft dem Führer der Argonauten Jason zum Gewinn des Goldenen Vlieses und zu glücklicher Rückkehr, rächte sich für

seine spätere Untreue durch Ermordung der gemeinsamen Kinder; Titelheldin zahlreicher Tragödien, darunter des Euripides und des Ennius

Menander (1,4.7), griechischer Komödiendichter (342/341–293/89 v. Chr.) aus Athen, Hauptvertreter der sog. Neuen Komödie, dessen Werke römischen Dichtern vielfach als Vorlage dienten

Metapont (5,4), Stadt in Unteritalien westlich von Tarent

Metellus *s.* Caecilius

Metrodor (1,25; 2,7.92.96.98.101), Freund Epikurs und bedeutender Vertreter seiner Lehre (331/330–278/277 v. Chr.)

Miltiades (2,67), athenischer Heerführer, Sieger über die Perser in der Schlacht von Marathon (490 v. Chr.)

Mnesarch aus Athen (1,6), stoischer Philosoph, Schüler des Panaitios

P. Mucius Scaevola (1,12; 2,54; 4,77), Konsul 133 v. Chr., bedeutender Rechtsgelehrter

Q. Mucius Scaevola Augur (1,8 ff.), Konsul 117 v. Chr., berühmter Jurist, Lehrmeister Ciceros

Murena *s.* Licinius

Mykener (2,18), Bewohner der Stadt Mykene im Norden der Peloponnes

Nikomachos (5,12), Sohn des Aristoteles, dem die nach ihm benannte moralphilosophische Schrift seines Vaters gewidmet ist (vgl. Buch V, Anm. 14)

Numantia (2,54), Stadt in Spanien, mit der Q. Pompeius 140 v. Chr. einen Vertrag schloß, den er später verleugnete

Q. Numitorius Pullus (5,62) *s.* Fregellae

Cn. Octavius (1,24), Kollege des T. Manlius Torquatus in seinem Konsulat 165 v. Chr.

Cn. Octavius M. f. (2,93), Konsul 76 v. Chr., Freund Ciceros, litt an einer überaus schmerzhaften Gicht, die er standhaft ertrug

Odysseus (Ulixes) (5,49), König von Ithaka, dessen zehnjährige Irrfahrt nach dem Ende des Trojanischen Kriegs Homer in der *Odyssee* besang

Oedipus (5,3), König von Theben, der unwissentlich seinen Vater Laios tötete und seine Mutter Jokaste heiratete. Sophokles gestaltete sein Schicksal in den Tragödien *König Oedipus* und *Oedipus auf Kolonos*

Orata *s.* Sergius

OREST (1,65; 2,79; 5,63), Sohn Agamemnons und Klytaimnestras, der seine Mutter zur Rache für ihren Mord an Agamemnon tötete und auf seiner Flucht vor den rächenden Erinyen an Pylades einen treuen Freund fand

OROITES (5,92), persischer Satrap unter Dareios, der Polykrates von Samos ans Kreuz schlagen ließ

M. PACUVIUS (1,4; 5,31), römischer Tragödiendichter (219–130 v. Chr.), der meist klassischen griechischen Vorbildern folgte

PANAITIOS (1,6; 2,24; 4,23.79), bedeutender stoischer Philosoph (um 180–110 v. Chr.) aus Rhodos, der in Rom als Freund führender Männer des Scipionenkreises das Geistesleben stark beeinflußte und später seinem Lehrer Antipater von Tarsos in der Leitung der stoischen Schule folgte

S. PEDUCAEUS S. F. (2,58), Prätor 75 v. Chr., wegen seiner Bildung und Rechtschaffenheit von Cicero geschätzt. Von C. Plotius Nursinus nominell als Erbe eingesetzt, übergab er die Erbschaft der Witwe, die nach dem Voconischen Gesetz (s. d.) nicht selbst als Erbin eingesetzt werden durfte

PERIKLES (5,5), der große athenische Staatsmann (um 485–429 v. Chr.), der Athen zu seiner größten Machtentfaltung und höchsten kulturellen Blüte führte

PERIPATOS, PERIPATETIKER *s.* Einleitung, S. 9 f.

PERSIUS (1,7), Quästor 146 v. Chr., von Lucilius als Ausbund von Bildung und Gelehrsamkeit gerühmt

PHAIDROS (2,4), Titelfigur eines Platonischen Dialogs aus Platons reifster Schaffenszeit

PHAIDROS VON ATHEN (1,16; 5,3), führender Epikureer, den Cicero und Atticus in Athen hörten

PHALARIS (2,88; 4,64; 5,85), Tyrann von Akragas (Agrigent) auf Sizilien (um 570 – um 550 v. Chr.), berüchtigt für seine Grausamkeit. Sie erreichte ihren Höhepunkt mit der Tötung seiner Opfer in einem zur Rotglut erhitzten Bronzestier

PHALERON (5,5), alter Hafen Athens, östlich des Piräus

PHIDIAS (2,115; 4,34), berühmter athenischer Bildhauer, führender Vertreter der perikleischen Klassik, Schöpfer der Gold-Elfenbein-Statuen der Athena Parthenos im Parthenon auf der Akropolis von Athen und des Zeus von Olympia

PHILIPP (II.) (2,116), König von Makedonien (360–336 v. Chr.), Vater Alexanders des Großen

PHILODEM (2,119), epikureischer Philosoph (um 110–40/35 v. Chr.) aus Gadara im Ostjordanland (vgl. Einleitung, S. 40 f.)

PHILOKTET (2,94; 5,32), griechischer Held, der beim Zug der Griechen nach Troja, durch einen Schlangenbiß verwundet, auf der Insel Lemnos zurückgelassen wurde und sich dort mit Hilfe des Bogens und der Pfeile des Herakles unter Mühen und Qualen am Leben erhielt, bis er im zehnten Jahr des Trojanischen Krieges nach Troja gebracht wurde, wo er geheilt wurde und Paris tötete

PHÖNIKER (4,56), semitisches Volk an der Ostküste des Mittelmeers, das zahlreiche Siedlungen im Mittelmeerraum gründete (z. B. Karthago) und auch einen Teil der Bevölkerung Kitions auf Zypern, der Heimat des Stoikers Zenon, bildete

PINDAR (2,115), griechischer Chorlyriker (518–438 v. Chr.) aus Theben

PISO *s.* Calpurnius bzw. Pupius

PLATON *s.* Einleitung, S. 6 f.

C. PLOTIUS (2,58) *s.* Peducaeus

POLEMON (2,34 f.; 4,3.14.45.51.61; 5,2.7.14.94), athenischer Philosoph, Schulhaupt der Akademie von 314 bis 269 v. Chr.

POLYAINOS (1,20), griechischer Mathematiker aus Lampsakos, den Epikur zu seiner Lehre bekehrte

POLYKLET (2,115), griechischer Bildhauer aus Sikyon (zweite Hälfte des 5. Jh.s v. Chr.)

POLYKRATES (5,92), Tyrann von Samos (540–523 v. Chr.), der aus Reichtum und Macht in tiefstes Unglück stürzte (vgl. Oroites)

CN. POMPEIUS MAGNUS (2,57), erfolgreicher Feldherr und einflußreicher Politiker (106–48 v. Chr.) in der Endphase der römischen Republik, Konsul 70, 55 und 52, Gegenspieler Caesars im Bürgerkrieg, nach der Niederlage von Pharsalus in Ägypten ermordet

Q. POMPEIUS (2,54), Konsul 141 v. Chr., schloß 140 einen Vertrag mit Numantia, den er später brach

T. POMPONIUS ATTICUS (1,16; 2,67; 5,1.3f.96) *s.* Einleitung, S. 26

T. PONTIUS (1,9), unbekannter Zenturio

M. PORCIUS CATO CENSORIUS (3,37; 5,2) *s.* Einleitung, S. 25

M. PORCIUS CATO UTICENSIS, Gesprächspartner Ciceros in Buch III und IV *s.* Einleitung, S. 25 f.

POSEIDONIOS (1,6), bedeutender Stoiker (um 135–51 v. Chr.), aus Apameia in Syrien, Schüler des Panaitios, gründete in Rhodos eine eigene Schule, wo Cicero ihn hörte

C. POSTUMIUS (2,70), ein nicht weiter bekannter Schlemmer

Pullus *s.* Numitorius

M. Pupius Piso (4,73; 5,1 ff.) *s.* Einleitung, S. 26

Puteoli (2,84), Küstenstadt westlich von Neapel (das heutige Pozzuoli)

Pylades (2,79.84), Freund Orests

Pyrrhon von Elis (2,35.43; 3,11 f.; 4,43.60; 5,23), griechischer Philosoph (um 360–270), Begründer der skeptischen Philosophie, die sich die Freiheit von Meinungen und Neigungen zum Ziel setzte und jede Festlegung vermied

Pyrrhus (2,61), König von Epirus (319–272 v. Chr.), bedrohte Rom 280/279 v. Chr., wurde aber schließlich zum Rückzug gezwungen

Pythagoras (5,4.50.87), griechischer Philosoph (um 570 – um 480 v. Chr.) aus Samos, begründete in Unteritalien eine philosophische Schule, in deren Welterklärung mathematische Prinzipien eine beherrschende Rolle spielten

Pythagoreer (2,79), Anhänger des Pythagoras

Quinctius Cincinnatus (2,12), Diktator 458 v. Chr., typischer Vertreter altrömischer Einfachheit und Schlichtheit

Regulus *s.* Atilius

P. Rutilius Rufus (1,7), Konsul 104 v. Chr., gebildeter Redner und Rechtsgelehrter, überzeugter Stoiker

Sabiner (1,9), Volksstamm im Osten Roms

Sardanapall (Assurbanipal) (2,106), assyrischer König (669–626 v. Chr.)

Scaevola *s.* Mucius

Scipio *s.* Cornelius

C. Sempronius Gracchus (4,66), Volkstribun 123 und 122 v. Chr., der schwere soziale und politische Mißstände durch Gesetzesanträge zur Landreform und Rechtsprechung zu beheben suchte; von der herrschenden Senatsaristokratie gehaßt und 121 ermordet

Ti. Sempronius Gracchus (4,65), Vater des vorigen (gest. 154 v. Chr.), Konsul 177 und 163 v. Chr., bejahte das römische Herrschaftssystem

Ti. Sempronius Gracchus (4,65), Sohn des vorigen und älterer Bruder des C. Gracchus, Volkstribun 133 v. Chr., als Initiator mehrerer Reformgesetze den Herrschenden verhaßt, von Scipio Nasica Serapio ermordet

C. Sergius Orata (2,70), für seine Schlemmereien berüchtigter Grundbesitzer (um 100 v. Chr.)
Cn. Servilius Caepio (2,54), Konsul 141 v. Chr.
Q. Servilius Caepio (3,8), als Bruder Servilias Onkel des jungen Lucullus und Stiefbruder des Cato Uticensis (vgl. Buch III, Anm. 7)
P. Sextilius Rufus (2,55) *s.* Q. Fadius Gallus
Silanus *s.* Iunius
Simonides (2,104), griechischer Lyriker (um 556–467/466 v. Chr.) aus Keos
Sirenen (5,49), Fabelwesen, deren Gesang unwiderstehliche Verführungskraft zugeschrieben wurde
Siron (2,119), epikureischer Philosoph (1. Jh. v. Chr.), leitete einen Epikureerkreis in Neapel (vgl. Einleitung, S. 40 f.)
Sokrates (2,1f.90; 5,87 f.) *s.* Einleitung, S. 4–6
Solon (2,67.87; 3,76), athenischer Staatsmann und Dichter (um 640–560 v. Chr.), einer der Sieben Weisen, von den Athenern 594 v. Chr. als Gesetzgeber mit Sondervollmachten ausgestattet, unternahm nach Abschluß seines Gesetzgebungswerkes ausgedehnte Reisen, die ihn u. a. zu Kroisos (s. d.) führten
Sophokles (1,5; 5,3), griechischer Tragiker (496–406 v. Chr.), dessen Tragödien vielfach römischen Dichtern als Vorlage dienten
Spartaner (Lacedaemonii) (2,97), Bewohner der Landschaft Lakonien auf der Peleponnes
Speusipp (4,3; 5,2), athenischer Philosoph (gest. 339 v. Chr.), ein Neffe Platons und sein erster Nachfolger in der Leitung der Akademie
Staseas von Neapel (5,8.75), peripatetischer Philosoph (1. Jh. v. Chr.), Lehrer und langjähriger Hausgenosse des Pupius Piso
Statius *s.* Caecilius
Stoa, Stoiker *s.* Einleitung, S. 10–15
Straton von Lampsakos (5,13), griechischer Philosoph, als Nachfolger des Theophrast um 287–269 Leiter der peripatetischen Schule
Sulla *s.* Cornelius
Synepheben (1,4), Titel einer Komödie des Caecilius nach griechischem Vorbild
Syrien (2,106), ungenaue Bezeichnung des Reiches Sardanapalls (s. d.), richtiger: Assyrien

TANTALUS (1,60), Vater des Pelops, der seinen Sohn tötete und das Fleisch den Göttern vorsetzte, für seinen Frevel in der Unterwelt mit den sprichwörtlichen Tantalusqualen bestraft, zu denen auch ein drohend über seinem Haupt schwebender Fels gehört

TARENT (5,87), von Griechen gegründete Stadt in Süditalien, die unter dem Pythagoreer Archytas (s. d.) im 4. Jh. den Höhepunkt ihrer Macht erreichte

TARENTINER (1,7), Bewohner von Tarent

TARQUINIUS SUPERBUS (3,75), der letzte römische König, dessen tyrannische Herrschaft mit der Vertreibung durch M. Iunius Brutus 509 v. Chr. endete

TERENZ (1,4; 5,28), römischer Komödiendichter (gest. 159 v. Chr.), schrieb Komödien nach griechischen Vorbildern, aus denen Cicero häufig zitiert

THEMISTA (2,68), Anhängerin und Freundin Epikurs

THEMISTOKLES (2,67.104.116), bedeutender athenischer Staatsmann und Stratege (um 524–459 v. Chr.)

THEOPHRAST VON ERESOS (1,6.14; 4,3; 5,10ff.54.73.77.85.87), bedeutender Peripatetiker (um 371–287), Schüler des Aristoteles und sein Nachfolger in der Leitung der peripatetischen Schule, Verfasser zahlreicher Schriften über Themen aus allen Wissensgebieten

THERMOPYLEN (2,97), Engpaß am Golf von Malia, der den Zugang nach Mittelgriechenland von Norden eröffnet (vgl. Leonidas)

THESEUS (1,65), athenischer Nationalheros, Überwinder zahlreicher Unholde und Ungeheuer, Freund des Peirithoos

L. THORIUS BALBUS (2,63.70), sonst nicht bekannter Genießer und Lebenskünstler

TIBER (5,70), der bekannte römische Fluß, Schauplatz der am Fest der Fortuna stromabwärts ausgetragenen Wettfahrten

TIMAIOS (2,15; 5,87), Pythagoreer (um 400 v. Chr.) aus Lokri, Titelfigur des gleichnamigen Platonischen Dialogs

TIMOKRATES (2,101), Erbe Epikurs

TORQUATUS *s.* Manlius

TRABEA (2,13), römischer Komödiendichter (2. Jh. v. Chr.)

TRIARIUS *s.* Valerius

TRITANIUS (1,9), unbekannter Zenturio

TROJA (5,49), Stadt im Nordwesten Kleinasiens, Schauplatz der Homerischen Ilias

TUBERO *s.* Aelius

TUBULUS *s.* Hostilius

Tullus Hostilius (5,2), nach der Tradition dritter König Roms (vgl. Buch V, Anm. 3)
L. Tullius Cicero (5,1) *s.* Einleitung, S. 27
Q. Tullius Cicero (5,1) *s.* Einleitung, S. 27
Tusculum (3,7), Städtchen in den Albaner Bergen, ein bei vornehmen Römern beliebter Villenort

Ulixes *s.* Odysseus

C. Valerius Triarius (1,13 f.25ff.; 2,21.119) *s.* Einleitung, S. 25
A. Varius (2,62), unbekannt
L. Verginius (2,66; 5,64) *s.* Buch V, Anm. 30
Veseris (1,23), Fluß am Fuß des Vesuv
Voconisches Gesetz (2,55), von Q. Voconius Saxa 169 v. Chr. eingebrachtes Gesetz, das die Einsetzung einer Frau als Universalerbin verbot

Xenokrates von Chalkedon (4,3.15.49.79; 5,2.7), Schüler Platons, der nach Speusipps Tod 339 v. Chr. zum Leiter der Akademie gewählt wurde (gest. 314 v. Chr.)
Xenophon (2,92), athenischer Historiker (um 430–354 v. Chr.)
Xerxes (2,112), persischer König (486–465 v. Chr.), dessen Angriff auf Griechenland 480/479 v. Chr. fehlschlug

Zenon von Kition (2,17.34; 3,5.15.51; 4,3f.7.9.12.14.19.45.47.61.72; 5,79.84.88.94) *s.* Einleitung, S. 10
Zenon von Sidon (1,16), epikureischer Philosoph, den Cicero in Athen hörte
Zeuxis (2,115), griechischer Maler aus Heraklea in Unteritalien (um 400 v. Chr.)

Literaturhinweise

Textausgaben, Kommentare und Übersetzungen

M. Tullii Ciceronis De finibus bonorum et malorum libri quinque. Io. Nicolaus Madvigius rec. et enarr. Kopenhagen: Gyldendal, ^{3}1876. Reprogr. Nachdr. Hildesheim: Olms, 1965.

M. Tulli Ciceronis De finibus bonorum et malorum. Rec. Th. Schiche. Leipzig: Teubner, 1915. Nachdr. Stuttgart: Teubner, 1961.

Cicero: De finibus bonorum et malorum. With an English transl. by H. Rackham. London: Heinemann, 1914.

M. Tulli Ciceronis De finibus bonorum et malorum. Libri I. II. Ed. by James S. Reid. Cambridge: Cambridge University Press, 1925. Nachdr. Hildesheim: Olms, 1968.

Cicéron: Des termes extrêmes des biens et des maux. Texte établi et traduit par Jules Martha. 2 Tle. Paris: Les Belles Lettres, 1955.

Marcus Tullius Cicero: Vom höchsten Gut und vom größten Übel. Übers. und eingel. von Otto Büchler. Bremen: Schünemann, 1957. (Sammlung Dieterich. 171.)

Marcus Tullius Cicero: De finibus bonorum et malorum / Das höchste Gut und das schlimmste Übel. Lat./Dt. Hrsg. und übers. von Alexander Kabza. München: Heimeran, 1960. (Tusculum-Bücherei.)

Marcus Tullius Cicero: De finibus bonorum et malorum / Von den Grenzen im Guten und Bösen. Lat./Dt. Eingel. und übertr. von Karl Atzert. Zürich/Stuttgart: Artemis-Verlag, 1964.

Marcus Tullius Cicero: De finibus bonorum et malorum / Über die Ziele des menschlichen Handelns. Lat./Dt. Hrsg., neu übers. und komm. von Olof Gigon und Laila Straume. Mit einer Einf., Erl. und Literaturhinw. Zürich/München: Artemis-Verlag, 1988.

Fragmentsammlungen zur hellenistischen Philosophie

A. A. Long / D. N. Sedley (Hrsg.): The Hellenistic Philosophers. Bd. 1: Translations of the principal sources with philosophical commentary. Bd. 2. Greek and Latin texts with notes and bibliography. Cambridge 1987.

Epicurea. Hrsg. von H. Usener. Leipzig 1887.

Epicuro: Opere. Hrsg. von G. Arrighetti. Turin ^{2}1973.

Epikur: Von der Überwindung der Furcht. Katechismus – Lehrbriefe – Spruchsammlung – Fragmente. Eingel. und übertr. von O. Gigon. Zürich/München ^{3}1983.

Epikur: Briefe – Sprüche – Werkfragmente. Griech./Dt. Übers. und hrsg. von H.-W. Krautz. Stuttgart 1980.

Stoicorum Veterum Fragmenta. Hrsg. von H. v. Arnim. 3 Bde. Leipzig 1903–05. Bd. 4. Indices. Hrsg. von M. Adler. Ebd. 1924.

Sekundärliteratur

Zur hellenistischen Philosophie

E. Zeller: Die Philosophie der Griechen in ihrer geschichtlichen Entwicklung. 3 Tle. in 6 Bdn. 4.–6. Aufl. Hrsg. von F. Lortzing, W. Nestle und E. Wellmann. Leipzig 1919–23.

– Grundriß der Geschichte der griechischen Philosophie. In neuer Bearb. von Dr. W. Nestle. Aalen ^{14}1971.

Friedrich Überwegs Grundriß der Geschichte der Philosophie. Tl. 1: Die Philosophie des Altertums. Hrsg. von K. Praechter. Berlin ^{12}1926. Nachdr. Basel/Stuttgart ^{14}1957.

H. Flashar (Hrsg.): Die Philosophie der Antike. Bd. 3: Ältere Akademie – Aristoteles – Peripatos. Basel/Stuttgart 1983 (Grundriß der Geschichte der Philosophie. Begr. von F. Überweg. Völlig neu bearb. Ausg.)

A. Graeser: Die Philosophie der Antike. 2. Sophistik und Sokratik, Plato und Aristoteles. München 1983. (Geschichte der Philosophie. Hrsg. von W. Röd. Bd. 2.)

M. Hossenfelder: Die Philosophie der Antike. 3: Stoa, Epikureismus und Skepsis. München 1985. (Geschichte der Philosophie. Hrsg. von W. Röd. Bd. 3.)

A. A. Long: Hellenistic philosophy. London / Berkeley / Los Angeles ^{2}1986.

W. Capelle: Die griechische Philosophie. Bd. 1 und 2. Berlin ^{3}1971. Bd. 3 und 4. Ebd. ^{2}1954.

W. Wieland (Hrsg.): Antike. Stuttgart 1978. (Geschichte der Philosophie in Text und Darstellung. Hrsg. von R. Bubner. Bd. 1.)

W. Hochkeppel: War Epikur ein Epikureer? Aktuelle Weisheitslehren der Antike. München 1984. (dtv 10 360.)

L. De Crescenzo: Storia della filosofia greca. Da Socrate in poi

Mailand 1986. – Dt.: Geschichte der griechischen Philosophie. Von Sokrates bis Plotin. Übers. von L. Birk. Zürich 1988.

E. Schwartz: Ethik der Griechen. Hrsg. von W. Richter. Stuttgart 1951.

O. Gigon: Grundprobleme der antiken Philosophie. München 1959.

F. Wehrli: Hauptrichtungen des griechischen Denkens. Zürich 1964.

Zu Epikur

W. Schmid: Epikur. In: Reallexikon für Antike und Christentum. Band 5. Stuttgart 1961. Sp. 681–819.

J. M. Rist: Epicurus. An introduction. Cambridge 1972.

Zur Stoa

M. Pohlenz: Die Stoa. Geschichte einer geistigen Bewegung. 2 Bde. Göttingen ^{5}1978–80.

– Stoa und Stoiker. Die Gründer – Panaitios – Poseidonios. Zürich/Stuttgart ^{2}1964.

– Grundfragen der Stoischen Philosophie. Göttingen 1940. (Abhandlungen der Gesellschaft der Wissenschaften zu Göttingen. Phil.-hist. Klasse. 3,26.)

O. Rieth: Grundbegriffe der stoischen Ethik. Berlin 1933. (Problemata. 9.)

J. M. Rist: Stoic philosophy. Cambridge 1969.

– (Hrsg.): The Stoics. Berkeley / Los Angeles 1978.

A. A. Long: Problems in Stoicism. London 1971.

F. H. Sandbach: The Stoics. London 1975.

M. Forschner: Die stoische Ethik. Stuttgart 1981.

Zu Cicero

O. Plasberg: Cicero in seinen Werken und Briefen. Leipzig 1926. (Das Erbe der Alten. 2,11.) Nachdr. Darmstadt 1962.

M. Gelzer / W. Kroll / R. Philippson / K. Büchner: M. Tullius Cicero. In: Realencyclopädie der classischen Altertumswissenschaft. R. 2. Bd. 7,1. Stuttgart 1939.

A. Michel: Rhétorique et philosophie chez Cicéron. Paris 1961.

K. Büchner: Cicero. Bestand und Wandel seiner geistigen Welt. Heidelberg 1964.

J. Graff: Ciceros Selbstauffassung. Heidelberg 1964.
G. Radke (Hrsg.): Cicero – ein Mensch seiner Zeit. Acht Vorträge zu einem geistesgeschichtlichen Phänomen. Berlin 1968.
O. Seel: Cicero. Wort – Staat – Welt. Stuttgart [3]1968.
M. Gelzer: Cicero. Ein biographischer Versuch. Wiesbaden 1969.
K. Büchner (Hrsg.): Das neue Cicerobild. Darmstadt 1971. (Wege der Forschung. 27.)
D. R. Shakleton Bailey: Cicero. London 1971.
D. Stockton: Cicero. A political biography. Oxford 1971.
E. Rawson: Cicero. A portrait, London 1975.
M. Giebel: Marcus Tullius Cicero in Selbstzeugnissen und Bilddokumenten. Reinbek bei Hamburg 1977. (rowohlts monographien. 261.)
P. Grimal: Cicéron. Paris 1986. – Dt.: Cicero. Philosoph, Politiker, Rhetor. Übers. von R. Stamm. München 1988.

Zu Ciceros Philosophie

R. Hirzel: Untersuchungen zu Ciceros philosophischen Schriften. 3 Tle. in 4 Bdn. Leipzig 1877–83.
– Der Dialog. Leipzig 1895.
R. Harder: Die Einbürgerung der Philosophie in Rom. In: Die Antike 5 (1929) S. 291–316. – Wiederabgedr. in: R. H.: Kleine Schriften. München 1960. S. 330–353. – Auch in: K. Büchner (Hrsg.): Das neue Cicerobild. Darmstadt 1971. S. 10–37.
W. Süß: Die dramatische Kunst in den philosophischen Dialogen Ciceros. In: Hermes 80 (1952) S. 419–436. – Wiederabgedr. in K. Büchner (Hrsg.): Das neue Cicerobild. Darmstadt 1971. S. 155 bis 178.
O. Gigon: Die Erneuerung der Philosophie in der Zeit Ciceros. In Recherches sur la tradition platonicienne. Vandœuvres/Genf 1957. (Entretiens sur l'antiquité classique. 3.) S. 25–61. – Wiederabgedr. in: K. Büchner (Hrsg.): Das neue Cicerobild. Darmstadt 1971. S. 229–258.
H. Hommel: Cicero und der Peripatos. In: Gymnasium 62 (1955) S. 319–334.
H. Fuchs: Ciceros Hingabe an die Philosophie. In: Museum Helveticum 16 (1959) S. 1–28. – Wiederabgedr. in: K. Büchner (Hrsg.) Das neue Cicerobild. Darmstadt 1971. S. 304–347.
U. Knoche: Cicero. Ein Mittler griechischer Geisteskultur. In Hermes 87 (1959) S. 57–74.

A. Weische: Cicero und die neue Akademie. Untersuchungen zur Entstehung und Geschichte des antiken Skeptizismus. Münster 1961. (Orbis antiquus. 18.)

W. Burkert: Cicero als Platoniker und Skeptiker. In: Gymnasium 72 (1965) S. 175–200.

W. Süß: Cicero. Eine Einführung in seine philosophischen Schriften mit Ausschluß der staatsphilosophischen Werke. Wiesbaden 1966. (Akademie der Wissenschaften und der Literatur in Mainz. Abhandlungen der geistes- und sozialwissenschaftlichen Klasse. 1965,5.)

O. Seel: Cicero und das Problem des römischen Philosophierens. In: G. Radke (Hrsg.): Cicero – ein Mensch seiner Zeit. Acht Vorträge zu einem geistesgeschichtlichen Phänomen. Berlin 1968. S. 136–160.

K. Bringmann: Untersuchungen zum späten Cicero. Göttingen 1971. (Hypomnemata. 29.)

O. Gigon: Cicero und die griechische Philosophie. In: Aufstieg und Niedergang der römischen Welt. Bd. I,4. Göttingen / New York 1973. S. 226–261.

W. Görler: Untersuchungen zu Ciceros Philosophie. Heidelberg 1974. (Bibliothek der klassischen Altertumswissenschaften. N. F. 2,50.)

E. Lefèvre: Cicero als skeptischer Akademiker. Eine Einführung in die Schrift ›Academici libri‹. In: Antikes Denken – Moderne Schule. Hrsg. von H. W. Schmidt und P. Wülfing. Heidelberg 1988. (Gymnasium Beihefte. 9.) S. 108–132.

Zu »De finibus«

A. Lörcher: Das Fremde und das Eigene in Ciceros Büchern ›De finibus bonorum et malorum‹ und den ›Academica‹. Halle 1911.

F. Moscarini: Cicerone e l'etica stoica nel 3. libro del ›De finibus‹. Rom 1930.

Maximilian Schäfer: Ein frühmittelstoisches System der Ethik bei Cicero. Untersuchung von Ciceros drittem Buche ›De finibus bonorum et malorum‹ nach Aufbau und Zugehörigkeit auf Grund griechischer Quellen zur stoischen Ethik. München 1934.

G. Kilb: Ethische Grundbegriffe der alten Stoa und ihre Übertragung durch Cicero im dritten Buch ›De finibus bonorum et malorum‹. Diss. Freiburg i. Br. 1939.

B. Duszynska: Cicero's argumentation in the first dialogue of his

›De finibus bonorum et malorum‹. In: Eos 43 (1948/49) S. 211 bis 218.

M. Valente: L'éthique Stoicienne chez Cicéron. Paris 1956.

F. Giancotti: Profilo interiore del ›De finibus‹. In: Atti del Primo Congresso Internazionale di Studi Ciceroniani. Rom 1961. S. 1 bis 22. – Dt.: Der innere Grundzug von ›De finibus‹. Übers. von M. Serwo. In: K. Büchner (Hrsg.): Das neue Cicerobild. Darmstadt 1971. S. 388–416.

G. Patzig: Cicero als Philosoph. Am Beispiel der Schrift ›De finibus‹. In: Gymnasium 86 (1979) S. 304–322.

O. Zwierlein: Cic. fin. 5,17f. In: Rheinisches Museum 130 (1987) S. 400–402.

Zur Nachwirkung

R. Sabbadini: Storia del Ciceronianismo e di altre questioni letterarie nell'età della rinascenza. Turin 1885.

Th. Zielinski: Cicero im Wandel der Jahrhunderte. Leipzig/Berlin ^{4}1929.

John C. Rolfe: Cicero and his influence. Boston 1923.

A.-B. Modersohn: Cicero im englischen Geistesleben des 16. Jahrhunderts. In: Archiv für das Studium der neueren Sprachen und Literaturen 80 (1926) Bd. 149 (N. S. 49). S. 33–51 und 219–245.

W. Rüegg: Cicero und der Humanismus. Formale Untersuchungen über Petrarca und Erasmus, Zürich 1946. – Wiederabgedr. in: K. Büchner (Hrsg.): Das neue Cicerobild. Darmstadt 1971. S. 65 bis 128.

F. Klingner: Cicero und Petrarca. Vom Ursprung des humanistischen Geistes. In: F. K.: Römische Geisteswelt. Hrsg. von K. Büchner. München ^{5}1965. Nachdr. Stuttgart 1979.

C. Becker: Cicero. In: Reallexikon für Antike und Christentum. Bd. 3. Stuttgart 1957. Sp. 86–127.

M. Testard: Saint Augustin et Cicéron. Paris 1958.

G. Gawlick: Cicero and the Enlightenment. In: Studies on Voltaire and the Eighteenth Century 25 (1963) S. 657–682.

W. Richter: Das Cicerobild der römischen Kaiserzeit. In: G. Radke (Hrsg.): Cicero. Ein Mensch seiner Zeit. Acht Vorträge zu einem geistesgeschichtlichen Phänomen. Berlin 1968. S. 161–197.

C. J. Classen: Cicerostudien in der Romania im 15. und 16. Jahrhundert. In: Ebd. S. 198–245.

W. Rüegg: Cicero – Orator noster. In: Éloquence et rhétorique chez Cicéron. Vandœuvres/Genf 1982. (Entretiens sur l'antiquité classique. 28.) S. 275–310.
– Cicero in Mittelalter und Humanismus. In: Lexikon des Mittelalters. Bd. 2. München/Zürich 1983. Sp. 2063–77.

Bibliographischer Nachtrag

Textausgaben, Kommentare und Übersetzungen

M. Tulli Ciceronis De finibus bonorum et malorum libri quinque. Rec. brevique adnotatione critica instr. L. D. Reynolds. Oxford 1998.
Cicero on Stoic Good and Evil. De finibus bonorum et malorum liber III and Paradoxa Stoicorum. Ed. with Intr., Transl. and Comm. by M. R. Wright. Warminster 1991.

Fragmentsammlungen zur hellenistischen Philosophie

A. A. Long / D. N. Sedley (Hrsg.): Die hellenistischen Philosophen. Texte und Kommentare. Übers. von K. Hülser. Stuttgart/Weimar 2006.
Die Philosophie der Stoa. Ausgewählte Texte. Übers. und hrsg. von W. Weinkauf. Stuttgart 2001. (Reclams Universal-Bibliothek. 18123.)

Sekundärliteratur

Zur hellenistischen Philosophie

K. Algra u. a. (Hrsg.): The Cambridge History of Hellenistic Philosophy. Cambridge 2007.
G. Maurach: Geschichte der römischen Philosophie. Eine Einführung. Darmstadt 1989. [3]2006.
H. Flashar (Hrsg.): Die Philosophie der Antike. Bd. 4: Die hellenistische Philosophie. Basel 1994. (Grundriß der Geschichte der Philosophie. Begr. von F. Überweg. Völlig neubearb. Ausg.)

Chr. Horn: Philosophie der Antike von den Vorsokratikern bis Augustinus. München 2013.

F. Ricken (Hrsg.): Die Philosophen der Antike. 2 Bde. Stuttgart/Berlin/Köln 1996. (Urban Taschenbücher. 458/459.)

Zu Cicero

K. Bringmann: Cicero. Darmstadt 2010.

A. Everitt: Cicero – Ein turbulentes leben. Übers. von Kurt Neff. Köln 2003.

M. Giebel: Marcus Tullius Cicero. Reinbek bei Hamburg 2013.

Th. N. Michell: Cicero the Senior Statesman. New Haven 1991.

E. Narducci: Cicero. Eine Einführung. Aus dem Italienischen übers. von Achim Wurm. Stuttgart 2012.

F. P. Polo: Rom, das bin ich. Marcus Tullius Cicero. Ein Leben. Stuttgart 2010.

W. Schuller: Cicero oder Der letzte Kampf um die Republik. Eine Biographie. München 2013.

C. E. W. Steel (Hrsg.): The Cambridge Companion to Cicero. Cambridge 2013.

W. Stroh: Cicero. Redner, Staatsmann, Philosoph. München 2008.

Zu Ciceros Philosophie

H. Strasburger: Ciceros philosophisches Spätwerk als Aufruf gegen die Herrschaft Caesars. Hrsg. von G. Strasburger. Hildesheim / New York 1990. (Spudasmata. 43.) Auch abgedr. in: H. Strasburger: Studien zur Alten Geschichte. Bd. 3. Hildesheim / New York 1990. S. 407–498.

G. Gawlick / W. Görler: Cicero. In: H. Flashar (Hrsg.): Die hellenistische Philosophie. Basel 1994. S. 991–1168.

J. G. F. Powell (Hrsg.): Cicero the Philosopher. Twelve Papers. Oxford 1995.

W. Görler: Cicero. In: F. Ricken (Hrsg.): Philosophen der Antike. Bd. 2. Stuttgart/Berlin/Köln 1996. S. 83–109.

J. Leonhardt: Ciceros Kritik der Philosophenschulen. München 1999. (Zetemata. 103.)

B. Zimmermann: Cicero und die Griechen. In: G. Vogt-Spira / B. Rommel (Hrsg.): Rezeption und Identität. Die kulturelle Auseinandersetzung Roms mit Griechenland als europäisches Paradigma. Stuttgart 1999. S. 240–248.